뉴노멀, 초연결, 플랫폼시대의

평생교육방법론

평생교육방법론

FOR
NEW NORMAL,
PLATFORM

LIFELONG EDUCATION METHODOLOGY

한국평생교육박사연구회

| 권영선·배철우·윤영남·이종훈·조용 |

동문사

추천의 글

앞으로 평생학습의 중요성이 그 어느 때보다도 중요해지고 있는 상황에서 평생교육의 이론과 실제를 총망라하고 있는 평생교육서의 발간은 매우 시의적절하다 생각합니다. 이번 평생교육서의 구성은 평생교육의 핵심적인 분야를 모두 다루고 있으며, 평생교육학 전공으로 박사학위를 취득한 전문가에 의해 집필되었다는 점에서 특별한 의미와 장점을 지니고 있습니다. 특히 예비 평생교육 전문가와 현장에서 일하고 있는 평생교육 실무자들뿐만 아니라 평생교육에 관심을 가지고 있는 일반인들에게도 훌륭하고 유익한 지침서가 될 것입니다.

숭실대학교 평생교육학과 교수 유기웅

희망과 두려움을 동시에 안고 우리 곁에 다가온 4차 산업혁명시대가 벌써 몇 해 지났습니다. 이제는 하루를 배우지 않으면 그 다음 날을 살아가기 버거울 정도로 평생교육은 그렇게 일상처럼 우리의 삶에 깊이 파고들어와 있습니다. 그러나 온갖 기술의 발전이 우리의 삶을 대신 살아줄지라도 배움의 길은 그 누구도 대신 걸어줄 수 없습니다.

숭실대학교 평생교육학과가 창설된지 어언 사반세기를 목전에 두고 이곳에서 수학한 뛰어난 동문 학자들이 정성스럽게 옥고를 다듬어 평생교육사 필수 5과목의 교재를 여러분 앞에 내놓습니다. 평생교육과 산업교육현장 그리고 학계에서 전문성과 명성을 쌓은 25인의 평생교육 전문가가 심혈을 기울여 집필한 본 교재는 평생교육의 이론과 실제에 관한 지식과 정보를 그 어느 교재보다 체계적으로 전달해 줄 것입니다.

숭실대학교 평생교육학과 교수 이기성

우리 인류의 삶에서 그 어느 한때도 끊임없이 배우지 않으면 안 되는 시기는 없었지만, 오늘날과 같이 그토록 치열했던 시기는 없었습니다. 이러한 시대적 배경 아래에 평생교육의 실천 담론을 확장하는 옥저의 출간을 진심으로 축하합니다. 특히 이 저서는 오랜 기간 평생교육 현장에서 몸으로 체화된 저자들의 지혜가 담겨있다는 점에서 이 저서가 평생학습 사회의 확장에 일익을 담당할 수 있기를 기대합니다.

숭실대학교 평생교육학과 교수 전주성

인간은 '되어가는 존재'로서, 끊임없이 '나를 나로' 만들어나가기 위해 학습합니다. 평생학습은 나를 나로 만드는 중대한 기제입니다. 시의적절하게 평생교육의 이론과 실천의 확장을 도모하는 저서가 출간된 것을 축하합니다. 아무쪼록 이 저서가 우리 사회의 집단적 평생학습역량을 향상시키는 데 도움이 되길 기대합니다.

숭실대학교 평생교육학과 교수 이경화

평생교육 전문가로서 뜨거운 열정과 평생학습자들을 위해 정성으로 빚어낸 5권의 멋진 작품에 힘찬 박수와 큰 감사를 드립니다. 평생교육사 자격의 수준을 업그레이드시키는 절묘하고 확실한 제안으로 5권의 역작을 출판하게 된 것을 열렬히 지지하고 또 환영합니다. 숭실대학교교육학박사(평생교육전공)들을 대표해서 바쁜 일정과 어려운 시국 상황을 잘 견뎌내며 훌륭한 저작활동을 해내신 25분의 박사님들 한 분 한 분에게 다시 한 번 큰 포옹과 박수를 보냅니다. 이 책들이 우리 사회가 좀 더 행복한 평생학습 사회로 발전하기 위한 선진개척자로서 큰 역할을 수행할 것이라 굳게 믿습니다.

숭실대학교 평생교육학과 교수 최성우

지금의 교육은 받을 수 있는 기본 권리에서 평생에 걸쳐 학습할 권리인 평생학습권을 강조하고 있습니다. 평생학습은 누구도 소외됨 없이 양질의 학습 권리를 보장받아야 하는 보편적 정당성을 갖는 기본적 인권으로 강조되고 있습니다. 평생교육은 기본적으로 사회의 변화와 함께 하며 우리의 삶과 밀착되어 변화에 적응하고 성장할 수 있도록 지원합니다. 본 교재는 평생교육을 통해 삶의 역동적 변화와 성장을 체험한 실천현장 전문가들이 각각의 전문분야를 중심으로 기술한 교재입니다. 이론과 실제 그리고 현장에서 직접 활용할 수 있는 내용으로 예비 평생교육인들의 성장과 역량 향상에 도움을 줄 것입니다.

숭실대학교교육대학원 평생교육, HRD전공 교수 김남숙

머리말

급변하는 현대사회에서 새로운 상황 변화에 따라 비대면 수업이 익숙해졌다. 이처럼 변화되는 사회의 큰 패러다임에 따라 요구되는 인재상(像) 역시 다르다. 따라서 새로운 평생교육방법에 대한 성인학습의 방향도 언택트(untact)시대를 맞으면서 개인의 변화와 혁신을 요구하고 있다.

랭그랑(P. Lengrand)은 평생교육을 모든 국민에게 평생 동안 저마다 가진 개인적 특성과 소질을 지속적으로 개발하여 사회의 발전에 기여하고 참여할 수 있도록 하는 교육이라고 했다. 그래서 인간의 삶에 있어 계속해서 관여하고 함께하며, 발전하도록 돕는 유용한 역할로 이해할 수 있으며, 그 가치와 의미는 매우 크다 할 것이다.

또한 미래사회의 필요한 인재 양성을 위해 각국에서는 미래지향적 교육 환경 프로젝트를 진행하고 있다. 다양한 교육현장에서 모든 형태의 교육을 담당하는 사람들에게 이 질문은 항상 머리에서 맴도는 화두일 것이다. 어떻게 하면 매 수업에서 학습자들의 흥미와 관심을 유발하며 집중도를 높이고, 또 어떤 교육방법으로 접근하면 교육목표 달성에 가장 효과적일까? 이러한 질문들은 교육방법론과 관련된 새로운 과제가 되었다.

이런 맥락에서 평생교육현장도 크게 변화될 수밖에 없는 상황에 직면하였고, 따라서 다양하고도 새로운 교육방법이 속속 등장하여 교육현장에서 활용된 것은 이미 주지의 사실이 되었다. 이와 같은 상황 속에서 포스트코로나시대를 지나며 적응할 평생교육방법에 대해 고민할 수밖에 없었고, 이러한 요구에 따라 본 교재가 만들어지게 되었다.

본 교재는 평생교육현장에서 가장 많이 실시되고 있는 대표적인 평생교육방법론에 대해 실제적이며 포괄적으로 제시하고 있다. 학교를 비롯한 형식적 교육 분야뿐 아니라, 직장에서, 또 다양한 조직·기관 및 비형식적 상황에서 진행되는 활용 가능한 다양한 방법론에 대한 기초적 정보를 담고 있다. 본 교재의 특징은 각 대학에서 뿐만 아니라 사이버교육, 평생교육원, 학점은행교육기관 등 평생교육과 관련한 모든 교육기관에서 전공교재로 활용이 가능하다는 것이다. 특히 평생교육사 과정의 필수 과목을 이수하는 전공자들에겐 꼭 필요한 교재로 총 3부, 15장을 개별적으로 엮어 각 장마다 세부적으로 구성했기에, 학습계획을 세우는 데 더 효과적이고 유익할 것이다.

총 3부로 구성된 평생교육방법론은 1부에서 평생교육방법의 기초적 이해, 이론적 토대, 성인학습자 및 평생교육자에 대한 이해, 평생교육 교수이론 등 평생교육방법론의 이론에 대한 전문적인 내용을 쉽게 이해하도록 제시한 것이 특징이다. 2부에서는 개인, 집단, 체험, 기업, 원격중심을 기존에 이루어지고 있는 다양한 평생교육방법론을 세부적으로 다루며, 아울러 코로나19 상황에서 벌어진 비대면교육의 중요성 확대에 따라 새롭게 다룬 것이 큰 특징이라고 할 수 있다. 3부에서는 평생교육 프로그램 운영의 실제와 스토리텔링과 SNS, 블렌디드 및 메이커교육과 디자인씽킹을 활용한 평생교육방법 등 지금까지 다루지 않은 새로운 평생교육방법을 모색하고 제시하는 데 중점을 두었다. 특히 현장의 경험을 토대로 전문성을 갖춘 저자들의 열의를 최대한 모아서 집필을 하였다.

특히 본 교재는 다양한 평생교육방법의 실천을 모색하고자 하는 학자들뿐만 아니라, 실제 현장에서 평생교육방법을 활용하고 담당하는 모든 실무자와 평생교육사가 될 성인학습자들에게도 늘 옆에 같이 있고 싶은 친구처럼 자주 펼치는 책이 되었으면 하는 집필진의 열정과 전문성으로 현장감을 담았으나, 미진한 부분은 앞으로 계속 보완하고 끊임없이 새로운 현장의 목소리를 토대로 심도 깊은 연구를 계속할 것이다.

끝으로 보람된 출간을 위해 함께 뜻을 모아 수고해 준 저자들은 물론, 출판사 관계자들께 깊은 고마움을 전한다. 또한 사회의 어느 곳이든지 소통과 치유의 손길로 성인학습자들에게 새로운 방향을 제시하고, 평생교육을 더 발전시키고자 노력하는 모든 분들께 따스한 디딤돌의 역할을 꼭 함께 감당했으면 하는 간절한 바람을 포갠다.

2021년 7월

저자 일동

학습안내

제1장 현대사회에서는 새로운 정보가 넘쳐나고 쉽게 소멸된다. 그래서 각자가 필요한 지식과 정보를 구분하여 습득할 수 있는 능력이 요청된다. 이를 사용하여 이끌어낼 수 있는 기술적인 측면까지, 새로운 방향성을 가지고 나아가야 한다. 그러기 위해 필요한 평생교육방법이 무엇인지에 대한 기초적인 이해로 정의와 대상, 향후 전망에 대해서 알아볼 것이며, 평생교육방법의 원칙과 유형에 대해서 살펴보고자 한다.

제2장 평생교육방법의 철학적 배경이 되는 전통적 학습이론과 평생교육의 학문적 정체성을 구축해 온 대표적인 성인 학습이론을 다루었다. 또한 인구의 사회적 변화에 따른 노인 인구의 증가로 노인교육의 중요성이 강조되고 있음을 언급하였다.

제3장 인간의 발달단계에서 이루어져야 할 발달과업을 위한 학습활동도 포함하기에 학습자의 상황이나 학습 스타일, 성향 등의 특성을 이해하는 것은 매우 중요하다. 이를 위해 성인학습자의 개념과 특성, 성인학습자의 학습 스타일, 성인학습자의 참여동기 등에 대해 살펴보고자 한다.

제4장 평생교육자에 대한 이해에서는 다양한 배경을 지닌 성인학습자들을 대상으로 평생교육의 효과성을 높이는 평생교육자의 유형, 역할, 자질 및 능력을 다루었다. 평생교육의 변화와 성장에 큰 역할을 하는 평생교육사의 양성과정, 자격취득, 배치현황과 아울러 10가지 책무와 80가지 업무를 자세히 소개하였다.

제5장 평생교육방법 교수설계의 이해에서는 교수설계이론을 전통적·현대적 교수이론으로 구분하였다. 전통적 교수설계이론은 행동주의와 인지주의 원리의 절충주의적 입장에서 출발하여 이론을 구축하는 토대로 정보처리이론을 도입한 가네이론에 대하여 이론적 배경, 학습 조건, 학습의 과정 등을, 켈러의 학습동기 설계이론은 이론적 배경, ARCS 모형의 요소, 동기유발 전략을 상세히 설명하였다. 현대적 교수이론은 이해, 문제중심, 고차적 사고 기술을 위한 교수설계이론으

로 원리 및 특징, 교수설계 모형으로 교육매체의 활용에 적합한 ASSURE 모형과 교수체제설계의 기본 모형인 ADDIE 모형, 객관주의 대표 모형인 Dick & Carey에 대해 각 단계별로 상세히 제시하여 향후 교수체제개발에 도움을 주고자 하였다.

제6장 개인중심 평생교육방법은 개인학습자가 교수자나 교수매체의 상호작용을 통해 자율적인 학습의 방법론적으로 접근했다. 개인중심 평생교육은 보다 자발적이고 자기주도적 학습이 가능한 학습자에게 효과적인 방법으로 우선하는 멘토링, 코칭, 도제식 교육에 대해 살펴보았다.

제7장 집단중심 평생교육방법에서는 집단에서의 상호작용 형태, 집단의 규모, 학습지도법에 따른 유형을 조망하였고, 여전히 다수에게 활용되고 있는 강의법, 토의법(포럼, 세미나, 심포지엄) 이외에 브레인스토밍과 프로젝트 학습을 자세히 제시하였다.

제8장 직접 경험하고 학습한 내용을 현장에서 실천했을 때 더욱 효과적인 학습효과를 나타낼 수 있는 체험중심 평생교육방법에 대하여 설명하였다. 특히 실제의 장면 또는 극히 유사한 상태를 가상으로 설정한 후 그 속에서 학습하는 시뮬레이션 방법에 최신 기술을 접목한 가상현실과 증강현실을 활용한 교육방법을 제시하였다.

제9장 기업중심의 평생교육방법에서 기업은 조직의 목표나 성과달성을 위하여 기업 내에서 인적자원개발을 위하여 평생교육 차원으로 기업교육을 주기적으로 시행하고 있다. 기업교육은 전문적이고 체계적인 교육훈련으로 다양한 방식을 통하여 전개되고 있는데, 이는 주로 구성원의 직무능력 향상이나 조직 적응에 초점을 맞추고 있다. 이 장에서는 우선 기업교육의 개념과 목적을 설명하고, 종류로는 현장직무교육(OJT), 집합교육(Off-JT), 직무관련 자기개발학습(OJL) 등에 대하여 각각의 개념과 특성, 지도방법 및 장·단점을 비교·설명하여 기업교육 관련 종사자의 교육훈련 수립에 필요한 지식을 전달하고자 하였다.

제10장 코로나19로 인하여 평생교육방법에서 큰 변화가 일어났으며, 그 중심은 원격교육이라고 할 수 있다. 앞으로의 교육에서도 비대면교육

에 대한 수요가 급증할 것이며, 포스트코로나시대를 대비하여 원격중심의 교육방법을 준비해야 되기 때문에 원격중심으로 이루어지고 있는 다양한 평생교육방법들에 대해 알아보았다.

제11장 평생교육 프로그램의 실전에서 교수자의 행위나 학습자의 요구 및 운영과 관리의 통합적 체계가 필요하며, 평생교육 운영의 실행과정 및 관리에 대하여 확인하고, 평생교육 프로그램을 직접 운영할 때 참고하여야 하는 것들을 알아보았다.

제12장 이야기를 전달한다는 의미를 가진 스토리텔링(storytelling)의 목적은 스토리텔러가 스토리를 통해 무언가를 전하고자 하는데, 이것이 평생교육에서는 교육목표이자 교육내용이다. 스토리텔링은 평생교육방법으로 역할을 충분히 할 수 있을 것으로 예측되며, 이미 여러 분야에서 스토리텔링을 활용한 교육이 이루어지고 있다. 평생교육분야에 있어서의 스토리텔링을 활용한 평생교육방법에 대해 알아보았다.

제13장 SNS와 온라인을 활용한 평생교육방법에서는 4차산업혁명시대가 도래함에 따라 변화하는 평생교육 방향과 교육환경의 변화에 대하여 살펴보았고, 그동안 활용해 오던 SNS의 종류와 특징을 제시함과 아울러 코로나19와 같은 팬데믹 현상의 언택트 시대에 주로 활용하는 줌(Zoom), 스카이프(Skype), 구글 미트(Google meet), 교수자 유튜브 방송국의 특징과 활용방법에 대하여 사례를 들어 소개하였다.

제14장 최근 정보통신기술의 발전은 우리 생활 전반에 걸쳐 비대면화를 가속화시키고 있으며, 과거와는 달리 시공간적 제약에서 벗어나 다양한 학습이 가능한 환경을 조성하고 있다. 블렌디드러닝은 온라인과 오프라인 학습의 장단점을 바탕으로 두 가지 이상의 학습방식을 혼합하여 활용하는 방식으로, 이 장에서는 단순히 강의방법의 혁신 차원이 아닌 교육과정을 디자인할 수 있는 방식으로 접근하여 소개하였다.

제15장 초지능화와 초연결성이 핵심적 키워드인 4차산업혁명시대를 맞이하여 교육의 방향은 창의성을 바탕으로 학문 간 창의·융합을 주도

할 수 있는 핵심 인재를 필요로 한다. 이에 새로운 교육방법으로 시대에 부합하는 핵심역량을 육성하기 위한 메이커교육과 디자인씽킹을 활용한 평생교육방법이 학교교육, 특히 대학교육과 평생교육현장에서 활용되고 있다. 이 장에서는 메이커교육의 개념과 관련 이론, 특징, 교수학습 모형과 평생교육현장에서의 활용을 살펴보았고, 디자인씽킹을 활용한 메이커교육에서는 디자인씽킹의 프로세스와 메이커교육과 디자인씽킹의 유사점과 차이점을 학습하여 향후 교육 프로그램 개발 및 운영에 도움을 주고자 초점을 맞추었다.

차 례

PART 01

평생교육방법의 이론

CHAPTER 01

평생교육방법의 기초적 이해

개요

4차산업혁명의 새로운 시대에 적응하고 미래의 급격한 변화를 주도해야 하는 현실이다. 그 변화의 흐름에 맞춰 코로나19 시대를 살아가야 하는 우리에게 새로운 평생교육방법은 삶의 필수요소라고 할 수 있다. 현재는 물론, 다가올 미래의 평생학습사회를 준비하고 살아가야 하는 우리에게 평생교육은 이제 선택이 아닌 필수가 되었다. 그래서 평생을 통해 학습이 요구되는 사회에서 적응을 위한 기초적인 평생교육의 이해와 논의는 중유할 수밖에 없다.

본장에서는 빠르게 변화하는 지식기반사회에 대비를 위한 효과적인 평생교육방법의 기초적 이해를 위하여, 평생교육방법의 관점, 생애주기 특성별 평생교육방법, 평생교육방법의 원칙, 평생교육방법의 유형에 대해서 살펴보고자 한다.

학습목표

1. 평생교육방법의 정의와 기초를 이해하고 미래의 평생교육방법을 전망할 수 있다.
2. 생애주기 특성별 평생교육방법에 대하여 파악하고 이해한다.
3. 평생교육방법의 원칙을 이해할 수 있다.
4. 평생교육방법의 유형을 분류하고 이해한다.

주요용어

제4차산업, 평생교육자, 비형식 교육, 상호학습, 성찰, 테크놀로지

제1절 평생교육방법의 관점

평생교육의 목적과 목표를 달성하기 위해서 교수방법 또는 사회 구성원이 평생 학습적 동기와 활동을 촉진하는 평생교육방법이라는 관점에서 비롯된다. 정치와 경제는 물론 사회, 문화의 급속한 변화를 초래한 21세기의 도래는 새로운 평생교육방법의 필요성이 절실하게 요청된다.

다양한 지식의 융합으로 4차산업혁명에 적응하고 그 변화의 흐름에 맞춰 살아가야 하는 우리에게 평생교육은 삶의 필수요소가 되었다. 새로운 정보가 물밀 듯 밀려오는 현대사회에서는 필요한 지식과 정보를 구분하여 선택하고 습득할 수 있는 판단능력과 이를 활용하여 발전시킬 수 있는 기술적인 측면까지 새로운 지식의 방향성을 설정할 수 있어야 한다.

따라서 특별하게 정해진 일련의 평생교육방법으로 한정 지을 수 있는 것이 아니라, 더 새롭게 다양한 교육방법 중에서 교육의 맥락과 취지에 따라 적절하게 사용될 수 있는 교육방법을 모두 포함하는 것이다. 평생교육방법은 교육적 취지를 구현하기 위하여 형식을 초월하여 평생교육 현장에서 사용되는 구체적인 교수방법이 우선적이라 할 수 있다.

인생의 주기로 나눠볼 때, 성인이 된 이후 제2의 인생이라는 말까지 나올 정도다. 길어진 노년기를 100세 이상 살아가야 하는 우리들은 평생학습사회에서 선도적으로 자신의 역량개발과 관심영역을 배움으로 살아갈 수밖에 없는 현실이다.

좀 더 효율적인 평생교육을 실시하기 위하여 평생교육방법의 정의와 기초적 이해를 통해 빠르게 변화하는 지식기반사회에 대비하고, 적응하는 평생교육방법의 유형과 발전 및 미래에 대해서 살펴보고자 한다.

1. 평생교육방법의 정의

평생교육방법은 수업에서 이루어지는 교수자와 학습자 간 의사소통이므로, 새로운 지식을 습득하고 지식에 대한 통찰이 잘 일어나도록 최적의 방법론을 선택해야 한다. 1980년에 출간된 『제3의 물결(The Third Wave)』에서 앨빈 토플러(Alvin Toffler)는 정보혁명과 고도의 과학기술이 지배하는 지식창조사회의 도래를 예고했다. 지식창조사회에서 지식의 속성이란 읽고 암기하는 재생산의 수준을 넘어 창조적인 지식을 생산할 수 있는 능력이므로, 최근에는 교육이 이러한 문제해결력 향상을 위한 평생교육방법으로 전환될 것을 강조하고 있다.

따라서 학교교육과 학교 외 교육을 유기적으로 연계하고, 유아교육에서부터 성인·노인교육까지를 생애발달의 맥락에서 연계하므로 평생교육방법을 정의할 수 있다. 궁극적으로 사회 구성원의 삶의 모든 단계, 모든 과정에서 필요로 하는 교육을 전달하는 체계를 뜻한다. 이런 개념으로 볼 때, 전 주기적 연령의 교육 자체가 하나의 평생교육의 방법이며, 가정교육이나 사회교육 또는 다른 유형의 평생교육방법으로 어떠한 교육방법을 선택하여 어떻게 교육활동을 전개해 나가느냐에 따라 교육의 성패가 좌우된다.

특히, 교육 이념으로 기회균등을 중시하는 동시에, 다양성을 존중하면서 학습자의 민주성과 자율성이 존중되어야 한다. 즉 평생교육방법에 대한 설립자의 교육 이념, 실시기관, 실행자, 지도자, 그리고 연구자 등에 따라서 평생교육방법에 대한 논의는 매우 다양하게 전개된다.

지식창조사회에서 지식의 속성이란 읽고 암기하는 재생산의 수준을 넘어 창조적인 지식을 생산할 수 있는 능력이므로, 최근에는 교육이 이러한 문제해결력 향상을 위한 교육방법으로 전환될 것을 강조하고 있다(박성희 외, 2013).

첫째, 교육방법은 교수방법이라고 하는데, 교육목적을 달성하기 위하여 준비된 교육내용을 구체적으로 실천하는 방식이다. 어떻게 가르칠 것인가에 해당하는 영역이다. 예전의 교육방법은 양호나 훈련 및 교수를 포함시켰으나, 요즘은 학습과 생활지도로 분류한다. 학교생활의 대부분을 차지하는 학습지도·생활지도 이외에 교육과정은 물론, 학급경영 방법의 기본적 원리나 시청각적 방법까지 포함시켜 광범위하게 해석하기도 한다. 학습자에게 자신의 지식을 전달하고 설득함으로써 행동의 변화를 유도시키거나 지식의 전이를 촉진하는 것이다. 교육방법은 주로 언어를 매개체로 사용하여 실용적인 원칙에 기반하여 지식을 전달한다.

모든 사람은 모태에서부터 삶의 임종까지 전 생애를 통해 자신이 원하든, 안 원하든 저마다의 다양한 학습을 받으면서 살아가고 있다. 그러므로 평생교육의 고전적인 개념은 아동과 청소년 때부터 전 생애를 걸친 교육의 기회를 뜻한다. 한정된 공간의 학교라는 제약을 초월하여 가정과 군대 및 직장과 지역사회와 교정기관 등 개인적 삶의 모든 장소가 학습에 적용할 수 있도록 시간과 공간으로 확대되었다.

요즘은 시공을 초월한 관점에서 평생교육의 개념이 확대되어 명확한 의사소통의 형식도 다양하게 변화하게 되었다. 급속한 의사소통은 메시지를 전달한 후에 발신자가 학습자의 메시지 이해 정도를 즉시 평가하는 것인데, 이러한 의사소통 방법을 쌍방향 의사소통이라고 한다.

둘째, 무엇을 어떻게 가르칠 것인가에 대하여 교수 설계를 할 때는 학습자 중심으로 교육방법을 고려해야 한다. 수업을 진행할 때에는 논리적으로 정리된 학습 내용을 학습자의 심리에 맞게 중재해야 하기 때문이다.

교수자는 전달하려는 학습내용을 도우며 촉진시킨다는 마음으로 학습자의 학습구조와 잘 연결시켜야 한다.

평생교육 프로그램을 기획할 때는 사람들이 살아가는 삶의 현장, 시기와 장소, 대상에 국한하지 않고, 시간적으로 전 생애에 걸쳐 삶의 모든 영역에 걸쳐 행해질 수 있어야 한다. 또한 평생교육자는 학습자의 요구와 상황을 고려하여 교육목표를 세워서 교육의 장을 학교에 국한하지 않고 가정, 직장, 사회 등 개인적 삶의 터를 학습장소로 활용한다.

셋째, 학습 내용을 전달할 때 지식을 암기시키기보다 경험을 통하여 학습하도록 학습자의 흥미에 기반을 둔 교육방법을 강조하였다(코메니우스, 1628).

① 유년기에는 인지의 발달과 형성이 가장 왕성하게 진행되므로 아동기 교육을 강조하였다.
② 발달 심리학에 기초한 아동 교육방법을 중시하여, 아동의 연령과 지적 능력을 고려하여 가르칠 것을 강조하였다.
③ 인간은 움직이며 활동하는 특징이 있으므로 활동과 감각적 경험에 기반하여 사고하고 행동할 것을 제시하였다.
④ 학습자는 교수자의 권위적이고 지시적인 전달을 통하여 지식을 수용하는 존재가 아니므로 학습자가 능동적으로 지식을 구성하도록 교수자는 학습자를 안내해야 한다.

2. 평생교육방법의 기초

1) 본질적인 가르침의 진화

이제 사람들은 배우기 위해 물리적으로 학교에 가지 않아도 되는 세상에 살고 있다. 원하는 대로 책을 읽거나 텔레비전을 보고 라디오를 들으며 인터넷에 접속하여 지구 반대편에 있는 사람과도 이메일 수신이 가능함은 물론이고 그 기능들도 빠르게 확장되어 변화를 초래한다.

교육환경도 강의실에서 벗어나 시공을 초월하여 그 영역에서 벗어날 수 있게 되었다. 예전에는 들어보지 못했던 기계와 장비들이 교육현장에 도입되었고, 인터넷 강의실도 보편화되었다. 이미 사이버 공간을 차지한 인터넷 강의는 교육의 가장 기본적 토대를 구축하고 있다.

이러한 엄청난 교육환경의 변화로 인해 모든 연령대의 사람들은 많은 양의 정보에 접근하여 다양한 학습내용을 자신의 목적과 요구에 적합하도록 선택할 수 있게 되었다.

교수자도 더 이상 자신이 가르치는 내용에 대해 학습자보다 더 잘 안다고 확신할 수 없게 되었다. 누구나 자율학습을 통하여 인터넷과 같은 다양한 교수매체가 정보 제공자 또는 교수자가 될 수 있도록 지원하기 때문이다. 그러므로 교수자는 잘 가르치기 위해 많이 알고 먼저 알아서 가르친다는 의식에서 벗어나 인격적인 상호존중과 인간관계의 원활한 소통으로 돕는 자, 또는 촉진자의 역할을 감당하게 되었다.

2) 교육에 대한 불변의 진리

지금까지 지식의 전달자 또는 학습자의 인도자 역할을 수행해 오던 교수자들에게 급변하는 지식정보화 사회는 새로운 역할변화를 요구하고 있다. 따라서 다가올 미래는 학습자와 교수자의 관계와 교육적 방법이 새롭게 변화할 것이다. 그러나 극적인 교수·학습 환경의 변화에도 불구하고 가르침, 즉 교육에 대한 불변의 진리는 존재한다. 컴퓨터와 교육 기자재의 혁신적 진보가 이루어졌음에도 가르치는 방법, 즉 교육방법과 관련해 항상 적용되는 다음과 같은 세 가지의 진리가 있다(Jarvis, 2006).

① 좋은 강의는 좋은 교수자로부터 나온다.

② 교육에 관한 모든 학습요소를 인간적으로 본다.
③ 좋은 교수자를 만나는 것이 제일 우선이다.

모든 교수자가 가르치는 능력과 자질이 완벽하게 준비되어 있지는 않다. 그러나 평생교육자는 학습자의 삶을 변화시킬 수 있는 학습을 돕는 촉진자, 정보 제공자, 학습 격려자, 상담 및 조언자로서 다양한 역할을 감당해야 할 것이다.

3) 변화하는 지식과 평생교육자

빠르게 변화하는 지식정보사회에서 급속한 기술변동을 축으로 교육의 핵심적인 변화가 주목되고 있다. 지식은 이제 생산과 소멸 때문에, 앞으로 지식은 배우고 외우는 것이라기보다는 적절할 때 적용하고 재생산하는 것으로 활용해야 한다. 가르침의 본질은 가르치는 지식의 특성과 그 지식의 전달 수단에 따라 달라진다.

평생교육에서는 가르침보다는 학습을 더 중시해 왔으므로 지식의 의미를 다시 정의할 필요가 있다. 가르침을 담당하는 교수자 역할과 관련된 전통적 이미지는 학습자에게 어떤 것을 배워야 할지를 알려 주고 그들이 학습이 잘 일어나도록 지원하는 것이다. 가르침의 의미와 실천은 사회적 변화와 세계화 흐름을 반영하고 있으며, 교수자도 이에 부응하여 더욱 다양한 지식과 기술을 갖춰 가르침을 수행할 것이 요청되고 있다(Jarvis, 2006).

평생교육자의 역할과 교육적 가치관은 중요하겠지만, 우선적으로 평생교육자로서 갖추어야 할 핵심요소들을 살펴보면 다음과 같다(Brookfield, 2006; 신용주, 2012; 최운실 외, 2017).

첫째, 평생교육자는 학습자가 개인적 차이점을 극복하여 흥미롭게 배울 수 있도록 효율적으로 도와주어야 한다. 어떤 학습자에게 좋은 방법이 다른 학습자에게는 좋은 방법이 아닐 수 있기 때문이다. 따라서 평생교육자는 학습자의 욕구, 흥미, 동기, 능력, 발달상의 특성을 이해하고, 교수자는 학습의 촉진자로서 학습자가 학습목표를 달성할 수 있도록 학습자를 존중하며, 학습자와의 관계에서 공감하고 지지하며 나아가 선배 학습자와 연결해 주는 교수역할을 수행해야 한다.

둘째, 평생교육자는 학습자의 다양한 특성과 배경을 정확하게 파악해야 한다.

교사중심보다는 학습자 중심의 교육활동이 이루어질 수 있도록 효과적인 평생교육방법을 실천하는 것이 평생교육자가 갖추어야 할 핵심요소이다.

셋째, 평생교육자는 가르침에 대하여 스스로 성찰하고 비판하면서 학습자에게 다가가야 한다. 비판적 분석가로서의 교사는 학습자들의 잘못된 신념이나 사고, 행동 등에 대해 대안을 제시하고 합리적인 사고를 할 수 있도록 한다. 평생교육자는 학습자들의 상황을 고려하여 가르치고, 자신에게는 성찰과 비판적 태도로서 교육적 자질을 갖추어야 한다.

넷째, 평생교육자는 학습자들의 욕구나 필요를 충족시켜 주어야 한다. 학습자들에게 흥미 유발이나 지속적인 학습참여 및 동기유발을 위하여 학습상황에 따른 의미 있는 적절한 경험들을 제공해 주는 역할을 수행해야 한다.

3. 평생교육방법의 미래

현대사회의 비약적인 테크놀로지 발전과 정치, 경제, 사회, 문화의 다방면에서 사람들의 역할도 일과 가정에서의 역할 간 균형을 찾으면서 개성을 표현하고 행복을 추구하는 사람들도 계속 증가하고 있다. 평생교육은 이처럼 사람들의 욕구와 필요로 더욱 진화하고 있다. 이러한 평생학습사회로의 이행은 전통적인 평생교육의 틀과 제도의 변화를 요구하고 있다. 평생교육의 미래와 관련한 변화 추세를 전망하면 다음과 같다(Rothwell, 2008; 신용주, 2012: 최운실 외 2017).

첫째, 면대면 교육보다는 언택트(untact) 시대의 새로운 교육방법이 요청되고 있다. 그래서 비형식적이고 우발적인 학습이 더욱 중시될 것이다. 특별히, 코로나19의 팬데믹으로 전통적인 교실 기반 학습을 대체하는 온라인이나 컴퓨터를 통한 학습이 절실하다. 따라서 학습자는 직접적인 경험이나 관찰을 통해서나 무엇을 하기 위한 준비과정 속에서 배운다. 형식과 계획성을 넘어서는 비형식적이고 우발적 상황에 대처할 수 있는 학습이야말로 미래의 학습사회에서 더욱 관심을 가지게 될 것이다.

둘째, 평생교육이 다가올 미래사회에서는 자연환경과 인간의 관계 그리고 인간의 삶에서 핵심이 되는 소통이나 가치관, 또는 문화적이고 인권과 윤리적 문제들에 대한 관심이 증가할 것이다. 또한 평생교육 관계자 즉, 교수자, 전문가, 및 실천가들에게도 이러한 사회적 환경을 반영한 다양한 문화에 대한 인식과 이해가 요구될 것이다.

셋째, 앞으로 평생교육은 고령화 사회에서 노년기가 새로운 삶의 기회가 될 수 있도록 정서적 평안과 성장의 기쁨이 멈추지 않도록 지원해 주는 교육방법에 더 많은 관심을 기울일 것이다. 노년 학습자는 더 풍부해진 이해력으로 자기 주도성, 삶의 경험, 내적인 보상을 중시하면서 문제해결 중심의 학습을 지향한다. 초고령화 사회로 진입하는 이때, 은퇴 이후의 새로운 연령에 적합한 일과 교육 사이에서 즐거운 휴식과 여유를 배움으로 보람을 찾으려는 노년층의 염원을 풀 수 있도록 평생교육에 관심이 집중되어야 할 것이다.

넷째, 현대사회는 빠르게 다문화사회로 변화하고 있으며 세계적으로 상호 의존성도 높아지고 있다. 이러한 다원적 사회에서 사람들은 나이, 인종, 성별, 종교, 언어, 성적 지향성, 사회경제적 지위, 신체적·정신적 능력 등에서 자신과는 다른 가치체계나 신념을 가진 사람들을 만나게 된다. 따라서 평생교육사는 학습자의 환경적인 배경을 감안하여 학습자들의 소통을 지원하기 위한 다양한 학습방법을 찾아야 할 것이다.

다섯째, 평생교육 및 학습영역에서 새로운 테크놀로지의 등장으로 혁신적이고 새로운 영향을 받게 될 것이다. 우리는 지금 인공지능, 로봇기술, 생명과학이 주도하는 4차산업혁명시대를 맞이하고 있다. 평생교육사는 다가올 미디어 시대의 첨단기술을 익혀서 적용할 수 있는 기술환경과 학습경험으로 학습자에게 제공하도록 새롭게 준비해야 할 것이다.

여섯째, 평생교육사는 학습자를 돕는다는 생각으로 인격적 존중이 우선되어야 한다. 학습하는 방법을 학습자가 높은 관심을 가지고 배우도록 해야 한다. 그러므로 자기 주도적인 학습자가 학습방법을 찾아서 적응하도록 체계적인 지원이 효율적으로 교육적 차원에서 제공할 수 있어야 한다.

일곱째, 학습에 참여하는 성인학습자의 동기는 여러 가지 측면이 있고 복잡하다. 그래서 교수자는 저마다의 학습이 발생하는 맥락을 이해하고 이를 익숙하게 정착시켜 나가야 한다. 학습자가 자신의 잠재능력을 개발하고 사회적으로는 삶의 질을 향상시키면서 평생학습문화를 발전시킬 수 있으며, 그 속에서 보람을 찾도록 해야 할 것이다.

결론적으로, 사회가 발전할수록 평생교육의 미래는 함께 성장할 것으로 전망된다. 평생학습은 개인의 재능과 능력이 향상될 수 있도록 돕는 기회이며, 이러한 개인의 성장은 자신이 속한 조직과 지역사회를 발전시키며 경쟁에서 우위를 점하는데 핵심 가치로 주목을 받을 것이다. 미래의 평생교육 전문가의 역할도

학습자가 개인적 잠재력을 발휘하여서 자기 혁신을 할 수 있도록 지원하는 데 주목할 것이다.

제2절 생애주기 특성별 평생교육방법

평생교육이 학교교육과 구별되는 것은 학습자 중심의 교육방법을 중시하는 점이다. 따라서 평생교육방법에서 가장 중요한 것은 학습자를 배려하는 것이므로, 학습자의 경제적 배경과 환경적 요소, 신체적인 연령 및 심리적 특성을 고려하여 다양한 학습 기회와 장애를 인식하고 학습목표의 달성을 지원해야 한다.

그래서 평생학습 체제의 구축을 위하여 국가적으로 각 시도가 학교교육과 함께 지역 사회에 확산시키며, 여러 가지로 평생학습의 기회를 주려고 한다.

하지만, 이렇게 평생학습의 기회는 양적으로 확대되어도 질적으로는 학습자들이 요구하는 학습의 기회조차 얻지 못하는 대상이 많다. 그래서 평생교육은 생애발달 주기와 특성별로 주요 대상인 아동기, 청소년기, 중년기, 노년기와 여성교육, 다문화교육으로 나눠 알아보고자 한다.

1. 아동기 교육

아동기에서는 초등학교 입학 단계인 만 3~6세, 그리고 초등학교에 입학하게 되는 학령기인 만 6~11세를 지칭한다. 인간의 전 생애발달을 주장하는 사회심리적 발달론자들은 아동기에 사회적 기술과 태도 등을 학습하는 것이 민주시민으로 성장하는데 매우 중요하다고 보았다. 아동의 긍정성과 자기 주도성의 발달을 지지하기 위하여 학령기에는 적절한 훈련과 격려가 제공되어야 한다. 아동이 친구와 교사로부터 칭찬 같은 긍정적인 피드백을 받고 필요한 기술을 숙달하게 되면 근면성을 발달시켜 나가게 된다.

아동기의 교육의 특징은 가정 및 학교에서 성장하는 아동이 사회적 존재로서 의의와 가치를 소지하도록 필요한 자질을 키워 주는 것이다. 아동 스스로 다양한 문제를 탐구하는 경험을 통해 지식을 구성해 나가도록 지원하면, 아동은 자기 주도적인 학습자로 성장해 갈 수 있다(박성희 외, 2013).

브르너(Bruner)는 아동 스스로 사회적 문제들을 반성적으로 사고하고 문제를 해결해 가는 과정을 통하여 사회과학적 지식을 발견하고 구성해 갈 수 있으므로, 아동 스스로 지식을 체계화해 갈 수 있도록 유아를 위한 평생교육 시스템의 도입을 주장하였다.

아동 교육방법으로 연극놀이, 견학, 시청각 매체의 활용으로 아동이 민주 시민의 구성원으로서 기본적인 생활 습관을 형성하고 사회적 기술을 발달시켜야 한다. 아동은 자신이 누구이며, 구성원으로 어떻게 행동해야 할 것인지를 배우고, 사회생활에 적응하도록 배워야 한다. 아동을 위한 평생학습은 아동이 현재 생활하고 있는 환경을 직접 경험하면서 자기의 세계를 더 발견하도록 지원해야 한다(미첼, 2000).

2. 청소년기 교육

청소년 교육이란 청소년기에 정규학교교육과정 이외의 내용을 학습하도록 하는 체계적인 교육활동이다(권이종 · 이상오, 2001). 이것은 청소년이 학교교육에서만 주요 학습자가 아니며, 또 다른 평생교육적 차원에서도 중요한 학습대상이라는 것을 의미한다. 청소년기를 후회 없이 보낸 성인들은 청소년기에만 경험해야 할 특별한 활동들이 참으로 귀하다는 것을 강조한다. 청소년들은 보다 나은 상태를 지향하는 성장 과정에 있는 존재이므로 그들의 생각과 행동을 판가름하는 기준은 완전과 완벽에 있기보다 성장에 얼마나 도움이 되는 활동인가를 이루어져야 한다(남윤정, 2009).

청소년기의 학습목적은 넓게는 지적, 정의적, 행동적 능력을 함양하며 전인적 인간으로 발달하는 것이고, 좁게는 자신의 진로를 개척하는데 필요한 지적 능력을 함양하는 것이다. 이는 규범적인 양상으로 교육기본법 제2조의 교육 이념과 목적을 실현하는데 있다(박성희 외, 2013).

특히, 청소년기에는 진로를 개발하고 결정하는데 필요한 능력이 학습을 통해 갖추어야 하기 때문이다. 청소년기의 학습 관점은 다양성의 관점, 대상 중심의 관점, 유기성의 관점, 미래지향적 관점, 긍정성의 관점이 있다. 이러한 맥락에서 청소년을 대상으로 하는 평생교육은 그들이 균형 잡힌 인격체로 성장할 수 있도록 다양한 가능성을 실천해 볼 수 있는 청소년기의 학습장소와 학습의 기회를 제공해 주어야 한다(최운실 외, 2017). 청소년기의 학습장소는 대부분 학교와 학원, 지역사회, 종교단체, 시민단체, 청소년 단체, 가정 등이며 청소년의 교육은 학교교육 외 미디어, 체험활동, 독서, 동아리 활동 등을 통해 학습하기도 한다.

청소년기의 학습지도의 관점은 다양성, 대상 중심성, 유기성, 미래지향성, 긍정성 등의 관점이 있다. 또한 청소년 교육의 책임을 학교교육에만 전가하려는 사고방식에서 벗어나 평생교육의 관점에서 청소년의 삶이 이루어지는 가정, 학교, 지역사회가 공동으로 교육을 담당해야 한다. 학교에 재학 중인 청소년의 성장을 위한 인성교육, 공동체 교육, 체험학습, 수련활동, 동아리활동 등에 대한 학교 밖 청소년들에 대한 평생교육에도 관심을 기울여야 한다(박성희 외, 2013).

3. 중년기 교육

생애주기에서 중년기라 하면, 예전엔 40세부터 65세까지를 말했다. 하지만, 유네스코에서 발표하기는 최근 75세까지도 중년으로 간주하고 있다. 차츰 연령에 따른 구분이 명확해지지 않게 되었다. 성인으로서 각자의 건강과 환경, 특성에 따라 어떤 주기라고 한정을 짓기 어려워졌기 때문이다.

따라서 중년기라고 부를 수 있는 시기는 분명히 사회의 구성원으로서나 가정에서도 가장 역할이 중첩되고 바쁜 시기라고 볼 수 있을 것이다. 직장에서의 연구나 의무 교육도 있겠지만, 여성들은 육아에 대하여 또는 부업에 대한 내용, 자신의 성장과 개발에 대한 요구가 늘어나고 있다.

평생교육방법에 있어서 중년기의 교육은 특성화하지 않고 저마다의 필요에 따른 목적 지향적인 내용을 지원받고 스스로 유익한 강좌를 찾아서 자격증이나 지식과 소양을 함양시킬 수 있는 외국어 강좌 등 다각도의 정보를 제공 받을 수 있다.

직장에서의 승진, 건강 증진을 위한 내용, 자녀의 진로를 위한 탐색과 재산 증식에 도움이 되거나 대인 관계에서 오는 소통과 갈등의 문제, 일과 휴식과 교육의 순환에서 효과적인 여가와 여행을 위한 교육, 미래를 대비하는 등 일인다역의 사회인으로서 중추적 역할을 감당하는 생애주기로 시간과 재력, 체력도 우선적으로 뒷받침이 되어야 할 것이다.

4. 노년기 교육

인간이 노년기에도 성장할 수 있다는 특징을 기반으로 노년기가 새로운 삶의 기회가 될 수 있도록 지원해 주는 교육방법이 요청된다. 노인은 자신이 살아온 전 생애를 성찰하여 삶의 의미를 만들어 내고 자신을 행복한 삶의 주인공으로 다시 세워야 한다.

그런데, 노인은 퇴직을 앞에 놓고 여러 가지로 심리상태가 불안해진다. 이제껏 일을 통해서 성취감을 느꼈는데, 퇴직 이후의 지위와 정체성이 상실될 것에 대한 우려감을 일으킨다. 따라서 노인은 일과 퇴직 사이의 중간과정에서 정체성 만들기를 위한 학습이 요구된다(Veelken, 1990). 노인의 정체성은 사회적으로 어울림의 과정에서 자신의 경험과 고유한 존재를 인정받으면서 서로 상호작용을 통해서 자아개발을 한다.

에릭슨(1979)은 노년기의 발달단계에서 달성해야 할 과업으로 자아통합(ego integrity)을 제시하였다. 그는 '자아통합'을 이루기 위해서 인간발달의 최종 목표를 자신이 겪은 삶의 의미를 가치있게 찾아내는 것인데, 노인이 자신의 지난 삶을 만족스럽게 수용하고 인정하면 가능하다고 하였다. 그러나 노인이 자신의 삶 속에서 의미를 찾지 못하고 만족하지 못하면 절망감을 발달시켜서 자신의 삶이 실패했다고 느끼게 된다고 하였다.

현대사회는 의학의 발달과 생활수준의 향상과 세계적인 현상으로 인구의 고령화 현상이 나타나고 있다. 특히 한국은 2026년 초고령사회 진입을 앞두고 있어 세계에서 가장 빠른 속도로 인구 고령화가 진행되고 있다. 이러한 인구 구조의 변화는 노인을 사회적으로 보호해야 할 대상에서, 무엇인가 하기에는 이미 늙어버린 존재이며 부양해야 할 짐스러운 대상으로 보고 있다.

오늘날 노인교육은 변화하는 문화의 물결 속에서 개인적 발전과 균형을 통하여 전이 과정을 수용하도록 돕고, 기초 능력은 물론 자율성과 존재감을 가지며 긍정적인 수용능력으로 적응과 인내를 익히게 해야 할 것이다.

생애주기로 볼 때, 아동 중심의 페다고지(Pedagogy), 성인 중심의 안드라고지(Andragogy)와 함께 3세대의 교육을 결합하거나 혹은 세대 초월적 교육의 의미를 갖는 트라이고지(Trigogy)라는 새로운 용어로 불리고 있다. 이는 노인교육이 단순히 아동, 성인, 노인이라는 연령에 따라 대상을 구분하여 그중 노인을 대상으로 하는 교육을 의미하는 것이 아니라, 연령이나 성별, 지위 등에 관계없이 개인의 이해와 관심도에 따라서 많은 세대가 함께 모여 상호작용을 통해 서로의 숨겨진 정보와 소통으로 새롭게 지식을 만들어 내는 적극적인 과정으로의 의미를 지니고 있다(최운실 외, 2017).

노년기 평생교육의 특성은 첫째, 자기 주도성으로 변화하는 문화와 사회 속에서 개인이 발전하여 균형을 찾아가는 전이과정을 돕는 것이다.

둘째, 풍부한 경험에 의한 문제해결을 노인학습으로 지원해야 할 것이다. 노인은 그동안의 삶 속에서 다양한 문제를 해결해 나가는 과정을 통해 풍부한 삶의 경험을 소지하게 되므로 그들의 경험이 존중되어야 한다. 노년기에도 노인들은 자신이 생활했던 직장에서의 경험, 자녀양육에서의 경험, 일상에서의 경험을 통하여 자원봉사나 사회참여의 다양한 부분에서 학습의 기회를 얻고 축적된 경험과 지식을 현실에 적용 및 개발하도록 지원해야 한다.

노인교육에 있어서 인격적 존중은 물론, 노인은 외적 기준의 평가보다는 내적인 주관성에 의하여 자신을 평가하는 특성이 있음을 우선 이해를 해야 한다. 자신의 잠재력을 파악하여 미래를 향한 자신감으로 현실에 대처할 수 있도록 노년기에는 자신이 체험한 삶의 경험에 학습을 지원해야 할 것이다.

따라서 노년기에는 자신이 체험한 삶의 경험에 따라 저마다 다른 양상을 볼 수 있다. 노인교육을 통하여 구체적으로 자신의 삶을 새롭게 조명하도록 학습을 지원해야 한다. 노년기에 자아통합이 이루어지고 원격한 인격의 소유자가 될 수 있도록 자신의 삶과 교육이 연계성을 갖고 이루어질 때, 노인은 가족이나 사회로부터 소외되지 않는 적극적 참여자가 될 수 있다(박성희 외, 2013).

그러므로 노년기 교육에서는 노인의 자산인 풍부한 경험을 바탕으로 자신에게 주어진 문제해결을 하므로, 노인은 자신의 노화를 긍정적으로 수용하며 실제적 삶에 유익한 지식과 기술을 체득하도록 안내해야 한다.

5. 여성교육

여성 평생교육은 급속한 사회의 변화 속에서 여성들이 적응력과 대처능력을 갖고서 자아실현과 사회발전의 주체가 되도록 지원하는 것이다.

여성들이 자기 자신을 돌보고 생애 전환을 이루며, 여성이 자기 삶의 변화와 늘어난 여가를 자아실현과 사회참여의 기회로 삼도록 한다면 뜻 깊은 일이다. 여성에 대한 학습기회 제공을 통해 여성 자신의 자아실현은 물론 사회발전을 도모하는 데 관심을 가진다(교육인적자원부·한국교육개발원, 2002).

최근에는 평생교육 차원에서 여성에 대한 보상적 기회 제공으로 양적인 확대가 이루어지며 여성의 평생교육 참여율 증가를 가져왔다. 그러나 내용적인 측면에서 살펴보면 여성의 사회적 지위 향상과 임파워링(Empowering)을 통한 자기 성장에 실질적인 기여를 못한 채, 단순한 취미, 교양, 여가 중심의 소비적 프로그램이 주류를 이루고 있다. 이는 여성들이 가지고 있는 교육적 요구와는 거리가 있다고 할 수 있다(최운실 외, 2017).

여성의 삶에 있어서 자아 정체감, 사랑과 결혼, 일은 가장 중심이 되는 공통의 과제이다. 어느 한 요소라도 문제가 있을 경우 대부분의 여성들에게 삶의 만족도는 저하된다. 따라서 여성 평생교육이 이들의 사회적 지위 향상과 삶의 질 개선에 실질적으로 기여하기 위해서는 여성의 독특한 삶의 조건을 충분히 고려한 교육구조와 내용으로 프로그램이 재편될 필요가 있다. 자녀의 양육 부담에서 점차 벗어나게 되는 30대와 40대에도 직업 세계에 새로이 적극적으로 참여하는 경우가 많으므로 이 연령대의 여성들을 위한 직업교육이 매우 중요하다(박성희 외, 2013).

여성을 위한 프로그램 운영 시간이나 공간, 부대 서비스 등에 대한 고려가 그 사례가 될 것이다. 예를 들어 미취학 아동을 양육하는 여성 학습자의 경우 대부분의 평생교육 기관에 보육공간이 마련되어 있지 않기 때문에 아이를 맡길 곳이 없어 평생학습 참여에 어려움을 겪는다. 국가나 지방자치단체의 한정된 재원 때문에 평생교육 기관에서 보육공간 마련이 어려운 현실을 감안한다면 이들의 가정으로 직접 강사가 찾아가는 '배달강좌' 등의 평생교육방법이나 아이와 함께 참여할 수 있는 프로그램의 개발 노력이 필요하다.

이와 더불어 경력단절 여성과 같이 결혼에 따른 육아 문제와 가정문제로 인해 직장생활을 지속하지 못하고 중도에 포기하는 경우도 많다. 이들이 어느 정도 여유가 생겨 다시 일을 하려고 해도 오랫동안 일을 하지 않음으로 인해 경력단절 현상이 발생하며 자신감 상실과 함께 원활하게 직업생활을 영위하기 어려운 실정이다(전혜숙, 2010).

여성들의 생애주기로 볼 때, 대체로 30, 40대 여성은 아이들의 문제, 50, 60대 여성은 건강, 비용, 교통문제 등이 참여의 장애 요인이다. 따라서 여성들은 교육을 위한 경우에도 교육정보를 쉽게 얻도록 접근성을 보장하고, 학습에 대한 관심을 참여로 유도할 수 있도록 학습상담에 역점을 두어야 할 것이다.

6. 다문화 교육

일반적으로 다문화라 함은 하나의 사회 안에 각기 다른 집단들이 형성한 문화들이 공존하는 것을 말한다. 다문화사회는 다양성과 차이를 존중한다. 이러한 의미에서 본다면, 사회통합과는 반대되는 용어라 할 수 있다. 즉, 이주민들에게 사회의 주류문화를 일방적으로 받아들일 것을 강요하는 동화주의 등이 사회통합의 한 방법이라면 이주민이 갖고 있는 고유한 가치를 존중하고 주류문화와의 공존을 꾀하는 것은 다문화주의의 한 방법이라고 할 것이다.

다문화사회는 서구사회와 한국사회 모두가 세계화와 저출산·고령화 현상이 대두되면서 시작되었다. 이에 더하여 우리나라에서는 한국적 특수한 현상인 농촌 총각 문제와 가족 중심주의가 작용하면서 다문화사회가 등장하게 되었다. 한국사회가 다문화사회가 되면서 다문화 가정 학생을 교육적으로 소외당하지 않게 하고 어떻게 사회적으로 통합할 것인가 하는 문제가 대두되고 있다. 현대사회는 서로 다른 언어와 피부색, 문화적 배경을 가진 사람들이 함께 교류하고 생활하는 다문화사회로 빠르게 변모하고 있다. 이러한 사회변화는 더 이상 우리에게 이례적인 모습이 아니다.

이러한 이유로 우리들은 다양한 사회 구성원들에 대한 다양성의 가치를 존중하고 인정하며, 타 인종과 타문화를 편견 없이 받아들일 수 있는 다문화적 역량을 갖추도록 요구받고 있다. 그러나 지금까지 한국사회는 단일민족을 긍지와 자부심으로 여겨왔으며, 그동안 다문화사회를 맞을 준비나 대비가 거의 없었다. 이러한 결과로 소수문화를 이해하기보다는 일방적으로 한국 문화를 주입하여 이들을 동화시키려 함으로써 충돌을 빚고 있다. 외국인 부모의 문화적 충격과 언어 소통 등의 어려움은 자녀의 성장 과정에 큰 영향을 미치고 있으며, 친구들과 다른 외모, 외국인 부모를 가졌다는 사실만으로도 지역사회의 편견과 또래들의 따돌림의 원인이 되고 있다(조영달 외, 2006).

한국사회가 다문화사회가 되면서 다문화 가정 학생을 교육적으로 소외당하지 않게 하고 어떻게 사회적으로 통합할 것인가 하는 문제가 대두되고 있다. 최근 다문화 가정 자녀의 증가와 유학 중도입국 자녀가 늘어나는 학교 현장에서는 이들에 대한 편견과 차별, 왕따, 학교폭력 등의 문제가 심각하다. 제한된 언어로 인한 의사소통의 어려움과 사회적 편견에 노출, 사고방식과 습관 그리고 성격의 차이, 타 문화에 대한 이해의 결여 등 다양한 어려움이 존재하고 있다(박성희 외, 2017).

따라서 다문화 교육은 사회 구성원 전체의 편견을 없애고 다문화적 민감성을 키울 수 있는 프로그램이 운영되어야 한다. 그럼에도 불구하고 평생교육 현장에서는 대부분 결혼이주자와 그 자녀를 대상으로 하는 교육이 이루어지고 있다. 그러므로 향후 다문화 교육의 방향은 우리 사회의 소수자인 다문화 배경을 가진 이주민과 전체 국민을 대상으로 하는 두 가지 차원에서 고려하여 진행되어야 한다.

제3절 평생교육방법의 원칙

평생교육방법을 이해하기 위해서는 평생교육의 기본 성격과 그 원칙을 살펴볼 필요가 있다. 평생교육은 태아 교육에서 생의 마무리교육까지 전 생애를 대상으로 하는 교육이다. 그렇지만 현재 평생교육에 참여하는 주요 대상은 성인학습자이다. 이를 감안하여 학령기 아동과 다른 성인학습자의 특성을 반영한 평생교육방법의 원칙을 이해 할 필요가 있다. 따라서 학교교육과 평생교육의 차이점을 이해하면 평생교육방법의 원칙을 이해하는 데 보탬이 될 것이다.

1. 문제해결 중심의 원칙

브론펜브레너(Bronfenbrenner, 1978)는 생태적 전이를 중시하여 미시체계 속에서 개인의 역할을 변화시키거나 거시체계 속에서 환경을 변화시키는 문제해결 방법을 강조한 바 있다. 문제해결 중심의 원칙에서는 개인이 자신의 생활환경 속에서 충분히 기능을 발휘하도록 지원할 것을 강조한다. 학습자의 요구에 의한 총체적 지원과 다양한 방법을 통한 통합적 지원이 요청된다. 자율적인 성인은 일상생활 속 문제를 스스로 해결하고, 사전에 문제를 예방하며, 자신의 요구를 중심으로 문제를 해결해 나간다. 그러므로 문제해결의 함양을 위해서 학습에 참여하고자 한다.

그 중에서 예방의 원칙, 탈중앙화 및 지역화의 원칙, 일상생활 지향의 원칙, 완성의 원칙이 있다. 최근까지는 사회복지기관이 중심의 복지가 강조되어 저소

득층 계층을 우선 지원대상으로 선정하여 개인을 시설이나 기관에서 보호하는 것보다 일상생활 속에서 성장하고 완성되도록 지원하는 것이다. 따라서 평생교육사는 같은 문제를 가진 집단을 동시에 지원할 때, 교수자를 통한 실습과 또래들과의 상호작용으로 집단 학습이 일어나도록 촉진하고 다양한 지원전략을 적용해야 한다.

2. 주체화의 원칙

클라프키(Klafki, 1985)는 성인교육의 원칙으로 첫째, 학습자의 자기 결정성, 결정에 참여하는 권한 그리고 해방적 속성을 포함하는 주체화(individuation)의 원칙을 주장했다. 둘째, 계층적 사회화에서 벗어나 사회의 불평등을 완화시키는 데 기여하는 교육, 개인이 잠재력을 개발시키는 교육, 그리고 일상생활에서 일어나는 경험을 이용한 총체적 교육을 강조하였다.

따라서 총체적 교육은 계층적 사회화가 고착되어 불평등이 심화되지 않도록 하기 위해 모두에게 교육 기회가 보장되도록 학습권을 보장하는 것이다. 머리(head), 가슴(heart), 기술(hand)의 3H를 통하여 전인교육을 추구했던 페스탈로찌(Pestalozzi)의 사상에 기초하여, 인지적인 지식 습득 이외에 감정의 발달, 성찰력 향상, 도덕적 인성 소지, 자신의 특성과 결정력에 기반하여 직업능력을 개발하고 사회에 참여하는 의무를 갖고 실천적 문제 해결을 증대시키는 것이다. 소외된 가족의 교육권은 국가의 책무성으로 강조되어야 한다. 특히, 교육이 인간의 총체적인 완성을 지양하는 것이므로 교육의 출발점으로써 학습자의 일상생활 지향의 원칙이 중요하다. 이로써 교육방법이란 개인이 자율적인 존재가 되도록 개인의 총체적인 완성을 지원해야 하는 것이다.

3. 독학의 원칙

독학(autodidactism)은 학습자 스스로 교육을 주도해 나가는 자기 주도적 학습 형태이다. 독학자란 학교교육을 받아 본 적이 없거나 정규교사나 멘토에게서 교육을 받은 적이 없는 사람을 말한다. 독학은 교육에 관한 혼자만의 예술적 철학이라는 의미를 갖고 있는 교수법(didacticism)에서 그 기원을 찾을 수 있다.

혼자서 학습하는 것은 매우 힘든 과정이다. 독학자들의 일부는 도서관 또는 웹사이트에서 학습을 하기도 하지만, 일부는 가족이나 친구로부터 배우기도 한다. 독학자들은 일반적인 의무교육제도에 따른 정규 교육과정에서 소외되어 있어 학교 같은 전통적인 교육기관에서 학습한 경험은 없지만, 다양한 방법으로 학습활동에 참여하여 꾸준히 지속적인 학습을 한다.

에이브러햄 링컨도 독학으로 변호사가 되고 미국의 대통령이 되었으며, 비행기를 발명한 라이트 형제도 고등학교를 다닌 적이 없으나 자전거 가게를 운영하며 독학으로 연구하여 비행기를 발명하였다. 이러한 사례를 보면, 독학이 매우 효과적인 학습방법 중 하나임을 증명해 준다고 볼 수 있다.

교육방법의 개념은 학습자의 자기 주도적 학습을 지원하는 것으로 이해되는데, 이러한 경우에 교육방법은 교육의 개념보다 스스로 학습하는 독학의 개념이 더 강조된다. 교사중심의 수업이 과거보다 많은 의미를 잃어 가고 있는데, 이것은 학교교육을 통해서 삶을 살아가는 데 필요한 능력이나 삶의 질 향상을 배우기 어렵기 때문이다. 따라서 학습자가 자기 주도적으로 학습의 맥락을 만들어 가도록 돕는 학습 상담과 교육의 지원이 이루어져야 할 것이다.

4. 역량 개발의 원칙

지식기반사회로의 발전을 역설하는 토플러(1980)와 드러커(Drucker, 2002)는 인적 자원이 생산하는 지식이 생산자본의 핵심이 된다고 보았다. 전문적인 지식 습득의 기초가 되는 역량(competency)은 급변하는 상황에서 다양한 문제해결을 위해 전문적 지식을 적용할 수 있는 학습능력과 문제해결을 위한 혁신적이고 창의적인 적용능력이다(박성희 외, 2008).

역량이란 교육을 통해서 변화에 대처하는 능력을 키워가는 것이다. 역량은 행위능력을 의미할 수도 있지만, 이러한 능력은 비형식적인 학습과정이나 경험을 통하여 보충될 수 있다. 따라서 교수자는 자신의 교수역량을 제도적 교육이나 무형식 비형식 학습을 통하여 꾸준히 개발해 나가야 한다.

제4절 평생교육방법의 유형

평생교육은 어떤 교육방법을 선택하여 어떻게 교육활동을 전개해 나가느냐에 따라 교육의 성패가 좌우된다. 평생교육의 대상자는 다원적이며, 이질적인 특성으로 인하여 연령, 성, 학력, 직업, 지위, 경제적 배경, 학습동기, 참여도의 다양성, 그리고 가르치는 사람과 배우는 사람 간 수평적인 상호관계, 교육관계 유지 등 대상에 대한 특별한 배려가 필요하다.

상황에 따른 평생교육방법은 교육의 목적, 내용, 교육대상, 교육적 여건 등에 따라 다양한 교육방법을 활용할 수 있다. 이러한 평생교육의 특성을 기반으로 이루어지는데 학자마다 다양한 기준에 의해 교육방법을 구분하고 있다. 개인중심, 토론 중심, 커뮤니케이션기법 중심, 또는 매체중심과 홍보중심이나 현장 학습이나 사례중심, 레크레이션 중심으로 평생교육방법을 분류할 수도 있는데, 그 중에서 비교적 중요한 두 영역인 홍보와 집단중심의 평생교육방법이 많이 성행하고 있다.

때론 대화나 토론 중심이 되는 평생교육방법에서 서로의 이해와 호응에 따라 교육적 욕구를 보다 더 충족할 수 있도록 하기 위해 평생교육기관이 다른 기관과 연계하여 조직적으로 지역사회와 유대관계를 갖도록 하는 과정이 요구된다고 볼 수 있다.

따라서 학자들의 다양한 연구 결과를 살펴보면, 평생교육방법의 유형도 다각도로 분류할 수 있다. 본 교재에서는 여러 학자의 기준을 참조하여 가장 쉽게 이해도를 높일 수 있도록 요약해 보았다. 아래 도표에서 보듯이 평생교육방법의 유형을 학습자의 조직, 학습목적과 내용, 교수매체 등에 따라 분류하여 살펴보고자 한다(이미나 외, 2009).

표 1-1 평생교육방법의 분류

구분	분류준거		
	학습자의 조직	학습목적과 내용	교수매체
유형	개인중심 집단중심 지역사회중심	정보의 제공과 지식의 변화 직업기술 및 기능(skill)교육 태도(attitude)의 변화	예시적 조작적 확산적 환경적

출처: 이미나 외(2009).

1. 학습자의 조직에 의한 분류

학습자 조직에 따른 평생교육방법은 성인학습자들이 어떤 조직적 상황에서 학습에 참여하느냐에 따라 개인, 집단, 지역사회 중심으로 유형화할 수 있다. 그러나 평생교육에서 조직의 의미는 학교교육과 같이 제도화된 의미가 아니다. 학습자 조직에 따른 유형의 분류는 평생교육기관이나 교수활동 주체와의 관계에서 학습자가 독립된 개인으로 교육에 참여하고 있는지, 아니면 어떤 조직의 구성원으로 참여하고 있는지, 혹은 지역사회 구성원으로 참여하고 있는지에 따른 분류방법이다. 어떠한 유형으로 참여하는지에 따라 적절한 방법을 활용해야 한다. 다음에서 학습자의 조직에 의한 분류를 개인중심 평생교육방법, 집단중심 평생교육방법, 지역사회 중심의 평생교육방법 등으로 살펴보고자 한다(권이종 외, 2003: 최운실 외, 2017).

1) 개인중심 평생교육방법

개인중심 평생교육방법은 학습 동료들의 특성이나 진도, 학습성취와 관계없이 학습계획의 설계를 학습자 자신이 해야 한다. 학습목표를 자신이 정하고, 학습 준비도를 평가하며, 이에 따른 학습내용을 스스로 구안하며, 학습방법을 선택하고 진행하며, 학습성과나 결과의 평가에 있어서도 자기주도적인 평가를 위주로 하고 있다. 즉 학습자 스스로 독자적인 계획을 세우고 독자적인 방법으로 학습을 진행해 나가는 것을 말한다.

개인중심 방법에는 서적이나 방송 교육 프로그램 등의 교육매체를 이용하여 스스로 학습하거나, 지역의 다양한 평생교육기관의 인적·물적·정보·시설 자원을 활용하면서 개인적인 학습을 하는 경우도 있다. 이러한 개인중심 평생교육방법은 경험 있는 숙련된 교수자로부터 직접적 접촉을 통해 기능을 전수받는 도제학습, 학습자 주도의 체계적인 독서와 연구를 통한 독립적 독서 연구, 프로그램화된 컴퓨터와 상호작용을 통해 학습하는 컴퓨터보조교육(CAI) 방법이 있다.

최근에는 일정하게 교육장소에 참여하기 어려운 성인학습자의 경우에는 사이버 공간을 이용하거나 스스로 매체활용과 자율학습을 통한 종합적인 학습방법을 찾는 경우가 많다.

2) 집단중심 평생교육방법

집단중심 평생교육방법은 학습자의 조직이 작은 또는 큰 집단으로 조직화하여 학습하는 방법이다. 집단 속에서 여러 사람들이 일정한 공간에 모여, 학습자 간의 인간관계를 중시하면서 함께 상호학습을 하면서 이루어지는 교수·학습방법을 말한다. 평생교육을 원하는 성인학습자의 교육적 욕구를 충족시키고 삶의 현장에서 필요한 교양을 높인다. 집단에서 공동체 의식을 길러, 집단의 과제를 해결하고, 조직적인 공동체 의식을 길러, 집단이 추구하는 목표를 실현하고자 한다.

평생교육 현장에서 가장 많이 사용되는 집단중심 방법은 그 규모에 따라 소집단 방법과 대집단 방법으로 구분된다. 학자에 따라 차이는 있지만 대개 20명 이하를 소규모 집단이라 하고, 35명 이상을 대규모 집단이라 설정하고 있다(Powell, 1978). 집단의 규모나 구성원 간의 의사소통이 어느 정도 필요한가에 따라 적절한 방법이 구성되어야 한다.

집단중심 평생교육에서 학습지도 방법은 교수자 강의 중심, 교수·학습자 토론중심, 학습자 체험중심 등의 평생교육방법이 있다. 교육내용으로는 강의나 강연, 포럼, 세미나, 심포지엄, 패널토의, 워크숍 등의 토의법과 브레인스토밍, 액션러닝, 역할극 등이 있다.

3) 지역사회중심 평생교육방법

지역사회중심 평생교육방법은 일정한 지역주민을 대상으로 다각적인 접촉 및 조직화하여 많은 지역주민들이 지역 문제해결과 발전에 참여케 하는 것이다. 즉, 특정 지역사회 구성원들이 자신들의 생활의 문제 중 지역사회의 관심사를 주제로 정하여 협의하고 구성원들의 참여와 활동을 통하여 문제를 해결하고자 할 때 적용되는 효과적인 방법이다. 이것은 대부분의 주민들이 자발적으로 지역사회의 발전과 자아실현을 위해 친목의 과정으로 이루어진다. 최근에 지방자치제도와 학습도시 출현으로 지역 평생교육이란 용어가 널리 사용되고 있다. 지방자치제도와 학습도시의 출현으로 지역을 중심으로 평생학습 마을 만들기, 지역공동체 만들기 등의 지역사회 중심 교육의 필요성과 중요성이 더욱 절실해지고 있다. 과거 우리나라의 새마을 교육이나 덴마크의 국민대학(Folk High School) 등이 전형적인 예라 할 수 있다.

지역사회중심 평생교육이란 본래 학교교육의 목적을 지역사회의 요구에 보다 더 접근시키려는 시도에서 출발한 넓은 의미에서의 지역사회 지향적 교육이라는 뜻을 가진 개념이다. 따라서 이는 지역사회와 학교와의 상호의존적 관계를 형성하며, 지역사회의 모든 인적, 물적 자원을 최대한 활용하여 주민의 삶터에서 물리적 거리가 가까운 곳이므로 풍부한 교육자원을 확보할 수 있는 방법이다.

2. 학습목적과 내용에 의한 분류

일반적으로 평생교육방법은 특별하게 정해진 일련의 교육방법으로 한정지을 수 있는 것은 아니다. 수업이 다양한 교육방법, 평생교육의 맥락과 취지에 적절하게 사용될 수 있는 모든 교육방법들을 포함하기에는 구분이 명확하지 않다. 하지만, 분류하는 두 번째 준거는 평생교육을 통해 무엇을 가르치고 무엇을 배우려 하는가이다. 즉, 학습목적이나 내용에 따라 방법이 달라져야 할 필요가 있다는 것이다. 학습목적에 따라서 내용이 다르다.

그래서 평생교육 프로그램의 내용을 교육목적에 적절하도록 구분한다. 인간발달 단계에 따른 과업 및 성별에 따른 교육, 직업과 관련된 교육, 자기성장을 위한 기회를 위한 교육 등 다양한 요구에 따라 다를 것이다. 따라서 여기서는 교육내용을 정보의 제공과 지식의 변화, 직업기술과 기능교육, 태도 변화를 위한 세 차원으로 구분하고 각각에 적합한 평생교육방법에 대해 살펴보고자 한다.

1) 정보의 제공과 지식의 변화

누구라도 급변하는 현대사회를 살아가면서 정보의 제공, 지식의 변화 혹은 새로운 혁신에 대한 이해의 폭을 향상시켜 나가야 한다. 이는 성인의 평생교육 참여를 유도하는 주요 동력으로 작용하고 있다. 지식의 참신성과 신뢰성을 유지하기 위하여 계속적인 보완작업을 하며, 빠르게 변화하는 지식에 대해 평생교육 교수자는 능동적으로 대체하여 참신하고 신뢰성 있는 지식을 학습자들에게 제시하여야 한다. 수시로 변하는 사회적 여건에서 새로운 정보의 제공은 필수적으로 요청된다. 따라서 필요에 따른 기능(skill) 개발 등 학습자의 요구에 따른 내용을 체계적으로 교수설계를 통해서 학습하도록 해야 한다. 방법으로 개인 및 집단중심 평생교육방법이 활용될 수 있으며, 강연회, 강의, 패널토의 등의 방법은 정보와 지식의 변화를 돕기 위해 가장 널리 활용되고 있는 방법이다.

2) 직업기술 및 기능향상

직업기술 및 기능개발을 위한 직업적 기능의 발전, 보충교육, 자격취득을 위한 교육, 농사 기술, 소득증대, 운전교육, 각종 기술교육에 관한 교육내용은 개인 및 집단중심 평생교육방법이 활용될 수 있다. 개인 지도와 시범 및 실습이 가장 대표적인 방법이라 할 수 있다. 대부분의 평생교육 프로그램은 그중 몇 가지의 기능 습득이나 개발을 요구하기 때문에 전시 혹은 연시의 방법(demonstration methods), 실연법, 참관 및 관찰, 현장연수 등으로 직업기술 및 기능교육을 강화해야 한다. 예를 들면 자동차 정비교육, 커피바리스타, 홈인테리어, 제과·제빵 등과 같은 직업기술 및 기능개발을 위한 평생교육 프로그램이다.

실습에 앞서 교수자가 학습자에게 강의와 견학 기회를 제공하고 시범을 보여주고 학습자가 연습할 수 있도록 진행하는 것은 필수적이다. 유의점으로는 학습자들은 교수자의 안내와 피드백을 받으면서 단계적이고 반복적인 실습과정을 거치도록 한다. 교육이 진행되는 동안 교수자는 학습자의 학습능력과 속도를 고려하여야 하며, 스스로의 힘으로 수행할 수 있을 만큼 실제적인 연습시간을 충분히 제공하도록 한다.

3) 태도(attitude)의 변화

평생교육에 있어서 아는 것과 변화는 적용 속도가 다르다. 특히 알고 있어도 변화가 어려운 것은 혼자만의 자유의지에 달렸기 때문이다. 그래서 태도(attitude)의 변화를 위한 평생교육은 대체로 집단중심 방법을 위주로 이루어진다. 강의, 토의, 역할극 및 매체활용 방식 등이 태도의 변화를 꾀하는 효과적인 프로그램이다.

최근 진행되고 있는 대부분 프로그램의 목표는 태도와 신념 및 가치관의 변화이지만, 학습에 임하는 자세와 참여자의 열정과 의지에 따라 학습효과의 차이가 있다. 그러므로 평생교육자는 성인학습자들이 적극적으로 학습에 참여하고자 하는 의지를 가질 수 있도록, 여러 가지 전문적인 집단과정의 프로그램으로 학습자의 가치관 형성 및 태도의 변화를 촉진시켜야 한다.

3. 교수매체에 의한 분류

평생교육을 하는데 있어서 학습자 분포, 다양성, 삶의 형태와 이질성, 학습목표의 다양성으로 인하여 학습 참여자와 흥미유발과 요구 부응에 어려움을 겪게 된다. 이러한 평생교육 참여자의 학습동기를 강화하고 능동적 참여를 유도하기 위하여 여러 가지 교육매체가 활용되어야 한다. 학습에 활용될 교수매체는 교재와 교구로 구성되며, 교재는 교수·학습을 위한 자료인데, 교구의 개념과는 상대적인 개념이라고 할 수 있다.

우리가 보통 교수매체라는 용어를 사용할 때는 교재 및 교구를 모두 포함하는 포괄적인 의미로 사용하고 있다. 평생교육에서는 교수·학습을 촉진하기 위한 교수매체의 효과적인 활용이 중시된다. 교수·학습의 전달과정에서 학습내용을 전달하는 매개체, 즉 교재나 자료에 한정된 것이 아니라, 전달 방법과 같은 방법적인 측면도 포괄하는 개념이다.

학습매체는 일반적으로 학습과정에서 학습효과를 높이기 위해 사용되는 도구이며 상호간 소통의 수단이라 정의할 수 있다. 평생교육 현장에서 활용되는 학습매체에 따라 평생교육방법을 유형화하면, 예시적 매체, 조작적 매체, 확산적(원격) 매체로 분류할 수 있다(최운실 외, 2017).

1) 예시적 교수매체

평생교육방법에서 예시적 교수매체는 예시를 통해서 학습의 효과를 높일 수 있다는데 착안한 방법이다. 언어적 매체, 시청각 매체, 후각적 매체로 활용되고 있다(최운실 외, 2017). 언어적 매체는 학습 과정에서 학습주제와 관련한 이해를 돕기 위해 적절한 사례를 들어 언어적 설명을 제공하는 경우이다.

넓은 의미에서 강의, 강연, 토론 등이다. 시청각 매체는 시각, 청각, 시청각 매체로 나누어 볼 수 있다. 시각매체로는 주로 정적·수동적인 교수자료로 주로 학습 과정에 활용된다. 교과서, 인쇄매체, 칠판, 게시판, 사진, 그림, 그래프, 만화, 투시(TP)자료, 슬라이드 자료, 신문 등이 있다.

또한 청각매체는 육성과 다른 소리를 녹음하여 전달하는 매체로 라디오, 녹음기, 전축, 카세트 테이프 등이 있다. 시청각매체로는 시각과 청각적 정보를 동시에 활용하는 다중 매체로 영화, VTR, 인터넷, 컴퓨터, TV 방송 등이 있으며, 이들을 활용하기 위한 자료인 비디오테이프, 필름 등을 포함한다.

최근에는 시청각매체에 냄새를 곁들여 후각을 자극함으로써 학습효과를 기대하는 특수교육용 매체도 개발되고 있다. 교수매체를 효과적, 효율적으로 사용하기 위해서는 각 교수매체의 유형과 특성에 대한 이해에 기초하여 교육현장의 여건과 요구에 가장 잘 부합하는 매체를 선정하는 것이 필요하다.

2) 조작적 교수매체

평생교육 프로그램에서 조작적 교수매체는 주로 기능개발을 위해 활용되며, 학습자들의 직접적 조작이 요구되는 학습주제를 수행하기 위해 제공되는 학습용 기자재를 의미한다.

직접 학습자들이 필요한 도구나 장비를 동작을 통하여 각 부문의 기능과 관계를 보여 줄 수 있도록 구안된 보조물이나, 기능학습 등에 쓰이며, 자동차 엔진모형 조립이나 인체 해부를 위한 모형 등을 예로 들 수 있다.

기술의 발달로 스마트폰, 휴대용 컴퓨터 등 새로운 매체가 등장하여 채팅, 게임, 전화 등 다양하게 활용되고 있으며, 중장비 기술을 배우기 위해서 이론도 중요하겠지만, 실제로 중장비를 조작할 기회가 제공되어야 한다.

최근에는 과학기술의 발달로 교수자와 학습자가 서로 조작이 가능한 현장 학습으로 활용되기도 한다. 실물과 유사하거나 대치 가능한 모형들이 개발됨에 따라 조작적 교수매체를 활용한 학습이 상호작용을 통해서 더욱 용이해지는 경향이 있다.

3) 확산적 교수매체

오늘날 교수매체(instructional media)의 개념은, 교수활동을 하는 데 있어서 내용을 보충하는 보조 자료라는 종래의 좁은 뜻에서 벗어나, 교수·학습과정에서 교수목표를 달성하기 위하여 학습자와 교수자 간 사용되는 모든 수단을 일컫는 것으로 넓게 이해되고 있다.

교수매체는 교재와 시청각 기재, 컴퓨터뿐만 아니라 인적자원, 지도내용, 학습환경, 시설 및 각종의 기자재들을 모두 포함하는 광의 개념으로 이해되고 있다. 확산적 교수매체는 원격매체의 일종으로 서적·잡지·신문 등의 인쇄 매체, 라디오와 텔레비전 등의 방송매체, 인터넷과 멀티미디어 등의 다양한 형태의 정보가 컴퓨터 시스템을 통하여 학습자와 상호작용하는 학습매체라고 할 수 있다. 확산적 매체는 짧은 시간에 많은 학습자에게 경제적이면서도 효과적인 면으로 평생교육 현장에서 많이 활용되고 있다.

특히 대중매체의 보급률이 높아졌고, SNS를 통한 소통이 수단이 다양하되었다. 또 컴퓨터의 급속한 발달로 이러닝(E-learning)을 통해 평생학습에 참여하는 학습자들이 증가하고 있다. 이러한 현상은 우리 사회를 빠르게 변화시켰고, 사람들의 비대면 상황에서도 상호작용과 소통을 활발하게 만들었다. 이로 인하여 확산적 매체의 교육적 중요성이 높아지는 계기가 되고 있다.

4) 환경적 교수매체

평생교육에서 환경의 요소를 소외시키거나 배제할 수 없다. 환경적 교수매체는 학습장소의 물리적 환경과 관계된다. 학습장소의 위치에 따라 그 구성과 학습효과에 차이는 경험을 통해서 알 수 있다.

교육내용에 따라 학습장소는 박물관, 도서관 등의 학습장 또는 토론장에서의 좌석이나 기구배열을 통한 교육방법이 다각도로 전개되고 있다. 극기 훈련과 같은 실내외 공간이나 자연이용에서 내적, 외적 환경을 어떻게 적응하고 구성할 것인지에 대해서도 생각해 보아야 한다. 또한 교육방법에 따라 강의식 환경을 구성할 것인지 혹은 토의식 환경으로 구성할 것인지 대하여 교수매체를 사전에 고려해야 한다.

효과적인 학습을 위하여 교수자의 역할은 수업환경에 적절한 교수매체를 적절하게 활용할 수 있는 능력도 기본적으로 갖추어야 한다. 장소와 시기에 적절한 환경적 교수매체를 사전에 준비하고 점검해야 수업효과도 증가할 것이다.

요약

1. 평생교육방법의 정의는 학교교육과 학교 외 교육을 유기적으로 연계하고, 유아교육에서부터 성인·노인교육까지를 생애발달 주기의 맥락에서 연계하여 궁극적으로 사회 구성원들의 모든 삶의 영역에 미치는 학습의 단계, 모든 과정에서 필요로 하는 교육을 전달하는 체계를 뜻한다.

2. 청소년기의 학습목적은 넓게는 지적, 정의적, 행동적 능력을 함양하며 전인적 인간으로 발달하는 것이고, 좁게는 자신의 진로를 개척하는데 필요한 지적 능력을 함양하는 것이다.

3. 학교교육이 준비교육이고 미래지향적인 속성을 지니는 것과 달리 평생교육은 현실 지향적이고 즉시적인 적용가치를 지니는 교육이 중시되는 특성을 지닌다. 아동·청소년들이 미래를 준비하기 위해 학습에 참여한다면, 성인들의 상당 부분은 현실의 문제를 해결하기 위한 동기로 학습에 참여한다.

4. 개인중심 평생교육방법은 학습동료의 특성이나 진도, 학습성취와 관계없이 학습자 스스로 독지적인 계획을 세우고 독자적인 방법으로 학습을 진행해 나가는 것을 말한다. 개인중심 방법에는 서적이나 방송 교육프로그램 등의 교육매체를 이용하여 스스로 학습하거나, 지역의 다양한 평생교육기관의 인적·물적·정보·시설 자원을 활용하면서 개인적인 학습을 하는 경우도 있다.

5. 평생교육방법의 미래는 발전·성장할 것으로 전망된다. 학습은 개인의 재능과 능력이 향상될 수 있도록 많은 기회를 제공하여 개인의 성장과 조직을 발전시키며, 지역사회의 발전과 미래의 경쟁에서 우위를 점하는데 핵심가치로 작용하게 될 것이다. 미래의 평생교육 전문가의 역할도 학습자의 개인적 잠재력을 찾아내어 자기개발과 혁신이 되도록 돕는 배려가 중요할 것이다.

연구문제

1. 평생교육자의 관점에서 평생교육을 어떻게 정의할 수 있는지를 핵심요소에 대하여 발표해 봅시다.

2. 평생교육방법의 원칙 중 독학의 원칙을 생활 속에서 주변의 사례를 중심으로 설명해 봅시다.

3. 평생교육방법의 유형중 개인중심 평생교육방법과 집단중심 평생교육방법에서 특성과 장·단점에 대하여 설명하고 자기의 의견을 발표해 봅시다.

4. 평생교육의 주요 대상인 아동, 청소년, 여성, 노인 중에 자신이 관심 있는 대상을 선정하여, 그 대상에게 효과적인 평생교육방법에 대해 이야기해 봅시다.

5. 교수매체 분류에 대하여 특별히 관심이 있는 두 부분을 골라서 간략하게 설명하고 예를 들어 봅시다.

CHAPTER 02

평생교육방법의 이론적 토대

개요

평생교육의 방법을 이해하기 위해서는 평생교육의 토대를 이루고 있는 철학적 배경이 기초가 되어야 가능하다. 이 장에서는 학습이론의 이해를 위해 전통적 학습이론인 행동주의 학습이론, 인지주의 학습이론, 인본주의 학습이론, 사회학습이론, 구성주의 학습이론을 설명하였고, 평생교육의 학문적 정체성을 구축해 온 대표적인 성인 학습이론인 경험학습, 전환학습, 자기주도학습, 안드라고지, 노인 학습이론인 제라고지 등 학습이론과 그 이론을 주창한 주요 성인교육자들에 대해 살펴보았다

학습목표

1. 전통적 학습이론을 이해할 수 있다.
2. 성인 학습이론을 이해할 수 있다.
3. 노인 학습이론을 이해할 수 있다.

주요 용어

경험학습, 전환학습, 자기주도학습, 안드라고지, 페다고지, 제라고지

제1절 전통적 학습이론

1. 행동주의(behaviorism)

행동주의 학습이론은 행동주의 심리학을 바탕으로 관찰 가능한 행동에 초점을 맞추고, 학습이 유기체와 환경 간의 상호작용을 통해 이루어진다고 보는 것이다. 행동주의 학습이론에는 시행착오이론, 고전적 조건화이론, 조작적 조건화이론, 체계적 행동이론 등이 있다.

1) 시행착오이론(trial-and-error theory)

선다이크(Thordike)는 학습은 시행착오를 거치면서 일어난다고 주장하였으며 주요 학습 법칙으로 효과의 법칙, 실행의 법칙, 준비성의 법칙 등 세 가지 법칙을 제시하였다.

① **효과의 법칙(law of effect)**: 학습자는 만족스러운 결과가 기대되는 반응을 기억하고 습득한다.

② **실행의 법칙(law of exercise)**: 학습자가 실행을 반복하면서 정확한 반응은 많아지고 부정확한 반응은 적어지면서 실질적인 학습이 이루어진다.

③ **준비성의 법칙(law of readiness)**: 학습자가 학습하려는 적절한 준비를 갖추었을 때 학습은 강화된다.

2) 고전적 조건화이론(classical conditioning theory)

파블로브(Pavlov)는 개의 실험을 통해 개에게 종소리(중성 자극)를 들려주고 먹이(무조건 자극)를 주는 과정을 반복하면 종소리(조건 자극)만 들어도 개가 침(조건 반응)을 흘린다는 사실을 발견하였다. 이를 통해 파블로브는 무조건 자극과 조건 자극을 반복해서 학습시키면 강화된 행동이 나타난다고 보고 모든 학습과정은 자극과 반응 간의 조건형성과정이라고 보았다.

3) 조작적 조건화이론(operant conditioning theory)

스키너(Skinner)는 어떠한 행동의 결과가 스스로에게 긍정적인 반응으로 나타나면 그 반응이 일어날 확률을 증가시키고, 부정적인 반응으로 나타나면 그 반응이 일어날 확률을 감소시키는 과정에서 행동을 수정한다고 하였다. 이와 같은 긍정적 반응을 보상이라고 하고 그러한 보상을 통해 특정 행동의 발생 빈도가 증가하는 것을 강화라고 한다. 조작적 조건화는 보상과 강화를 통해 특정 행동으로 유인하는 학습이라고 할 수 있다.

4) 체계적 행동이론(systematic behavior theory)

훌(Hull, 1943)은 기존의 자극 – 반응의 기계론적 모형에서 벗어나 자극(stimulus: S) – 유기체(organism: O) – 반응(response: R)의 역동론을 도입하였다. 즉, 자극과 반응을 유기체가 매개한다고 보았으며, 욕구는 자극과 반응 사이에 영향을 미치는 중요한 매개변수로서 학습 동기에 영향을 준다고 하였다.

이와 같이 평생교육의 방법은 행동주의 이론을 바탕으로 더욱 다양하고 체계화되었으며, 특히 행동주의의 조건과 반응의 관계에 대한 연구는 평생교육방법에 중요한 영향을 주고 있다. 그러나 학습자를 능동적 존재가 아닌 조정과 통제가 가능한 수동적 존재로 가정하고 있다는 점에서 비판을 받았다.

2. 인지주의(cognitivism)

인지주의는 사고하는 사람의 감각을 해석하고, 자신의 의식을 자극하는 사건에 의미를 부여하는 것이다(Grippon & Peter, 1884). 인지주의 이론가들은 학습을 인지적 현상으로 보았는데, 피아제(Piaget, 1966)는 유기체와 환경 간의 상호작용에서 일어나는 내적 인지과정에 초점을 두고, 인간의 발달에 기초하여 학습이 이루어진다고 보았으며, 가네와 브리그스(Gagne & Briggs, 1979)는 학습을 외부환경의 자극으로부터 새로운 능력을 획득하는 데 필요한 내적인 정보처리의 단계로 변화시키는 일련의 인지과정으로 보았다. 오수벨(Ausubel, 1967)은 학습을 유의미한 학습(meaning learning)과 기계적 학습(rote learning)으로 구분하면서 새로운 학습 내용이 학습자의 인지구조에 이미 존재하고 있는 개념과 관련이 있을 때 의미가 있다고 보았다. 그는 학습자의 인지구조와 연계되지 않기 때문에 쉽게 잊혀지는 기계적 학습이론보다는 학습자의 인지구조에 이미 존재하는 개념과 관련지을 수 있는 유의미한 학습이론을 언급하면서 인지구조의 중요성을 강조하였다.

인지주의자들은 인간이 정보를 수동적으로 수용하는 것이 아니라 자신에게 적합하도록 재구성하여 능동적으로 수용한다고 믿는다. 이는 정보를 습득하고 축적하며 회상하는 것이 성인학습에 대한 발달적 접근의 발전에 영향을 준다는 것을 의미한다. 이와 같이 인지주의 관점에서 학습은 문제해결을 위해 심사숙고하는 과정에서 통찰을 통해 일어나고, 외부환경으로부터 필요한 정보를 능동적으로 수집하여 인지함으로써 학습이 이루어진다고 보는 이론이다.

3. 인본주의(humanism)

인본주의는 행동주의와 인지주의 학습이론과는 대조적으로 학습자의 개인적 발달과 인간의 성장 가능성에 대한 관점으로 접근한다. 인본주의 이론가들은 행동주의자들과 프로이드 학파의 심리학사들이 주장하는 인간성에 관한 관점 즉, 환경이나 개인의 무의식에 의해 인간의 행동이 이미 결정된다는 개념을 부인한다. 인본주의 학습이론에서 인간은 선천적으로 선한 존재이며, 자율적으로 행동하는 인간은 성장에 대한 무한한 잠재력을 가진 존재라고 본다(Maslow, 1970; Rogers, 1983).

매슬로우(Maslow, 1970)는 생리적 욕구에서 자아실현에 이르는 인간의 욕구위계를 바탕으로 동기이론을 제안하면서, 인간이 추구하는 학습목표는 자아실현이고 교수자는 학습자의 목표 달성을 도와야 한다고 하였다. 로저(Rogers, 1983)는 학습은 학습자에 의해 통제되는 내적과정이며, 개인의 성장을 촉진한다고 하였다. 그는 학습을 무의미한 학습(meaningless learning)과 유의미한 학습(significant learning)으로 구분하였는데 무의미한 학습은 학습자의 정신적인 측면만을 강조하고 학습자의 수동적·소극적 측면에 초점을 두어 학습자가 개인적 의미를 찾지 못하는 인지적 학습을 말한다. 반면 유의미한 학습은 학습자가 직접 경험하고 사고하는 과정을 통해 개인적 의미를 찾게 되는 정의적·인지적 측면이 포함된 학습이다.

인본주의 학습이론에서 학습자는 교육과정의 중심에 있고, 교수자는 학습의 촉진자 역할을 하며, 학습은 학습자 스스로 발견해 나가는 것을 통해 이루어진다(Elias & Merriam, 1980)고 본다. 성인학습의 대표적 이론인 안드라고지와 자기주도학습의 개념은 인본주의이론에 바탕을 두고 있다.

4. 사회학습이론(Social learning Theory)

사회학습이론 또는 사회인지이론은 인간 간 상호작용과 사회적 상황의 관찰을 통해서 학습이 이루어진다고 보는 관점이다. 이러한 관찰은 사회적 상황에서 일어나기 때문에 '관찰적' 또는 '사회적' 학습이라고도 한다(Lefrancois, 1991).

밀러(Miler)와 달라드(Dollard)는 학습이 단순히 관찰에 의해서 일어나는 것이 아니라 관찰한 것이 모방되고 강화되어야 이루어진다고 하였다. 이와 같이 사회학습이론에서 학습은 관찰만으로는 이루어질 수 없으며 모방이나 동일시의 개념을 포함하고 있다.

반두라(Bandura, 1977)는 후속행동보다 관찰에 포함된 인지과정에 초점을 맞추고, 학습은 모방 없이 관찰만으로도 가능하다고 주장하며 관찰과 모방행동을 분리하여 설명하였다. 학습은 일상적인 사회적 상황에서 이루어지기 때문에 사회학습이론이라 하였으며, 모방학습이론 또는 관찰학습이론이라고도 한다. 관찰학습은 주의집중단계, 파지단계, 재생단계, 동기화단계 등 4단계로 나눌 수 있다. 주의집중은 학습자가 모방 대상자의 행동에 능동적으로 주의를 기울이는 것이고 파지는 학습자가 자신이 학습한 것을 미래에 정확하게 회상할 수 있도록 장기 기억 속에 보존하는 과정이다. 재생은 학습자가 관찰한 내용을 실제적인 행동으로 재생하는 것이며 동기화는 모방이나 관찰을 통해 학습한 것을 행동으로 나타내는 것으로써 동기가 없으면 행동을 할 수 없으므로 강화를 통해 행동의 동기를 높여주는 것이다.

로터(Rotter, 1954)는 인간은 의미 있는 환경 속에서 행동하며 다른 사람과의 상호작용을 통해 행동을 습득하게 된다는 가정에 기초하여, 개인이 자신의 행동이나 감정을 지배하는 원인을 자신의 내부 또는 외부에 두는지 결정하는 경향인 통제위치 또는 통제소재 개념을 제시하였다. 즉, 사회적 학습이론의 관점에서 볼 때 학습은 자신이 속한 환경에서 사람들의 행동을 관찰함으로써 이루어지며 개인과 환경, 환경과 개인의 행동 방식에 서로 영향을 미치는 상호작용의 결과이다. 특히 사회학습이론은 사회적 상황의 중요성을 고려한 새로운 역할 모델 및 모델링 과정을 통해 지도자의 역할에 대한 시사점을 제공함으로써 성인학습에 기여하였다.

5. 구성주의(constructivism)

구성주의는 개인의 특정한 사회적 경험과 배경을 바탕으로 그 위에 개인적인 인지적 작용에 의해 사회현상의 이해를 지속적으로 구성해 가며 그 결과로 생성되는 것을 지식으로 보는 학습이론이다(강인애, 2003).

구성주의는 크게 인지적 구성주의와 사회적 구성주의로 구분할 수 있는데 인지적 구성주의는 피아제(Piaget)의 인지발달이론을 중심으로 인간의 개인적인 인지활동을 지식형성 과정에서 가장 중요한 요인으로 인식하는 것이다(이성희, 2020).

인지적 구성주의에서는 지식 획득이 일어나는 과정에 대해 심리학적, 인식론적인 설명을 제공하고, 특히 학습자의 인지적 발달에 초점을 맞춘다. 유기체는 환경과 상호작용하여 지식을 획득하게 되는데, 외부세계를 단순히 수동적으로 받아들이는 것이 아니라, 학습자의 인지가 발달하면서, 외부 세계를 능동적으로 구성하고 조직해 나간다.

사회적 구성주의는 비고스키(Vygotsky)의 발달심리이론을 중심으로 언어를 통한 사회적인 상호작용에 더 비중을 두는 것이다. 즉, 개인의 경험과 타인과의 상호작용을 통해 지식을 구성하고 습득하는 과정으로써 사회적으로 공유하는 문제나 과제를 해결하고자 할 때 대화를 통해 가능하다고 보는 것이다.

구성주의는 기본적으로 학습자를 능동적 존재로 보고, 개인의 경험을 어떻게 의미 있게 구성하는가에 중점을 둔다. 캔디(Candy, 1991)는 구성주의 관점이 평생교육에 적용될 수 있는 방법에 대해 연구하였으며, 자기주도성의 개념에서 조화를 이룬다고 하였다. 이는 학습자의 활동적 탐구, 독립성 및 학습 과제 수행에서의 개별성이 자기주도학습의 특성과 관련이 있다고 보았기 때문이다(권두승, 2000).

표 2-1 학습의 주요 이론

이론	학습이론가	학습에 대한 관점	학습의 초점	교육 목표	교수자 역할	성인학습의 관점
행동주의	Thorndike Pavlov Watson Guthrie Hull Tolman	행동의 변화	외부 환경의 자극	바람직한 방향으로의 행동 변화	바람직한 반응을 이끌어 내기 위한 환경 제공	• 행동목표 • 능력 중심 교육 • 기술 발전 내지 훈련
인지주의	Koffka Köhler Lewin Piaget Ausubel Brinner Gagné	내적 정신과정(통찰력, 정보처리, 암기, 지각 등)	내적 인지구조화	더 나은 학습을 위한 능력과 기술의 개발	학습활동의 내용 구성	• 인지 발달 • 연령에 따른 지능, 학습, 기억 • 학습하는 방법의 학습
인본주의	Maslow Rogers	잠재능력 개발	정의적 및 인지적 욕구	자아실현 및 자율성 성취	전인 발달 촉진	• 안드라고지 • 자기주도학습
사회학습이론	Bandura Rotter	사회적 상황에서 타인과의 상호작용 및 관찰	개인, 행동, 환경의 상호작용	새로운 역할 및 행동 모델의 개발	새로운 역할 및 행동 모델의 개발과 안내	• 사회화 • 사회적 역할 • 지도자 • 통제의 소재
구성주의	Candy Dewey Piaget Rogoff Glasersfeld Vygotsky	지식의 구성 과정(상황중심적)	세계에 대한 의미 구성	인지 과정을 통한 사회현상의 이해 구성	학습자의 학습 지원과 촉진	• 사회문화적 환경 등 학습이 발생하는 상황에 초점 • 학습자의 경험과 인지구조에 의한 정신 모형에 기초 • 학습에 대한 학습자의 책임

출처: Merriarn, S. B., & Caffarella, R.(1999). Learning in adulthood. p. 264; 권두승(2000). 성인학습지도방법의 이론과 실제. p. 135.

제2절 성인 학습이론

1. 경험학습(learning by experience)

1) 경험학습의 개념

경험학습이란 경험에 의한 학습 또는 경험을 통한 학습이라고 할 수 있다. 경험의 의미를 어떻게 규정하는가에 따라 경험학습은 매우 다양하게 이해될 수 있다. 교육의 맥락에서 경험학습은 일반적으로 학습자가 지식을 수동적으로 수용·축적하는 전통적인 교육 방법과는 대조적으로 진보주의 교육철학에서 강조하는 행위에 의한 학습을 기반으로 한다. 즉, 학습자의 능동적인 참여와 실행을 기반으로 하는 교육활동이라 할 수 있다(김정환 · 강선보, 2002).

성인은 일생을 살아가는 동안 수많은 경험을 하게 되고, 그 경험들을 통해 느끼고, 성찰하면서 많은 것을 배우게 된다. 듀이(Dewey, 1916)는 학습자의 경험을 간과한 전통적 교육의 대안으로 경험 중심 교육을 제시하였으며, 교육을 경험의 끊임없는 재구성 또는 재조직이라고 하였다. 그러나 진정한 교육은 경험을 통해 이루어지지만 모든 경험들이 교육적인 것은 아니며, 어떤 경험들은 잘못된 교육으로 성장을 왜곡하고 미래 경험의 폭을 좁게 만들기도 한다.(Dewey, 1938).

콜브(Kolb, 1984)는 학습을 경험에 바탕을 둔 연속적인 과정으로 보았으며, 지식은 학습자의 경험에서 얻어지고 시험된다고 하였다.

2) 경험학습의 주요이론

콜브(kolb)는 듀이의 경험학습 개념과 메지로우의 전환학습, 프레이리의 비판적 사고를 경험학습이론으로 발전시키는 데 중추적인 역할을 하였다. 콜브는 학습을 결과가 아닌 과정으로 보았으며, 경험에 기초한 연속적인 과정으로 성인들은 주관적 경험이나 객관적 경험을 학습상황에 반영해 가면서 경험을 수정해 나간다고 하였다. 또한 정보를 다루는 방식에 대해 지각(perceiving)과 처리(processing)로 구분하면서 지각은 구체적 경험(concrete experience)과 추상적 개념화(abstract conceptualization)로, 처리는 능동적 실행(active experimentation)과 반성적 성찰/관찰(reflective observation)의 정보처리로 분류하여 경험학습모형을 제시하였다. 구체적 경험은 새로운 경험이나 사건을 접하고 경험하는 경험단계이며 반성적 성찰/관찰은 서로 다른 관점에서 경험을 해석하고 반성하는 단계이다. 추상적 개념화는 관찰한 것을 논리적으로 통합시키기 위하여 아이디어를 창출하는 단계이며, 능동적 실행은 사건을 해결하기 위해서 문제를 적극적으로 해결해 나가는 과정이다. 효과적인 학습은 이 4단계의 주기를 통해 진행될 때 나타나는데, 구체적인 경험을 한 후 그 경험을 관찰하고 반성함으로써 추상적인 개념과 일반화를 형성하고, 미래 상황에서 가설을 시험하는 데 사용되어 새로운 경험을 제공한다. 이렇듯 성찰적인 관찰을 통해 개념을 추출하고 적극적인 실천으로 나타나기에 성인의 학습과정을 계속적인 순환과정으로 보았다.

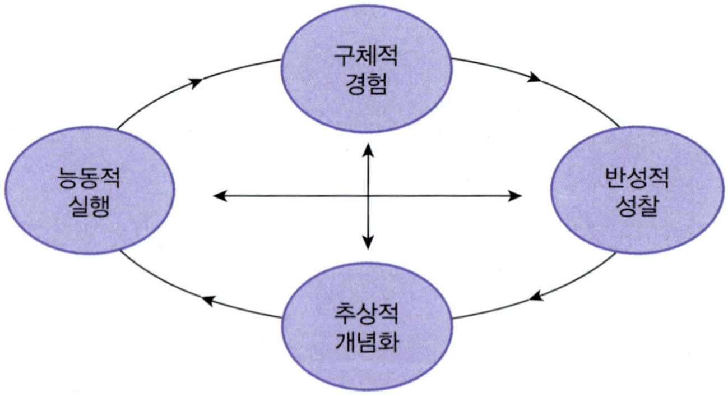

그림 2-1 콜브의 경험학습 모형

출처: Kolb, D. A.(1984).

3) 평생교육 현장에서의 경험학습 적용

콜브(Kolb, 1984)는 학습은 경험의 변화를 통해 지식이 생성되는 과정이라고 했다. 즉, 단순한 활동은 경험이라고 볼 수 없으며, 변화를 가져오고 그 결과와 연관되어 있을 때에 그 의미를 가진다(엄미란, 2013). 성인학습자에게 학습은 '경험의 재구성' 내지 '경험의 재구조화' 과정이며, 궁극적으로는 삶의 목적을 재발견하고 자기 자신의 진정한 모습을 발견해 가는 과정이다. 성인학습자의 학습경험의 목적은 '나'를 발견하고 나의 새로운 모습을 찾아가기 위한 '자기도움'이라고 할 수 있다(김향식, 2009).

강진희(2018)는 영어문해교육에 참여한 여성노인학습자가 영어 비문해의 생활 속 불편함으로 영어 학습의 필요성을 인식하게 되어 능동적으로 극복하고자 하는 학습양상으로 발현되었다고 하였다. 바리스타교육을 통해 자격증을 취득한 장애인 학습자는 기초교육을 마치고 실제 현장에 투입되어 고객을 맞이하고 선배들의 모습을 관찰하는 과정을 거치면서 사회에 적응하고 성장해 나가는 모습을 보였다.

이와 같이 학습은 경험되는 과정이며, 평생학습이란 이러한 모든 종류의 획득된 변화로서 경험이 일어나는 전생애적 과정이다(한숭희, 2009).

2. 전환학습(transformative learning)

1) 전환학습의 개념

전환학습에 대한 개념은 메지로우(Mezirow, 1978)에 의해 처음으로 이론화되었다. 전환학습에서는 성인학습자가 기존의 관점과 시각의 틀을 바꾸는 것을 통해 삶이 변화된다고 믿으며 이러한 변화를 통해 발생하는 학습에 초점을 맞춘다(여성가족부, 2007). 전환학습에서 말하는 '학습'이란 배움의 과정을 통해 학습자와 학습자의 상황을 지배하는 조건들을 함께 변화시키는 것을 의미하는데 이처럼 전환학습은 변화된 시각으로 세상과 학습자 자신을 보게 되면서 경험에 대한 성찰능력과 비판적 사고능력을 갖추게 된다고 보는 것이다.

학습은 학습자가 의식을 전환시키고 의미를 만들어 가는 과정을 중시하면서 단순한 정보와 사실 획득이 아닌 이전에 알고 있던 지식을 전환시키는 역동적인 과정이다(Jarvis, 1992).

전환학습은 학습자 자신이 세상을 이해하는 방식을 점검하고, 그 속성이 무엇이고 그로 인해서 세계를 어떻게 이해하며 편향된 해석이나 왜곡 가능성이 있는지를 확인하는 노력이라고 할 수 있다. 학습자 자신을 둘러싸고 있는 객관적 환경이나 주위에서 발생하는 다양한 사건은 개인이 통제할 수 없지만, 그것을 인식하고 해석하는 자신의 관점은 개인의 의지로 변화시킬 수 있다. 따라서 안정적인 성인기의 삶을 영위하기 위해서는 생활 속에서 경험하는 복잡다단한 현상을 효과적으로 그리고 조화롭게 이해할 수 있는 관점을 갖는 것이 중요하다.

2) 전환학습의 주요이론

메지로우(Mezirow)는 전환학습을 성인교육 분야에 처음 소개한 이 이론의 창시자이다. 시대적으로는 1970년대 초 파울로 프레이리(Paulo Freire)와 이반 일리치(Ivan Illich)의 사상을 접한 메지로우가 학습과정의 의식화에 대한 중요성을 깨닫게 되면서 이론적 발전의 시초를 갖게 된다. 그는 학교를 떠나 몇 년 간의 공백기를 거친 주부가 학교에 재입학하여 교육을 받으면서 기존 관점이나 세계관이 변화되어가는 과정을 목격하면서, 여성들의 학습 경험에 대한 연구를 통해 전환학습이론을 구상하였다. 메지로우는 이 경험들을 '전환학습'이라고 명하고 전환학습을 '학습자가 자신과 세계를 보는 방식을 근본적이고 극적으로 변화시키는 과정으로서의 학습'이라고 정의하였다. 메지로우는 성인학습자를 실제로 관찰한 것을 바탕으로 전환학습이론을 10단계로 제안하였다.

- 혼란스러운 딜레마
- 자기 점검
- 비판적 반성
- 인식
- 탐색
- 행동방침의 계획

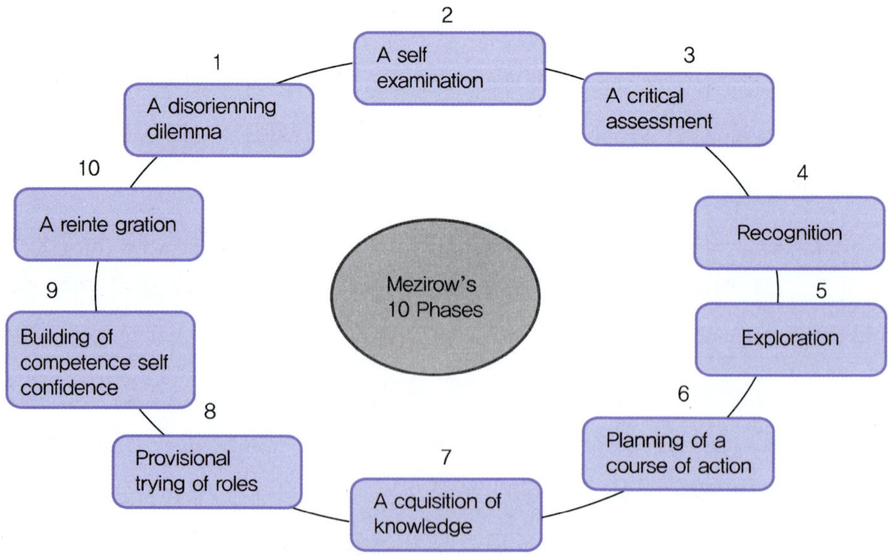

그림 2-2 Mezirow's 10 phases of Transformative Learning.

• 지식의 습득
• 역할의 시험적 시도
• 자신감 구축
• 재통합

메지로우는 학습은 성인이 문제를 경험하고 해결하는 과정에서 시작되며, 문제해결을 위해 자신에게 의미 있는 유의미한 경험으로 재구조화하고, 자신의 신념과 가치관을 비판적으로 성찰해 나간다고 하였다. 메지로우(1995)는 성인은 새로운 관점에서 삶을 조망하며 시각 전환이 가능할 때 평생학습이 일어난다고 보았다.

3) 평생교육 현장에서의 전환학습 적용

전환학습은 일상적인 생활 장면이나 구조화된 교육상황 속에서든 어디서나 일어날 수 있다. 전환학습이 일어나는 과정을 구체적으로 살펴보면 사람들은 어렸을 때부터 부모·친구·선생님·주위 어른 등을 역할 모델로 삼아 무비판적으로 관점을 습득하고 동화한다. 그리고 그 획득한 관점들을 통해 현실을 지각하는 방식을 익히며, 사회규범·이데올로기·관습 등으로 사회화의 내용을 구성하고 지속시킨다. 전환학습에 대한 실제 사례는 주위에 있는 성인의 삶을 관찰하면 매우 쉽게 그 다양한 모습들을 볼 수 있다. 민주시민교육의 참여를 통해 전환학습이 일어나는 경우에는 개인의 성장과 변화를 통해 자신의 삶을 좀 더 새롭게 살아가는 계기를 만들게 되며, 넓게는 자신이 속해있는 사회를 이해하고 사회변화에 동참하는 문제의식과 참여의식을 개발하는 전환학습이 일어난다.

또한 우리 사회에서 차별의 대상이었던 결혼이민자들이 학습을 통해 자신의 존재가치를 긍정적으로 인식하는 관점의 전환이 일어난 사례를 들 수 있다. 이들은 이중 언어를 구사하는 능력을 발휘하여 지역에서 시민강사로 활동하면서 공동체에 자연스럽게 적응해 나간다. 그리고 북한이탈주민이 학습 경험을 통해 기존의 의미 관점의 왜곡이 전환되는 과정을 통한 행동변화로 한국사회에 효과적으로 적응해 나가는 사례도 찾아볼 수 있다. 이처럼 전환학습에 대한 이론적 논의는 관점의 변화를 통해서 당연한 것으로 인식하던 현상을 새로운 시각에서 조망하고, 기존에 인식하지 못했던 속성을 파악하는 것에 주목하여 은폐된 현실의 모순과 문제를 발견하고 해결하려 했다는 점에서 비판적 성인학습의 맥락과 결부되어 이루어져 왔다.

따라서 전환학습의 출발점은 경험이며 경험은 성찰의 내용이다. 그리고 삶의 자체가 개인의 발달을 촉진한다.

3. 자기주도학습(self-directed learning)

1) 자기주도학습의 개념

자기주도학습은 타인의 도움을 받지 않고 고립된 상황에서 학습자가 단독으로 학습하는 것을 의미하는 것이 아니라 학습자가 학습 진행의 주도권을 가지고 학습의 전반적인 사항을 결정하고 실시하며 학습결과를 평가하는 학습자 중심의 학습형태이다. 놀스(Knowles, 1975)는 '타인의 도움이 있건 없건 상관없이 자신의 학습 요구 진단, 달성할 학습목표 수립, 학습에 필요한 인적·물적 자원 판단, 적절한 학습전략의 선택과 실행 그리고 학습결과의 평가에서 개인이 주도권을 갖는 학습과정'으로 정의하였다. 즉, 자기주도학습이란 학습자의 자율성에 기반하여 학습 운영에 대한 책임을 갖는 형태를 강조한 것이다.

자기주도학습이론은 성인이 전 생애에 걸쳐서 일상적으로 수행하는 보편적인 학습이다. 놀스(Knowles, 1973)는 학습자들은 배움에 대한 지식 내용을 선택하고 학습하는 과정을 설계하여, 자기평가에 의해 학습을 수정해 나갈 것을 강조하였다. 이에 놀스는 전통적인 행동주의 측면에서 학습목표의 설정, 실행, 평가에 이르는 5단계의 교수 모형을 제안하였다. 즉, 자기주도학습은 학습요구 진단, 학습목표 설정, 학습을 위한 인적·물적 자원 파악, 학습전략의 선택과 실천, 학습결과 평가의 단계로 타인의 도움을 받거나 자신이 전적으로 학습을 진행시켜 나가는 것이다(Knowles, 1975).

성인은 스스로 자신의 학습을 기획하고 실행하여 평가해 나가는 자기주도성, 자기관리, 참여 등 자기주도적 학습의 특징을 가지고 있다.

2) 자기주도학습 주요이론

가장 많이 인용되는 정의는 놀스(Knowles)에 의한 것으로, 자기주도학습이란 학습자 개인이 학습의 전 과정에서 의사결정과 행동의 주체가 되는 것을 의미한다. 즉, 학습자 스스로 자신의 필요와 학습욕구를 진단하여 그것을 성취 가능한 목표로 진술한 뒤, 목표달성에 필요한 학습 자원 및 방법을 선정하여 학습활동을 수행하고, 자신이 성취한 학습 결과를 스스로 평가하는 학습방법을 의미한다(Knowles, 1975; Long, 1996). 이러한 학습방법은 학습자에게 자발성, 주도성, 독립성, 책임성을 요구한다(Boshier, 1971; Uglielmino, 1977). 놀스는 자기주도학습의 의미를 보다 명확히 하기 위하여 '교사주도학습'과 비교하여 다음과 같은 다섯 가지 가정을 설정하였다.

첫째 교사주도학습은 본질적으로 학습자를 의존적인 존재로 보는 반면, 자기주도학습은 자기주도성을 가진 능력과 욕구를 갖추고 있다고 본다. 둘째 교사주도학습에서는 학습자의 경험이 교사나 학습자료 제작자의 경험보다 미흡하다고 여긴다. 그러나 자기주도학습에서는 학습자의 경험 역시 학습을 위한 풍부한 자원으로 활용될 수 있다고 본다. 셋째, 교사주도학습에서는 성숙 수준이 같은 학습자는 학습준비도 역시 같다고 여기지만 자기주도학습에서는 각자 이루어진 자기주도학습량이 다르므로, 개인별로 학습준비도가 다르다고 본다. 넷째, 교사주도학습은 교과지향적이고, 자기주도학습은 문제지향적이다. 따라서 전자는 학습경험을 내용단위로 조직하고, 후자는 문제해결 학습과제 형태로 조직한다. 다섯째, 교사주도학습에서는 외적 보상(예: 성적 실패에 대한 조바심)을 위하여 학습한다. 반면에 자기주도학습에서는 내재적 동기(예: 자존감, 지적 호기심, 성취욕)를 충족하기 위하여 학습한다(정숙경 외, 2001 재인용). 이러한 가정에 기초할 때, 놀스의 교사주도학습에 대한 가정은 대체로 페다고지 관점과 일맥상통하고, 자기주도학습에 대한 가정은 안드라고지 관점과 유사하다.

롱(Long, 1996)은 넓은 의미의 자기주도학습은 교육내용뿐만 아니라 교사와 학생 사이의 관계에 의해 형성되는 교수과정과 교수방법 및 심리적 과정 등을 모두 포괄하는 것이라고 하면서 표 2-2와 같이 자기주도학습과 타인주도학습의 개념을 비교·정리하였다.

표 2-2 자기주도학습과 타인주도학습의 개념 비교

자기주도학습	타인주도학습
• 상대적으로 독립적임 • 솔선수범에 가치를 둠 • 긍정적인 자아효능감 • 초인지적인 인식 • 내적으로 동기화됨 • 깊이 있는 참여 • 정신적 초점에 우선권을 둠	• 상대적으로 의존적임 • 지시에 따르는 것에 가치를 둠 • 제한된 자아효능감 • 초인지적 인식이 제한됨 • 외적으로 동기화됨 • 표면적인 참여 • 정신적 초점이 산만함

출처: Long(1996). p. 6.

3) 평생교육 현장에서의 자기주도학습 적용

효과적인 자기주도학습을 위해서는 먼저 교육 프로그램에 담아내야 할 주요 원리와 요소를 고려해야 한다. 기번스(Gibbons, 2002)는 자기주도학습 프로그램이 고려해야 할 다섯 가지의 주요 원리를 다음과 같이 제안한다.

첫째, 자기주도학습 프로그램은 평생동안 자연스럽게 학습할 수 있도록 도울 뿐 아니라 각 개인의 재능·경험·강점·관심 등에 따른 독특한 학습방법에 부합해야 한다. 둘째, 자기주도학습 프로그램은 인생주기에 따라 학습자가 경험하는 지적·신체적 성숙과 변화 및 변신 등을 잘 반영해야 한다. 셋째, 자기주도학습 프로그램은 성공적인 완전한 삶을 위해 인생의 모든 측면, 즉 학업적 측면뿐 아니라 개인적 재능과 관심, 사회적 관계와 협력, 기능적 수월성 측면에도 관심을 기울여야 한다. 넷째, 자기주도학습 프로그램은 인간의 지성뿐 아니라 감각, 감정, 행위를 비롯한 폭넓은 인간 역량을 발휘하도록 구성되어야 한다. 다섯째, 자기주도학습 프로그램은 학습내용과 학습활동에 관련된 사람이나 장소와 직·간접적 경험이 가능한 환경, 즉 인위적으로 조성된 학습공간보다는 실세계에서 운영되어야 한다.

성인은 충분한 경험을 가지고 학습할 준비가 되어있으며, 스스로 학습하고자 하는 욕구가 성장함에 따라 자신이 처한 상황에 따라 학습하고 성장해 가는데, 이는 성인학습자의 학습 영역에서 자기주도성을 보여준다고 볼 수 있다(윤운성, 2003).

자기주도학습의 사례는 우리의 일상에서 쉽게 만날 수 있다. 예를 들어, 직장인이 이직의 필요성을 느껴 자신의 삶과 정체성을 새롭게 규정하고, 자신에게 보다 적절한 직업의 탐색을 위해 필요한 지식 및 자격증을 취득하거나, 학점은행제를 통해 학위를 취득하고 학력을 보완하여 늦깎이 박사공부에 도전하는 경우는 미래의 변화하는 자신의 모습을 기대하며 구체적으로 준비해 나가는 과정으로 볼 수 있다. 여기에서 학습자는 자신의 학습 목적과 내용 그리고 방법과 평가 결정을 스스로 판단할 수 있으며, 학습에 필요한 자원의 선택과 수집의 일차적 책임도 학습자 자신이 가지고 있다.

4. 안드라고지(Andragogy)

1) 안드라고지의 개념

안드라고지는 평생교육의 원리 및 실천 과정에 대한 핵심 개념이자 실천을 위한 지침으로 페다고지(pedagogy)의 개념과 비교된다. 놀스(Knowles)는 1970년에 출판된 『성인교육의 실제: 안드라고지 대(對) 페다고지』를 통해서 아동을 대상으로 하는 교육의 개념인 페다고지에 대응하는 개념으로 안드라고지를 제안하면서, 아동과 구분되는 독특한 학습원리와 학습과정에 대한 논의를 전개하였다. 일반적으로 페다고지는 '어린이를 가르치는 기술과 과학'으로, 안드라고지는 '성인의 학습을 돕는 기술과 과학'으로 알려져 있다(Knowles, 1980). 안드라고지의 개념이 대두된 것은 성인은 아동이나 청소년과 여러 가지 면에서 차이가 있으므로 교육의 원리 및 적용과 실천에서도 성인의 특성을 반영하여 차별화해야 한다는 인식이 배경이 되었다.

아동을 가르치는 방법과 분명하게 대치되는 원리로서 안드라고지의 개념을 제안한 놀스는 이후 아동들에게 안드라고지 모형이 더 적합하거나 성인들에게 페다고지 모형이 더 적합한 경우가 있다는 것을 보고받고 페다고지와 안드라고지 간의 이분법적 접근을 선회하여 1980년 『성인교육의 실제: 안드라고지에서 페다고지』로 수정하였다. 그는 페다고지는 아동에게만 적합하고 안드라고지는 성인에게만 적합한 원리로 이해하기보다는 아동과 성인의 구분 없이 학습자의 상황에 따라서 두 가지 모두 적합한 방법으로 이해할 수 있다고 설명하였다. 다시 말하면, 성인이라도 자신의 상황에 따라서 페다고지 방법이 더 적합하고 효과적일 수 있으며, 아동의 경우에도 안드라고지 방법이 더 적합할 수 있다는 것을 의미한다.

2) 안드라고지와 페다고지

안드라고지와 페다고지의 이분법론은 교육의 대상에 따른 교육의 모델로 아동과 청소년에 대한 교육논리가 성인에게는 통용되지 않는다는 생각에서 시작되었다. 페다고지 모형에서 학습자(아동)는 의존적 존재로서 학습할 시기, 내용, 방법 등을 교수자가 결정하는 교사주도적 모델을 설정한다. 반면 안드라고지 모형에서 학습자(성인)는 학습상황 및 과정을 학습자 스스로 결정하고 주도해 나가는 학습자주도적 모델을 설정하기 때문에 교수자는 학습을 촉진하는 조력자의 역할을 담당한다. 또한 학습자의 경험을 바라보는 시각의 차이로 인해 두 모델은 수업에서 차지하는 경험의 역할을 다르게 간주한다.

성인학습자는 자신이 겪은 다양한 경험을 학습자원으로 활용하기 위해 단순히 지식이나 기술을 전달하는 방법이 아닌 토론 및 실험, 게임, 사례연구, 문제해결 등의 과정을 통해 학습해 나간다. 그러나 아동학습자의 경험은 제한된 범위 안에서 일상적 경험만을 하게 되어 다양성에 제약이 있으므로 학습자원으로서의 가치가 크지 않다고 본다. 이와 같은 이분법적 입장의 페다고지 모형과 안드라고지 모형에서는 표 2-3과 같이 학습자의 개념 및 경험의 역할, 학습준비성, 학습지향성에 대해 상반된 가정을 함의하고 있다(Knowles, 1980).

표 2-3 이분법적 입장에서 본 페다고지와 안드라고지

기본가정 / 항목	페다고지	안드라고지
학습자	(아동)학습자는 의존적이다.	(성인)학습자는 자기주도적이다.
경험의 역할	학습자의 경험은 문제제기단계에서나 환기단계에서 제한적으로 사용될 뿐이다.	학습자의 경험은 역할수행 동안 얻어진 것이므로, 학습의 전 과정에 유용한 자원이다. 교육 방법상에서도 실험, 토의, 문제해결, 게임학습 등에 경험을 활용하도록 한다.
학습준비성	교육과정에 따라 학습준비도가 결정된다. 교육과정은 학령에 따라 표준화된다. 결국 동일 학령층은 학습준비도가 같아진다.	학습자의 학습준비도에 따라 교육과정이 편성된다. 학습의 진행단계는 교육과정보다 학습자의 학습준비도에 맞게 정해져야 한다.

기본가정 / 항목	페다고지	안드라고지
학습지향성	학습자가 성인이 되었을 때를 대비하여 학습이 이루어지므로, 교과목 지향적이다.	학습자가 현재의 실생활에 활용하도록 학습하므로 성과지향적이다.

출처: 이해주 외(2018). 평생교육방법론, p.12.

페다고지와 안드라고지를 이분법적 개념으로 보는 입장에서는 교육 방법 또한 대립된 방법으로 사용한다. 페다고지적 수업 상황에서는 교수자가 교육을 계획하고, 학습자의 학습욕구를 설정하며, 그에 따라 교육목표를 설정하고 평가하는 교사 중심적 수업이 진행된다. 교사의 수업 방법은 다분히 일방적이며, 권위적이고 형식적인 특성을 보이기 쉽다. 그러나 안드라고지적 수업 상황에서는 학습자가 중심이 되어 주도적으로 수업을 진행하게 된다. 페다고지 모형과 안드라고지 모형을 수업 분위기, 교육설계의 책임, 교육 방법, 교수자의 역할로 구분하여 비교하면 표 2-4와 같다.

표 2-4 페다고지와 안드라고지 모형 비교

구분	페다고지(내용 모형)	안드라고지(과정 모형)
수업 분위기	권위적, 형식적, 경쟁적	상호 존중, 비형식적, 협동적
교육 설계의 책임	교수자 주도하의 교육계획, 욕구 진단, 교육목표 설정 및 평가	교수자와 학습자의 상호 협동에 의한 교육계획, 욕구 진단, 교육목표 설정 및 평가
교육 방법	강의, 읽기 과제, 준비된 시청각 자료 제시 등의 방법 활용(교수자의 전통적인 지식 전달 방식)	집단 토의, 역할극, 현장방문 연구, 실험, 시범, 세미나, 사례연구, 주요 사건 기법 등의 방법 활용
교수자 역할	교과목 및 내용의 논리에 따른 수업	교수자의 역할은 지식의 전달자가 아닌 학습의 촉진자

출처: 신용주(2006). 평생교육의 이론과 방법. p.82.

3) 평생교육 현장에서의 안드라고지 적용

안드라고지는 인간의 전 생애를 통해 반복적으로 이루어지는 배움의 과정과 활동을 체계적으로 설명해주는 교육학의 원리이다(김성길, 2009).

안드라고지는 학습자들이 스스로 학습목표를 설정하고 학습방법 및 성취도 평가 기준을 수립하여 학습자들 간 상호 협력 관계를 바탕으로 학습하는 것을 바람직한 학습 과정으로 본다. 여기에 성인들의 다양한 경험을 유용한 학습자원으로 활용하고 교수자는 학습의 촉진자로서의 역할을 한다.

놀스(1980, 1995)의 안드라고지 원리를 평생교육 현장에 적용할 때 다음의 사항을 고려하여 설명한다.

① 학습자 준비시키기

학습자의 책임을 강조하는 단계로 참여자들의 경험을 파악하는 동시에 학습자 간 협력하는 관계를 형성하는 활동을 진행한다.

② 학습 분위기 형성하기

물리적으로 편안한 학습 환경제공에 초점을 맞춰야 하고, 심리적으로는 학습자들이 존중받고 지지 받는 분위기를 조성해야 한다.

③ 기획하기

학습계획 수립 시, 교육에 관련된 모든 사람들을 기획에 포함하는 매커니즘이 제공되어야 하며, 이러한 매커니즘을 수립한 이후에 실제적으로 구성원들에게 신뢰, 권한위임, 실질적인 의사결정의 영향력이 주어져야 한다.

④ 학습욕구 진단하기

요구의 진단에서는 학습자가 요구분석의 과정에 참여할 것을 권고한다.

⑤ 프로그램 목표 수립하기

학습목표 수립 시, 교수자는 학습자와 함께 학습활동을 계획하고 그것을 근거로 평가하고 상호협의 하에 목표를 수립해야 한다.

⑥ 학습 계획 설계하기

학습자의 요구를 근간으로 학습목표를 수립하기 위해 적절한 교육 및 학습유형 요소들을 창의적이고 심미적으로 구성해야 한다.

⑦ 학습 활동

가장 핵심적인 요인은 교수자의 자질이며, 교수자는 학습과정을 돕는 촉진자로서 학습자들이 경험의 세계에 노출될 수 있도록 돕는 역할을 해야 한다.

⑧ 프로그램 평가하기

평가를 통해 산출된 결과는 해당 교육과정의 타당성 및 유효성을 측정하고 학습과정을 개선하는데 필요한 판단자료로 활용한다.

제3절 노인 학습이론

1. 제라고지(Geragoy)의 등장 및 개념

노인에 대한 기준은 노인들 스스로의 지각이나 사회적 환경, 문화적 상황에 따라 각각 다른 양상으로 나타나고 있다. 국제노년학회(1951)에서는 노인은 생리적·신체적 노화현상에 의해 심리·사회적 기능과 역할이 감퇴하고 있는 사람으로 정의하고 있다. UN(1965)에서는 노인의 기준을 65세로 규정하고 있으며, 한국의 경우에도 노인복지법에서 건강진단, 경로우대 등의 대상자를 65세 이상으로 규정하고 있는 것을 볼 수 있다.

노인에 대한 학자들의 견해는 다음과 같이 포괄적으로 정의할 수 있다(김남선 외, 2003).

① 노인은 주요한 사회적 지위와 역할이 상실된 상태에 놓여있다.
② 노인은 개인의 신체적 및 심리적 영역에서 기능의 정도에 의한다.
③ 노인은 시간의 경과에 따라 일정한 연령 등에 도달한 사람이다.
④ 노인은 가족 내에서 할아버지, 할머니로서의 새로운 역할을 얻게 되면서

정의된다.

⑤ 노인은 개인 스스로 주관적인 판단에 의해서 노인이라고 생각하는 사람이다.

노년기는 일반적으로 고령기에 해당되며, 인생을 정리하고 죽음을 준비하는 인생주기의 마지막 시기라 할 수 있다. 노인교육은 '고령자의 교육'이라는 의미로 1833년에 처음 안드라고지라는 용어로 사용되었다. 1962년에 독일의 볼노브(Bollnow)는 제론토고직(gerontogogik)이라는 용어를 최초로 사용하였는데, 이는 노인들에 대한 교육적 원조의 필요성에서 나왔다(Bubolz Lutz, 1984). 1978년 미국의 라벨(Label)은 노인에 대한 교육이라는 의미로 제라고지(Geragogy)라는 용어를 사용하면서 교육학은 페다고지, 안드라고지, 제라고지의 세 가지 원리에 의해서 이루어진다고 하였다. 제라고지는 넓은 의미로 노인을 위한, 노인에 의한, 노년기의 학습에 관계되는 것을 의미한다.

표 2-5 제라고지의 특성

구성개념	제라고지(노인교육)
자기개념	자기주도성 혹은 노화에 따른 종교적 타자 의존성의 증대
경험의 역할	전문적 경험의 축적, 교육, 문화적 계승 혹은 경험의 퇴화(치매)
학습과제	생활, 삶의 보람, 취미 등 고령화에 대응하는 과제(생활, 교양 중심)
교육과정	위 과제에 기초를 둔 프로그램(과정, 설계)
학습 결과	인생의 평온, 내세적 이해에 응용
학습조직 및 방법	지역의 평생학습기관 / 평생학습 방식
학습동기	인생의 적응과 통합

출처: 松井政明 외(1997).
한상길 외(2020). 연구와 실천을 위한 평생교육방법론. p.61. 재인용.

미국의 요(G. Yeo, 1982)는 제라고지에 대해 대체어인 엘더고지(eldergogy)를 제시하면서 제라고지는 이론적 증명과정도 없이 가장 훌륭한 목적을 위해서 노인들을 구별하려고 하는 결함이 있다고 제기했다(Yeo, 1982). 노드슨(Knudson, 1979)은 아동학습과 성인학습, 노인학습의 통합적 개념인 인간학습이론(humanagogy)

을 주장하였다. 제라고지는 사람들 각자 자신의 경험이나 그 학습 상황과의 관계에 의해 서로 다르게 배우는 방식을 결정하고, 다양한 연령대 사람들의 차이점과 공통점 모두를 고려한다고 보는 것이다.

2. 제라고지의 주요 이론

노년교육학(educational gerontology)은 1950년대부터 활발히 진행된 노년학의 연구와 발전으로 노년학의 하위 분야로서 교육노년학으로도 정의되고 있다. 교육노년학은 페다고지와 안드라고지를 통합하는 새로운 교육적 실천과 연구로서의 교육학이다. 즉, 교육노년학은 노인과 노화, 고령화 등 노인과 관련된 모든 현상이나 문제들에 대해 교육학적으로 접근하는 것이다. 피터슨(Peterson, 1990)은 교육노년학은 노인학습자를 대상으로 노인을 위한 교육과 노화에 관한 교육적 노력의 실천과 연구라고 하였고, 김종서(1984)는 노인을 위하여 노인이 아닌 사람들이 무엇을 할 것인지에 관한 교육으로 노인 이전의 사람들에게 실시하는 노년기를 대비하는 준비교육, 즉 노인들 자신을 위한 교육이라고 하였다.

교육노년학의 범위는 노인 학습자를 대상으로 하는 교육적 실천 및 연구 등 노인을 위한 교육, 일반인들이나 노인관계 전문직업인들을 대상으로 노인에 관한 지식 및 적응을 가르치는 노인에 대한 교육, 노인들의 지혜와 경험을 활용하는 노인에 의한 교육으로 구분할 수 있다(한정란, 2000).

노인교육학은 교육노년학의 한 분야로 노인을 위한 교육만을 의미한다. 라벨(Label, 1978)은 노인에 대한 교육이라는 의미로 제라고지라고 명명하였고, 요(Yoe, 1982)는 엘더고지라는 용어를 사용하였다. 이들이 주장한 제라고지나 엘더고지는 기존의 페다고지나 안드라고지에 대비되는 개념이라기보다는 상호보완적인 관계에 선 것이다.

페다고지가 아동을 대상으로 교수자가 중심이 되어 지식을 전수한다면, 안드라고지는 성인학습자가 자기주도적으로 자신의 경험과 현재의 과제를 중심으로 상호 협동적인 교육을 전개해 나간다. 제라고지는 노인의 생활, 삶의 보람, 취미 등 고령화에 대응하기 위한 계속발달을 지지하는 노인교육을 의미한다.

3. 평생교육 현장에서의 제라고지 적용

2002년 스페인 마드리드에서 개최된 UN 고령화국제회의에서는 고령사회의 다양한 변화 현상을 쟁점으로 가정하고, 획기적인 구상안으로 WHO(세계보건기구)가 1990년대 후반에 제안한 '액티브 에이징'(active aging)을 강조하였다(박성희, 2010). 액티브 에이징은 삶의 질 향상을 위해 노인의 건강증진, 사회참여, 안전보장을 위한 기회의 최적화를 중시하면서, 노인을 결핍의 대상으로 보는 복지패러다임이 아니라, 잠재력을 소지한 역량개발의 대상으로 보는 교육 패러다임으로의 전환을 의미한다(박성희, 2010).

제라고지는 노년기의 위기를 예방하기 위한 노후설계를 안내하고 노인이 가지고 있는 자원의 활성화를 통해 생산성과 창조성을 높여 나가는 것을 목적으로 한다. 노년기를 상실과 결핍의 시기로 보는 것이 아니라, 역량과 성과를 높이기 위해 정신력을 보존하고 자기결정 능력을 개발하며, 학습을 통해 사회참여의 기회를 촉진하는 시기로 보는 것이다. 제라고지는 여러 가지 학문을 통합하여 노인의 성공적 노화를 지지하고, 행복한 삶의 주인공이 되도록 안내하는 학문으로써 노인을 안내하고 이끌어가는 평생교육적인 측면, 즉 고령사회로 변화하는 사회가 유지, 존속, 발전하기 위한 사회체계 및 사회 구성원의 역할을 할 수 있는 노인상을 제시한다.

최근 들어 노인교육의 중요성이 강조되는 이유는 다음과 같다.

① 노인인구의 증가 및 급변하는 정보화사회
② 노인의 생활 및 교육수준 향상으로 노인 자신의 교육적, 사회적 요구 변화
③ 노인의 여가 활용과 인력 활용에 대한 교육적 접근 필요
④ 사회 공헌을 위해 봉사할 수 있는 고령인적자원의 개발 필요

노인교육은 노화에 따른 장기기억 감퇴 및 이해력, 학습속도 저하 및 학습능력의 감소, 학습동기 저해 등으로 인한 이해가 바탕이 되어야 한다. 노인은 시간이 엄격하게 제한된 학습상황에서 학습능률이 떨어지는 경향이 있으므로 노인학습자에게는 학습하고 반응할 수 있는 시간을 충분히 주어야 한다. 노인의 적절한 동기유발은 효과적이지만 정도가 지나치면 학습 수행에 방해가 된다.

노인은 경쟁적이고 불안을 유발하는 환경에서는 학습에 크게 방해를 받으며, 지지적이고 자신의 가치를 느낄 때 과제를 수행하려는 경향이 강하다. 또한 노인학습자들의 경우에는 학습결과에 대한 피드백이 학습능률을 높이고, 연습과 훈련기간이 길어질수록 더 많은 피드백이 요구된다.

노인학습자의 교수-학습방법 및 교육전략을 수립하는 데 있어 노인학습자의 연령에 대한 개인적 차이를 고려하는 것도 중요하지만 삶 자체에서 비롯된 보편적 경험은 학습동기를 유발하는 가장 중요한 요인이 된다. 따라서 노인들의 학습에 대한 성향이나 선호도는 다양한 개인적 경험에 의해 학습상황의 정보, 감정, 행동 등의 학습유형을 결정하게 되므로(Price, 1983). 노인학습은 학습자의 능력을 최대한 발휘하도록 유도하고 학습과정의 특성을 밝히며, 학습효과에 영향을 주도록 해야 한다(한상길 외, 2020).

요약

1. 경험학습은 경험에 의한 학습으로 학습자가 지식을 수동적으로 수용·축적하는 전통적인 교육 방법과는 대조적으로 행위에 의한 학습을 기반으로 한다. 즉 학습자의 능동적인 참여와 실행을 기반으로 하는 교육활동이다. 평생교육의 맥락에서는 일상적인 생활 가운데 발생하는 무형식학습을 가리키는 개념까지 포함한다.

2. 전환학습은 성인학습자가 기존의 관점과 시각의 틀을 바꾸는 것을 통해 삶이 변화되며 이러한 변화를 통해 발생하는 학습에 초점을 맞춘다. 메지로우가 사회적 과정에 대한 비판을 통한 개인의 전환에 관심을 가졌다면 프레이리는 보다 광범위한 틀 속에서 급격한 사회 변화를 통한 개인의 임파워먼트에 초점을 맞추었다.

3. 자기주도학습은 평생교육에서 가장 빈번하게 언급되는 개념으로 타인의 도움을 받지 않고 고립된 상황에서 학습자가 단독으로 학습하는 것을 의미하는 것이 아니라, 학습자가 학습 진행의 주도권을 가지고 학습의 전반적인 사항을 결정하고 실시하며 학습결과를 평가하는 학습자 중심의 학습형태를 말한다.

4. 놀스는 어른들이 아이들과 다르게 학습한다는 견해를 세부적으로 발전시켜 안드라고지를 제안하였다. 안드라고지가 교수자와 학습자가 함께 참여하여 학습을 이끌어나가는 학습자 중심의 교육이라면, 페다고지는 교사가 주도하여 학습을 이끌어나가는 교수자 중심 교육이다.

5. 제라고지는 여러 가지 학문을 통합하여 노인의 성공적 노화를 지지하고, 행복한 삶의 주인공이 되도록 안내하는 학문으로써 노인을 안내하고 이끌어가는 평생교육적인 측면, 즉 고령사회로 변화하는 사회가 유지, 존속, 발전하기 위한 사회체계 및 사회구성원의 역할을 할 수 있는 노인상을 제시한다.

연구문제

1. 안드라고지라는 학문이 등장하게 된 배경을 설명해 봅시다.

2. 전환학습을 통한 관점 전환의 경험을 사례를 들어 설명해 봅시다.

3. 자기주도학습과 타인주도학습을 비교하여 설명해 봅시다.

4. 페다고지와 안드라고지 모형을 비교하여 설명해 봅시다.

5. 노인교육의 등장 배경 및 중요성을 설명해 봅시다.

CHAPTER 03

성인학습자에 대한 이해

개요

학습과 교육은 교수자의 역할만 중요한 것은 아니다. 학습내용을 받아들이는 대상인 학습자의 역할도 중요하다. 평생교육방법과 관련한 내용은 자칫 교수자의 교육 방법테크닉 정도로 오해할 수 있다. 아무리 좋은 평생교육방법이라 해도 학습의 대상인 학습자를 이해하지 않고서는 제대로 활용되지 못하거나 원하는 학습목표를 이루기 어렵다. 특히 평생교육은 인간의 발달단계에서 이루어져야 할 발달과업을 이루기 위한 학습활동도 포함하기에 학습자의 상황이나 학습 스타일, 성향 등의 특성을 이해하고 접근해야 한다.

평생교육의 대상은 성인학습자이다. 청년, 중년, 장년, 노년 등 다양한 연령층을 구성하고 있는 성인은 다양한 특성을 나타내고 있어 쉽게 접근하기가 어려운 것이 사실이다. 따라서 이번 장에서는 성인학습자의 개념과 특성, 성인학습자의 학습 스타일, 성인학습자의 참여동기 등에 대해 살펴보고자 한다.

학습목표

1. 성인학습자의 개념을 파악할 수 있다.
2. 성인학습자의 일반적, 발달단계적, 신체적, 인지적, 심리적, 사회적 특성에 대해 이해할 수 있다.
3. 성인학습자의 학습 스타일을 분류할 수 있다.
4. 성인학습자의 학습 참여동기를 이해할 수 있다.

주요 용어

성인학습자, 유동적 지능, 결정적 지능, 학습 스타일, 학습 참여동기

제1절 성인학습자의 개념

1. 성인학습자의 개념

사전적 의미로 '자라서 어른이 된 사람', '보통 만 18세 이상의 남녀'를 성인이라고 지칭한다. 전자의 개념에는 구체적이고 정교화된 개념이기보다는 많은 함의를 갖고 있으며, 후자는 연령으로 성인을 규정지으려 하지만 편리성을 추구하는 발상에서 비롯된 것으로 어떤 사회에서도 특정 나이에 의해서만 성인을 규정하지는 않는다. 따라서 어떠한 기준으로 보느냐에 따라 성인을 정의하는 방법은 다양하다.

성인을 정확하게 정의하기는 어렵지만, 사회적으로 요구되는 일을 수행할 뿐 아니라 자신의 삶에 대해 기본적인 책임을 지닌 자를 성인으로 규정하는 것이 우리 사회에서 보는 일반적인 정의라고 할 수 있다. 이러한 성인이 평생교육의 주요 대상이다. 아동·청소년과 구분하여 성인을 정의하는 데 필요한 요소는 다음과 같다(Rogers, 1998).

1) 주관적 시각

첫 번째 요소는 성인에게 반드시 필요한 주관적인 시각 또는 관점이다. 성인으로서의 이러한 주관적 관점은 타인이 자신을 어떻게 보는지, 실제 자신의 모습이 어떠한지를 모두 인지할 수 있는 관점이다.

2) 충분한 성장

두 번째 요소는 충분한 성장으로, 이는 성장의 최절정을 의미하는 것이 아니라 지속적인 성장을 추구하는 것을 의미한다.

3) 자율성

세 번째 요소는 자율성이다. 성숙하고 주관적으로 자율성과 책임감을 조화롭게 유지하기 위해 계속해서 노력해야 하는 존재가 성인인 것이다.

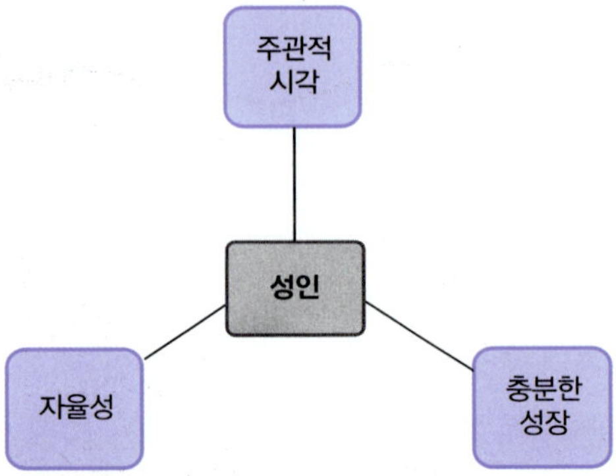

그림 3-1 성인을 규정하는 요소

출처: Rogers, A.(1998). Teacbing adults. p.35; 신용주(2006). 평생교육의 이론과 방법. p.136.

2. 평생학습자로서 성인

페터 빅셀(Peter Bichsel, 2001)의 '아무것도 더 알고 싶지 않았던 남자'라는 이야기 속에 인간은 항상 배우고 학습하는 존재라는 사실을 역설적으로 제시하고 있다. 초, 중, 고등학교와 대학에서 이루어지는 학습으로 학습이 끝나는 것은 아니다. 학습은 인간의 삶 전반에 걸쳐 늘 이루어진다. 이러한 학습을 통해 인간 발달이 지속되며, 이러한 발달은 생물학적, 심리적, 사회적 맥락 내에서 발생하고 있다. 이처럼 평생교육은 한 인간으로서 삶을 살아가며 발달과업을 이루어 나가기위해 필수적인 요소이며 전 생애에 걸친 학습활동이다.

평생학습자로서 성인은 다양한 특성을 지니고 있기 때문에 한마디로 규정할 수는 없다. 성인기 동안 일어나는 학습은 매우 개인적인 활동이다. 평생학습자로서의 성인은 학습활동의 계획이나 실천에 기본적인 책임을 지고 경험을 중시한다. 또한 실제 생활로부터 필요하다고 느끼거나 요구되는 것들을 중심으로 학습활동이 전개되며, 이를 자기주도적으로 학습해 나간다(최운실, 2017).

제2절 성인학습자의 특성

성인들은 삶의 현장에서 크고 작은 위기에 직면하게 되며 이러한 위기를 극복할 수 있는 대처능력을 갖출 필요가 요구된다. 평생교육에 참여하는 성인학습자는 다양한 생애 사건과 위기를 경험한 사람들이라고 가정할 수 있다. 성인학습자가 성인기 동안에 경험하는 신체적·정신적 특성을 이해하는 것은 평생교육에서 매우 중요하므로, 아동·청소년 학습자와 다른 성인학습자의 다양한 특성을 살펴볼 필요가 있다.

1. 성인학습자의 일반적 특성

성인학습자는 아동·청소년과 차별화된 특성을 갖기에 성인학습자의 특성을 이해하는 것은 평생교육의 교수 학습활동을 전개하는 데 있어서 도움이 된다. 성인학습자의 특성을 제시한 레빈(Levine, 2001)과 놀스(Knowles, 1980)의 개념을 살펴보면 표 3-1과 같다.

표 3-1 성인학습자의 특성

레빈(Levine)의 이론	놀스(Knowles)의 이론
자신이 배우는 것에 대해 독립적·자발적이다.	자발적이고 자치적이다.
가치 있는 경험을 상당히 가지고 있다.	삶에 관련한 상당한 경험과 지식을 축적하고 있다.
자신의 나이에 해당하는 삶과 관련된 주제에 관심이 있다.	목적지향적이다.
현재 맞닥뜨리고 있는 문제의 해결을 위해 관련 정보나 지식, 아이디어에 관심을 가지고 있다.	관계지향적이다.
바로 적용하여 활용 가능한 정보에 관심을 가지고 있다.	현실적이다.
청소년에 비해 학습동기를 스스로 만들어 가는 경향이 있다.	존중되기를 바란다.

레빈과 놀스의 개념을 포함하는 성인학습자의 일반적 특성은 다음과 같다(신용주, 2012).

① 성인은 자기주도적이다.
② 성인은 행동지향적이다.
③ 성인은 수동적인 활동에 흥미를 느낀다.
④ 성인은 두려움이 많다.
⑤ 성인은 가치와 기대를 갖는다.

곽삼근(2000)과 권대봉(1999)은 성인학습자의 특성을 다음과 같이 제시하고 있다.

① 성인학습자는 다양한 생애경험을 가지고 있다. 다양한 경험을 통해 본인이 원하는 학습내용과 학습목표에 대한 생각이 뚜렷하므로 성인의 학습은 그들의 요구에 더 민감하게 반응해야 한다.
② 성인학습자는 독립적인 자아개념을 가지고 있다. 성인학습자는 학령기에 해당하는 어린이, 청소년기와는 달리 직업인, 배우자, 부모로서의 사회적 역할을 갖고 있는 경우가 많기 때문에 자기 생활에 주도성을 갖는, 즉 스스로 삶을 꾸려가는 성향이 강하기 때문에 교수자는 학습의 안내자 역할에 충실해야 한다.
③ 성인학습자는 학습에 투자하는 돈과 시간과 학습의 이익을 계산하는 특성을 갖는다. 따라서 성인학습자들에게 경험에 기반을 둔 실제적 학습동기와 학습내용을 제공하고, 학습을 통한 이득이 무엇인지를 제시해야 한다.
④ 성인학습자는 배운 것을 바로 활용하기를 원한다. 성인은 현재 혹은 가까운 미래에 필요와 활용을 위해 학습을 하는 성향이 강하므로 배운 것을 직업이나 일상 생활에 적용하도록 프로그램을 제공한다.

린드만(Lindeman, 1926)도 성인학습자에 대한 특성을 다음과 같이 정리하고 있다.

① 성인학습자들은 그들이 배움을 통해서 만족을 얻을 것이라는 필요성과 관심을 계속 경험할 때 배움에 대한 동기를 부여 받는다.
② 성인들은 실생활과 관련된 과제 중심적으로 학습하고자 하는 경향이 있다.

③ 경험은 성인들의 가장 큰 자원이며 성인학습에 가장 좋은 방법은 경험을 분석하는 것이다.

④ 성인학습자들은 자기주도적으로 학습하고자 하며 교수자는 단순히 지식을 전달하는 역할이 아니라 상호적인 학습과정에 참석하는 안내자의 역할을 해야 한다.

⑤ 나이가 들수록 개인 간의 차이는 커지므로 성인학습은 스타일, 시간 장소 등에 개인적인 맞춤화가 중요하다고 하였다.

2. 성인학습자의 발달단계적 특성

1) 에릭슨(E. Erikson)의 심리사회발달단계이론

에릭슨의 심리사회발달단계이론은 프로이트의 심리·성적발달이론을 확장·발전시킨 이론으로서 정신분석학적 입장을 근간으로 하였지만 차이점은 성욕 중심이 아닌 사회적 발달에 포커스를 두었다는 것이다. 그의 8단계 이론에서 본 장에서는 성인기에 해당하는 발달단계를 중점으로 살펴본다.

(1) 6단계: 친밀감 대 고립

이 시기는 성인초기인 20~40세가 해당하며, 자아정체감이 형성된 청소년은 이 시기에 와서 타인과 깊은 관계를 맺게 된다. 친구, 부부, 전우, 직장동료 등이는 친밀감의 소산이다. 이러한 친밀감은 여러 가지 문제를 타인의 입장에서 바라보고 이해하며 감정이입의 능력이 형성되어 있을 때 가능하게 된다. 이러한 친밀감이 형성되지 못한 경우에는 타인과의 단절이 이루어져 고립된 채로 살아가게 되며, 친구, 배우자, 동료 등을 얻기가 어려워진다.

(2) 7단계: 생성감 대 자아탐닉

이 시기는 40~50세로서 인생에 있어 안정되고 성숙된 시기라 할 수 있으며, 자신과 자기 세대뿐만 아니라 자기 자손세대 및 미래를 위해 헌신하며 노력하는 시기에 해당한다. 장년기와 노년기의 성인들이 기부, 자연보호, 근검절약, 문화적 유산의 전수와 보전 등을 위해 노력하는 것은 생성감에서 나오는 것이다. 하지만 이타적인 심리사회적 발달이 이루어지지 못하면 자신의 쾌락에만 몰두하고, 자녀교육, 미래세대를 위한 투자나 기부 등에 관심이 없으며, 오로지 자아에 대한 탐닉과 호의호식에 빠져 한마디로 '철없는 사람'으로 전락하게 된다.

(3) 8단계: 자아통합 대 절망

이 시기는 60대 이후의 노년기, 즉 인생을 마무리하는 단계로서, 자신의 지나간 일생에 대해 나름대로 만족하고 의미와 가치를 두며, 부정적인 것보다는 긍정적인 것에 초점을 맞추는 자아통합감이 형성되는 시기이다. 하지만 자신이 걸어온 길을 부정적으로 바라보고 무의미하다고 여기며, 자신의 인생이 실패작이라고 느낄 때 절망감을 갖게 되는데 이런 경우, 우울증 경향에 빠져 자신이나 타인을 원망하면서 괴로운 노년기를 보내는 특성을 갖는다.

2) 레빈슨(D. Levinson)의 인생계절론

레빈슨의 인생계절론은 어느 일정한 시기에 있어서 개인의 생에 내재된 양식이나 설계를 나타내는 생의 구조로서 접근한다. 이와 같은 생의 구조는 세 가지 관점으로 구성되는데, ① 개인의 사회문화적 세계, ② 자아의 여러 측면들, ③ 주변 세계에 대한 개인의 참여가 그것이다. 이러한 생의 구조를 근거로 인간의 발달단계를 제시한 것이 인생계절론으로서 크게 4단계의 시기와 3개의 과도기를 삽입하고 있다. 이 중 성인과 관련된 발달단계의 특징을 살펴본다.

(1) 성인 초기(17~40세)

이 시기는 인생에 있어서 가장 활발하고 활력이 넘치는 시기로서 취업, 결혼, 출산을 경험하고, 직장에서의 안정된 역할은 물론 가족에 대한 부양자로서의 역할을 다하는 시기이다.

(2) 생애 중반 과도기(40~45세)

생애 중반 과도기에는 젊은 시절의 꿈이 대부분 실현되지 못한 상황이므로 자신의 꿈과 목표를 재평가하게 되며, 신체적 능력의 감소와 더불어 노화를 스스로 느끼고 특히 노부모의 사망으로 죽음에 대한 성찰이 이루어지는 시기이다. 따라서 이 시기에는 앞으로 자신이 해야 할 일과 남은 시간에 대해 새롭게 설계하는 단계이기에 계속 추구할 것과 그렇지 못한 것을 선별하게 된다. 또한 중년기에 해당하는 시기로서 자기 자신을 증명하고자 하며 자립과 자존의 위치를 획득하게 된다.

(3) 성인 중기(40~60세)

이 시기는 인생의 절정기로서 자기 스스로 지도자가 되어 지혜, 리더십 등이 절정에 달하게 되어 보다 성숙하게 지내 온 사람들은 후배나 제자들의 업적이나 성과에 대해서 질투나 위험을 느끼기보다는 이를 자랑스럽게 여기게 된다.

(4) 성인 후기 과도기(59~65세)

이 시기는 자기 자신의 신체적 노화와 동료들의 노화를 다시금 확인하는 시기로서 권위와 힘이 감소해가는 것을 느끼고 자신의 에너지를 새로운 형태의 업무와 흥미로운 일에 투입하려고 한다.

3. 성인학습자의 신체적·인지적 특성

성인이 되면 청소년시기와는 달리 신체적·인지적으로 변화를 갖게 되며, 특히 청년, 중·장년, 노년 등 성인기는 인생에 있어 가장 긴 단계를 갖고 있어 평생교육자들은 이러한 성인학습자의 특성을 이해하고 접근해야 한다. 따라서 성인기에 있어서 신체적인 특성과 인지적 특성은 어떠한지를 살펴봄으로써 이에 적절한 평생교육방법이 모색되어야 한다.

1) 성인학습자의 신체적 특성

① **체력의 변화**: 대체로 30세 이전에 절정에 달하며, 개인의 적절한 운동량과 특성에 따라 퇴화의 정도에 상당한 차이가 있지만 점차적으로 감소하며, 체력의 변화는 예외 없이 모든 연령대 학습자의 학습능력에 영향을 미치며, 특히 노년기에 더 큰 영향을 미친다.

② **시력의 변화**: 시력(vision)은 눈에 의해서 색깔, 크기, 거리, 각도 등을 인식하고 판단하는 능력으로, 보통 사람들은 대체로 40~50대에 이르면 시력 감퇴를 경험하게 된다. 성인학습자의 시력이 감퇴되는 것을 고려하여 교재나 교수자료를 개발하는 것이 좋으며, 학습 환경도 이를 고려해야 한다.

③ **청력의 변화**: 청각(hearing)의 쇠퇴는 시각과는 달리 20세 이후의 성인기 동안 점진적으로 진행되는데, 청력이 쇠퇴하면 언어적 자극을 이해하는 데 어려움을 겪게 되며 의사소통이 순조롭지 않게 되므로 성인학습자를 대상으로 하는 학습과정은 음향 및 방음시설이 정비된 강의실에서 적절한 속도와 명료한 발음으로 강의해야 한다.

④ **색깔 변별력의 변화**: 연령이 증가함에 따라 색깔 변별력이 쇠퇴하며, 주로 청색, 초록색, 보라색의 변별력이 상대적으로 빠르게 퇴화되나 수정체가 노란색으로 변하는 황화 현상(yellowing)으로 적색이나 오렌지색의 변별력은 유지된다. 이러한 성인학습자의 색깔 변별력의 변화는 성인학습에 커다란 영향을 미친다.

⑤ **생리적 반응 속도의 변화**: 성인기에 점차 둔화되기 시작하는 생리적 반응 속도는 학습능력의 쇠퇴와 연결된다. 그러나 반응 속도는 학습과제의 본질이나 과제의 친숙도에 따라 달라질 수 있으므로 평생교육의 교수자는 과제 선정에 주의를 기울여야 한다.

⑥ **중추신경계의 변화**: 두뇌와 척수로 이루어져 있는 중추신경계의 변화는 성인학습자의 학습능력의 변화에 많은 영향을 미친다.

2) 성인학습자의 인지적 특성

① **지능의 변화**: 카텔과 혼(Cattell & Horn, 1982)은 결정적 지능(crystallized intelligence)과 유동적 지능(fluid intelligence)에 대해 제안하였다. 결정적 지능은 후천적 경험이나 문화와 의도적인 학습을 통해 습득되는 것으로 언어능력과 문제해결능력 등이 해당되며 성인기를 거치면서 계속 상승한

다. 이에 반해 유동적 지능은 개인이 속한 문화내용이나 체계적 학습활동과는 관계없이 선천적인 유전에 의해 결정된 지능으로 청년기에 절정을 이루다가 성인기에 점차 감소한다.

이들의 유동적 지능과 결정적 지능에 관한 연구는 연령 증가에 따라 지속적으로 저하되는 것으로 인식되어 온 성인기의 지능에 관한 전통적 인식을 부정하는 의미 있는 연구로 평가되며 평생교육의 실천에 시사하는 바가 크다.

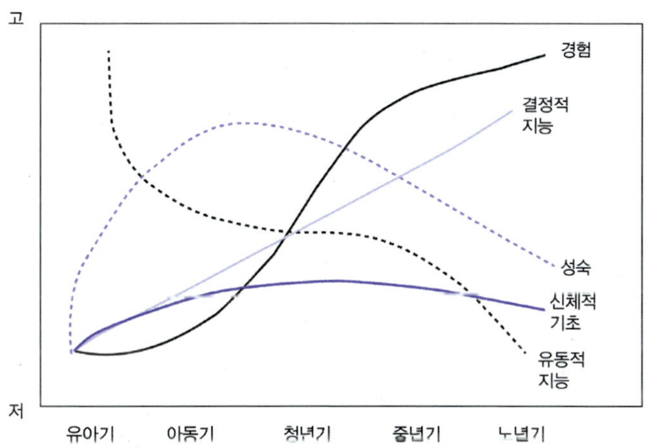

그림 3-2 유동적 지능과 결정적 지능

출처: 김종서 외(2002).

② **사고방식의 변화**: 성인의 사고방식의 특징은 비판적 사고, 실용주의적 사고, 다면적 및 상대적 사고로 설명할 수 있다(조성연 외, 2010). 이 시기에는 수렴적 사고가 보다 확장되어 기준에 맞지 않는 것을 걸러내는 필터의 기능이 활발해지므로 비판적 사고의 특성을 갖게 되며, 성인기의 인지발달은 청년기의 이상주의적 사고로부터 현실에서 실제적인 문제를 해결하는 실용적 사고(pragmatic thought)로 전환이 이루어지는 특성을 갖는다. 이와 더불어 이분법적 사고양식에서 다면적 및 상대적 사고양식으로 전환이 이루어진다. 즉, 옳음과 그름, 우리 편과 상대 편, 좋음과 나쁨 등으로 현상을 양극화하는 이분법적 사고가 타인들의 관점과 견해의 다양성을 수용할 수 있는 다면적 사고(multiple thinking)로 대치된다. 다면적 사고는 어떤 사태와 관련되는 여러 요인과 입장을 고르게 고려할 수 있는 사고를 뜻한다.

③ **정보처리능력(기억력)의 변화**: 정보처리이론에 의하면 사람이 나이가 들면 장기기억에는 큰 변화가 없으나 단기기억이 감소한다고 한다. 이는 정보를 조직하고 부호화하는 능력이 부족해지기 때문이다. 성인기의 정보처리 능력의 변화는 성인기 동안 축적된 과도한 정보로 인해 장기기억에 새로운 정보를 저장할 때나 인출할 때 더 많은 시간이 요구된다. 따라서 기존 정보를 수정, 새로운 정보를 습득하는 능력이 부족하니 정보를 효과적으로 전달, 내용습득에 충분한 시간적 여유를 주는 등의 배려가 필요하다.

4. 성인학습자의 심리적 특성

사람은 나이가 들수록 고집이 세지거나, 자기에게 친숙한 물건들에 애착을 보이기도 한다. 성인학습자의 이러한 심리적 특성은 학습과정에 방해가 되기도 하고 도움이 되기도 한다. 성인학습자들은 중심성 경향 및 경직성이 증가하고, 내향성 및 조심성이 증가한다. 중심성 경향 및 경직성 증가의 원인은 성인이 되어가면서 기존에 겪은 수많은 긍정적, 부정적 경험들이 쌓이면서 자기를 중심으로 사고하는 심리적 상태를 형성하는 데 있다. 이로 인해 친근한 사물에 대한 고집이 강해지는 경직성을 보이게 된다. 또한 성인은 그들이 살아온 경험과 신체적 기능의 감퇴, 어른이 가지는 자존심 등으로 인해 새롭게 무언가를 시도하거나 어떤 일을 함에 있어 조심성이 증가하며 모험을 두려워하는 특성을 갖게 된다. 따라서 성인들의 학습에는 학습시간을 충분히 주고, 학습상황에서 심리적 자신감을 고양시키는 교수자의 촉진적 태도와 함께 성인학습자의 경험을 충분히 살리는 친근한 주제를 중심으로 하는 학습이 더 효과적이다(임형택 외, 2013).

5. 성인학습자의 사회적 특성

성인의 사회적 특성은 나이가 들어감에 따라 성인들에게 요구되는 사회적 기대 및 요구 사항들이 있는데, 이러한 사회적 요구들을 해결하거나 충족시키기 위해 학습을 하는 특성이다. 이는 발달과업이론과도 연결되는데 인생의 각 단계에는 그때마다 해결해야 하는 과업이 있다. 이를 성공적으로 수행하면 만족감을 느끼지만 잘못 수행하면 실패감을 느끼게 된다는 것이다. 이외에도 성인 학습자의 사회계층적 영향과 사회문화적인 요인, 사회 규범, 생활사건 등에 따라 각 성인들이 필요로 하는 학습의 요구가 달라진다.

제3절 성인학습자의 학습 스타일

1. 학습 스타일의 개념

학습 스타일(learning styles)이란 학습자가 어떻게 배우는가에 관한 것으로, 학습자가 정보를 지각, 수집, 해석, 조직 및 사고할 때 선호하는 방법을 말한다. 어떤 학습자는 읽기를 통해 정보를 흡수하는 것을 좋아하는 반면, 다른 학습자는 실제적 실험을 통해 배우는 것을 좋아한다. 어떤 학습 스타일이 다른 것보다 더 효과적이라고 하기는 어렵다. 또 이론가와 실천가를 동시에 만족시키는 학습 스타일 모형도 없다. 그러나 학습자가 자신이 선호하는 학습 스타일에 대해 잘 아는 것은 학습의 성취도를 높이는 데 도움이 된다. 또한 평생교육 교수자에게도 학습자의 주요 학습 스타일 및 그 특성에 대한 이해는 매우 중요하다. 이는 학습 스타일을 잘 파악함으로써 더욱 효과적인 평생교육을 전개할 수 있기 때문이다.

2. 학습 스타일의 분류

학습 스타일에 대한 분류는 학자들에 따라 다르지만 대개 3~4개의 유형으로 분류한 다는 점에서는 거의 유사하다. 여기에서는 일반적으로 가장 많이 사용되는 콜브(Kolb, 1984)의 학습 스타일과 함께 노규식(2016) 등 여러 학자의 학습 스타일을 살펴보고자 한다.

1) 콜브의 학습 스타일

콜브에 의하면 학습이란 획득된 경험을 변형함으로써 새롭게 지식을 창조하는 과정이라고 정의한다. 이에 따라 콜브의 학습 스타일 분류는 그가 경험학습이론에서 제시한 구체적 경험→반성적 성찰→추상적 개념화→적극적 실험으로 구성된 4단계의 학습주기 중에 학습자가 선호하는 유형이 있다는 가정에서 출발한다(Kolb, 1984).

콜브의 학습 스타일은 도구를 통해 측정 가능하며 상황별 과제별로 달라질 수 있다. 콜브가 제시한 네 가지 학습 스타일 및 그 특성을 살펴보면 **그림 3-3**과 같다.

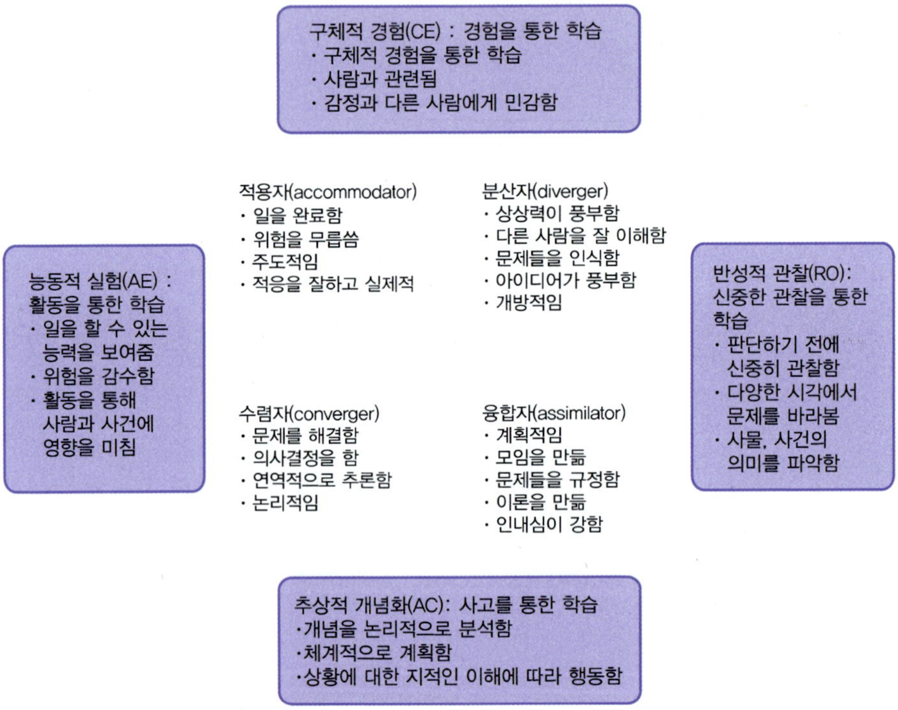

그림 3-3 콜브의 학습 스타일 및 특성

출처: Kolb(1999); 신용주(2012) 재구성.

① 수렴자(converger)

추상적 개념화와 능동적 실험에 의존하여 확실한 답을 얻으려 하며, 문제의 해답을 얻기 위해 빠르게 움직인다. 이 유형의 학습자는 문제를 정의하고 결론을 내리는데 익숙하다.

② 분산자(diverger)

구체적 경험과 반성적 관찰을 이용해 무수한 아이디어를 도출해 낸다. 이 유형의 학습자는 브레인스토밍과 대안을 생각해 내는 것에 뛰어나다.

③ 융합자(assimilator)

추상적 개념화와 반성적 관찰에 의존한다. 이 유형의 학습자는 광범위한 정보를 이해하고 그것을 간결한 이론으로 바꾸는 것을 좋아한다. 또한 계획하여 이론을 발전시키고 모델을 만들어 내는 데 능숙하다.

④ 적응자(accommodator)

이 유형의 학습자는 구체적 경험과 능동적 실험에 가장 뛰어난 사람들이다. 이들은 문제해결을 위해 위험을 무릅쓰고 적극 뛰어들기 때문에 자주 시행착오를 경험한다.

콜브는 정보를 인식(perceive)하고 처리(process)하는 영역이 함께 고려되면 성인학습자의 인지적인 성장이 이루어진다고 보고, 각 학습자들에 적용 가능한 학습 스타일의 개발을 위해서는 4단계의 경험적 학습 순환이 필요하다고 보고 있다. 또 이 네 가지 유형을 지각과 정보처리 영역으로 분류하였다. 지각 영역은 구체적 경험과 추상적 개념화로, 정보처리 영역은 능동적 실험과 반성적 관찰의 양극적인 구성형태를 보이고 있다.

콜브의 학습 사이클은 각 단계에 있어 독특한 특징을 보이고 있을 뿐, 어느 특정한 단계가 더 좋고 나쁨이 있는 것은 아니다. 효과적인 학습자의 경우 이 단계를 함께 진행하려는 경향이 있으나 대다수의 학습자들은 특정한 영역에서 발전이 이루어진다. 콜브의 학습 사이클의 단계별 특성은 **표 3-2**와 같다.

표 3-2 콜브의 학습 사이클의 단계별 특성

학습 방식	특징	학습 성향
구체적 경험(CE) Concrete Experience	• 느끼면서 배운다. • 실제적이고 구체적인 경험을 통해 학습하는 것을 중요시하고 대인과의 관계성을 좋게 여기며, 감성적인 면이 있다.	• 구체적이고 실제적인 학습상황이나 상세한 예문을 통해 학습하기를 선호한다. • 동료학습자들과 상호작용에서 혜택을 본다.

학습 방식	특징	학습 성향
	• 새로운 경험에 개방적이며 어떤 문제를 직면했을 때 체계적인 접근보다는 느낌에 의존하는 경향이 강하다.	
반성적 관찰(RO) Reflective Observation	• 관찰하면서 학습한다. • 다양한 관점을 갖고 신중하게 관찰하는 것을 중요시 여기며, 객관성과 엄격한 판단력을 갖고 학습에 참여한다. • 신중한 관찰을 통해 지식이 갖는 의미 이해와 나름의 의미를 이끌어낸다.	• 강의 유형의 형식적 학습상황을 선호한다. • 내향적인 경향을 보인다. • 주시와 경청을 잘한다.
능동적 실험(AE) Active Experience	• 실행하면서 학습한다. • 직접적으로 추진하면서 학습한다. • 문제상황에서 구체적이고 실제적인 접근방법을 통해 문제해결을 이루어간다.	• 실험을 지향한다. • 프로젝트, 숙제, 소집단 토론 등에 참여할 때 가장 잘 학습한다.
추상적 개념화(AC) Abstract Conceptualization	• 사고하면서 학습한다. • 문제해결을 위해서는 논리적 사고와 확증된 지식에 의존한다. • 구체적이고 체계적인 계획을 만들어 행하고, 이성적 상황 판단을 중시한다.	• 교사 중심의 이론과 체계적 분석을 강조하는 비개인적인 환경에서 가장 잘 학습한다.

출처: Kolb(1999).

2) 기타 여러 학자의 학습 스타일

노규식(2016)은 메시지나 정보, 지식을 받아들이는 두뇌유형으로 학습자의 학습 스타일을 시각형, 청각형, 운동형 학습자 등으로 분류하고 있다. 시각형 학습자는 영상정보나 문자정보를 보거나 읽어서 수용하는 특성을 보이며, 청각형 학습자는 보거나 읽는 것보다는 들으면서 수용하는 특성을 가지며, 운동형 학습자는 직접 몸으로 경험해보고 수용하는 특성을 갖는다. 이들의 주요 특징은 표 3-3과 같다.

표 3-3 학습자의 유형과 특징

유형	주요 특징
청각형 학습자	• 상대방의 목소리, 억양 등에 집중 • 음악, 리듬 있는 언어에 반응
시각형 학습자	• 파워포인트, 그림 등 시각적인 것에 집중 • 외형적인 것에 관심이 많고, 이미지화에 능함
체험형 학습자	• 감각적이고 예민하며 질문, 역할극에 반응 • 분위기에 민감

피셔(Fischer, 1979)는 학습자의 학습 스타일을 다음과 같이 분류하고 있다.

① **증가적 학습자**: 학습자는 광범위한 이해를 하기 위하여 세부적인 것들로부터 단계적으로 학습해 나간다. 차곡차곡 벽돌을 쌓아가는 것처럼 단편적인 정보나 지식을 하나하나 배워가면서 일반화에 이르도록 하는 유형의 학습자이다.

② **직관적 학습자**: 학습자는 전통적 놀이나 체계적인 단계를 밟지 않고 순간적인 통찰이나 비체계적인 방법을 통해 정보나 경험을 얻게 된다.

③ **감각적 학습자**: 학습자는 정서적으로 안정되고 감성적인 학습 상황에서 가장 좋은 기능을 발휘하므로 교수자는 이와 같은 학습분위기를 만들어 제공할 필요가 있다.

④ **정서중립적 학습자**: 학습자는 감각적 학습자와는 달리 이성과 감성이 중립적인 학습상황에서 기능을 가장 잘 발휘한다.

⑤ **구조적 학습자**: 학습자는 체계를 갖춘 학습상황에 노출될 때 가장 잘 학습이 이루어진다. 즉, 목표와 한계 등이 잘 계획된 구조나 시스템 속에서 안정감을 느끼며 학습을 이루어 간다.

⑥ **개방적 학습자**: 학습자는 카페나 공공학습시설 등 개방된 학습 환경에서

가장 잘 학습기능이 발휘된다. 엄격하게 짜여진 학습구조를 벗어나려는 경향이 있으며 여유 있고 개방된 학습분위기에서 학습하는 것을 선호한다.

⑦ **손상된 학습자**: 학습자는 겉으로는 문제가 없는 것처럼 여겨지나 자아에 대한 개념이 정립되지 못하거나 사회적 관계성, 감수성 등에 상처를 갖고 있어 이에 대한 대처가 필요하다.

그라샤와 리치맨(Grasha & Riechmann, 1974)은 학습자의 학습 스타일을 다음과 같이 분류하고 있다.

① **독립적 학습자**: 스스로 학습이 가능하며 자신이 원하는 학습계획을 세우고 이에 맞추어 학습을 진행한다. 자신의 학습능력에 대한 자신감을 갖고 있으며, 교수자 중심이 아닌 학습자 중심의 학습방법을 선호한다.

② **의존적 학습자**: 독립적 학습자와는 반대되는 유형으로 스스로 하기보다는 교수자를 의존하면서 학습하기를 원하는 학습자로서 학습자 중심수업보다는 교수자 중심의 수업을 선호한다.

③ **협동적 학습자**: 혼자 학습하기보다는 다른 학습자들과 더불어 학습하기를 좋아하는 유형으로, 소그룹 형식의 토의식 학습방법이나 브레인스토밍 등 집단으로 학습하며, 교수자나 동료와 상호작용을 통해 학습하기를 선호한다.

④ **경쟁적 학습자**: 학습자는 다른 학습자와 경쟁심을 갖고 학습에 참여하는 유형으로 좋은 성적을 통해 교수자나 동료의 관심받기를 원하고 경쟁적인 학습상황을 선호한다.

⑤ **참가적 학습자**: 학습에 적극적으로 참여하기를 원하는 학습자의 유형으로 수업에서 원하는 다양한 활동에 참가하는 것을 선호하며, 토론수업이나 교수자나 동료와의 상호작용에도 관심을 갖는 것이 특징이다.

⑥ **회피적 학습자**: 참가적 학습자와는 반대의 유형으로 학습에 흥미가 없으며, 학습에 적극적인 참가에 어려움이 있으며, 특히 교수자나 다른 학습자들과의 상호작용이나 협동학습에 관심을 두지 않는다는 특징을 갖는다.

호울(Houle, 1961)은 성인학습자의 학습 스타일을 학습참여동기를 기준으로 유형화하여 다음과 같이 제시하였다.

① 목표 지향적 학습자(goal-oriented learner)

목표 지향적 학습자는 생활 가운데 직면하는 다양한 필요나 문제에 대한 대응을 위해서 학습하려는 동기를 가진 사람이다. 이들은 학습활동이 가지는 수단적 가치에 주목한다. 예를 들면, 대학을 졸업하고 취업을 준비하는 성인이 취업에 필요한 기술이나 소양을 익히기 위해서, 많은 사람들 앞에서 발표를 잘하거나 승진 혹은 특별한 문제해결을 위해서 학습에 참여한다.

② 활동 지향적 학습자(activity-oriented learner)

활동 지향적 학습자는 학습활동을 통해서 함께하게 되는 동료들과의 사회적 상호작용에 관심을 가지고 참여하는 사람이다. 이런 유형의 학습자들은 지식이나 기술습득을 위하기보다는 학습활동 자체에 목표를 두고 비슷한 관심사를 가지고 있는 사람들과의 교류를 통해 만족감을 획득하는 데 관심을 둔다. 예를 들어, 외로움이나 지루함을 탈피하기 위해서, 배우자를 찾기 위해서, 교육활동에 참여하는 학습자들과의 인적 네트워크 형성 등에 가치를 두는 유형이다.

③ 학습 지향적 학습자(learning-oriented learner)

학습 지향적 학습자는 학습내용의 활용 가능성이나 학습에 참여하면서 기대할 수 있는 다양한 활동보다 학습 그 자체를 통해 얻는 기쁨과 성취감을 추구하는 사람들이다. 예를 들면, 문해교육에 참여한 학습자가 한글을 깨우쳐 가면서 즐거움을 느끼고 지속적으로 학습에 참여하며 만족감을 얻는 경우이다.

3) 학습 스타일의 파악 및 적용

학습 스타일은 앞서 살펴본 바와 같이 매우 다양하다. 이 말은 학습자마다 다른 학습 스타일을 갖고 있다는 것을 의미한다. 인간이 좋아하는 취미나 선호도가 다른 것처럼 학습 스타일도 다르다는 것을 전제로 한다면 교수자는 학습자가 갖는 학습 스타일을 파악하고 이에 대한 교수방법을 선택하여 학습을 진행해야 한다. 이것은 곧 학습목표를 달성하는 것과 함께 수업의 성공여부, 학습자의 만족도가 높아지게 되는 것을 의미한다.

이러한 학습자의 학습 스타일을 파악하기 위해서는 설문조사나 면담, 성격분석 프로그램의 활용, 테스트 등 다양한 방법을 활용하는 것이 효과적이다. 또한 교수자는 다양한 교수방법을 제시하고 활용하면서 학습자 스스로 자신에게 맞는 학습 스타일을 취득하거나 활용할 수 있도록 제공하여야 한다. 학습자들은 한 가지의 학습 스타일을 갖는 것이 아니라 학습내용이나 상황에 따라 한 가지 학습 스타일이 아닌 여러 가지 학습 스타일을 사용하기도 한다는 것을 염두에 두어야 한다.

제4절 성인학습자의 학습 참여동기

성인학습자가 평생학습에 참여하고자 하는 동기는 주목해야 할 요소이다. 학습은 학령기에만 이루어진다는 잘못된 고정관념에서 벗어나 성인이 되어서는 어떠한 동기로 학습에 대한 참여로 이어질 수 있는지에 대해 관심을 가져야 하며, 이는 곧 평생교육의 사활이 걸린 문제이기도 하다. 이와 같은 학습 참여동기를 파악하고 분석하게 된다면 성인학습자의 평생학습 참여 확대 및 평생교육의 활성화를 가져올 수 있기에 본 절에서는 이에 대해 살펴보고자 한다.

성인학습자의 학습 참여동기는 학습자의 성향에 따라 다양하다. 실질적으로 평생교육에 참여하는 학습동기는 학습자가 가지고 있는 관심사와 학습내용이 적절하게 관련성을 가질 때 나타난다. 그러므로 평생교육기관이나 교수자는 성인학습자가 다양한 학습욕구를 가지게 된 배경을 좀 더 근본적으로 파악할 필요가 있다.

호울(Houle, 1961)은 앞서 성인의 학습 스타일에서도 살펴본 바와 같이 평생교육에 참여하는 성인학습자들은 무엇인가 보상받고자 하는 학습목적을 지니고 있으며 각자의 참여 동기 유형이 다를 것이라고 전제하고, 성인 교육의 참여의식과 가치 및 신념에 초점을 두고 연구를 진행하여 표 3-4와 같이 세 집단의 유형을 생성했다.

표 3-4 호울의 성인학습자의 3가지 참여 동기 유형

목적지향	목적지향 학습자들은 참여동기가 분명히 외부에 드러나는 유형으로 현실적인 필요나 이득, 이해관계를 충족시키려는 요구에 의해 참여동기는 도출된다. 이 유형의 학습자들은 학습을 실제적 문제해결의 도구로서 활용하기에 적극 학습에 참여하는 특성을 갖는다.
활동지향	활동지향 학습자들은 목표를 성취하거나 어떤 과목을 학습하기보다는 활동 그 자체와 사회적인 상호작용을 주요한 목적으로 참여한다. 이들은 반복되는 일상이 갖는 단조로움, 지루함, 고독함 등의 소외의식 등으로부터 변화를 모색하기 위하여, 혹은 가정이나 직장생활에서 직면하게 되는 여러 어려운 상황들로부터 회피하고자 성인 교육에 참여한다.
학습지향	학습지향 학습자들은 교육에 대한 참여를 통해 지식 습득의 열망으로 학습 그 자체에 의미를 두고 이를 추구한다. 이들 학습자들은 모든 학습활동들이 그 자체의 목적과 의미를 갖고 각각의 학습활동이 지니는 의미의 총체가 참여 동기를 이루게 된다.

출처: 권두승·조아미(2001). 성인학습 및 상담. 서울: 동문사.

존스턴과 리베리(Johnston & Rivera, 1965)가 제시한 성인학습자의 참여동기는 다음과 같이 분류한다.

① 취업을 위한 준비
② 현재의 직업능력 개발
③ 지식과 교양 함양
④ 여가시간 활용
⑤ 가사능력 계발
⑥ 일상생활 기술 습득 및 친교
⑦ 일상적 삶의 변화
⑧ 기타 개인적 요구

우로도우스키(R. J. Wlodowski, 1999)는 성인학습자의 참여동기를 다음과 같이 제시하였다.

① **성공(Success)**: 성인학습자는 성공적인 학습자가 되기를 원한다.

② **의욕(Volition)**: 성인학습자는 그들의 학습에 있어서 선택된 감정을 느끼기를 원한다.

③ **가치(Value)**: 성인학습자는 그들이 가치 있다고 생각하는 것을 학습하기를 원한다.

④ **즐거움(Enjoyment)**: 성인학습자는 학습하는 것이 즐겁다는 것을 경험하고 싶어한다.

성인학습자들의 참여동기는 학자들마다 다양하게 유형화하고 있기에 일반화된 유형으로 제시하기는 쉽지 않다. 학습자들은 하나의 참여동기만으로 학습에 접근하는 것이 아니라 다양한 참여동기와 학습목적을 갖기 때문이다. 따라서 교수자는 요구조사를 바탕으로 프로그램을 개발하고, 이에 적절한 교수방법을 적용하도록 해야 한다.

요약

1. 평생학습자로서 성인은 사회적으로 요구되는 일을 수행할 뿐 아니라 자신의 삶에 대해 기본적인 책임을 지닌 자로 정의할 수 있다.

2. 평생교육에 참여하는 성인학습자의 일반적인 특성과 더불어 발달단계적 특성, 신체적·인지적 특성, 심리적·사회적 특성을 이해하는 것은 성인학습자를 이해하고 파악하는 데 매우 중요하다.

3. 성인학습자의 학습 스타일(learning styles)이란 학습자가 어떻게 배우는가에 관한 것으로, 학습자가 정보를 지각, 수집, 해석, 조직 및 사고할 때 선호하는 방법을 말한다. 학습 스타일을 잘 이해하고 파악함으로써 더욱 효과적인 평생교육방법을 적용할 수 있다.

4. 성인은 어떠한 동기로 학습에 대한 참여로 이어질 수 있는지에 대해 관심을 가져야 하며, 이를 통해 성인학습자의 평생학습 참여 확대 및 평생교육의 활성화를 가져올 수 있다.

연구문제

1. 성인학습자의 개념에 대해 논의해 봅시다.

2. 성인학습자의 특성을 레빈과 놀스의 이론을 중심으로 논의해 봅시다.

3. 에릭슨(E. Erikson)의 심리사회발달단계이론을 중심으로 6, 7, 8단계에서 친밀감, 생성감, 자아통합을 이루어내기 위한 평생교육의 역할에 대해 논의해 봅시다.

4. 자신의 학습 스타일에 대해 생각해보고 발표해 봅시다.

5. 자신의 학습 참여동기는 무엇인가에 대해 생각해보고 발표해 봅시다.

CHAPTER 04

평생교육자에 대한 이해

개요

평생교육에 종사하는 사람을 다른 나라에서는 성인교육자, 평생교육매니저, 학습지원매니저, 평생교육자, 성인교육자, 사회교육지도자 등으로 호칭되어 왔다. 우리나라의 경우 평생교육지도자, 성인교육자, 평생교육담당자, 평생교육 실무담당자 등 다양한 용어로 호칭해 오다가 1982년 「사회교육법」 제정 때 '사회교육전문요원'으로 명명되었으며, 1999년 새로 개정된 「평생교육법」에서는 '평생교육사'로 개칭되었다.

평생교육 현장에서 학습의 효과를 높이고 성인학습자들의 학습 참여를 촉진시키는 평생학습자의 역할이 중요해지고 있다. 또한, 평생교육자는 평생학습사회를 실아가는 평생학습자에게 최적의 교육환경과 학습경험을 설계하고 이를 효과적으로 전달할 수 있는 이론적 기초는 물론 교육과정 전문가로서 숙달된 지식과 기술 및 평가를 할 수 있는 능력이 요구된다. 이에 평생교육자의 정의, 유형, 역할은 물론 평생교육사의 자격과 직무에 대하여 살펴보고자 한다.

학습목표

1. 성인학습자의 교육을 담당하는 평생교육자의 유형을 분류할 수 있다.
2. 평생교육자의 역할을 설명할 수 있다.
3. 평생교육사의 자격 취득 방법을 적용할 수 있다.
4. 평생교육사의 직무를 제시할 수 있다.

주요 용어

평생교육자, 평생교육자 유형, 평생교육사의 자격, 평생교육사의 직무

제1절 평생교육자의 개념과 역할

1. 평생교육자의 개념

1) 평생교육자의 정의

평생교육은 현재 다양한 형태로 평생교육기관에서 운영되고 있으며 평생교육을 담당하는 교육자의 용어도 시대와 지역에 따라 다르게 호칭되어 왔다(교육부, 2000; 김진화, 2012).

① **미국**: 성인교육자(adult educator), 계속교육자(continuing educator)

② **영국**: 평생학습매니저(lifelong learning manager), 학습지원매니저(learning supports manager), 평생교육자(lifelong educator)

③ **독일**: 성인교육자, 계속교육교사(weiterbildungslehrer)

④ **일본**: 사회교육지도자

⑤ **우리나라**: 평생교육 분야에서 일하고 있는 사람을 평생교육담당자, 평생교육지도자, 성인교육자, 평생교육 실무담당자 등 다양한 용어로 불리어 왔다. 시대별로 살펴보면 미군정기에 성인교육지도자로 불리던 것에서 사회교육자, 사회교육 전문요원, 평생교육사로 발전해 왔다. 역사적으로 교육패러다임이 새롭게 형성되고 실천 분야가 생겨날 때마다 평생교육을 실천하는 사람들을 부르는 용어가 새롭게 나타났다.

영국과 미국 등에서 사용되고 있는 평생교육자와 우리나라에서 사용되고 있는 평생교육사의 역할과 의미를 볼 때, 지식정보화사회에서 현대인이 평생학습을 생활화하고 전략화하도록 촉진하는 전문 직업인이라는 공통점을 지녔으므로 평생교육실천가와 함께 통합적으로 지칭할 수 있는 용어라 할 수 있다. 즉, 평생교육사와 평생교육자는 같은 대상을 지칭한다고 할 수 있다(배수정, 2013).

우리나라에서의 평생교육사는 제도적 차원에서 국가로부터 자격증을 부여받은 자로 평생교육 프로그램에 대한 요구분석, 개발, 운영, 평가, 컨설팅, 학습자 상담 및 교수 등을 수행하는 평생교육전문가를 말한다. 또한 평생교육사 자격은 없지만 평생교육 현장에서 평생교육사와 유사한 업무를 수행하고 있는 교육자들이 활동하고 있다. 이들은 평생학습 코디네이터, 평생학습 매니저, 평생학습 상담사, 평생학습활동가, 평생학습 서포터즈 등의 다양한 호칭으로 활동하고 있다.

놀스(Knowles, 1980)는 성인을 대상으로 하는 평생교육자를 수행하는 역할과 기능에 따라 다음과 같이 세 단계로 구분하였다.

① **첫 번째 단계**: 가장 하위 수준은 성인학습자와 대면하여 직접 가르치는 교사, 그룹리더, 업무관리자들이다. 이들은 학습에 대한 니즈 파악, 학습계획 수립, 학습하고자 하는 조건 형성, 최적의 학습방법론 선택, 학습을 위한 자원제공, 학습결과 평가 등을 한다.

② **두 번째 단계**: 프로그램 디렉터 단계로 위원회 회장, 훈련 기획자, 야간 학교 총장 등이 해당된다. 이 단계의 교육자들은 개인, 기관, 사회적 수준의 요구를 파악하고 효과적인 성인교육 프로그램 운영을 위해 조직 구조를 변경하며 교육 프로그램의 목표를 설정하고 교육에 소요되는 제반 환경 관리, 프로그램 효과성 등을 평가한다.

③ **세 번째 단계**: 이 수준의 교육자는 새로운 지식과 신기술을 개발하고 재료를 준비하여 성인학습자를 교육함에 있어서 교육자의 권위를 지양하고 학습자의 성장과 발달을 촉진한다. 가장 상위의 수준으로 프로 리더십단계이다.

평생교육자는 위와 같이 성인학습자를 대상으로 그들의 학습욕구를 충족시키기 위해 교육 프로그램을 기획·개발·전달하고 있다. 또한, 평생교육기관에서 교육 프로그램의 바람직한 방향을 제시하고 효과적인 운영을 지원하며 평생교육을 실시하는 사람이다. 특히 성인학습자의 학습을 촉진하고 학습자와 활발한 상호작용을 통해 학습자가 학습목표를 달성해 나갈 수 있도록 지원한다.

2) 평생교육자의 유형

성인교육자의 개념을 이론적이면서 전문성을 갖춘 경우에는 성인교육 전문가로, 이론적이면서 일반성을 갖춘 자는 성인교육 관련 연구자로, 일반적이면서 실천적인 경우는 성인교육 담당자로 그리고 실천적이면서 전문성을 겸비한 경우에는 성인교육 현장 연구자로 크게 구분하였다. 학자에 따라서는 평생교육자를 크게 교수자와 교수자 이외의 자로 분류하였다. 교수자는 성인학습자들의 학습활동에서 직접 가르치거나 학습자들의 활동을 지원, 원조 혹은 촉진하는 역할을 수행하는 자를 의미하며, 교수 이외의 자는 강의실에서 직접 강의하지는 않지만 성인학습활동을 조직하고 학습과정이 원활하게 진행될 수 있도록 하는 측면의 일을 담당하는 자로 분류하였다(조성연 · 홍지영, 2010; 신승원, 2011).

한편, 평생교육법 제24조 제2항에 의하면 평생교육자는 평생교육의 기획 · 진행 · 분석 · 평가 · 교수업무를 수행해야 함을 규정하고 있다.

로저스(Rogers, 1998)는 평생교육자가 성인학습자를 대하는 접근 유형을 두 가지로 제시하였다. 첫 번째 유형은 학습자에게 전통적 규범에 따르는 준수자(conformist)가 될 것을 강조하는 것이며, 두 번째 유형은 자기주도적인 독립된 해방자(liberator)가 되도록 촉진하는 것이다. 이 분류는 학습자가 학습의 주도권을 갖는 독립적인 학습자로 성장하도록 촉진하는 것이 평생교육자의 진정한 역할이라는 점을 강조한다. 성인학습자의 교육을 담당하는 평생교육자의 유형은 표 4-1과 같다(최운실 · 송성숙 · 박수정, 2017).

표 4-1 성인학습자의 교육을 담당하는 평생교육자 유형

학습 관련요소	'준수자' 학습자를 교수자에게 동조시키는 평생교육자	'해방자' 학습자를 독립적으로 성장시키는 평생교육자
알고자 하는 진리	학습자는 이미 알려져 있는 진리를 학습해야 한다.	진리는 아직 알려져 있지 않으며, 가장 옳은 행동 방식도 존재하지 않는다.
학습의 주도권	학습자는 스스로 학습을 추진하지 못하며, 교수자가 학습의 주도권을 갖는다.	인간은 고유의 잠재적 학습능력을 갖고 있으며, 학습자가 학습의 주도권을 갖는다.
학습방법	학습은 제시된 것을 통해서 얻는 것이다.	가장 의미 있는 학습은 직접 경험해 보는 것이다.
학습자료	교수자료는 교수자나 학습자와 관계 없이 이미 독립적으로 존재한다.	학습자가 자신의 학습목표와 관련된 주제를 다룰 때 의미 있는 학습이 된다.
지식획득 수단	지식은 학습자 스스로 얻을 수 없으므로 교수자가 학습자에게 지식을 전달해야 한다.	지식은 전달되는 것이 아니라 학습자 스스로 창조하는 것이다.

학습 관련요소	'준수자' 학습자를 교수자에게 동조시키는 평생교육자	'해방자' 학습자를 독립적으로 성장시키는 평생교육자
교육과정	교육과정은 사실적인 지식을 축적한 것이다.	학습에는 정해진 순서가 없으며, 학습자는 자신의 방식대로 학습자료를 조직할 수 있다.
학습 참여도	수동적인 학습자가 좋은 시민을 만든다.	학습과정에 대한 적극적 참여가 창의적 학습을 가능하게 한다.
평가	교수자가 학습자의 학습과정을 평가한다.	타인의 평가보다 자기평가를 통해 학습 성취도가 높아진다.
학습영역	인지학습이 가장 중요하다.	학습에는 지성과 감성 등 인간의 모든 측면이 포함된다.
학습경험	학습은 반복될 필요 없는 한 번의 경험이다.	현대사회에서 가장 유용한 학습은 '학습하는 방법'을 배우는 것이다. 교육의 목적은 경험에 의한 개방성을 키우고 변화과정을 통합하는 것이다.

2. 평생교육자의 역할

평생교육은 다양한 배경을 지닌 성인학습자들을 대상으로 실시되는 교육활동이다. 평생교육자는 평생교육의 효과성을 높이는 데 중요한 역할을 담당하고 있다. 점점 다양해지는 평생교육자의 역량을 강화할 수 있도록 주도하는 대상자에 따라 타자주도적, 자기주도적, 상호주도적으로 분류할 수 있다(기영화, 2012; 김종표 외, 2013; 서명환 외, 2016; 엄미란, 2010; 최운실 외, 2017).

1) 타자주도적 역할

평생교육자의 타자주도적 역할은 전문가, 기획자, 강의자 등으로 행동주의이론에서는 구분한다.

(1) 전문가

강의나 시범, 실습 등 성인학습자의 학습활동을 지원하는 데 필요한 전문적인 지식과 기술을 평생교육자는 보유하고 있어야 한다. 전문가로서의 역할은 시간이 부족하여 단기간 내에 학습을 해야 할 때, 학습자의 경험이 부족하거나 학습내용이 학습자에게 새로운 것일 때, 전문지식의 전달이 교육의 중심 내용일 때 효과적이다.

전문가로서 평생교육자의 역할은 대체적으로 강의 중심의 교육이 이루어진다. 평생교육자는 학습자와 원활한 상호작용을 통해 학습자가 학습활동에 적극적으로 참여할 수 있는 학습 환경을 조성해야 한다.

(2) 기획자

교육과정에 필요한 자료를 선택하고 취합하며 교육과정을 준비하고, 프로그램 개발을 위해 학습내용을 결정하거나 혹은 워크숍 의제를 작성할 때 요구되는 기획자로서의 평생교육자 역할이다.

평생교육자가 기획자로서 학습과 관련한 모든 결정권을 가지게 될 때 학습자의 관심도나 요구를 파악하고, 경험 및 학습자의 여건에 대한 인지 및 평가에 대한 공정성 등을 간과해서는 안 된다. 학습자가 학습내용에 친숙하지 않거나, 계획된 학습에 대한 경험이 없거나 시간이 부족할 때는 기획자로서 평생교육자의 역할이 효과를 거두기 어렵다.

(3) 강의자

강의자의 역할은 학습경험 결정, 학습과정 구성, 피드백과 가이드 제공, 학습내용에 대한 설명, 과제부여, 학습자평가 등의 내용을 포함하며 실제 학습 현장에서 학습자의 학습경험 전체를 총괄한다. 강의자로서 평생교육자는 전문가 또는 공식적인 권위가 주어진 역할을 연상시킨다.

강의자로서 평생교육자의 역할이 효과적인 경우는 프로그램이 훈련이나 특수한 기술과 관련된 목표를 가질 때이다. 반면에 학습자의 의존성을 높이고 실패에 대한 두려움을 불러일으킬 수 있으며, 학습자의 경험과 독특한 개성을 간과하거나 상호작용의 기회를 차단시킬 위험이 있다.

2) 자기주도적 역할

촉진자, 자원가, 학습관리자 등으로 평생교육자의 자기주도적 역할을 구분할 수 있다.

(1) 촉진자

학습이 보다 용이하게 진행될 수 있도록 이끄는 역할을 의미하며 학습자에 대한 조력을 강조하는 것이 촉진자로서 평생교육자의 역할이다. 아동교육 중심의 페다고지 패러다임에서 성인들이 자기주도적으로 학습이 이루어질 수 있도록 촉진하는 역할을 제시하기 위해 사용되는 대표적인 용어로 촉진자를 사용한다.

촉진자의 역할은 인본주의이론에 기반을 두고 있으며, 자기주도학습의 경험이 없는 학습자에게는 비효과적일 수 있다. 촉진자는 조력자의 역할이므로 학습자의 현실적 요구가 있다 하더라도, 학습자가 가지고 있는 배경, 경험, 가치를 넘어서는 교육을 진행하는 것은 용이하지 않다. 이러한 까닭으로 촉진자의 역할은 학습자가 특정한 기술을 습득하거나 기초적인 지식을 얻고자 할 때에는 적절하지 않다.

(2) 자원가

평생교육자가 학습과정에 필요한 각종 자원 혹은 자료와 정보를 제공하는 것이 자원가(resource-person role)의 역할이다. 촉진자의 역할보다는 학습자에 대한 영향력이 약하다. 자원가로서 역할은 학습자들이 원하는 것을 정확히 알고, 학습의 목표가 개인의 요구와 결합될 때 효과를 발휘할 수 있다. 그러나 학습내용에 대해 잘 알고 있는 학습자에게는 적합하지 않는 평생교육자의 역할이다.

(3) 학습관리자

컴퓨터와 개별화된 학습방법의 발전으로부터 생긴 것이 학습관리자의 역할이다. 평생교육자는 학습자가 패키지화된 교재 프로그램에서 학습의 진행상황을 파악하고, 평가결과를 기록하며 향후 진행될 학습패키지를 안내한다. 일반적인 평생교육기관에서 업무를 담당하고 있는 평생교육자가 수행하고 있는 학습자 명부관리와 출석상황, 학습상황의 기록, 시간·장소의 설정과 기록들의 일상적인 일이 학습관리자의 역할에 포함된다.

3) 상호주의자 역할

모델, 멘토, 학습동반자, 개혁가, 반민주적 실천가, 연구조사자 등으로 구분하는 것이 평생교육자의 상호주의적 역할이다.

(1) 역할 모델

학습자가 학습과정에서 받은 영향력의 정도와 성격을 선택할 수 있다는 가정에서 출발하는 것이 역할 모델로서 평생교육자의 역할이다. 역할 모델은 평생교육자와 학습자에 의한 상호주도적인 방법에 적합하고, 모델링은 지식, 가치, 태도, 기술과 같은 종류의 모든 학습에 사용될 수 있다.

평생교육자가 학습자의 삶에서 중요한 인물이라고 판단되면 모델링이 활발하게 일어나고 학습이 보다 빠르게 진전된다. 모델링은 학습자와 평생교육자가 의식하지 못하는 사이에 일어날 수 있고, 학습자가 가지고 있는 가치체계를 통해 학습을 촉진시킨다. 그러나 모델이 너무 완벽하면 모델 역할의 효과성이 떨어질 수 있으며, 학습자가 외향적인 성격을 가지고 있을 때 모델링은 더욱 활발히 일어난다.

(2) 멘토

공식적인 평생교육자라기보다는 '충실한 친구이며 조언자'로서의 역할이 멘토다. 평생교육에서 널리 활용되고 있는 것은 지속적이고 장기적인 상호작용을 통해 학습기회를 제공하는 방식이다. 멘토의 역할은 '교육자와 학습자'라고 하는 개별의 관계에서 출발하여 멘티의 현재 학습요구에 부응할 뿐 아니라 교육자·학습자 쌍방이 선택한 방향으로 향할 수 있도록 학습자와 함께 학습해 나가는 것이다. 멘토링은 비공식적인 학습 장면 등에서 활발하게 나타나고 있으며, 최근에는 기업이나 대학교육에서 이 제도를 도입하여 학습효과를 증대시키고 있다.

(3) 학습동반자

성인학습자에게 기본적인 철학적 원리를 제공하는 것이 학습동반자로서 평생교육자의 역할이다. 특정한 상황에서 의도적으로 선택되는 학습조직에 주로 활용된다. 학습동반자로서 평생교육자는 집단의 다른 구성원과 동등한 책무와 원리를 공유하고 리더십을 배분하며 교육자와 학습자의 상호작용에 의해 목적과 목표를 만들어 나간다. 이때 학습자는 자기주도적이어야 하고 교육자와 학습자 간에 높은 수준의 믿음과 편안함이 전제되어 있어야 한다. 학습자와 교육자가 서로 배우고 가르치는 학습동반자의 역할을 하는 데 있어서 구성원의 문화적 배경과 가치는 매우 중요하다.

그러나 학습동반자의 역할은 많은 노력과 시간을 필요로 한다. 또한 의존적인 학습자나 낮은 수준의 자기주도성을 지닌 학습자는 좌절하기 쉽고 때때로 교육자의 진실성에 의문을 제기할 수도 있다. 학습동반자의 역할은 비공식적인 학습상황, 즉 모든 참여자가 과정에 있어 동등한 권리 혹은 관심사를 가지는 상황에서 효과적이다. 지역사회 활동이나 근로자 교육, 컨퍼런스, 액션 프로젝트 등에 적합하다.

(4) 개혁가

학습자와의 상호작용에 초점이 맞추어져 있는 것이 개혁가의 역할이다. 저널쓰기, 역할극, 자유연상, 브레인스토밍 등을 통해 자아성찰을 이끌어내기 위하여 평생교육자는 문제제기, 도전, 의식의 고양, 전환 등과 같은 기법을 활용한다. 개혁가의 역할에 있어서 평생교육자는 주입과 전환의 개념을 명확히 구분해야 한다. 전환학습은 의사결정에 대한 책임이 전제되어야 하며 이를 위해 학습자의 문제와 그들의 선택을 명확하게 이해하고 성인들이 그들의 경험을 올바로 해석하도록 이끌어야 한다. 즉, 학습에 있어서 상호지향적인 접근은 학습자에게 그들의 생각을 명확하게 해주고 관심의 지평을 넓혀 주며 책임감을 심어주는 것을 의미할 뿐 아니라 평생교육자는 중립적인 역할을 유지해야 한다.

(5) 반추적 실천가

실천에 대한 검토와 문제 제기가 이루어질 수 있도록 하는 것이 반추적 실천가로서 평생교육자의 역할이다. 또한 이를 수행할 경험이나 가치가 요구되며 실천에 대한 지속적인 발전과 개선 노력이 필요하다. 특수한 교육적 상황의 이면에 숨어 있는 교육적 원리를 인식해야 하며, 이러한 인식은 실천에 대한 이론의 지속적인 성찰이 요구되어야 한다는 어려움이 있다. 반추적 실천가는 집단 속에서 꾸준히 참여하며 실천의 철학적 원리를 발전시켜 나가야 한다.

(6) 연구조사자

학습자와 교수자의 행동과 반응, 환경적 특징을 체계적으로 관찰하고 각각의 관찰결과에 대한 가설을 설정하고 검증하는 것이 연구조사자로서 평생교육자의 역할이다. 또한 관찰에 근거한 가설의 기각 여부를 결정하고 규칙과 원리를 형성하여 실천에 대한 이론이나 설명을 정교화하여 이론을 개발해야 하는 것이다.

이때 분석자료는 집단활동 기록 자료와 학습자 보고서, 프로젝트, 저널, 학습계약서, 평가기록, 협의사항과 활동을 기록하는 것이다. 연구조사자로서 평생교육자는 연구결과를 일반화시킬 때 항상 주의를 기울여야 할 것이다. 성인학습의 세 가지 유형에 따른 교수자의 역할변화 관계는 그림 4-1과 같다.

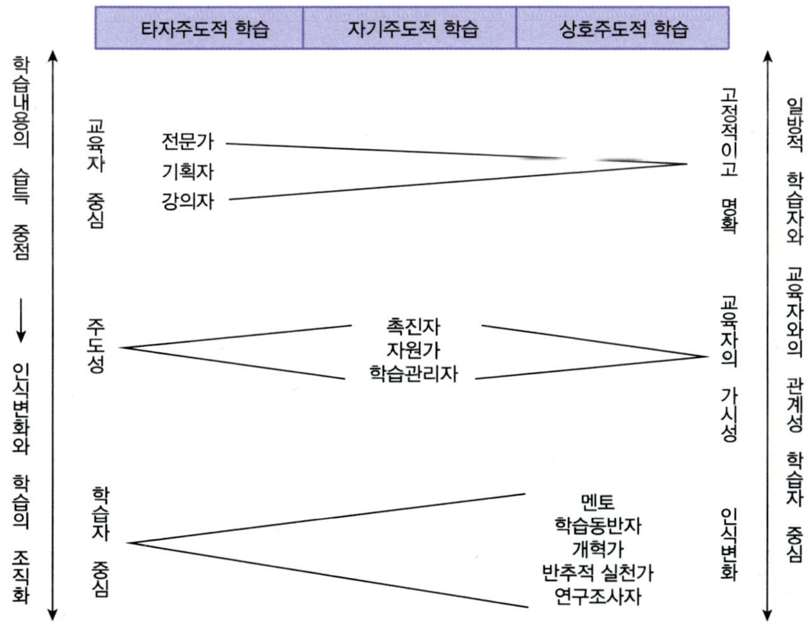

그림 4-1 성인학습의 3가지 유형에 따른 교수자의 역할변화 관계

출처: 서명환 외(2016).

제2절 평생교육자의 자질과 평생교육사

1. 평생교육자의 자질과 능력

우리들이 살고 있는 평생학습사회의 성인학습자에게 최적의 교육환경과 학습경험을 설계하고 이를 효과적으로 전달할 수 있는 이론적 기초는 평생교육자들이 교육과정 전문가로서 숙달된 지식, 기술 및 평가를 할 수 있는 능력을 갖추어야 한다는 것이다. 또한 학습과정에서 활발한 상호작용이 일어나도록 격려하면서 자기주도학습을 촉진하는 역할도 중요하게 부각되고 있다. 즉, 평생교육자는 학문적 능력에 더하여 실천적 역량을 겸비한 전문가로서의 자질이 요구된다. 이 절에서는 놀스(Knowles), 녹스(Knox) 및 메지로우(Mezirow) 등이 제시한 평생교육자가 갖추어야 할 자질에 대해서 살펴보고자 한다.

1) 놀스의 평생교육자 자질

놀스(1989)는 평생교육자의 자질을 학습촉진자로서의 자질, 프로그램 개발자로서의 자질 및 행정가로서 자질 영역으로 나누어 설명하였으며 구체적인 내용은 다음과 같다(차갑부, 2002; 신용주, 2012, 최순실 외, 2017).

(1) 학습촉진자로서의 자질

첫째, 성인학습의 이론적 기초에 관한 숙달능력이다. 성인학습자의 욕구·능력 및 발달적 특성을 이해하고 이를 학습에 적용하는 능력 및 청소년과 성인의 차이가 교수활동에 미치는 영향을 기술하는 능력이다. 또한 성인 학습이론을 이해하고 이를 학습상황에 관련지어 활용하는 능력이 필요하다.

둘째, 성인학습자의 학습경험을 고안하고 실천하는 능력이다. 성인학습자들 간의 개인차를 고려하여 목표를 세우고 학습경험을 설계하는 능력, 학습자가 스스로 학습욕구를 진단하고 목표를 설정하여 학습에 참여하도록 권장하는 능력이 요구된다. 또한 상호 존중과 신뢰에 기초하여 개방적인 분위기를 형성하고, 성인학습자와 온정적이고 촉진적인 관계를 형성하는 능력이 필요하다.

셋째, 학습자의 주도성을 증진하는 능력이다. 교수자주도학습과 자기주도학습의 차이점을 설명할 수 있는 능력이 요구된다. 또한 평생교육자 자신의 직접적인 행동을 통해 학습자에게 자기주도적인 학습의 모델링이 가능하도록 하는 능력이 필요하다.

넷째, 교육 방법·기법 및 자료 선정과 관련된 능력이다. 학습의 촉진을 위하여 이용 가능한 학습 자원 및 자료의 범위를 파악하는 능력, 교육목표의 선정 및 교육결과의 도출을 위해 적절한 교육 방법·기법 및 자료 선정에 필요한 근거를 제공하는 능력이 요구된다. 또한 학습자들의 다양한 경험을 효율적으로 활용하며 집단 역할(group dynamics)과 소집단 토론기법을 효과적으로 활용하는 능력이 필요하다.

(2) 프로그램 개발자로서의 자질

첫째, 프로그램 기획능력이다. 프로그램 욕구 측정, 목표 설정, 프로그램 설계, 실행 및 평가에 이르는 전 과정을 기획할 수 있는 능력과 프로그램 기획과정에서 학습자를 참여시킬 수 있는 능력이 요구된다. 또한 개인 및 조직의 요구사항을 위한 노구나 절차를 개발하고 체제 분석 전략을 통해 프로그램을 기획하는 능력이 필요하다.

둘째, 프로그램 설계 및 실행능력이다. 상황 및 환경 욕구에 따라 프로그램을 실세하고, 조사자료를 활용하여 프로그램을 개발하는 능력, 일정이나 자원에 따라 창조적으로 프로그램을 설계하는 능력이 요구된다. 또한 자문이나 특별위원회 등을 효과적으로 활용하는 능력과 기관의 책무성을 충족시키고 프로그램 개선을 위한 평가계획의 수립 및 실행능력이 필요하다.

(3) 행정가로서의 자질

첫째, 조직을 발전시키고 유지하는 능력이다. 조직 운영의 개선을 위하여 다양한 이론 및 연구결과를 이해하고 적용하는 능력과 행정가로서 개인 철학을 확립하고 이를 다양한 상황에 적용할 수 있는 능력이 요구된다. 또한 정의를 구현하는 정책을 수립하는 능력, 조직의 효율성을 평가하여 지속적인 발전을 도모하는 능력, 책임 및 의사결정 권한을 타인과 공유하면서 효과적으로 행사하는 능력이 필요하다. 이에 더불어 조직 구성원의 업무수행 능력을 평가하는 능력과 성인교육 관련 법규 및 정책을 분석·해석·활용하는 능력이 요구된다.

둘째, 프로그램 실행자로서의 능력이다. 예산의 범위 내에서 프로그램을 실행하고 재정 계획 및 절차를 검토하며, 정책입안자에게 평생교육의 바람직한 접근방법에 대해 효과적으로 설득하는 능력이 요구된다. 또한 효과적인 홍보전략을 설계하고 활용하는 능력, 제안서(proposal)를 개발하고 이를 위한 재정지원 방안을 마련하는 능력과 혁신적 프로그램을 시행하고 이를 객관적으로 평가하는 능력이 필요하다.

2) 녹스의 평생교육자 자질

녹스(1979)는 평생교육자가 갖추어야 할 자질로서 평생교육 영역 전반에 대한 인식, 성인학습자와 평생학습에 대한 인식, 관계를 통한 창의적 실천의 세 가지 영역에서 숙달되어야 함을 강조한다.

첫째, 평생교육 영역 전반에 대한 인식능력이다. 평생교육기관 및 조직에 대한 이해, 평생교육 관련 사회적 추세 및 쟁점에 대한 이해가 요구된다. 또한 인사, 조직, 자원 등 유용한 자료에 대한 파악과 해석에 대한 능력이 숙달되어야 한다.

둘째, 성인학습자와 평생학습에 대한 인식 능력이다. 성인학습자에 대한 이해, 성인의 생애주기 및 평생교육 참여 동기에 대한 이해, 성인의 학습방법 및 학습 환경에 대한 이해가 요구된다.

셋째, 관계를 통한 창의적 실천에 대한 숙달능력이다. 교수자의 다양한 배경과 전문성을 평생교육 실천에 적용하는 능력이 숙달되어야 한다. 또한 행정가, 교수자, 상담자, 프로그램 개발자 및 자원 인사로서 성인학습 지원능력의 숙달이 요구된다.

3) 메지로우의 평생교육자 자질

메지로우(2006)는 평생교육자가 갖추어야 할 핵심적인 자질에 대해 다음과 같이 세 가지로 설명한다. 첫째, 성인학습자에게 학습이 일어나도록 지원하는 것, 둘째, 성인학습자의 비판적 사고를 촉진하는 것, 셋째, 성인학습자가 학습한 내용을 스스로 경험하도록 하는 것이다.

평생교육자의 자질은 면대면 수업뿐 아니라 온라인 수업에서도 동일하게 요구되며, 특히 온라인 수업에서는 교수자에 대한 신뢰와 진정성의 확보가 더욱 중요하다고 하였다.

4) 평생교육자의 능력

평생교육자 중에서도 평생교육 프로그램을 운영하는 교수자는 프로그램의 질을 높이기 위해서 전문지식을 갖추고 있어야 하며, 위기 상황과 변화에 대처할 수 있어야 한다. 또한 무엇보다도 열정이 중요하며, 좋은 인간관계를 갖고, 학습자를 존중하며 성실하게 대해야 한다(김영옥 외, 2019).

(1) 전문지식

강의 내용에 대해서 충분한 지식을 교수자는 가지고 있어야 한다. 강의할 내용을 가지고 있을 뿐 아니라 바르게 그것을 전달하는 기술적인 능력도 갖추고 있어야 한다. 학습자에게 유익한 것을 줄 수 있어야 한다. 교수자는 '강의 내용을 충실하게 준비했는가?', '강의 체계 구성은 잘 되었는가?', '얼마만큼 잘 이해시킬 능력이 있는가?' 등을 점검해야 한다. 목소리가 변화 없이 한결같다거나 강의 기법에 변함이 없으면 학습자는 지루함을 느끼며 주의집중을 할 수 없으므로 목소리를 조절하고 다양한 강의기법을 활용해야 한다. 강의는 체계적인 내용으로 구성이 되어야 하는데, 체계적이지 못하면 횡설수설하는 강의로 끝날 수 있다.

(2) 위기 상황 및 변화에의 적응

예측하지 못한 여러 일들이 일어날 수 있기 때문에 변화에 잘 적응할 수 있어야 한다. 학습자의 예상하지 못한 질문에 적절히 대응할 수 있어야 한다. 기자재가 갑자기 문제를 일으키는 상황이 생길 수도 있으므로 이에 대한 대응력이 있어야 한다. 어떤 돌발적인 사건에 대해서도 자연스럽게 잘 대처할 수 있는 능력이 있어야 한다.

(3) 교수자의 열정

교수자는 열정을 갖고 강의를 해야 한다. 이러한 열정은 학습자에게 전이되어 성취 의욕을 불러일으킬 수 있게 한다. 교수자는 어떤 힘든 상황에서도 자기 관리를 철저히 하여 열정을 잃지 않도록 해야 한다.

(4) 좋은 인간관계

학습자와의 친화적인 관계를 형성하기 위해 교수자는 노력해야 한다. 지식이 많고 기술이 뛰어나다고 해도 인간적이지 않으면 학습자와 교수자 사이에 친밀감이 생기지 않는다. 교수자는 강의실의 분위기를 활발하게 조성하기 위해 원만한 인간관계를 갖고 있어야 한다.

(5) 교수자의 태도

강의실에서 모든 학습자를 교수자는 항상 동등하게 대하여야 한다. 학습자를 존중하는 태도를 교수자는 갖고 있어야 하며 공적인 강의 중에는 존댓말을 써야 한다. 나와 다른 의견을 인정할 수 있는 유연한 사고를 교수자는 가지고 있어야 한다. 교탁에 기대거나 앉아서 강의를 하는 것은 바람직하지 않으며 똑바른 자세로 학습자의 눈을 바라보며 예의를 갖춰 학습자를 대해야 한다. 그리고 수업 중에 휴대폰을 확인하지 않고, 실수한 부분은 인정할 줄 알아야 한다. 학습자는 진솔한 교수자를 신뢰한다.

2. 평생교육사의 자격과 직무

제도적 차원에서 국가로부터 자격증을 부여받은 평생교육사는 평생교육 프로그램에 대한 요구분석, 개발, 운영, 평가, 컨설팅, 학습자 상담 및 교수 업무 등을 수행한다. 전문성을 갖추고 자질을 함양하여 평생교육을 활성화시키기 위해 평생교육 현장에서 활동하는 전문가가 평생교육사이다.

1) 평생교육사의 자격

(1) 평생교육사의 자격

평생교육이 발전함에 따라 평생교육 관련 법규가 제정되었으며 평생교육의 변화와 성장에 큰 역할을 한 평생교육사 제도를 우리나라는 갖고 있다. 1982년 「사회교육법」에서 온 '사회교육전문요원'은 1999년 새로 개정된 「평생교육법」

에서 '평생교육사'로 개칭되었다. 1986년부터 양성되기 시작한 사회교육전문요원은 채용과 취업에서 평생교육기관에 의무사항으로 규정이 마련되어 있지 않아 무용지물이나 다름없었다. 평생교육사와 같은 고도의 전문성을 겸비한 전문가의 필요성이 제기된 것은 연령, 수준 및 배경에서 서로 다른 성인을 대상으로 하는 평생교육이 고난도의 교수기법을 필요로 하기 때문이다(김영옥 외, 2019).

표 4-2 평생교육사 자격제도의 변천과정

관계법령	제(개)정 법규	주요내용
사회교육법	「사회교육법」제정 (1982.12.31.)	- 사회교육 전문요원 제도의 기초 - 사회교육 전문요원 배치 규정 마련
(구) 평생교육법	「평생교육법」전부개정 (1999.8.31.)	- 평생교육사 자격증 명칭 변경(사회교육전문요원 → 평생교육사) - 평생교육사 배치 규정 마련
	「평생교육법 시행령」 전부개정(2000.3.13.)	- 평생교육사 등급별 자격요건에 따른 평생교육사 명칭의 자격증 발급
	「평생교육법시행규칙」 제정(2002.3.31.)	- 평생교육사 자격취득 관련 교과목 개정(사회교육학의 영역 → 평생교육 관련과목)
(개정) 평생교육법	「평생교육법」전부개정 (2007.12.14.)	- 평생교육사 자격제도의 정비(학점 수/시간 수 증가, 교과목 개정) - 평생교육사 1, 2급 승급과정 시행 - 대상기관별 평생교육사 배치 규정 개정
	「평생교육법 시행령」 전부개정(2008.2.14.)	- 평생교육사 등급별 자격기준 조정(평생교육 관련 전공 박사학위 취득자의 1급 자격기준 삭제
	「평생교육법 시행규칙」 전부개정(2008.2.18.)	- 평생교육 현장실습 강화(3주 → 4주)
	「평생교육법」 전부개정(2013.5.22.)	- 평생교육사 자격증 발급 권한을 교육부장관 명의로 일원화(국가평생교육진흥원 위탁)

출처: 국가평생교육진흥원(www.nile.or.kr)

(2) 평생교육사 양성 현황

평생교육사 자격을 취득하는 방법은 이수과정에 따라 양성과정과 승급과정으로 구분된다. 첫째, 양성과정은 대학(원), 학점은행기관, 시간제등록대학 등의 양성기관에서 운영하는 관련과목을 이수하고 일정 학점 이상을 취득하면 가능하다. 이곳에서 평생교육사 2급과 3급 자격의 취득이 가능하다. 둘째, 승급과정은 2급, 3급 자격을 취득하고 일정 경력을 갖춘 자가 평생교육진흥원(NILE)에서 운영하는 승급과정을 이수하고 일정 평가절차를 통과한 후 승급할 수 있다. 평생교육사 3급을 취득한 자는 2급으로, 2급을 취득한 자는 1급으로의 승급이 가능하다.

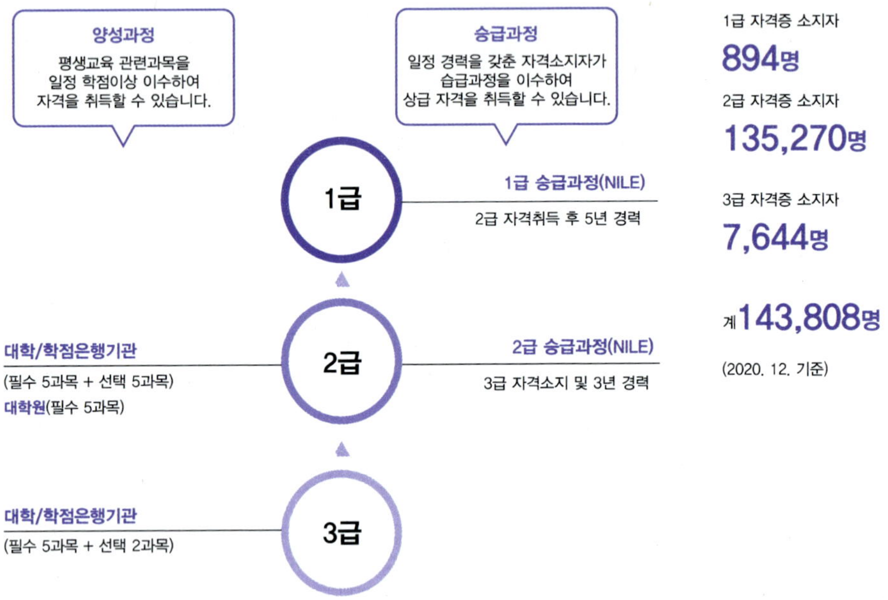

그림 4-2 평생교육사 자격취득 방법

출처: 국가평생교육진흥원.

「평생교육법」은 평생교육기관으로 하여금 평생교육사를 배치하도록 의무조항을 부여하고 있다. 「유아교육법」, 「초·중등교육법」 및 「고등교육법」에 따른 유치원 및 학교의 장은 평생교육 프로그램을 운영함에 있어서 필요한 경우에 평생교육사를 채용할 수 있다. 시·도 평생교육진흥원, 장애인평생교육시설 및 시·군·구 평생학습관에 평생교육사를 배치하여야 한다.

평생교육기관별 평생교육사 배치현황은 그림 4-3과 같다.

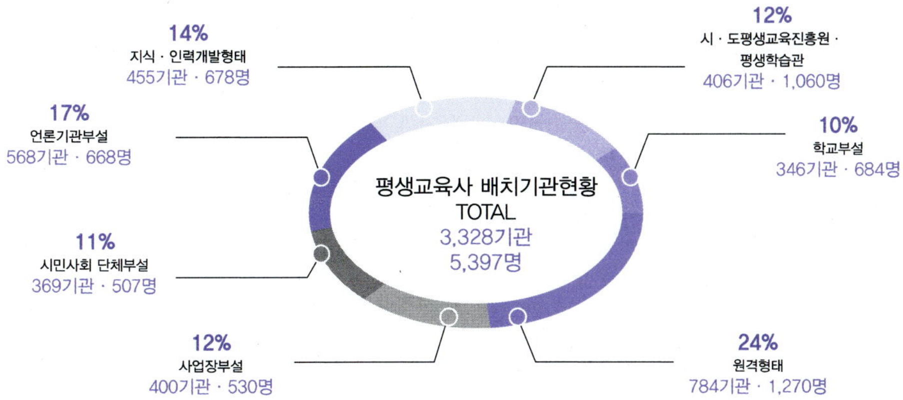

그림 4-3 평생교육기관별 평생교육사 배치현황

출처: 교육부·한국교육개발원(2018). 2018년 평생교육통계자료집.

(3) 평생교육사 자격 취득 관련 과목

평생교육사 자격취득 과목은 필수과목과 선택과목으로 구분된다. 평생교육사 2급 자격증은 대학 및 평생교육 양성기관에서 10과목(30학점)을 이수하거나 대학원에서 석사 및 박사 학위를 취득하고 이수 과목 중 필수 5개 과목(15학점)을 이수하면 취득할 수 있다. 평생교육실습은 160시간을 이수해야 하며, 평생교육실습은 필수과목이므로 반드시 이수해야 한다. 국가평생교육진흥원에서 인정하는 평생교육 관련 유사과목을 이수했을 경우 자격 취득 과목으로 인정받을 수 있다. 평생교육사 자격 취득 관련 과목은 **표 4-3**과 같다.

표 4-3 평생교육사 자격 취득 과목

<table>
<tr><th colspan="2">구분</th><th colspan="2">과목명</th><th>비고</th></tr>
<tr><td colspan="2">필수과목(5)</td><td>•평생교육론
•평생교육방법론
•평생교육경영론</td><td>•평생교육프로그램개발론
•평생교육실습(160시간)</td><td rowspan="3">•과목당 3학점
•평균 80점 이상의 학습 성적</td></tr>
<tr><td rowspan="2">선택 과목 (21)</td><td rowspan="2">실천 영역 (8)</td><td>•아동교육론
•청소년교육론
•여성교육론
•노인교육론</td><td>•시민참여교육론
•문자해득교육론
•특수교육론
•성인학습 및 상담</td></tr>
<tr><td colspan="2">1과목 이상 선택하여야 함</td></tr>
</table>

구분		과목명		비고
	방법 영역 (13)	•교육사회학 •교육공학 •교육복지론 •지역사회교육론 •문화예술교육론 •인적자원개발론 •직업·진로설계	•원격(이러닝, 사이버교육론) •기업교육론 •환경교육론 •교수설계 •교육조사방법론 •상담심리학	
		1과목 이상 선택하여야 함		

2) 평생교육사의 직무

평생학습 현장의 실천 영역에서 평생교육자로서의 중요한 역할을 담당하는 평생교육사는 평생교육 현장에서 지역주민의 학습을 촉진하고 조력하며 학습문화를 만들어가는 변화의 중심축에 있다.

한국교육개발원(김진화 외, 2007)은 「평생교육사의 직무분석과 대학 평생교육사 양성과정 효율화 방안 연구」에서 평생교육사의 9가지 책무와 이에 따른 72가지 업무를 제시하였다. 이후 평생교육사의 직무 중 행정 경영 업무를 보완하여 10가지 책무와 80가지 업무로 제시하고 있다. 국가평생교육진흥원에서 제시하고 있는 평생교육사의 평생교육 관련 직무는 표 4-4와 같다.

표 4-4 평생교육사의 직무

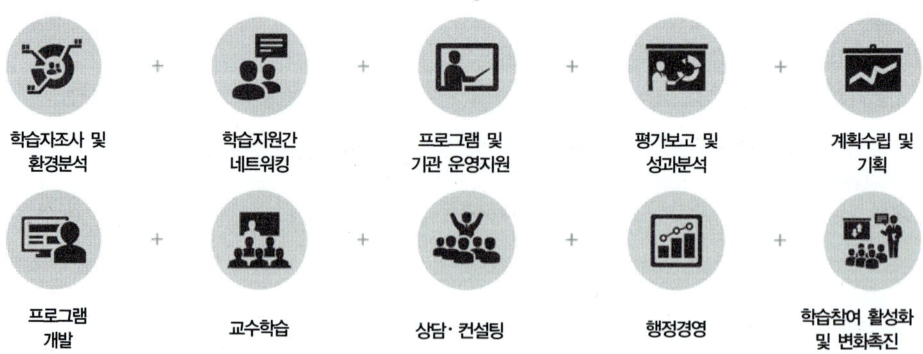

책무	업무	책무	업무
학습자 조사 및 환경 분석	• 학습자 특성 및 요구조사·분석 • 평생학습 참여율 조사 • 평생학습 자원 조사분석 • 평생학습 권역 매핑 • 평생학습 SWOT 분석 • 프로그램 조사 분석 • 평생학습 통계 데이터 분석 • 평생학습자원 및 정보 DB구축	프로그램 개발	• 프로그램 개발 타당성 분석 • 프로그램 요구분석 및 우선순위 설정 • 프로그램 목적/목표 설정 및 진술 • 프로그램 내용 선정 및 조직 • 프로그램 매체 및 자료 개발 • 프로그램 실행 계획 및 매뉴얼 제작 • 프로그램 실행 자원 확보 • 프로그램 특성화 및 브랜드화
학습 지원 간 네트 워킹	• 평생학습 네트워크체제 구축 • 인적·물적 자원 네트워크 실행 • 사업 파트너십 형성 및 실행 • 사이버 네트워크 구축 및 촉진 • 조직 내·외부 커뮤니케이션 촉진 • 협의회 및 위원회 활동 촉진 • 자원 세력 확보 및 설득 • 평생교육사 임파워먼트 실행	교수 학습	• 학습자 학습동기화 촉진 • 강의 원고 및 교안 작성 • 단위 프로그램 강의 • 평생교육사업 설명회 및 교육 • 평생교육 관계자 직무교육 • 평생교육사 실습지도 • 평생교육 자료 및 매체 개발 • 평생교육사 학습역량 개발
프로그램 및 기관 운영 지원	• 학습자 관리 및 지원 • 강사 관리 및 지원 • 프로그램 홍보 및 마케팅 • 학습시설·매체관리 및 지원 • 프로그램 관리운영 및 모니터링 • 학습결과 인증 및 관리 • 예산관리 및 집행 • 기관 홈페이지 관리 및 운영	상담 컨설팅	• 학습자 상황분석 • 학습장애 및 수준 진단처방 • 평생학습 상담사례 정리 및 분석 • 생애주기별 커리어 설계 및 상담 • 평생학습 ON/OFF라인 정보제공 • 평생학습 상담실 운영 • 학습자 사후관리 및 추수지도 • 의뢰기관 평생학습 자문 및 컨설팅
평가 보고 및 성과 분석	• 평생학습 성과지표 창출 • 목표대비 실적 평가 • 평생학습 영향력 평가 • 평생학습 성과관리 및 DB구축 • 우수사례 분석 및 확산 • 공모사업 기획서 평가 • 평가보고서 작성 • 평가발표자료 제작 및 발표	행정 경영	• 국가 및 지방정부 평생학습 공문생성 • 평생학습 공문 회람 및 협조 • 평생학습기관 및 담당부서 업무보고 • 광역/기초단체장 지침과 관심 반영 • 평생학습 강사자료 생성과 보관 • 평생학습관 모니터링 및 감사 • 평생학습기관 효율적 경영전략 추진 • 평생학습 관련 기관의 경영수지 개선
계획 수립 및 기획	• 평생학습 비전과 전략 수립 • 평생학습 추진체제 설계 • 평생학습 중장기/연간계획수립 • 평생학습 단위사업계획 수립 • 평생학습 축제 기획 • 평생학습 공모사업 기획서 작성 • 평생학습 예산계획 및 편성 • 평생학습 실행계획서 수립	학습 참여 활성화 및 변화 촉진	• 평생학습 참여 촉진 • 평생학습자 인적자원 역량개발 • 학습동아리 발굴 및 지원 • 평생학습 실천지도자 양성 • 평생교육단체 육성 및 개발 • 평생교육 자원봉사활동 촉진 • 평생학습 관계자 멘토링 • 평생학습 공동체 및 문화 조성

요약

1. 평생교육자는 성인학습자를 대상으로 그들의 학습욕구를 충족시키기 위해 교육 프로그램을 기획·개발하고 전달하며, 평생교육기관에 교육 프로그램의 바람직한 방향을 제시하고 효과적인 운영을 지원하며 평생교육을 실시하는 사람이다.

2. 행동주의이론에 근거하고 있는 평생교육자의 타자주도적 역할은 전문가, 기획자, 강의자 등으로 구분할 수 있고, 자기주도적 역할은 촉진자, 자원가, 학습관리자 등으로 구분할 수 있다.

3. 우리나라에서 흔히 사용되는 평생교육사는 제도적 차원에서 국가로부터 자격증을 부여받은 자로 평생교육 프로그램에 대한 요구분석, 개발, 운영, 평가, 컨설팅, 학습자 상담 및 교수 등을 수행하는 평생교육전문가를 말한다.

4. 평생교육사 자격취득 과목은 필수과목과 선택과목으로 구분된다. 평생교육사 2급 자격증은 대학 및 평생교육 양성기관에서 10과목(30학점)을 이수하거나 대학원에서 석사 및 박사 학위를 취득하고 이수 과목 중 필수 5개 과목(15학점)을 이수하면 취득할 수 있다. 평생교육실습은 160시간을 이수해야 하며, 평생교육실습은 필수과목이므로 반드시 이수해야 한다. 국가평생교육진흥원에서 인정하는 평생교육 관련 유사과목을 이수했을 경우 자격 취득 과목으로 인정받을 수 있다.

5. 한국교육개발원은 「평생교육사의 직무분석과 대학 평생교육사 양성과정 효율화 방안 연구」에서 평생교육사의 9가지 책무와 이에 따른 72가지 업무를 제시하였다. 이후 평생교육사의 직무 중 행정 경영 업무를 보완하여 10가지 책무와 80가지 업무로 제시하고 있다.

연구문제

1. 평생교육은 다양한 형태로 평생교육기관에서 운영되고 있습니다. 평생교육을 담당하는 교육자의 용어도 시대와 지역에 따라 다르게 호칭되어 왔는데, 어떤 것들이 있는지 서로 이야기해 봅시다.

2. 평생교육자는 평생교육의 효과성을 높이는 데 중요한 역할을 담당하고 있습니다. 평생교육자의 역할을 다양한 관점에서 각각 설명해 봅시다.

3. 평생교육자는 학문적 능력은 물론 실천적 역량을 겸비한 전문가로서의 자질이 요구되는데 학자들마다 주장하는 평생교육자의 자질에 대하여 논의해 봅시다.

4. 평생교육사는 전문성을 갖추고 자질을 함양하여 평생교육을 활성화시키기 위해 최전선에서 활동하는 전문가입니다. 평생교육기관에 평생교육사를 배치해야 하는 의무조항에 대하여 토론해 봅시다.

5. 평생교육사는 평생교육 현장에서 지역주민의 학습을 촉진하고 조력하며 학습문화를 만들어가는 변화의 중심축에 있습니다. 평생교육사의 10가지 책무 중 하나를 선택하여 업무계획을 구상해 봅시다.

CHAPTER 05

평생교육방법 교수설계의 이해

개요

평생교육방법 교수설계는 평생교육 현장에서 운영되는 학습과정의 설계도라 할 수 있다. 평생교육 프로그램이 성공적으로 운영되기 위해서는 다양한 요소들이 있지만 학습자들에게 교육목표에 따른 교육목적, 교육내용을 효과적으로 제공했는지의 여부에 따라 성패가 달려있다 해도 과언이 아니다. 평생교육에서 효과적인 교수학습의 진행을 위해서는 평생교육 운영 방법의 청사진을 그리는 교수설계가 그만큼 중요하기 때문이다.

이를 위해 교수설계의 근간이 되는 전통적인 교수설계이론부터 현대적 교수설계이론에 이르기까지 다양한 교수설계이론들을 탐색해 보고자 한다.

이를 바탕으로 평생교육방법 교수설계 및 교수설계 모형을 살펴보고자 한다.

학습목표

1. 전통적 교수설계이론을 이해할 수 있다.
2. 현대적 교수설계이론을 이해할 수 있다.
3. 교수설계 모형을 파악할 수 있다.

주요 용어

평생교육 교수설계, 전통적 교수설계, 현대적 교수설계, 교수설계 모형

제1절 전통적 교수설계이론

1. 가네의 이론

1) 이론적 배경

가네(Gagne)의 이론은 학습 유형에 따라 학습이 일어나는 내적과정이 다르고, 각 학습유형의 내적과정을 촉진하는 교수전략이 달라져야 한다는 점에 초점을 맞추고 있다. 가네는 행동주의와 인지주의 원리의 절충주의적 입장에서 출발하며 이론을 구축하는 토대로 정보처리이론을 채택하고 있다. 가네의 교수이론은 인간학습의 영역을 세분화하여 포괄적으로 다루고 있으며, 각 영역에서 가르치고, 배우는 최적의 방법을 처방하여 가장 널리 알려진 이론 중 하나이다. 가네는 인간의 학습된 능력인 학습결과를 언어정보, 지적 능력, 인지전략, 태도, 운동기능 등 다섯 가지 영역으로 구분하고 이들 다섯 가지 영역을 학습하는 데 가장 적합한 내적 조건과 외적 조건을 각각 제시하고 있다.

내적조건은 현재 학습에 필수적이거나 보조적인 것으로 학습자가 이전에 습득한 선수능력에 대한 회상이나 획득을 의미하고, 외적조건은 학습자 주위의 수업사태(instructional events)를 통하여 학습자의 내적 인지과정을 활성화시켜 주고 지원할 수 있도록 교수자가 수업 설계 시 고려해야 할 주요 9단계 과정을 구체적으로 제시하였다. 그리고 가네는 교육 목적은 학습의 과정을 도와주기 위한 것으로, 교수를 구성하는 사태들은 학습자의 인지 과정과 높은 관계를 가진다고 보았다.

2) 학습을 위한 조건

조건기반이론의 중요한 전제는 학습유형에 따라 학습이 일어나는 내적 과정이 다르고, 각 학습유형의 내적 과정을 촉진하는 교수전략이 달라진다는 점에서 가네의 학습을 위한 조건에 대한 설명으로 구체화되었다. 가네는 5가지 범주로 분류한 각 학습의 유형에 따라 학습 조건은 다르다고 가정하였고, 학습을 위한 조건은 내적 조건과 외적 조건으로 구분하고 있다.

내적 조건은 학습에 필수적이거나 보조적인 것으로 학습자가 획득하고 있는 선수학습능력을 획득하고 저장하는 것을 지칭한다. 즉, 내적 조건은 학습이 일어나기 위한 학습자의 내적 인지과정 측면을, 외적 조건은 학습의 내적과정을 활성화하고 지원하는 학습자 외부에서 제공되는 다양한 교수 사태를 말한다. 5가지 범주인 언어정보, 지적기능, 인지전략, 운동기능, 태도 등에서 각 학습 유형별 학습이 일어나기 위한 내적 조건과 외적 조건은 달라진다. 표 5-1은 각 학습유형에 따른 주요 학습의 내적·외적조건을 요약 정리한 표는 다음과 같다.

표 5-1 학습 유형별 내적 조건과 외적 조건

		내적 조건	외적 조건
언어 정보	명칭	언어 연쇄들을 기억함	명칭을 영상이나 의미 있는 문장에 연결하여 기호화함. 뚜렷한 특징에 주의집중
	사실	정보의 의미 있는 맥락을 기억함	보다 큰 정보의 의미 있는 맥락 속에서 사실을 귀속함
	지식	관련된 정보들의 맥락을 기억함	새로운 지식을 관련 정보의 맥락에서 귀속함
지적 기능	변별	자극 반응의 결합을 기억함	동일한 자극과 상이한 자극에 피드백을 차별화하여 제공
	구체적 개념	관련 대상의 특징 분류를 기억함	관련 없는 특징을 바꾸어 가며 여러 가지 예를 제시함
	정의된 개념	구성 개념들을 기억함	개념의 구성요소를 제시하여 언어적으로 나타냄
	규칙	하위원리를 기억함	원리를 적용해 보도록 함
	고차원적 규칙	관련된 하위원리들의 연쇄를 기억함	새로운 문제해결에 하위원리들을 적용하도록 함
인지전략		관련된 전략을 기억함	전략을 기술하거나 시범보이며, 전략을 활용할 기회를 제공
운동기능		운동기능의 연쇄들을 기억함	실행을 암시하는 언어 및 기타 안내 제공, 연습 기회 제공
태도		의도된 개인행동에 영향을 주는 정보 및 기술을 기억함	바람직한 태도에 따른 성공의 기대 확립. 존경하는 모델의 동일시 시범의 여건 제시, 적절한 피드백

출처: Driscoll(2005) 인용.

3) 학습의 과정

가네는 정보처리이론의 관점에서 학습과정을 설명하고 있는데, 학습은 자극의 수용에서부터 행동의 결과에 이르는 일련의 인지적 과정을 거쳐 발생하게 되는데, 그 과정은 주의, 동기화, 선택적 지각, 의미적 부호화, 장기기억 저장, 탐색과 회상, 수행, 피드백의 8단계로 나타난다(노진주, 2010). 학습은 정보처리이론에서 자극의 수용에서 시작되어 행동의 결과까지 인지적 과정을 통해 유발되며, 이를 도식화하면 그림 5-1과 같다.

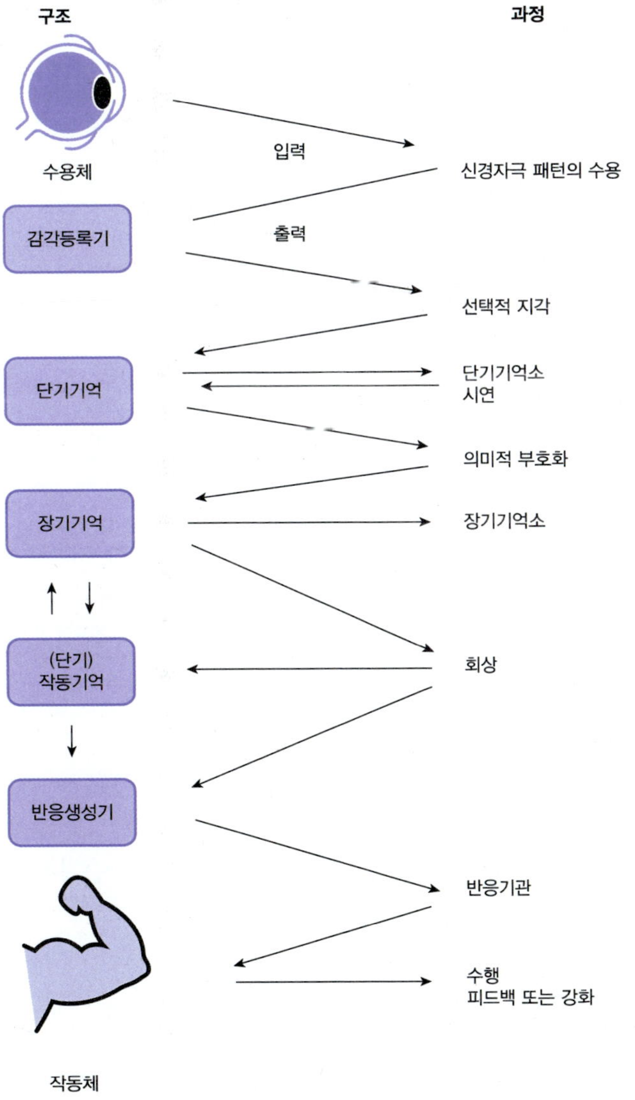

그림 5-1 학습행위에 있어 구조와 조정의 관계

학습의 과정을 단계별로 살펴보면 다음과 같다(박성익 외, 2013).

(1) 주의

자극이 수용되어야 학습이 시작될 수 있기 때문에 학습자는 특히 자극에 주의를 하여야 한다. 학습자가 수업에 주의를 하지 않게 되면 수용할 수 없어서 학습이 일어날 수 없다. 교수자는 우선 학습자의 주의를 집중시키는 활동으로 언어적(여기를 보세요), 비언어적 신호(손뼉 치기 등) 등으로 흥미나 호기심을 유발할 수 있는 질문을 하는 등 다양한 주의 집중 방법을 사용한다.

예를 들면, 교수자가 설명을 하는 동안 다른 사람과 이야기를 하는 학습자는 수업에 참여하지 않는 것이고, 따라서 그 수업내용을 받아들이지 않게 된다. 교수자는 학습자에게 주의를 하도록 손 흔들기, 목소리 변화로 주의를 환기할 수 있다.

(2) 동기화

동기화는 학습과정의 초기 단계에서 시작되어야 한다. 학습자의 동기는 목표 달성을 위한 노력을 통해 학습목표를 성취하게 된다. 대부분의 사람들은 경쟁적 상황에서 성취욕구가 나타나고 학습과정에 몰두하려면 욕구는 반드시 활성화되어야 한다.

동기부여는 목표를 달성하고자 하는 학습자들이 학습 또는 수업 참여로 얻을 수 있는 결과가 무엇인지에 대한 기대감을 갖게 한다. 이에 교수자는 학습자가 학습 종료 후 할 수 있는 능력을 확인하여 줌으로써 기대감을 갖게 한다.

(3) 선택적 지각

학습자는 학습을 위해 새로운 정보의 유형에 집중해야 한다. 이처럼 주의력은 목표나 기대에 기반하고 선택적으로 발생하는데, 학습자는 자극적 상황을 선택적으로 지각하고 특징을 구별할 수 있어야 한다.

학습자는 선택적 지각을 위해서 주요성을 구별할 수 있는 능력을 갖추어야 하고, 일단 핵심적인 특징을 선택적으로 지각된 정보 저장이 용이하고 이후에 인식이 용이한 형태로 변형할 수 있는 단기기억 장소에 저장해야 한다.

(4) 의미적 부호화

새로운 정보는 변형 과정을 통해 장기기억에 저장되고, 새로운 정보의 기억을 위해 유의미하게 조직하는 과정을 의미적 부호화(semantic encoding)라고 한다. 의미적 부호화를 하는 방법은 매우 다양하며 단어를 문장으로 연결해서 암기하거나 단어와 함께 관련된 그림을 떠올리게 하는 것 등이 의미적 부호화의 방법 중 하나이다.

(5) 장기기억에 저장

새로운 정보는 의미적으로 부호화되어 장기기억 장소에 저장된다. 그것은 한동안 기억되었다가 망각되거나, 이후 유입된 새로운 정보가 간섭을 하게 된다. 복습 또는 연습은 정보가 장기기억 속에 장기간 유지하도록 한다.

(6) 탐색과 회상

장기기억에 저장된 정보를 재사용하고자 하는 경우에는 장기기억에 저장된 많은 정보에서 그것을 찾아야 하며, 이 정보를 찾게 되면 다시 회상 과정을 거치게 된다.

(7) 수행

가네는 학습 발생여부 및 피드백 제공을 위한 단계로 수행을 제안하였고, 이러한 수행은 실질적인 학습결과를 반영하게 된다. 교수자가 학습발생 여부를 확인하기 위해서는 일반적으로 수행을 요구해야 한다. 교수자는 학습자로 하여금 수행 상황과 학습 상황을 다르게 설정하여 다양한 맥락에서 다양한 상황에서 학습한 것을 적용할 수 있도록 조건을 형성하여야 한다. 학습목표 중의 하나로 다양한 상황에서 수행할 수 있는 능력인 전이는 중요한 학습목표이다.

(8) 피드백

학습자가 그들의 수행이 주어진 상황의 요구조건이나 목표를 만족시켰는지 알 수 있는 것은 매우 중요하다. 따라서 학습자는 피드백의 수행에서 적절하거나 부적절한지 여부를 판단하는 정보를 제공하는데, 이는 스키너의 '강화'를 나타내기도 한다.

4) 수업사태

가네의 교수이론에 포함된 중요한 요소로 수업사태는 학습자의 내적 학습과정을 후원하는 외적 학습조건이나 상황을 말하며, 한 시간 단위 수업에서 수업성과를 최대한 창출하기 위해 적용할 수 있는 단시수업 운영원리라고 할 수 있다. 한 단위의 수업은 일반적으로 도입부, 전개부, 정리부로 크게 나누어지고 이는 세부적인 사태로 구성된다.

가네의 수업사태는 교수학습방법에 기초적인 자료를 제공한다. 학습이 일어나는 내적 과정은 외적인 조건이나 상황에 의해 유발될 수 있다고 보고, 내적 학습과정을 유발하기 위한 외적 상황을 9가지로 제시하고 있다. 한 단위 수업모듈을 설계할 때 9가지 수업사태를 포함하도록 안내함으로써 처방적 교수설계이론의 모습을 갖추게 되었다. 가네는 정보처리이론에서 효과적인 수업이란 각 정보처리단계를 촉진하는 활동을 제공하는 것으로 간주하였고, 한 시간의 수업운영 방안을 9가지 수업사태별로 제안하고 있다. 이하에서는 먼저 도입부, 전개부, 정리부로 구분하고 수업사태를 설명한다(강이철, 2009).

(1) 수업 도입부

① 주의력 획득

수업은 우선 학습자의 주의를 환기시키는 일부터 시작한다. 즉, 교수자는 수업을 시작할 때 학습자들의 주의력을 획득하는 것이다. 주의력을 획득하기 위해서는 다양한 방법을 사용할 수 있는데 흔히 학습자의 관심을 유도할 수 있는 자료 즉 교과내용과 관련된 시사 정보나 간단한 사건·사고 이야기, 역사 속 인물 이야기 등 교수자의 언어를 통하여 주의력을 획득하는 것이다(임성숙, 2013). 그리고 비언어적으로 관심을 유도할 수 있는데 학습 관련 그림, 두드림 등을 사용하거나 시청각적 자극과 같은 주의력 획득 도구를 사용할 수도 있다.

② 수업목표 알리기

수업목표 알리기단계는 수업을 통해 기대할 수 있는 새로운 행동을 알려 줌으로써 수업에 대해 기대감을 주는 것이다. 학습자들에게 수업의 목표 설명은 기대감 형성에 도움을 줄 수 있다.

학습자들에게 수업시간의 학습활동이 목표와 어떤 관련성이 있는지를 명확히 알려주면 학생들은 그 목표를 달성하기 위해 더욱 노력하게 된다. 따라서 모든 학습활동은 구체적으로 명시된 학습목표를 달성하기 위하여 의도적으로 설계·개발·적용되어야 한다.

③ 선행학습 상기

교육은 영속적이고 누적적인 활동으로 학습자가 새로운 정보를 학습하는 데 미리 필요한 기능을 확인하는 것이다. 새로운 학습의 성공은 필요한 선행학습이 이미 완료되어 있는지에 달려있기 때문에 수업 사태를 달성하기 위해서는 교수자가 먼저 새로운 학습과 관련된 선행학습이 무엇인지를 확인해야 하고, 후속적인 학습을 위한 적절한 처방(보충·심화)을 하거나 다시 회상시켜야 한다. 만약 학습자들이 선수학습이 이루어지지 않았다면, 새로운 학습 이전의 내용을 다시 교육을 해야 한다.

(2) 수업 전개부

① 학습자료 및 자극 제시

수업을 통하여 구체적인 자료를 제시하는 단계로 수업 내용에 수업 내용에 대한 효과적이고 다양한 방안을 제시하고, 교수자는 새로운 자극을 제시함으로써 학습자들이 기억하기 쉽도록 도와줄 수 있다. 즉, 개념이나 규칙을 제시할 때는 다양한 예를 사용하여 규칙이나 개념이 적용될 수 있는 상황을 구분할 수 있도록 해야 한다.

② 학습안내 제시

학습할 과제의 모든 요소들을 통합시키는 데 필요한 방법과 학습자의 이해 수준에 따라 개별적인 학습안내를 제시하는 단계이다. 이전 정보와 새로운 정보를 적절히 통합시키고, 그 결과를 장기기억에 저장할 수 있도록 학생들은 도움이나 지도를 받아야 한다.

③ 수행 유도

학습자가 스스로 학습한 내용을 연습하고 실행할 수 있는 기회로 통합된 학습요소들이 실제로 학습자에 의해 실행되는 단계이다. 이전 단계는 학습자가 학습 이후에 새로운 기능이나 정보가 장기 기억에 저장되었는가를 확인해주는데, 이 단계는 학습자가 실제로 여러 가지 문제해결 상황에 반복적으로 적용해 봄으로써 내용을 보다 깊이 이해할 수 있고 새로운 학습이 이루어졌는지 여부를 확인할 수 있다.

④ 피드백 제공

이 단계는 수행의 결과에 대한 지식을 제공하는 단계로서 수행이 얼마나 성공적인지 또는 정확했는지에 대한 결과를 알려주고, 수행 이후에는 피드백이 제공되어야 한다. 성공적인 수행에는 긍정적인 피드백이 제공되며 과제의 수행에 대한 강화기능을 한다. 학습자들은 피드백으로 최초에 계획한 목표달성 정도를 알 수 있고, 학생의 수행 개선 필요 정도에 따른 연습 필요 정도를 알 수 있게 된다. 학습자의 수준이나 결과의 정확성에 따른 다양한 형태의 피드백이나 오류 교정 피드백, 설명적 피드백 등을 제시함으로써 개별 처방식 수업이 이루어질 수 있도록 한다.

(3) 수업 정리부

① 수행 평가

이 단계는 수업 종결시점에서 학습목표로 설정한 새로운 행동이 성취되었는지 여부나 다음 단계의 학습이 가능한지를 여부를 결정하기 위한 평가를 실시한다. 이때 학습자들이 다음의 새로운 학습을 위한 준비가 되었는지 결정하기 전에 학습자들에게 학습한 것을 시연하도록 한다. 특히 시험상황은 단순한 암기가 아니라 이해가 이루어졌는지를 점검하기 위해서 이전에 주어진 상황과 유사한 문제 상황을 제공하면 평가의 결과는 다음 수업을 개선하기 위한 자료로 활용되어야 하며 학습자의 성취도를 확인하기 위한 것은 아니다.

② 파지와 학습전이 증진하기

수업의 마지막 단계인 이 단계에서는 반복과 적용으로 학습한 지식과 기능이

영구히 기억할 수 있도록 요약·정리되어야 하며 새로운 학습이 다른 상황으로 일반화되거나 적용할 수 있는 경험을 제공해야 한다. 자료를 다시 점검하는 것은 기억을 확고히 하는데 도움이 되기 때문에 다양한 상황과 문맥에 적용하는 것은 전이를 도와주는 것으로, 학습된 내용이 특정 상황을 넘어 주변의 새롭거나 유사한 상황에도 긍정적으로 적용될 수 있도록 할 때 일반화 가능성을 증진시킬 수 있다. 따라서 교수자는 전이의 효과를 촉진시키기 위해 학습자에게 새롭게 배운 기능을 언제, 어떻게 적용할 수 있는지를 가르쳐야 한다.

이상과 같이 가네의 9가지 수업사태는 학교교육, 기업교육, 이러닝 강좌 설계에도 널리 활용되고 있는 기본적 교수설계이론으로 효과적인 학습을 유발하기 위해서는 학습이 이루어지는 내적인 인지 과정을 촉진할 수 있는 일련의 사태들을 수업에 포함해야 한다. 내적 과정과 외적 사태 간의 관계는 표 5-2와 같다.

표 5-2 내적 학습과정과 수업사태 간의 관계

학습과정	수업사태
주의	1단계: 주의 획득하기
동기화	2단계: 학습자에게 수업목표 알리기
선택적 지각	3단계 선행학습의 상기 4단계: 학습자료 자극 제시하기
의미적 부호화 장기 기억에 저장	5단계: 학습안내 제시하기
탐색과 회상 수행	6단계: 수행유도하기
피드백	7단계: 피드백 제공하기 8단계: 수행평가하기 9단계: 파지와 전이 높이기

출처: 김용현·정기수(2013) 인용.

2. 켈러의 학습동기 설계이론

1) 이론적 배경

가네의 이론은 인지적 영역의 수업목표 달성을 위한 교수전략 처방에 중점을 두고 있는데 반하여, 켈러(Keller)는 학습자의 동기를 유발하고 유지함으로써 수업의 매력성을 높이는 교수전략들을 제시하는 ARCS(Attention, Relevance, Confidence, Satisfaction) 모형을 제안하였다.

학습자의 학업능력은 학습자 특성과 교수자의 역량뿐 아니라 그들의 동기수준과도 밀접한 관련이 있다. 학습자들은 자신이 선호하는 과목은 높은 학업성취도를 보이지만, 선호하지 않는 과목의 성취도는 낮게 나타난다. 특히 학업의 결과는 재차 동기수준에 영향을 미치므로 흥미를 상실한 학과목의 학습 동기는 지속적으로 저하된다.

교수이론 발달에 인지주의 또는 행동주의나 심리학자들의 도움이 있었지만, '어떻게' 학습하는가에 대한 관심이 있었을 뿐이며, '왜' 학습하는가에 대한 관심은 매우 떨어졌다. 학습자가 학습상황에 대한 의미와 흥미를 가질 때 학습효과는 상승될 수 있다. 따라서 단순히 어떠한 방법으로 흥미 있는 학습상황을 만들 것인가에 보다 많은 관심이 필요하고, 켈러(Keller)의 이론은 학습동기를 설계하고 개발하는데 필요한 구체적 전략 수립에 있어 기본적인 프레임을 설명하고 있다. 켈러는 학습에 관한 행동주의, 인지주의 이론들을 바탕으로 그들의 주장이 학습동기 연구와 통합되어 어떻게 하면 보다 효과적이고, 효율적인 교수상황을 제공할 수 있는지를 설명하며 교수설계 모형으로 ARCS 모형을 개발하였다. 켈러의 ARCS 모형은 국내 평생교육이나 이러닝 교수설계에 매우 적극적으로 활용되고 있는 모형이다.

켈러의 이론은 그 이론의 바탕이 되는 '노력'과 '수행'을 명확히 구분하여 학업 성취와 동기와의 관계를 이해할 필요가 있다. 켈러(1983)는 동기를 개인이 과제를 하거나 하지 않으려는 선택과 과제를 완성하려는 노력으로 정의하고, 학습동기에 대한 연구결과를 바탕으로 개인의 '노력'과 '수행', 그 수행의 '결과'의 관계와 이 과정에 관여하는 개인적 투입변인과 환경적 투입변인을 설명하는 모형을 개발하였다(그림 5-2 참고).

'노력'은 개인이 과제를 달성하기 위한 활동에 참여하는지 여부이고, '수행'

은 실제적인 성취를 말하며, '결과'는 개인이 갖게 되는 내적 외적 산물(정의적 반응, 사회적 보상, 물질적 보상)을 포함하는 것이다. 학습 동기에 직접 관련되는 '노력'은 학습자의 호기심, 흥미, 동기, 가치, 기대에 의해 영향을 받고, 교수설계자는 수업에 동기설계를 함으로써 노력에 영향을 줄 수 있다. 노력은 '수행'에 영향을 미치고, 수행은 긍정적 또는 부정적 결과를 산출하며, 그 결과는 학습자에 의해 평가됨으로써 학습자는 만족감을 느끼거나 느끼지 않을 수도 있다(Keller, 1983, 2010). 그는 행동이 개인적 특성과 환경의 상호작용에 의해 나타난 결과라고 설명하고, 이러한 노력 – 수행 – 결과에 개인적 특성과환경적 변인이 영향을 미친다고 보았다. 이 이론적 틀을 기초로 하여 학습자의 동기유발 교수전략을 처방한 ARCS 모형이 개발되었다(박성익 외, 2012).

한편, 켈러에 따르면 '수행'이란 실제적인 성취를, '노력'은 개인이 과제를 달성하기 위한 활동 참석 여부를 말하기에, 노력은 학습 동기를 직접적으로 설명할 수 있는 지표라고 할 수 있다. 그러나 수행은 동기 외에도 학습자의 능력이나 학습 환경에 따른 영향으로 간접적인 동기측정의 지표가 된다. 이에 비해 수행은 동기뿐만 아니라 학습자의 능력 및 학습의 기회나 환경에도 영향을 받는 것으로 동기를 측정하는 데 간접적으로 관련이 된다. 그러나 교육 분야에서 대부분의 동기에 대한 연구는 '노력'이라는 개념을 고려하지 않고 오직 수행에만 초점을 맞추어 왔다는 것이다(박성익 외, 2013).

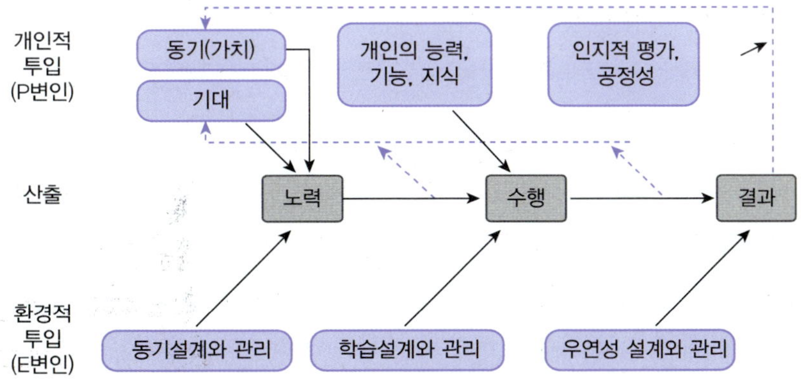

그림 5-2 학습동기, 학업수행 및 수업영향에 관한 모형(Keller, 1983)

2) ARCS 모형

켈러의 ARCS 모형은 주의(Attention), 관련성(Relevance), 자신감(Confidence), 만족감(Satisfaction)으로 동기 유발을 위해서는 이 네 가지 요소가 포함되어야 함을 의미한다.

(1) 주의

학습 동기의 첫 번째 요소인 '주의'는 수업 초반부에 지각적 또는 탐구적 주의환기를 하고 학습자의 흥미를 지속하기 위한 다양한 전략을 사용한다. 학습 동기의 유발 또는 유지를 위한 방법으로는 학습자가 학습 자극에 주의를 환기하고 이를 유지해야 하며, 이는 감각추구, 주의환기, 호기심 개념과 밀접하게 관련되어 있다. 이 중에서도 호기심은 학습자의 주의를 유발하거나 유지하는 중요한 요인으로 인정되고 있다.

켈러는 '우선 유발된 주의를 어떠한 방법에 의해 지속적으로 자극하고 유지시킬 수 있는가'에 대하여 다음과 같이 설명한다. '지각적 주의환기'는 새로운 사건이나 사실을 제기하여 학습자의 주의나 호기심을 이끌어내고, '인식적 주의환기'는 학습자가 자신이 새로운 정보나 문제해결을 할 수 있도록 호기심 또는 주의를 유지하도록 하는 것이라고 주장한다. 켈러는 학습자가 스스로 주의를 유발하고 이를 유지하기 위한 세부적인 하위전략으로 지각적 주의환기, 인식적 주의환기, 다양성 등 세 가지를 제시하고 있다.

(2) 관련성

학습자는 일단 '주의'가 생성된 이후에 주어진 과제에 대한 학습의 필요성에 대한 관심을 갖게 되어 개인적으로 학습 필요성을 인식하려고 노력을 하게 된다. '관련성'의 원리는 '주어진 과제가 자신의 개인적 흥미나 목적이나 흥미와의 관련성에 대한 그 해답을 찾아보고자 하는 노력'이다. 이러한 관련성은 '과정'과 '결과'를 포함한다. 즉, '과정' 측면은 학습자로 하여금 성취 욕구를 충족하게 하는 것이다. 이러한 성취 욕구는 학습자로 하여금 자신에게 부여된 과제를 신속히 하고 더 확실하게 하려는 욕구와 성취를 저해하는 요소를 넘어서 보다 난해한 과제를 해결하려는 욕구를 지칭한다.

학습자가 학습과정에서 성취 욕구가 충족된다면 이 과정에서 강한 동기를 가지게 될 것이다.

'결과' 측면에서 학습자는 교수내용이 자신의 미래 목적 달성에 도움이 된다고 지각하게 더 강한 학습동기를 유지할 수 있다고 본다.

이러한 과정이나 결과 측면에서 '관련성'을 향상하기 위한 세부적 전략으로는 친밀성, 목적지향성, 필요나 동기와의 부합성 등 세 가지를 들 수 있다.

(3) 자신감

학습자는 학습동기를 유발하거나 유지하기 위해 우선 학습 흥미와 필요성을 인식하고 학습을 통해 성공할 수 있는 기회를 인지해야 한다. 즉, 학습에 대한 '자신감'으로 적정 수준의 도전감을 가질 때 높은 동기유발이나 이를 유지하기 위한 조건이 된다.

자신감은 세 가지 측면 즉 '지각된 능력', '지각된 조절감', '성공에의 기대' 등으로 구분될 수 있다. 이 중에서 '지각된 능력'이란 자신이 스스로 어떠한 일을 성공적으로 수행할 수 있다는 것을 인식하여 학습도 성공적인 수행이 가능하다고 믿을 수 있어야 한다. 이를 위해 적절한 수준의 도전감과 학습과정을 통해 습득된 능력이 최대한 발휘될 수 있는 수업 구성이 필요하다.

'지각된 조절감'은 스스로의 선택이나 노력이 행동의 결과에 직접적으로 영향이 있다고 신뢰하는 것이다. 교수 요소는 개별 학습자가 결과에 대한 통제를 인식하고 학습자의 자신감과 지속성을 개발시키는 데 도움이 된다. '성공에 대한 기대감'은 일반적으로 어떠한 일을 함에 있어 성공할 수 있다는 확신이 있다면, 더욱 노력하게 되어 성공확률도 향상된다는 개념이다.

(4) 만족감

만족감은 동기의 요소로 학습자가 스스로 노력한 결과가 기대에 부응하고 결과에 만족하면 학습자의 학업 때문에 학습 동기는 계속 유지될 것이다. '만족감'은 학습 초기에 학습자의 수행동기를 유발시키는 요소라기보다는 일단 유발된 동기를 계속 유지시키는 역할을 한다.

학습자의 만족감에 영향을 미치는 요소로는 크게 학업수행과 학습의 내적 결과와 외적 결과로 구분할 수 있고, 내적 결과는 학습자의 학습 수행 결과에 대한 '인지적 평가'와 기타 내적 보상이 포함되며, 외적 결과에는 강화와 피드백이 포함된다. 만족감을 유지하기 위한 방법으로는 자연적 결과, 긍정적 결과, 공정성 등 세 가지의 구체적 전략이 사용된다.

ARCS 모형의 네 가지 요소와 각 하위 전략의 내용을 요약하면 표 5-3과 같다.

표 5-3 켈러의 동기유발 전략

주의	관련성
A.1 지각적 주의환기의 전략 1) 시청각 매체의 활용 2) 비일상적인 내용이나 사건 제시 3) 주의 분산의 자극 지양 A.2 인식적 주의환기의 전략 1) 능동적 반응유도 2) 문제해결 활동의 구상 장려 3) 신비감의 제공 A.3 다양성의 전략 1) 간격하고 다양한 교수형태 사용 2) 일방적 교수와 상호작용적 교수의 혼합 3) 교수자료의 변화추구 4) 목표 - 내용 - 방법의 기능적 통합	R.1 친밀성의 전략 1) 친밀한 인물 또는 사건의 활용 2) 구체적이고 친숙한 그림의 활용 3) 친밀한 예문 및 배경지식의 활용 R.2 목적지향성의 전략 1) 실용성에 중점을 둔 목표제시 2) 목적지향적인 학습형태 활용 3) 목적의 선택가능성 부여 R.3 필요나 공기와의 부합성을 강조하는 전략 1) 다양한 수준의 목적제시 2) 학업성취여부의 기록체제 활용 3) 비경쟁적 학습상황의 선택가능 4) 협동적 상호학습상황 제시
자신감	**만족감**
C.1 학습의 필요조건 제시의 전략 1) 수업의 목표와 구조의 제시 2) 평가기준 및 피드백의 제시 3) 선수학습능력의 판단 C.2 시험의 조건 확인 1) 쉬운 것에서 어려운 것으로 과제 제시 2) 적정수준의 난이도 유지 3) 다양한 수준의 시작점 제공 4) 무작위의 다양한 사건제시 5) 다양한 수준의 난이도 제공 C.3 개인적 조절감 증대의 전략 1) 학습의 끝을 조절할 수 있는 기회	S.1 자연적 결과 강조의 전략 1) 연습문제를 통한 적용의 기회 제공 2) 후속 학습상황을 통한 적용의 기회 제공 3) 모의상황을 통한 적용의 기회 제공 S.2 긍정적 결과 강조의 전략 1) 적절한 강화계획의 활용 2) 의미있는 강화의 제공 3) 정답을 위한 보상강조 4) 외적보상의 사려깊은 사용 5) 선택적 보상체제 활용 S.3 공정성 강조의 전략 1) 수업목표와 내용의 일관성 유지

제시 2) 학습속도의 조절 가능 3) 원하는 학습부분으로 빠른 회귀 가능 4) 선택가능하고 다양한 과제와 다양한 난이도 제공 5) 노력이나 능력에 성공귀착	2) 연습과 시험내용의 일치

출처: 김용현, 정기수(2013)에서 인용.

제2절 현대적 교수설계이론

1. 현대적 교수설계의 개념

전통적인 교수설계 패러다임에 속하는 교수설계이론들은 산업화 사회의 교육 패러다임이 주도하던 1970~80년대에 개발된 교수설계이론들로서 객관주의 인식론을 토대로 행동주의 및 인지주의 학습이론의 영향을 받아 교수자 중심의 교수전략을 처방하는 이론들이라고 할 수 있다. 이러한 교육 패러다임의 영향으로 표준화와 선발을 중시하는 학교교육은 정해진 교육내용을 많은 학습자에게 효과적, 효율적으로 전달하는 것에 초점을 두었다.

한편, 최근 1990년대 이후 등장한 지식정보화 사회의 교육 패러다임은 대안적 교수설계를 요구하였다. 즉 새로운 교수설계 패러다임은 정해진 수업내용 중심의 교수설계보다는 학습자 요구를 반영한 개별화된 맞춤식 교육, 창의적 문제해결능력의 신장, 학습자 중심의 주도적 참여를 중시하는 교수설계에 초점을 둔다. 새로운 교수설계 패러다임은 구성주의 인식론 관점과 상황학습이론 등에 기반하는 교수방법 및 전략을 처방한다. 이해를 위한 교수설계, 문제중심 수업설계, 고차적 사고기술을 위한 교수설계이론 등 대안적 교수설계이론을 개발하는 연구들이 관심사로 등장하고 있다.

교수설계 패러다임은 시대 배경과 사회 요구에 따라 변화되어 인지적 영역 외 감정, 태도, 사회성 등 정의적 영역과 복잡한 학습과제 유형을 다루는 교수설계이론에 대한 개발 필요에 따라 다양한 교수설계이론들을 개발하고, 그 이론의 타당성을 검증하는 연구들이 교수설계 연구 분야의 한 부류를 차지하고 있다(박성익 외, 2012). 현대적 교수설계는 수업의 효과를 증진시킬 수 있는 최적의 교수방법을 처방해주는 조직적 절차로서 바람직한 교수방법을 필요로 하는 다양한 교육에 적용할 수 있다. 교수설계를 전문적으로 다루는 학문 분야인 교육공학 부문에서는 '교수 체제 설계를 교수설계와 교수개발을 포괄적으로 지칭하는 용어로 교수의 분석, 설계, 개발, 실행 그리고 평가의 단계가 포함된 조직적인 절차'로 정의하고 있다(Seels & Richey, 1994).

즉, 교수설계란 교수학습의 산출물이 다음 단계의 투입자료가 되어 처리되고, 이에 대한 피드백을 통해서 다음 단계들이 수정 및 보완되고 각 요소들은 최종 목표인 효과적인 교수를 창출한다는 것이다. 다양한 교수설계모형과 과정은 교수체재개발로 지칭할 수 있으며 이는 전형적으로 분석, 설계, 개발, 실행, 적용, 평가의 요소로 구성된다(Dick & Carey, 2001).

2. 교수설계의 원리 및 특징

1) 교수설계의 원리

교수설계의 구성요소를 충분히 고려한 효과적인 교수설계는 핵심적 준거로 활용할 기본적인 원리가 필요하다. 데이비스(Davis)는 교수설계 과정에 적용할 수 있는 원리를 다음과 같이 제시하였다(박숙희·염명숙, 2007).

첫째, 교수설계의 목표 및 필요조건은 설계과정이 이루어지기 전에 명시되어야 한다.

둘째, 교수설계 과정은 점진적으로 수정한다. 이는 설계과정의 모든 단계에서 목표가 성취되었나를 수시로 점검하여 필요하면 재설계를 한다는 뜻이다.

셋째, 교수설계 과정은 반복적인 상호작용이다. 즉, 교수－학습체제를 구성하고 있는 각 요소는 상호작용적인 관계에 있으며, 설계자는 목표설정 후 이를 실행해 가면서 계속해서 평가하고, 목표와 각 단계를 수정하는 과정을 반복할 수 있다는 것이다.

넷째, 교수체제는 그 체제가 속해 있는 상위체제와 잘 조화되어 작용하도록 설계해야 하는데, 상위체제의 목표를 고려하여 교수체제의 목표가 달성될 수 있도록 조화 있게 설계해야 한다.

다섯째, 어떤 체제의 구성요소나 절차도 다른 구성요소나 절차에 영향을 미치지 않고는 수정될 수 없다.

따라서 보통 수업은 집단으로 이루어지지만, 학습은 개인적으로 이루어지기 때문에 교수설계는 개인의 학습을 도와주는 데 목적을 두어야 한다. 그러기 위해서는 교수체제가 성취하려는 목표를 설정하고, 목표달성을 위해 필요한 조건과 현 교수체제의 제한점을 밝혀야 한다. 또한 교수제제의 구성요소가 목표를 성취하기 위하여 가장 효과적이고 합리적인 방법으로 상호보완적인 작용을 하도록 계획하고, 실행과정을 수시로 평가하여 그 결과에 따라 수정하여 재설계해야 한다. 이러한 측면에서 교수설계는 체제이론에 바탕을 둔 체제적 설계(systermic design)의 관심을 따르고 있다.

2) 교수설계의 특징

교수설계는 특정의 학습내용으로 기대하는 학습자의 변화를 일으킬 수 있는 최적의 교수방법이 무엇인가를 결정해 나가는 과정으로 교수설계는 설계지향적, 수업 방법의 규명, 개연성 등 세 가지 특징이 있다(최운실 외, 2017)

첫째, 설계지향적 교수설계는 사태의 결과보다는 학습이나 발달을 위해 부여된 목적달성의 수단에 집중하고, 목적달성 방법에 직접적인 영향이 있기 때문에 교수자에게는 이론이 더 직접적으로 유용하게 한다.

둘째, 수업 방법의 규명 교수설계이론은 수업의 방법, 즉 학습을 지원하고 촉진하는 방법과 그 방법이 사용 여부에 대한 상황을 규명한다. 여기서 상황은 방법의 선택에 영향을 주는 맥락의 여러 측면을 의미하기 때문에 교수설계이론에서 방법은 보편적이 아닌 상황적이다. 수업 상황에는 수업의 조건과 수업의 바람직한 결과를, 수업의 조건에는 학습목적, 학습자, 학습 환경, 개발제약이 포함된다. 수업의 바람직한 결과에는 효과성, 효율성, 매력성의 수준이 포함된다.

셋째, 개연성 교수설계이론의 수업 방법들은 결정적이기보다는 개연적이다. 수업 방법은 목적달성을 보장하기보다는 목적달성의 가능성이나 확률을 높이는데, 이는 하나의 수업 방법이 효과를 보는 데 영향을 주는 많은 요인들이 있기 때문이다(정진원, 2005).

제3절 평생교육 교수설계 모형

교육과정 개발은 평생교육기관이나 기업에서 교육체계를 수립하는 과정과 병행하거나 또는 마친 다음에 착수하는 일이다. 물론 다른 기관에서 제작한 프로그램을 구입하기도 하지만 각 기관 및 기업의 교육방향과 문화에 부합하는 교육체계에 대한 각 항목별 이슈를 충족하기 위해 과정을 직접 개발할 수도 있다. 그러나 내부 인력의 전문성이 부족하거나 시간 여유가 없는 경우에는 외부 전문가를 초빙하고 프로젝트 팀을 구성하여 개발하기도 한다.

교육과정 개발에 필수적 요소는 교수설계로서 ASSURE 모형은 평생교육현장에서 철저한 계획에 따라 교육자료를 개발하고, 교육내용과 매체를 통합하여 필요한 교육매체 개발에 일반적으로 적용할 수 있는 모델이라고 할 수 있다.

1. ASSURE 모형

ASSURE 모형은 하인리히(Heinich, 1996)가 교수-학습 과정에서의 교수매체의 효과적인 활용을 위하여 고안한 모형으로 이 모형의 장점은 매체를 활용하기 위한 평생교육자가 교육 현장에서 쉽게 활용할 수 있는 실천적인 모형이라는 점이다. ASSURE 모형은 학습자분석(Analyze learners), 목표 진술(State Objectives), 교육 방법, 매체 및 교수자료의 선택(Select method, media, & materials), 미디어와 교수자료 활용(Utilize media & materials), 학습자 참여요구(Require learners participation), 평가와 수정(Evaluate & revise) 등으로 전개되는 단계의 첫 글자를 따서 ASSURE 모델이라 한 것이다. 이것은 효과적인 교수-학습 과정을 보증(assure)한다는 의미도 내포되어 있다. 일반적인 수업모델은 교수분석과정에서 시작하여 수업의 전 과정에서 일어나는 문제를 종합적으로 다루고 있기 때문에 복잡하고 여러 유형의 전문가가 필요한 반면에, ASSURE 모형을 사용하면 교수매체를 활용하는 학습지도안을 쉽게 작성할 수 있다(최운실 외, 2017).

ASSURE 모형을 요약하면 그림 5-3과 같다.

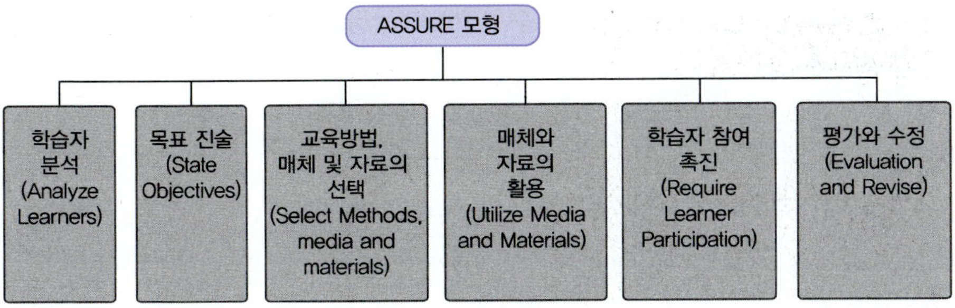

그림 5-3 ASSURE 모형

1) 학습자분석

교육현장에서 학습자의 특성과 교재의 내용 및 제시 방법은 교수매체의 효과에 지대한 영향을 미친다. 그러므로 교수매체를 활용한 교수활동을 계획하는 첫 번째 단계는 학습자를 분석하는 일이라 할 수 있다(정진원, 2005). 학습자 특성의 요인에는 연령, 학력 직위, 적성, 문화, 사회, 경제적인 요인 등과 같은 일반적인 특성과 학습자의 부족한 지식과 기능을 확인하는 출발점 행동, 불안수준, 적성, 동기 등 심리적 요소를 고려하는 학습 양식이 있다.

2) 목표진술

교수매체의 체계적인 활용을 위한 두 번째 단계는 가능한 한 자세하게 학습자가 학습을 마친 후의 행동을 진술해야 한다. 학습자들이 도달해야 하는 목표지점은 어디이며, 어떠한 새로운 능력을 발휘할 수 있어야 하는지를 진술하는 일이다.

3) 교수방법, 매제, 자료의 선정

일단 학습자가 파악되고 학습목표가 진술되면, 교수자는 학습자의 현재 수준의 지식, 기능 및 태도 등을 파악하였고, 도달해야 할 학습목표를 파악하고 있으므로 교수 – 학습 과정의 처음과 끝의 계획이 끝난 것이라(성재희, 2005) 볼 수 있기에 교수자는 이를 연결해야 한다. 즉, 어떤 수업 방법을 선정할 것인지, 어느 매체를 사용할 것인지, 그리고 매체와 교수방법을 실행하기 위하여 어떠한 교재들을 활용할 것인지 결정해야 한다(성재희, 2005). 매체와 자료 선정은 이용

가능한 자료의 선정, 기존 자료의 수정, 새로운 자료를 설계·개발하는 방법 중에서 선택할 수 있다.

4) 매체와 자료의 활용

교수매체와 자료를 효율적으로 활용하기 위해서는 다음사항을 확인할 필요가 있다.

첫째, 교수매체의 효과적인 제시는 어떤 순서로 제시할 것인가를 정하고 지정된 장소에서 리허설을 해본다. 수업의 목적과 진행단계에 맞추어 자료의 제시 순서를 결정해야 하는 것이다. 이 과정은 학습자의 수준과 목표에 적합한지를 결정, 자료상태의 조사, 목적과 진행 단계에 맞추어 자료의 제시 순서를 결정할 수 있게 된다.

둘째, 수업을 전개할 주변 환경을 정비해야 한다. 교수매체를 어디에서 사용하든 학습자들에게 안락한 의자, 적절한 환기, 온도 및 밝기 등이 제공되어야 하며 매체에 따라 암막시설, 충분한 전원 공급 및 다양한 조명 조절장치 등이 요구될 수도 있다(정진원, 2005).

셋째, 학습자를 사전 준비시킨다. 학습자들의 주의를 집중시키기 위하여 제시할 내용의 소개, 학습할 주제와의 관련성이나 사용할 교수매체에 대한 정보나 특별한 용어에 대해 미리 설명해 줌으로써 동기유발을 제공해야 한다(정진원, 2005).

넷째, 교수자료를 제시하여 학습경험의 기회를 주어야 한다. 교수매체를 제시할 때 교수자는 프레젠테이션 기술을 발휘하여 능숙하게 대처해 나가야 한다.

5) 학습자의 참여 유도

학습은 내용의 일방적인 전달로만 이루어지는 것이 아니라 학습자가 학습과정에 능동적으로 참여할 때 더욱 효과적으로 이루어질 수 있다. 따라서 가장 효율적인 학습상황은 학습자가 목표달성을 위해 능동적으로 참여할 수 있도록 실제 행동을 요구하는 일로서 즉각적인 필기나 구두 반응을 요구하는 질문(김세화, 2008; 정진원, 2005), 필기 활동 지시, 시청을 통한 선택, 판단, 결정의 요구 및 이와 관련된 활동이나 기술과 관련된 수행을 요구한다.

6) 평가와 수정

교수활동이 끝나면 전체적인 윤곽을 잡고 이에 대한 효과를 평가해야 하며, 평가는 ASSURE 모형의 마지막 단계이기도 하지만 지속적인 매체활용을 위한 시발점이기도 하다(정진원, 2005). 그러나 학습자의 학습목표 달성 외에도 평가되어야 할 사항이 두 가지사항이 있다. 첫 번째는 사용한 교수매체와 교수방법에 대한 평가로서 이는 다음 교수매체 사용 시 참고하기 위해서도 필요하다.

두 번째는 교수－학습 과정에 대한 평가로 교수과정을 진행시키는 동안 수시로 할 수 있다. 그러나 평가가 끝났다고 하여 교수활동이 완전히 끝난 것은 아니며, 평가란 교수매체의 효과적인 활용을 위해 ASSURE 모형을 계속 다시 사용하기 위한 출발 지점에 불과하기 때문이다(성재희, 2005).

2. ADDIE 모형

ADDIE 모형은 분석(Analysis), 설계(Design), 개발(Development), 실행(Implementation), 평가(Evaluation)로 나누어지고 이 다섯 과정의 머릿음을 따서 교수체제설계의 기본모형인 ADDIE(Analysis, Design, Development, Implemention, Evaluation) 모형으로 칭하고 있다. ADDIE 모형에 포함된 이 다섯 가지 과정과 절차는 대부분 ISD 모형의 핵심내용이고 다양한 ISD 모형의 기초 개념으로 인정받고 있다.

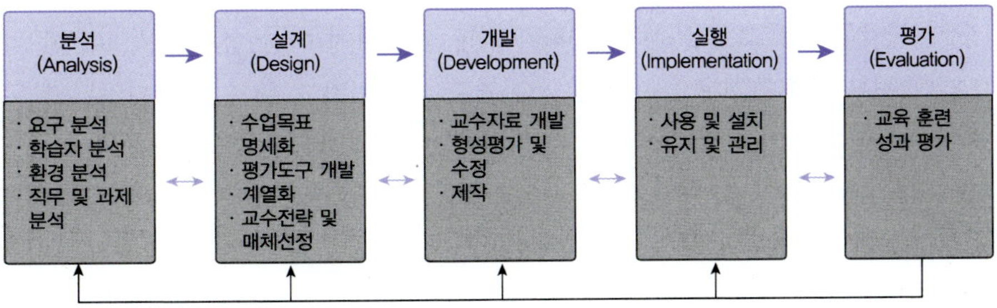

그림 5-4 ADDIE 모형

1) 분석단계

분석단계는 설계를 위한 조직적인 결정을 해야 하는 교수설계의 초기 단계로서 요구분석, 학습자분석, 환경 분석, 직무 및 과제 분석 등이 실시된다. 설계를 위한 임무, 비전, 가능성 등은 분석단계에서 결정되어야 한다.

2) 설계단계

설계단계는 분석과정에서 나온 산출물을 창조적으로 종합하는 일이다. 설계단계는 수행목표의 명세화, 평가도구의 개발, 프로그램의 구조화 및 계열화, 교수전략과 매체의 선정이 포함된다. 설계과정에서는 교육훈련의 전체 모습, 즉 설계명세서를 만들어 낸다.

3) 개발단계

개발단계는 설계명세서 또는 수업 청사진에 사용될 교수자료를 실제로 개발하고 제작한다. 구체적으로는 기존 교육과정에서 개발하기, 기존 자료를 수정하기, 새로운 코스에 기존 자료내용 포함하기, 새로운 코스 개발하기 등이 있다. 개발과정에는 먼저 교수자료의 초안 또는 시제품을 개발하여 형성평가 또는 파일럿 테스트(Pilot test)를 실시하고 프로그램을 수정한 뒤에 마지막으로 최종 산출물, 즉 완제품을 제작하는 일이 포함되며 산출물은 이 단계에서 수정 보완된다(윤지원, 2019).

4) 실행단계

실행단계는 프로그램을 실제 교육이 진행될 상황에 직접 설치하고 실행해 봄으로써 이를 교육과정에 반영하고 계속적으로 유지하고 변화를 관리하는 활동이 포함된다. 실행단계의 목적은 교수내용을 효과적이고 효율적으로 전달하는 데 있다.

5) 평가단계

평가단계는 ADDIE 모형의 최종 단계로서 프로그램이 실행된 후 교수내용이 효과적으로 전달되었는지를 평가한다. 구체적 평가 내용은 교육자료 평가, 과정 평가, 학습자 반응 평가, 학업성취 평가, 교수성과 평가 등이 있다.

3. Dick & Carey 모형

Dick & Carey의 교수체제설계 모형은 체제 접근을 기반으로 교수 설계, 교수 개발, 교수 실행, 교수 평가의 과정을 제시하는 객관주의 대표적 모형으로 교수체제 개발의 전 과정을 이해할 수 있도록 안내를 하는 모형이다. 이 모형은 효과적인 교육 프로그램 개발을 위한 일련의 단계들의 역동적인 관련성에 초점을 맞추고(Dick & Carey, 1990). 교수목표, 교수분석, 학습자 및 상황분석, 수행 목표 진술 평가도구 개발, 교수전략 개발 수업자료 개발 및 선정, 형성평가, 수업 프로그램 수정, 총괄평가 등 단계로 구성된다.

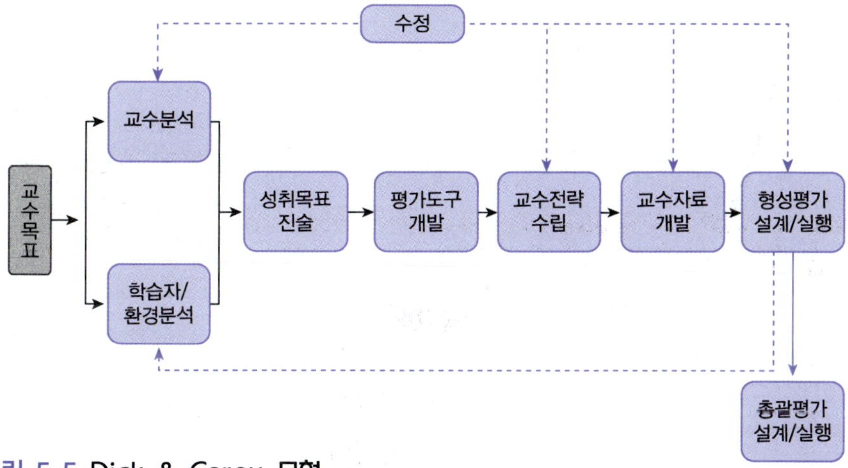

그림 5-5 Dick & Carey 모형

1) 교수목표

학습자가 수업을 모두 끝마쳤을 때 학습자가 할 수 있기를 기대하는 바가 무엇인지 최종적으로 규명하는 단계이다. 이를 위해 학습자의 요구분석이나 교육과정 분석을 통하여 파악된 요구를 바탕으로 교육 프로그램을 설계하게 된다.

2) 교수분석

최종 학습목적을 성취하기 위해 학습자가 배워야 할 학습의 유형을 결정하고, 학습자가 그 학습과제를 학습하기 위해서 필요한 하위기능을 학습하는 데 필요한 학습절차 등이 분석되고 결정된다.

3) 학습자 및 환경분석

수업이 시작될 때 학습자가 특정 학습을 수행하기 위해 갖추어야 할 요소로 선수 지식, 출발점행동, 학습유형과 학습동기 등 학습자 특성, 학습 환경 및 수행환경을 분석한다. 학습 환경 분석은 교육장소의 적합성 여부, 교육 적용가능성 여부, 전달체제의 적용 가능성 여부, 학습장소의 제약요인 등을 확인하여야 한다. 수행환경 분석은 학습자가 학습 이후에 실제 수행을 하는 경우에 있어 환경을 판단하는 것으로 관리지원, 현장에서의 물리적 여건, 사회적 여건, 기능의 적절성 등이 있다.

4) 수행목표 진술

수행목표 진술은 교수분석 및 출발점 행동 진술을 기반으로 학습이 종결된 후 학습자가 무엇을 할 수 있는지를 세부 수행목표들을 구체적으로 진술한다. 이 수행목표는 학습될 성취행동(기능), 그 성취행동이 실행될 조건, 그 수행의 성공여부를 판단하는 준거의 세 가지 요소로 구성된다.

5) 평가도구 개발

앞에서 수행목표 진술에 따라 상세한 준거지향평가 문항을 개발하고 이를 학습자의 성취수준과 학습결과를 측정할 수 있게 준비를 한다. 문항에서 측정하고 있는 것과 목표의 성취행동을 반드시 일치시켜야 한다.

6) 교수전략 개발

목표에 부합하는 교수학습 모형을 선정한 이후에 진행 방법과 및 절차를 개발하며, 적절한 교수매체 및 활용하기 위한 계획을 수립한다. 교수전략은 동기유발, 학습내용 제시, 내용 디자인 전략 등을 확인하고 이를 적극적으로 고려한다.

교수전략 개발은 수업 전개방법 및 절차의 개발과 함께 교수매체의 활용에 대한 계획 수립 단계로 교수전략에는 학습내용 제시 전략, 동기유발 전략, 학습내용 제시 전략, 정보 제시, 연습, 피드백, 후속 활동 등에 대한 교수전략이 나와야 한다. 그리고 교수전략은 현대 학습이론, 학습연구결과, 교수매체 특성,

가르쳐야 할 내용의 특성, 학습자의 특성에 바탕을 두고 개발 또는 선정하여야 한다.

7) 수업자료 개발 및 선정

앞 단계에서 개발한 교수전략에 따라 구체적으로 활용될 교수 프로그램을 실제로 개발하는 단계이다. 교수 프로그램이란 수업활동에 활용될 모든 자료를 말하며 교사 안내서, 학습자용 지침서, 기타 필요한 수업자료 등 다양한 형태로 개발될 수 있으며, 학습목표와 내용, 학습자의 특성을 고려하여 교수매체를 선정 또는 개발한다. 새로운 자료의 개발여부는 목표별 학습유형, 기존의 관련 자료의 이용가능성 등에 따라 결정된다.

8) 형성평가

형성평가의 목적은 개발된 교수 프로그램의 개선에 있는데, 개발이 완료된 교수 프로그램은 형성평가를 통해서 그 결과를 검토하고 필요한 곳을 수정하거나 보완한다. 형성평가는 보통 세 종류의 평가가 이루어지는데 일대일 평가, 소집단 평가 그리고 현장평가 등이다.

9) 교수 프로그램의 수정

형성평가 결과에 의하여 학습목표를 달성하는 데 수정이 필요한 부분을 전반적으로 수정한다. 또한 평가결과를 기반으로 하여 교수 분석의 타당성, 학습자의 출발점 행동 및 학습자 특성 분석의 정확성, 성취 목표 진술의 적절성, 문항검사의 타당성, 교수전략이 효과적이었는지를 통합적으로 검토하고 수정함으로써 더욱 효과적인 교수 프로그램의 완성도를 높일 수 있다.

10) 총괄평가

프로그램을 시행한 후에 총괄평가는 절대적 또는 상대적으로 프로그램의 효과를 검증하기 위해서 실시한다. 총괄평가는 보통 교수설계자와 그 팀 구성원 이외의 외부 평가자에 의뢰하여 실시하게 된다.

요약

1. 평생교육 교수설계의 전통적 이론으로 가네(Gagne)는 인간의 학습된 능력 즉, 학습결과를 크게 언어정보, 지적 능력, 인지전략, 태도, 운동기능 등 다섯 가지 영역으로 구분하고 이들 다섯 가지 영역을 학습하는데 가장 적합한 내적 조건과 외적 조건을 각각 제시하고 있다. 내적 조건은 학습이 일어나기 위한 학습자의 내적 인지과정 측면을, 외적 조건은 학습의 내적과정을 활성화하고 지원하는 학습자 외부에서 제공되는 다양한 교수 사태를 말한다. 5가지 범주인 언어정보, 지적 기능, 인지전략, 운동기능, 태도 등은 각 학습 유형별 학습이 일어나기 위한 내적 조건과 외적 조건은 달라진다.

2. 평생교육 교수설계의 전통적 이론으로 켈러(Keller)는 학습자의 동기를 유발하고 유지함으로써 수업의 매력성을 높이는 교수전략으로 ARCS 모형을 제시했는데, 이는 주의(Attention), 관련성(Relevance), 자신감(Confidence), 만족감(Satisfaction)으로 동기 유발에 4가지요소가 포함되어야 한다고 주장하였다.

3. 평생교육 교수설계의 현대적 교수설계로의 원리는 ① 교수설계의 목표 및 필요 조건은 설계과정이 이루어지기 전에 명시되어야 한다. ② 교수설계 과정은 점진적으로 수정한다. 이는 설계과정의 모든 단계에서 목표가 성취되었나를 수시로 점검하여 필요하면 재설계를 한다. ③ 교수설계 과정은 반복적인 상호작용이다. 즉, 교수-학습 체제를 구성하고 있는 각 요소는 상호작용적인 관계에 있으며, 설계자는 목표설정 후 이를 실행해 가면서 계속해서 평가하고, 목표와 각 단계를 수정하는 과정을 반복할 수 있다. ④ 교수체제는 그 체제가 속해 있는 상위체제와 잘 조화되어 작용하도록 설계해야 하는데, 상위체제의 목표를 고려하여 교수체제의 목표가 달성될 수 있도록 조화 있게 설계해야 한다. ⑤ 어떤 체제의 구성요소나 절차도 다른 구성요소나 절차에 영향을 미치지 않고는 수정될 수 없다.

4. 평생교육 교수설계의 ASSURE 모형은 학습자분석(Analyze learners), 목표진술(State Objectives), 교육방법, 매체 및 교수자료의 선택(Select method, media, & materials), 미디어와 교수 자료 활용(Utilize media & materials), 학습자 참여요구(Require learners participation), 평가와 수정(Evaluate & Revise) 등으로 전개되는 단계를 말한다.

5. 평생교육 교수설계의 ADDIE 모형의 기본 과정은 분석(Analysis), 설계(Design), 개발(Development), 실행(Implementation), 평가(Evaluation)로 나누어지고 이 다섯 과정의 머릿음을 따서 교수체제설계의 기본모형인 ADDIE(Analysis, Design, Development, Implementation, Evaluation) 모형으로 칭하고 있다. ADDIE 모형에 포함된 이 다섯 가지 과정과 절차는 대부분 ISD 모형의 핵심내용이고 다양한 ISD 모형의 기초 개념으로 인정받고 있다.

연구문제

1. 평생교육 교수설계의 전통적 이론인 가네(Gagne)의 학습유형에 따른 내적・외적학습조건 5가지 범주에 대해 발표해 봅시다.

2. 평생교육 교수설계의 전통적 이론인 켈러(Keller)의 ARCS모형 4가지를 요약하여 발표해 봅시다.

3. 평생교육 교수설계의 현대적 교수설계 원리를 발표해 봅시다.

4. 평생교육 교수설계의 ASSURE 모형을 평생교육프로그램 개발에 적용할 경우를 대해 생각해 보고 발표해 봅시다.

5. 평생교육 교수설계의 ADDIE 모형을 평생교육프로그램 개발에 적용할 경우를 생각해 보고 발표해 봅시다.

PART 02

평생교육방법의 실제

CHAPTER 06

개인중심 평생교육방법

개요

개인중심 평생교육방법은 인간이 삶을 통해 교육이 이루어지는 사회체계 속에서 삶을 영위하는 과정과 지혜를 깨달으며 지식을 흡수하는 개인의 학습형태를 총칭하는 것이다. 개인중심 평생교육방법은 개인지도 방식, 상담활용 방식, 매체활용 방식, 시설활용 방식으로 대별된다. 서적이나 시청각 기자재, 방송 통신 교육프로그램 등의 교육매체를 활용하여 스스로 학습하는 방법과 우편과 SNS매체를 통해서 교육한다. 또한 평생학습관, 도서관, 박물관 등의 평생교육시설을 개인적으로 이용하면서 학습하는 경우도 있다.

개인중심 평생교육방법은 학습계획의 설계를 학습자 자신이 해야 한다. 학습목표를 자신이 정하고, 학습에 대한 준비와 평가도 스스로 하면서 평생교육의 다양한 방법 속에서, 보다 종합적이고 여러 방법을 연속적으로, 혹은 단계적으로 활용하는 평생교육의 큰 틀 중 하나의 기법이라 할 수 있다.

본 교재에서는 개인중심 평생교육방법 중 대표적인 멘도링, 코칭, 도제시 교육방법에 대해서만 간략히 살펴보고자 한다.

학습목표

1. 개인중심 평생교육방법의 개념을 파악할 수 있다.
2. 멘토링, 코칭, 도제식의 개념과 특성에 대해 이해할 수 있다.
3. 도제식 교육과 학교교육의 차이점을 비교할 수 있다.

주요 용어

개인중심 평생교육방법, 멘토링, 코칭, 도제식 교육

제1절 개인중심 평생교육방법의 의미

평생교육에서 사용되는 방법은 이루 헤아릴 수 없을 만큼 많다. 이처럼 다양한 평생교육은 학습프로그램의 형태와 학습자의 특성에 의하여 개인중심일 경우와 집단중심의 경우로 크게 두 분류로 나눌 수 있다. 개인중심 평생교육방법은 개인학습자가 집단으로 교육과정에 임하지 않고 개별적으로 교수자와 학습을 통해 상호작용을 하는 방법이다.

개인중심 평생교육방법은 서적이나 시청각 기자재, 방송 통신 교육 프로그램 등의 교육매체를 활용하여 스스로 학습하는 방법과 우편매체를 통해 상담을 하면서 교육이 이루어지는 경우가 있다. 또한 평생학습관, 도서관, 박물관 등의 평생교육시설을 개인적으로 이용하면서 학습한다. 이럴 때 학습자가 자율적으로 학습계획을 세워 혼자서 학습을 하며 교수자의 지도를 받거나 상담하며, 시설에서 매체를 개별적으로 활용하기도 한다.

이러한 개인중심 평생교육방법은 교수자와 학습자가 개인적 접촉으로 학습이 이루어지는 형태이며, 기능 전수에서 많이 사용되는 도제식 교육, 문예창작 기법이나 예체능 실기 지도 등이 이에 속한다. 하지만 최근에는 성인들이 일정한 시간에 교육장소에 참여하기 어려운 경우가 많기 때문에 교육매체를 활용한 이러닝(E-learning)이나 평생교육 현장에서 멘토링, 코칭과 같은 방법을 활용하여 학습하는 경우가 증가하고 있다.

개인중심 평생교육방법은 개인학습자가 집단형태의 활동에 참여함이 없이 교수자나 교수매체와 상호작용을 통해 스스로 학습하는 것이기 때문에 독학과 유사해 보이지만, 교수자와 일정한 상호작용을 한다는 점에서 차이가 있다. 그러므로 개인중심 평생교육방법은 자발적이고 자기주도적 학습이 가능한 학습자의 경우에 효과적인 방법으로 큰 의미를 찾을 수 있다.

제2절 개인중심 평생교육방법의 실제

1. 멘토링(Mentoring)

1) 멘토링의 개념

그리스 신화 오디세이에서 어린 텔레마코스에게 지혜와 선도를 하는 사람으로 멘토가 처음 나타난 후, 멘토는 평생 동안 지혜와 신뢰를 쌓으며 멘티를 지도해 주는 인도자로 알려졌다. '멘토'라는 말의 어원은 그리스 신화 오디세이(Odysseus)에서 유래한다. 오디세우스가 10년에 걸친 트로이 전쟁터로 떠나면서 자신을 대신해서 그의 아들 텔레마코스가 미래의 훌륭한 통치자가 될 수 있도록 지혜와 지도를 베풀어 줄 것을 그의 가장 친한 친구에게 부탁했는데 그가 바로 멘토였다.

멘토는 친구인 오디세우스가 전쟁에서 귀환할 때까지 그의 아들 텔레마코스에게 친구와 상담자 및 교사요 아버지가 되어서 잘 이끌어 보살펴주었다. 이처럼 오랜 역사를 가지고 있는 멘토의 이미지가 근래 더욱 대중적이 되었다. 이후로 멘토라는 이름은 지혜와 신뢰로 한 사람의 인생을 이끌어 주는 지도자의 의미로 사용되었다(Russell & Adams, 1997).

멘토의 역할이 기업에서도 젊고 야심찬 후배들을 이끄는 데 많이 활용될 뿐만 아니라 학문과 스포츠, 교육과 예술 분야에서도 제자 훈련과 지원을 아끼지 않는 멘토링 제도가 있다.

멘토(mento)는 멘토링을 통해 멘티에게 유익한 정보와 비전을 제시하고 어려움과 직면하는 방법에 대해 조언하는 동시에 경력개발을 이끄는 역할모델이 된다. 멘티는 멘토가 자신을 지켜보는 관찰자이자 상황 및 전략의 해설자, 또 자신을 옹호해 주는 변호사의 역할로 지원해 줌에 따라 현재 자신이 조직에서 당면하고 있는 문제해결에 대한 직접적 피드백을 얻게 된다(신용주, 2006).

멘토의 사전적 정의는 '경험이 풍부하며 신뢰받는 상담자' 또는 '현명하고 충성스러운 조언자', '선생 혹은 지도자'로 규정되고 있다. 멘토라는 용어는 후견인, 지도자, 교사, 대부 등의 의미가 혼합된 개념으로 사용되고 있으며, 멘토로부터 가르침을 받는 사람을 멘티(Mentee) 혹은 프로테제(Protege)라는 호칭으로 부른다. 멘토의 이미지는 근래 더욱 대중적이 되어 개인적 후원자, 역할모델, 코치, 상담자, 대학에서의 논문 지도교수, 스포츠의 코치, 예술부문에서 시사해주는 스승 등 광범위하게 사용되고 있다(최운실 외, 2017).

멘토링은 멘토가 멘티와의 일대일의 의미 있는 관계 형성을 통하여 멘티로 하여금 어떠한 목표에 쉽게 도달할 수 있도록 체계적인 지도를 하거나 조력하는 활동으로써 멘토와 멘티 간의 파트너십이므로 권리와 의무가 존재한다. 멘토는 역할 모델이며 멘티를 후원하고 보호하며, 교육하고 격려하며, 상담과 조언을 하고 정보제공을 한다. 멘티는 멘토를 존경하고 인정하며 정보제공, 아이디어 개발, 업무분담 역할을 한다(성낙돈 외, 2013).

멘토링(mentoring)은 대체로 더 사회적 지위가 높고 더 영향력을 발휘할 수 있으며, 경험과 지식이 풍부한 멘토가 상대적으로 경험이 부족한 멘티 또는 프로테제라 호칭하는 피후원자의 전문경력을 위하여 지도하고 지원해 주는 활동이다. 여기에 학자들의 멘토링에 대한 개념 정의를 살펴보면 다음과 같다.

표 6-1 멘토링의 개념

학자	개 념
레빈슨 (Levinson et al, 1978)	- 기본적인 멘토링 관계는 한 사람의 진로, 직업, 일생의 삶 등 인간발달과 성장과정 속에서 지도자의 역할을 해주는 자신보다 인생의 경험이 더 많은 어떤 사람과의 우정이다.
콜린스 (Collins, 1983)	- 멘토란 믿음직한 후원자나 지도자인 직속 상관 또는 다른 부서의 관리자나 연장자이다.
노이 (Noe, 1988)	- 멘토란 젊은 종업원들의 경력계획에 대한 지원, 대인관계 향상을 제공하는 역할모형 지원, 지시 등을 제공하는 연장자나 경험이 많은 사람을 일컫는다.
하워드 헨드릭스 (Howard Hendricks, 1996)	- 멘토링이란 연장자가 젊은이를 성공하도록 돕는 과정이다. 그러나 멘토링은 성공보다는 관계의 중요성에 관한 것이다.

출처: 이현정(2006).

이처럼 멘토링은 멘토와 멘티의 상호 존경과 신뢰를 전제로 이루어지는 1:1 상호작용의 과정이다. 최근에 많은 기업에서 도입하여 적용하는 후견인 제도는 멘토링의 익숙한 사례라고 볼 수 있다. 사실은 실천적 의미에서 현장훈련을 통한 인재육성 활동이라 할 수 있다.

2) 멘토링의 특성

멘토링은 보통 멘토와 멘티의 양자에게 모두 유익하다는 믿음을 토대로 상호 협의로 이루어진다. 멘티는 직업과 관련된 기술이나 노하우를 전수받고 심리정서적 지지를 얻음으로써 효과적 조직 정착과 함께 잠재력을 개발할 수 있다. 한편, 멘토는 멘티로부터 존경과 인정을 받는 것과 동시에 멘티의 경력개발을 성공적으로 이끈다는 성취감을 얻게 된다.

크람(Kram, 1983)은 멘토가 멘티에게 제공하는 멘토링의 기능을 경력 기능(역할 후원, 노출 및 소개, 지도, 보호, 도전적 업무부여)과 심리사회적 기능(수용 및 지원, 상담, 우정, 역할모델링)의 두 가지로 나누었다. 즉, 멘토가 후원, 소개, 지도, 보호 등의 경력 기능과 함께 역할모델이 되어 상담과 친밀한 인간관계를 통해 심리사회적 기능을 수행한다고 보았다. 크람은 멘토링 기능을 개인의 발전을 향상시키며 스폰서, 코치와 같은 직업 기능, 가시성, 조직의 모델링, 상담 등의 심리사회적 기능과 함께 우정, 정체성의 확실성, 그리고 효율성을 관리하는 역할을 한다고 하였다. 정희선(2001)은 크람의 연구모형을 보완하여 경력기능, 심리사회적 기능, 역할 모형 세가지 차원으로 나누었으며, 노이(Noe, 1988)는 대표적인 멘토링의 기능으로 경력개발기능과 심리사회적 기능을 중요한 요소로 보고 있다. 또한 멘티가 경력개발 기능보다 심리사회적 측면에서 더 큰 이익을 보고 있다고 제시하였다(양찬호, 2015). 멘토링의 기능에 대해 크람(Kram, 1983)이 제시한 경력기능과 심리사회적 기능에 대하여 살펴보고자 한다.

(1) 경력기능

경력기능(career functions)이란 멘티는 조직에서 이러한 멘토링 기능을 통해 승진이나 경력발전에 기회를 제공받는다고 하였다(Kram, 1983). 멘티가 자신의 역할을 합리적이고 훌륭하게 수행하는데 필요한 요령을 습득하게 해준다. 즉, 조직 내에서의 승진 또는 경력개발을 미리 준비하도록 도와주는 기능을 말한다. 경력기능에는 역할 보조와 지도나 보호 또는 노출과 소개 및 발전적 업무담당 등이 있다. 이것을 정리하면 표 6-2와 같다.

표 6-2 경력기능

구분	내용
① 역할 후원	멘티가 올바르게 성장을 도모하도록 집단 속에서 좋은 기회를 제공해 주기 위하여 보호하고 지원해 주는 기능이다.
② 노출 및 소개	집단 내에서 멘토가 영향력을 행사할 수 있는 사람에게 문서상 또는 직접적인 접촉을 필요로 하는 업무를 부여함으로써 다른 구성원들과의 관계를 갖도록 해 주는 기능이다.
③ 지도	멘티에게 부여된 과제를 성공적으로 수행하고 다른 사람들로부터 인정을 받으며 경력목표를 달성하는 데 필요한 지식, 정보 및 기술을 제공해 주는 기능이다.
④ 보호	멘티가 성공적으로 적응할 때까지 멘티에게 다른 관리자들과의 접촉이 적절하지 못한 부정적인 영향을 주지 않도록 멘티를 보호하는 기능이다.
⑤ 도전적 업무부여	멘토가 멘티에게 새로운 기술을 습득할 수 있는 발전적 업무를 감당시켜 그 성과에 대해 피드백을 전달함으로써 멘티의 능력을 점점 개발시키고 자신감과 성취감을 가질 수 있도록 제공하는 기능이다.

출처: Kram(1983), 최운실 외(2017)에서 윤영남 외(2021)가 표로 구성

멘토가 멘티의 경력개발에 중요한 영향을 미친다. 그것은 멘토링을 통해서 멘티는 공식적인 의사소통으로 전할 수 없는 소중한 정보를 얻을 수 있는 상호적인 관계로 참여를 가능하게 해 준다.

(2) 심리사회적 기능

심리사회적 기능(psychosocial functions)은 멘토와 멘티가 신뢰를 쌓으며 조직의 복잡한 구조에서도 멘티에게 자신감과 자아정체성을 확실하게 인식시켜 주는 기능이다. Burke(1984)는 멘토와 멘티 조직에서 친밀하게 쌓은 신뢰감으로 인간적으로도 좋은 관계가 이루어질 때 비로소 심리적 사회기능이 발휘된다고 보았다. 즉, 멘토가 후원 소개, 지도, 보호 등의 경력기능과 함께 역할모델이 되어 상담과 친밀한 인간관계를 통해 심리사회적 기능을 수행한다고 보았다. 멘토는 맨티가 개별적으로 삶의 고민을 상담하거나 의논하면 호의를 갖고 비공식적으로 지원하며 신뢰 관계를 형성하여 자신감을 갖도록 도와주며, 복잡한 조직 내·외부의 상황에서 자아정체성을 갖도록 하는 데 도움을 주는 기능을 말

한다.

심리사회적 기능에는 수용 및 지원, 상담, 우정, 역할모델이 있다. 이것을 정리하면 표 6-3과 같다.

표 6-3 심리사회적 기능

기능	내용
① 수용 및 지원	멘토와 멘티가 서로 신뢰감을 쌓으며 관심과 존경으로 자아의식을 높이게 된다. 멘티는 수용 및 지원을 경험과 그에 대한 느낌 그리고 새롭고 다양한 행동으로 독특한 자신만의 방식으로 발전시켜 가는 기능이다.
② 상담	멘티가 직면한 문제나 걱정거리 즉, 고민, 두려움, 혼란, 불안 등과 같은 내적 갈등을 들어주고 자신의 생활경험에 비추어서 당면 문제 및 대안에 대하여 해결방법을 말하거나 함께 문제를 풀어감으로써 효과적으로 대처할 수 있도록 도와주므로 멘티의 심리적 스트레스를 완화 시켜 주는 기능이다.
③ 우정	멘토와 멘티가 우정과 신뢰가 돈독한 관계를 맺으면서 서로를 이해하며, 업무 또는 업무 외적인 경험들에 대해 비공식적인 교환을 하며, 사회적 상호작용을 실천해 나가며 정서적으로 지지하는 기능이다.
④ 역할모델	멘티에게 필요한 태도와 적절한 행동양식을 익히도록 멘토는 바람직한 역할모델이 되어 멘티의 양육자, 보호자의 역할로서 자신이 가지고 있는 기술, 태도, 가치관, 행동을 가르쳐주는 기능이다.

출처: Kram(1983), 최운실 외(2017)에서 윤영남 외(2021)가 표로 구성

멘토링을 통하여 멘토는 멘티와의 상호작용을 통해서 필요한 지식과 새로운 관점에 대하여 수용이 가능하며, 자신의 리더십 역량을 발휘할 수 있고, 멘티는 멘토의 역할을 담당하는 관련 영역의 전문가를 통하여 보다 효율적으로 자신의 능력을 탐색하고 확장시켜 나갈 수 있다.

이런 맥락에서 보면, 멘토링은 급변하는 사회경제적 맥락 속에서 처음 조직에 입문한 멘티가 실패하거나 좌절하지 않고 순조롭게 적응하면서 성공적으로 발전할 수 있도록 돕는 실용적 개별교수방식이라 할 수 있다.

3) 멘티의 학습유형에 따른 멘토링 역할

효과적인 멘토가 되기 위해서는 멘토가 멘토링의 실천지침과 방법을 체계적

으로 구축하고 지도하는 구체적인 행동지침이 필요하다 하지만, 우선 멘티의 이야기를 경청하고 멘티의 발달 수준에 적절한 체계를 형성한다. 이때 멘토는 멘티의 가치관을 존중하면서 더 복잡하고 다양한 관점을 조망하도록 이끈다.

따라서 멘티의 학습 유형에 따라 멘토링의 역할을 다르게 적용해야 한다. 톰린(Tomlin, 1995)은 학습자들이 학습활동을 전개하는 기본 틀은 주로 네 가지로 분류하고, 멘토는 멘티의 학습유형을 고려하여 멘토링 관계를 진행할 필요가 있다고 보았다.

첫째, 다른 사람의 가르침이나 교재를 통하여 배우는 학습자
둘째, 자기 스스로를 가르치고 배우려는 시도를 통해 배우는 학습자
셋째, 다른 사람들과 협동하면서 얻게 되는 가르침을 통해 배우는 학습자
넷째, 핵심 아이디어나 광범위한 이슈의 탐구를 통해 배우는 학습자

위 네 가지를 표 6-4로 요약해 보면 다음과 같이 쉽게 알 수 있다.

표 6-4 학습지 유형에 따른 멘토링 지원 유형

학습자 유형	멘토링의 유형
다른 사람의 가르침으로부터 배우는 학습자	① 계획을 세워 행위를 관찰하도록 안내한다. ② 모델링과 모니터링를 촉진한다 ③ 모델링과 반성을 촉진한다.
스스로 가르침을 통해 배우는 학습자	① 계획 세우기를 돕는다. ② 교수활동을 지원하여 모니터링과 피드백을 지원한다. ③ 분석과 반성을 촉진한다.
점진적인 상호협동을 통해 배우는 학습자	① 진보적인 공동 계획을 세운다. ② 함께 학습하는 팀으로 교수한다. ③ 상호 모니터링 하고 상호분석과 반성한다.
핵심 아이디어와 광범위한 이슈의 탐구를 통해 배우는 학습자	① 학생, 동료, 학교 및 체제에 관한 직접적인 연구 촉진한다. ② 교수에 대한 투입요소, 배경 이슈들에 대해 읽고 분석한다. ③ 주제에 관한 조직적 토의 및 개별지도를 활성화한다.

출처: Tomlin, P(1995). Understanding Mentroring. p.47.

4) 멘토링의 기대효과

조직에서의 멘토링은 신입 직원의 조직 정책과 인재 육성을 돕는다. 멘토링 제도는 조직에서나 서로에게도 더욱 유익함과 혜택을 제공한다. 멘토링의 기대효과를 조직적 차원과 개인적 차원으로 나누어 구체적인 정리하면 표 6-5와 같다.

멘토링은 멘티의 능력을 빠른 시일에 경력개발과 시장가치를 향상시켜 줄 수 있다. 임무수행 과정에서도 서로 상호작용을 통해 개별적으로 필요한 실력과 기술을 보다 빨리 습득하여 단기간에 학습능력이나 업무 능력을 향상시킬 수 있다. 조직에 처음 입문한 멘티가 실패하거나 좌절하지 않고 성공적으로 잘 적응하고 발전할 수 있도록 돕는 실용적인 개인중심 평생교육방법이다. 이러한 멘토링의 기대효과는 대부분 멘토가 멘티에게 주는 이익에 관심이 집중되었지만, 멘티뿐만 아니라 아울러 멘토와 조직에게도 매우 유용하다(신용주, 2013: 성낙돈 외, 2013).

표 6-5 조직 및 개인 차원에서의 멘토링 기대 효과

구분		기대 효과
조직차원		① 조직의 비전, 가치관 및 조직 결속력의 강화 ② 성장 잠재력이 높은 핵심 인재의 개발 ③ 구성원의 학습과 자기개발 촉진 ④ 지식과 노하우의 이전을 통한 경쟁력 향상 ⑤ 신입 직원의 정착과 조직 몰입 유도 ⑥ 조직의 새로운 활기와 유대를 형성
개인 차원	멘토	① 새로운 관점, 지식, 기술, 추세의 이해 및 수용 가능 ② 자신이 축적해 온 지식 및 관점에 대한 비판적 성찰 가능 ③ 리더십 역량의 개발과 발휘 ④ 멘토링 기회가 멘토 자신의 삶의 새로운 활력소가 될 수 있음 ⑤ 멘티의 성공적 경력개발에 대한 자부심 함양 ⑥ 조직으로부터의 인정과 보상
	멘티	① 특정 분야에 대한 전문지식, 노하우 및 조직의 관례를 습득함 ② 중요한 정보 원천에 대한 접근성이 향상됨 ③ 업무수행의 완성도가 향상됨 ④ 조직 내에서 인정받기가 상대적으로 용이함 ⑤ 안정된 조직 정착으로 자신감과 리더십이 향상됨 ⑥ 의사결정 능력이 향상됨 ⑦ 멘토와 분리를 통해 새로운 멘토로서의 역할 수행이 가능함

출처: 신용주(2013). 평생교육방법론, p. 228.

2. 코칭(Coaching)

1) 코칭의 의미와 정의

스포츠와 예술 분야 등 특별한 과목의 지도나 교육제도로 알려져 왔다. 최근에는 코칭의 영역이 확산되어 조직에서도 부하직원의 업무능력 배양과 발전을 위해서나 또는 가정에서 부모와 자녀 관계 향상을 위해서 활용되고 있다. 요즘 조직에서 관리자가 부하직원들의 자아실현을 도우며, 생산성의 확대를 지원하는 면대면(face-to-face) 리더십으로 보는 경향이 증가하고 있다.

코칭의 어원은 1500년대 중세 유럽의 승객용 4륜 마차가 개발된 헝가리 마을 콕스(Koes)의 지명으로부터 유래되었다. 현대적 의미의 코칭은 1800년대 후반 스포츠 운동선수를 가르치는 지도자를 코치로 명명하고, 코치가 운동선수들의 역량을 높여 경기에서 좋은 성적을 올리는 것을 코칭이라고 하였다.

오늘날 평생교육이 이루어지고 있는 기업의 직무현장 및 인적자원 개발을 위한 다양한 교육의 현장에서 코칭을 조직의 관리자가 부하 직원들의 자아실현을 촉진하는 동시에 조직 생산성의 확대를 지원하는 면대면(face-to-face) 리더십으로 보는 경향이 증가하고 있다(신용주, 2013).

요즘 교육현장에서 대두되고 있는 학습코칭은 학생의 지능, 기초학습능력, 공부방법, 학습습관, 집중력 성격적 특성, 정서적 안정도, 자신감의 정도, 적성과 진로유형에 대한 상세한 정보를 파악하는 것이다. 학습코칭 프로그램이란 아동·청소년의 학습 및 진로문제를 심리학, 교육학, 경영학적 접근을 통해 해결하는 교육적 서비스이다. 학습에 있어서 가장 중요한 것은 자신에게 맞는 학습방법이나 전략을 배우고 활용하는 것이다. 객관적인 심리검사를 통한 과학적인 결과자료를 바탕으로 전문교사가 학생의 학습 및 진로문제와 그 원인을 진단하고 개별적으로 설계된 전문적인 학습치료 프로그램을 실시하여 학습의 효율성을 증진시키는 것이다(성낙돈 외, 2013).

조직에서의 코칭은 구성원의 능력을 최대한 발전시키며 개인적 성취와 조직의 발전을 위하여 관리자가 제공하는 과정이다. 즉, 코치의 책임 하에 여러 가지 다른 경험과 재능이나 배경으로 사람들과 함께 이들이 지속적인 성취를 격려하는 과정이라고 정의할 수 있다.

코칭의 형태는 두 가지로 나눌 수 있는데, 하나는 자발적·즉각적 코칭이고,

다른 하나는 계획적·형식적 코칭이다. 이것을 상황에 맞게 적절히 수행한다면, 이 두 가지의 코칭은 모두 효과적일 것이다.

2) 코칭의 장해요인 및 멘토링, 카운슬링, 컨설팅 비교

(1) 코칭의 장해요인

코칭이 조직 구성원의 역량 강화와 조직이 생산성 향상에 매우 효과적인 방법임에도 아직 많은 조직에서 코칭을 실시하지 않고 있는 이유에 대해 생각해 볼 필요가 있다. 여기서는 코칭의 장해요인에 대해 코칭의 문제와 코칭 대상자의 문제를 중심으로 알아보려고 한다.

우선 코치의 문제는 효과적인 코칭을 실시하는 데, 첫 번째 장해물은 관리자 및 부하 직원들 자신에게서 찾아볼 수 있다. 바람직하지 않은 코치들이 보여주는 특징은 주로 네 가지로 나타난다(Lawson, 1996). 첫째, 코칭을 어떻게 실시할지를 모르고 있고, 둘째는 코칭에 자기의 시간 할애를 원치 않으며, 셋째는 인내심이 부족하고, 넷째는 부하 직원 스스로 자신의 직무능력을 향상해야 할 책임이 있다고 생각하기 때문이다.

다음 코칭 대상자에게 문제가 있어서 코칭을 실시하기가 어렵다면 결코 성공할 수 없다. 코칭 진행에 어려움을 초래하는 대상자들은 다음의 두 가지 특징을 갖는다. 우선 이들은 코칭이 가져올 변화에 대하여 저항적이다. 또 스스로 모든 것을 다 알기 때문에 코칭이 필요 없다고 생각한다. 이들은 변화를 거부하면서 코칭을 위협적으로 느끼며, 코칭을 통해 자신의 행동을 변화시키려는 것에 대해 거부감을 갖고 저항한다. 따라서 변화를 두려워하는 사람에게는 특히 세심한 배려를 통해 두려움을 줄이는 노력이 필요하다.

그러나 코치는 코칭 대상자들에게 행동 변화가 필요한 이유와, 그렇게 함으로써 얻을 수 있는 유익함에 대해 자세히 설명해 주고 코칭에 참여하도록 이끄는 것이 서로를 위해 좋을 것이다.

① 코칭과 멘토링, 카운슬링, 컨설팅의 비교

성공적인 코칭을 위해서는 코치에게 필요한 자질과 기술을 익히고 부하직원에게 동기를 부여하는 다른 방법을 익히는 것도 중요하다. 그러므로 코칭과 유사한 개념인 멘토링, 카운슬링, 컨설팅의 특징을 살펴보면 표 6-6과 같이 비교를 통해서 유익하고 보다 효적인 코칭을 할 것이다.

표 6-6 코칭, 멘토링, 카운슬링, 컨설팅 비교

구분	코칭	카운슬링	멘토링	컨설팅
대상자를 보는 관점	성장과 발전의 주체	내면 치유의 대상	경험과 지식의 전수대상	문제해결의 대상
전문가 역할	촉진자	치료자	롤모델	해결자
전문가의 개입	최소한의 개입	높은 개입	높은 개입	중간 개입
문제해결 방식	해결안 도출 촉진	해결안 제시	해결안 제시	해결안 제시
임파워먼트 수준	높음	중간	낮음	낮음
기간	단기간	중/장기간	장기간	단기간
활용목적	개인의 성장과 변하를 위한 동기부여 지원	상처 치료	조언과 지도, 잠재력 개발	문제상황 분석 및 해결방안 제시

출처: 양수진(2017).

첫째, 카운슬링은 상담자와 내담자의 상호관계에서 이루어지며 내담자의 문제해결에 최대한 관심을 두지만 코칭은 피코치자의 개인의 성장과 변화를 위한 미래 지향적 동기부여를 지원한다. 또한 카운슬링은 대개 이상 행동이나 문제행동이 나타날 때 또는 감정 조절이 되지 않을 때 활용된다. 반면에 코칭은 실수가 많거나 최소한의 수준만을 유지하고 있어서 수행능력의 향상이 요구될 때 적용된다는 점에서 차이가 있다.

둘째, 멘토링은 멘토가 풍부한 지식과 경험을 멘티에게 지표로 제시해 주며 멘티가 멘토를 롤모델로 닮아가려고 노력하는 관계에 초점을 둔다. 멘토링에서는 멘티가 멘토를 선택할 수 있으나 코칭에서는 적합한 코치가 선별된다. 코칭은 코치가 코칭받는 개인이 자신의 차별화된 강점을 바탕으로 성장하는 것을 지원하고 돕는 것에 초점을 둔다. 관계방식에서 멘토링은 서로 1:1의 개별적인 상대로 만나지만, 코칭은 일대 다수로 관계를 형성하는 것이 일반적이다. 멘토링 기간은 대체로 상의하지만, 일주일에 약 2~3시간 정도로 만남이 진행되지만 코칭은 지속적이고 장기적인 시간을 요구한다. 상담은 내담자의 문제에 따라 달라진다.

셋째, 컨설팅은 전문지식을 가진 전문가가 제기된 문제 상황을 분석하고 구체적인 해결방안을 제시한다.

결과적으로 코칭은 카운슬링, 멘토링, 컨설팅에 비해 비교적 단기간 내에 피코치자의 당면과제에 대하여 스스로 해결안을 도출하고 성장과 발전을 이룰 수 있도록 동기부여 하는 데 초점을 두고 있다(최운실 외, 2017).

3) 효과적인 코치의 특성

효과적인 코치들은 대개 몇 가지의 공통점을 특성으로 갖고 있다. 이들의 말투는 부드럽고 명료하다. 또한 태도가 겸손하고, 매력적이며, 유머와 위트가 있고, 팀 구성원들을 존중하며 솔직하다. 이들은 과업 지향적이며, 과거의 실패보다는 다음 승부에서 최선의 결과를 얻는 데 초점을 둔다. 특히 중요한 점은 훌륭한 코치는 비록 최선을 기대한 팀원이 실수했을 때라도 이에 대한 처벌을 하지 않는다는 것이다(American Society for Training and Development, 1990).

훌륭한 코치는 공정함, 일관성, 융통성, 풍부한 자원, 공감능력 참을성, 열정, 정직함, 배려심 및 자신감과 같은 긍정적 특성을 지니고 있는 것으로 알려져 있다(Lawson, 1996). 훌륭한 코치의 긍정적인 특성에 효과적인 코치가 보여주는 구체적인 특징과 기술을 설명하면 다음과 같다(최운실 외, 2017: 성낙돈 외, 2013).

① **공정함(fairness)**: 사람들을 공정하게 대할 수 있는 능력으로, 사람들로부터 충성과 신뢰를 이끌어 낼 수 있는 자질이다. 사람들은 엄격하지만 공정한 코치로부터 가장 많이 배운다.

② **일관성(consistency)**: 변덕스럽거나 경박스러운 행동은 코치로서의 성공에 방해가 된다. 사람들은 당신이 피고용인 등에게뿐 아니라 자기 자신에 대해서도 항상 행동의 일관성을 보여주기를 원한다.

③ **융통성(flexiibility)**: 관리자는 옳은 방식으로 일을 하고, 리더는 옳은 일을 한다는 말이 있다. 옳은 방식으로 일한다는 것은 개인과 생활에 적절한 코칭 방법을 결정하는 융통성을 가지고 있다는 것과 상통한다.

④ **풍부한 자원(resourcefulness)**: 훌륭한 코치는 일을 효과적으로 처리하는 방법을 알고 있다. 그는 코칭에 도움이 되는 다양한 자원을 동원할 수 있

으며, 어디서 누구로부터 도움을 얻을 수 있는지를 잘 안다.

⑤ 공감(empathy): 훌륭한 코치는 타인의 입장이 되어 볼 수 있는 능력이 있다. 자신이 새로운 과제를 대했을 때 어떤 느낌이었는지를 잘 기억하고 있다.

⑥ 참을성(patience): 사람의 행동 변화는 시간이 걸리며 직무수행 능력도 점진적으로 향상된다. 훌륭한 코치는 참을성과 이해심을 보여준다.

⑦ 열정(enthusiasm): 훌륭한 코치는 야구나 농구 경기의 코치들처럼 매우 열정적이다. 이 열정은 코칭 대상자에게 그대로 전염된다.

⑧ 정직과 성실(honesty & integrity): 효과적인 코치는 솔직하며 수행수준 향상에 대한 기대를 갖는다. 사람들은 그 코치가 옳기 때문에 따른다.

⑨ 친절함(friendliness): 성공적인 코치는 친절하며 사람을 끌어당기는 매력이 있다. 불친절한 태도는 사람들로 하여금 코치의 도움이나 코칭을 받지 않게 된다.

⑩ 타인에 대한 진실된 배려(genuine concern for others): 성공적인 코치는 코칭 대상자에게 진심으로 관심을 가지며 실제로 말과 행동을 통해 그 관심을 보여준다.

⑪ 자신에 대한 신뢰(self-confidence)감: 코칭을 성공적으로 수행하기 위해서는 스스로에 대한 신뢰가 있어야 한다.

따라서 성공적인 코치의 특성은 무엇보다도 명확성을 보여주며, 팀 구성원들을 지지한다. 헌신과 신뢰를 쌓으며 공동체 의식과 균형 잡힌 관점을 갖고, 때론 위험도 무릅쓰며 비밀을 보장할 수 있어야 한다. 물론, 코치는 상대방을 존중하고 인내심을 갖고 계속적인 관심을 진실하게 보여야 할 것이다.

4) 코칭 기법

(1) 점진적 이완기법

신체의 신경과 근육을 해소시키기 위해 신체 근육의 체계적 이완과 긴장을 동시에 하게 하는 방법이다. 즉, 긴장된 근육군을 가능한 한 최고도로 수축시킨 다음 서서히 이완시키는 방법이다. 이 방법은 수축부터 연습시키는 것은 근육 긴장 상태의 현상과 느낌이 어떠한 것인가를 인식시키기 위함이다. 이러한 과정들을 통하여 마음이 이완되는 것을 느끼게 된다.

(2) 자성기법

자성기법은 하나의 마음을 향한 근육과, 근육을 향한 마음 즉, 신체적·인지적 조건을 혼합 활용하여 접근해 가는 방법이다. 일련의 연습으로 구성된 이 기법은 두 개인의 신체적 감각(따뜻함과 무거움)을 만들어 내도록 고안되었다. 근본적으로 자율체면과 자기최면 두 개의 신체적 감각기법인데, 점진적 이완훈련과 비슷하나 자생훈련은 사지와 신체의 부위들이 어떻게 이완되었는가에 초점을 두기보다는 어떻게 느끼는가에 초점을 둔 기법이다.

(3) 심상기법

심상기법은 어떠한 행동을 체계적이고 순서적으로 시연해 나가는 사고의 전 과정으로서 운동수행자로 하여금 신체적·정신적으로 시합에 준비상태를 갖추게 하며, 불안을 해소시켜 운동의 전 과정, 혹은 세부동작에 주의집중력을 높여준다.

그러므로 이 기법은 운동경기 상황의 심리적 압력으로부터 발생하는 불안을 해소시키기 위해 사용한다. 이것은 선수 자신이 수행할 기술이 성공적인 장면을 실제 장면과 같이 생생하게 머릿속으로 그려보는 기법이다.

(4) 사고정지 기법

부정적인 생각으로 인하여 불안하거나 긴장이 높아질 경우 사고정지 기법을 사용할 수 있다. 사고정지란 부정적인 생각이 떠올랐을 때 의식적으로 “정지!”라고 자신에게 말함으로써 부정적인 생각의 진행을 막는 기법이다. 부정적인 생각을 정지시킨 다음에는 긍정적인 생각으로 이를 대체해야 사고정지의 효과가 더 커진다.

3. 도제식 교육방법

1) 도제식 교육의 개념

도제식 교육은 특정한 기술이나 노하우를 가진 사람이 제한된 사람에게 직접 가르치는 교육방법을 말한다. 그러다 보니 스승과 제자 사이가 돈독해지고 정확한 지식을 전달할 수 있지만 잘못되면 노예계약과 같은 형태를 낳을 수가 있다. 즉 도제식 교육의 장점은 자신이 가진 지식과 기술을 정확하게 특정인에게 전달할 수 있지만 대신에 상명하복의 수직관계를 피할 수가 없다. 그러다 보니 도제(apprenticeship)라는 용어에는 '학습이나 지식의 습득은 반드시 체험을 통해서 이루어져야 한다.'라는 특성이 포함된다.

13세기 이후 산업혁명기까지의 가내수공업 사회에서 실시된 직업교육 제도로 10세가 지난 어릴 때부터 상업·공업·기술 등의 분야에서 뛰어난 장인(master)의 개인 집에 다니면서 도제가 되어 봉사하면서 학습하기 시작하였다. 그 교육내용은 직업관계는 물론 인격교육까지 미친다. 매우 엄격한 통제적인 훈련을 비교적 장기간에 걸쳐 이수한 뒤 다시 일정한 작품제작에 합격해야 비로소 장인이 된다(성낙돈 외, 2013).

종래의 도제학습은 겉으로 확인이 되는 지식이나 기능을 숙련공이 학습자에게 부보저럼 어떤 기술의 전 과정을 완전히 익히도록 약속하고 교육시켰다. 도제식 교육은 엄격한 공인제도로 운영되었으며, 전 교육과정을 수료해야 그 분야에서 개업할 수 있도록 직업의 자격을 인정받거나 자립적 위치를 확보할 수 있었다.

오늘날 지식기반사회가 가속화되면서 교육현장에도 급속한 변화를 요구하고 있다. 특히 이론적 지식이 아닌 현장지식과 암묵적 지식(tacit knowledge)의 중요성이 강조되면서 경험을 기반으로 한 학습의 중요성이 더욱 강조되고 있다(양지연, 2005).

개인중심 평생교육의 가장 대표적인 방법인 도제식 교육은 이러한 시대적 상황의 요구에 부합하는 방법으로 부상하고 있다. 도제식 교육은 기능 전수에서 주로 활용되며, 숙련된 기능인의 세밀한 지도와 철저한 감독 하에서 반복을 통해 실제적 경험으로 배우는 학습형태이다. 음식, 음악, 공예 등 많은 분야에서 전통문화전수를 위해 중요 무형문화재 보유자와 그 문하생 간에 이러한 도제제도 형태의 전수 교육이 이루어지고 있다.

도제제도와 거의 유사한 방식인 인턴십이나 수습제도는 조직적으로 실제적 체험의 학습으로 개인중심 평생교육방법으로서 일반적이나 경영이나 전문적인 역할학습 분야에서 사용되는 개념이다. 기업체나 공공기관에서 그 활용이 증가하고 있다. 개인교습도 개인지도의 한 형태로서 대체로 피아노나 골프 등 예체능 분야의 실기지도의 경우에 사용하는 개념이다(최운실 외, 2017). 도제식 교육이 이루어지는 예술분야에는 스승과 제자 사이의 관계가 매끄럽지 못하게 되면 이러한 문제점이 언제나 있을 수 있다. 그렇다고 수백 년의 역사를 가진 도제식 교육이 문제가 있으므로 없애야 한다는 목소리가 높지만 자세히 들여다보면 그것을 운영하는 사람의 문제로 볼 수 있다. 이러한 문제점을 해결하기 위하여 학생들이 여러 교수를 경험한 뒤 지도교수를 선택할 수 있도록 하는 '지도교수제 개선안'을 마련하는 것이 필요하다고 했다(제주인뉴스 http://www.jejuinnews.co.kr).

2) 도제식 교육의 특징과 도제학습의 절차

도제제도의 교육적 특징은 첫째, 교육자(도장인)와 도제와의 관계가 인격적 관계였다는 점, 둘째, 기술교육과 인간교육이 병행하여 이루어졌다는 점, 셋째, 장래의 지위를 보장하는 교육이었다는 점 등이다.

도제학습의 절차는 다음과 같다.

① **시연단계(Modeling)**: 특정 사회집단에서 필요한 실질적 문제의 해결에서 전체 과정을 전문가적 입장으로 시범을 보이는 단계이다.

② **교수적 도움의 단계(Scaffolding)**: 문제해결을 위한 인지적 틀을 제시하는 단계이다.

③ **교수적 도움의 중지단계(Fading)**: 학습자 스스로 문제를 해결하는 단계이다(성낙돈 외, 2013).

3) 도제식 교육과 학교교육의 비교

학교는 자격이나 능력을 얻기 위해 필수적으로 거쳐야 하는 기관이기 때문에 학교를 졸업해야 하는 의식이 중요한 반면, 도제식 교육은 자신이 선택한 집단의 정체성을 평생 유지한다는 점에서 집단 속으로 들어가는 의식이 더 중요하다. 즉, 특정 집단의 정체성을 체험하고 형성하기 위해서는 도제식 교육이 학교교육보다 훨씬 적합하다. 예를 들면, 도자기 기법이나, 문학의 창작 기법 같은 특별한 영역에서는 개인적이고 창의적인 상황이 요구되기 때문이다. 따라서 도제식교육과 학교교육의 비교를 다음과 같이 비교해 보면 효과적인 수업을 실행할 수 있을 것이다.

표 6-7 도제식교육과 학교교육의 비교

도제식교육	학교교육
숙련자와 도제 간의 개인적인 합의(계약)에 의해 이루어진다.	모든 학생을 대상으로 교육이 이루어진다.
관련 전문가 집단의 관례(custom)를 따른다.	학교 안에서의 일은 법률에 의해 결정된다.
가족이나 이웃 관계에서 협상에 의해 관계가 형성된다.	학교 입학은 권리이자 법적인 의무이다.
실제로 일을 수행한다.	실제로 하는 일에 대한 연습을 한다.
연령과 사력이 다양한 성인들로 구성된 전문가 집단으로 들어간다.	다수의 동년배와 교사가 있는 교실로 들어간다.
해당 집단에 들어가는 통과의례를 따라야 한다.	가장 중요한 통과의례는 학교를 떠나는 것(시험)이다.
도제는 종종 스스로 배워야 하고, 가끔은 비밀리에 이루어지는 것을 남몰래 배워야 한다.	교수는 정해진 프로그램에 의해 교육된다.
지식, 기술 가치, 사회적 정체성, 전통이 전수된다.	다양한 지식과 경험을 전수한다.
성공적인 도제는 전문가 집단에 속하게 된다.	졸업 후에 전문인이 되기 위한 길을 따로 찾아야 한다.

출처: Sigaut(1993).

요약

1. 개인중심 평생교육방법은 학습동료들의 특성이나 진도, 학습성취와 관계없이 학습자가 스스로 독자적인 계획을 세우고, 독자적인 방법으로 학습을 진행해 나가는 것을 말한다. 학습자는 개별적으로 자율학습을 통해 교수자의 지도를 받거나 상담을 하고 매체나 시설을 활용하면서 스스로 학습할 수도 있다.

2. 멘토링은 조직에 처음 입문한 멘티가 실패하거나 좌절하지 않고 성공적으로 잘 적응하고 발전할 수 있도록 돕는 실용적인 개인중심 평생교육방법이다. 특히 1:1 멘토링은 개별 학습자의 성장을 견인하는 평생교육의 이념을 실현하기에 효과적인 평생교육방법이다.

3. 훌륭한 코치들은 말투는 부드럽고 명료하다. 또한 태도가 겸손하고, 매력적이며, 위트가 있고, 팀구성원들을 존중하며, 솔직하다. 과업 지향적이며, 과거의 실패보다는 다음 승부에서 최선의 결과를 얻는데 초점을 둔다. 특히 중요한 점은 훌륭한 코치는 비록 최선을 기대한 팀원이 실수 했을 때라도 이에 처벌을 하지 않는다는 것이다.

4. 코칭은 개인의 잠재능력을 찾아 스스로 신장하도록 돕는 것이다. 가르치는 것보다는 스스로 학습하도록 돕는 하나의 과정으로 코치가 일방적 지식 전수자로서의 역할을 하기보다는 피코치자 스스로 학습할 수 있도록 자원을 끌어오고 그 과정을 촉진자 역할을 담당한다.

5. 개인중심 평생교육의 가장 대표적인 방법인 도제식 교육은 이러한 시대적 상황의 요구에 부합하는 방법이다. 도제식 교육은 기능전수에서 주로 활용되며, 숙련자의 세밀한 지도와 철저한 감독 하에서 실제적 경험의 반복으로 교육하는 형태로서 평생교육현장에서 그 중요성이 강조되고 있다.

연구문제

1. 멘토링의 기능에 대하여 간략하게 설명하고 학습자에게 요구되는 멘토는 어떤 기능의 멘토인지 구체적인 예를 들어서 발표해 봅시다.

2. 훌륭한 코치가 보여주는 구체적인 특징에 대하여 사례를 중심으로 발표해 봅시다.

3. 특정 집단의 정체성을 체험하고 형성하기 위해서는 도제식 교육이 학교교육보다 훨씬 적합하다고 한다. 그 이유를 사례를 중심으로 논의해 봅시다.

4. 코칭의 장해 요인을 간략하게 발표해 봅시다.

5. 도제식교육과 학교교육에서 차이점에 대하여 한 부분을 선정하여 예를 들어서 간략하게 비교하여 보고 발표해 봅시다.

CHAPTER 07

집단중심 평생교육방법

개요

학습자 집단은 구성원들의 수에 따라 소규모 집단과 대규모 집단으로 구분할 수 있는데 이를 구분 짓는 기준이 있는 것은 아니다. 대체로 소규모집단이 대규모집단에 비해 개인적 욕구와 특성 반영, 역동적 상호작용, 적극적인 참여, 학습자의 높은 책임의식 등의 측면에서 우월하다고 알려져 있다

집단중심 평생교육방법은 활용목적, 집단규모에 따라 차별적으로 적용하는 것이 바람직하다. 구체적으로 어떤 방법을 활용할 것인가는 평생교육방법의 기본원리, 프로그램이 추구하는 학습목표와 내용, 학습자 요구와 특성, 집단의 규모 및 활용 가능성 등에 따라 융통성 있게 결정해야 할 것이다

이번 장에서는 집단중심 평생교육방법으로 강의법, 토의법(포럼, 세미나, 심포지엄), 브레인스토밍, 프로젝트학습법을 다루고 있다.

학습목표

1. 집단중심 평생교육방법의 개념을 설명할 수 있다.
2. 집단중심 평생교육방법의 유형을 제시할 수 있다.
3. 토의법의 개념을 알고 다양한 방법들을 적용할 수 있다.
4. 브레인스토밍으로 학습을 진행할 수 있다.

주요 용어

강의법, 토의법, 포럼, 세미나, 심포지엄, 브레인스토밍, 프로젝트학습

제1절 집단중심 평생교육방법의 이해

1. 집단중심 평생교육방법의 개념

집단중심 평생교육방법은 집단 내에서의 적극적인 상호학습을 통해서 개인적인 욕구를 충족함과 동시에 과제를 해결하며 집단목표를 달성해 나가는 방식을 의미한다(조용하, 1992). 청소년 및 성인을 대상으로 한 대부분의 평생교육은 이러한 집단중심 교육 방법에 의해서 수행되는데, 집단중심 교육 방법은 상호학습의 원리를 특징으로 한다(김수일, 1995).

학습자 집단은 구성원들의 수에 따라 소규모 집단과 대규모 집단으로 구분할 수 있는데, 이를 구분 짓는 기준이 있는 것은 아니다. 대체로 소규모 집단이 대규모 집단에 비해 개인적 욕구와 특성 반영, 역동적 상호작용, 적극적인 참여, 학습자의 높은 책임의식 등의 측면에서 우월하다고 알려져 있다(Porwell, 1978). 일반적으로 교육을 위해 어느 정도의 시간이 허용되는지, 어떤 공간을 활용할 수 있는지, 어떤 목적을 위한 교육인지를 고려해야 한다.

일반적으로 집단중심 평생교육방법은 체계적이고 조직화된 교육 방법으로서 가장 많이 사용되며, 다음과 같은 장점을 가지고 있다(최상호, 1996).

① 일시에 많은 인원을 교육하기 쉽다.
② 집단효과를 통하여 학습동기 유발이 쉽다.
③ 학습자 간 또는 학습자와 교육자 간의 친교와 만남을 통하여 정서적·인격적 성숙에 보다 큰 영향을 받을 수 있다.
④ 다양한 사고와 의견의 접촉을 통하여 시야를 확대하고 민주적인 의사결정과 생활태도를 쉽게 형성할 수 있다.

2. 집단중심 평생교육방법의 유형

집단에서의 상호작용 형태, 집단의 규모, 학습지도 기법에 따라 집단중심 평생교육 방법은 다양하게 유형화된다. 학자들이 제시한 집단중심 평생교육방법의 유형은 표 7-1과 같다.

표 7-1 학자에 따른 집단중심 평생교육방법 유형

학자	교수기법	하위 교수 기법
크랜턴과 웨스턴 (Cranton & Weston, 1989)	교수자 중심	강의, 질의 시범
	상호작용	학급토론, 토론집단, 집단과제, 동료에 의한 교수
	개별화학습	프로그램학습, 모듈학습, 컴퓨터학습
	경험학습	현장학습, 실험실학습, 역할극, 시뮬레이션 및 게임, 연습
월드론과 무어 (Waldron & Moore, 1991)	소규모 집단	강의, 브레인스토밍, 사례연구, 질의, 현장견학, 버즈그룹, 패널토의, 역할극, 세미나, 워크숍
	대규모 집단	강의, 패널토의, 회의, 심포지엄, 집단토의, 워크숍
박노열 (1987)	주입전달형	강의, 강연, 대담학습, 심포지엄, 패널, 면담학습
	토론학습형	포럼, 그룹 토의, 브레인스토밍, 허들그룹, 버즈그룹
	체험학습형	시범학습, 현장답사, 침묵학습, 역할극
	간접학습형	각종 회의, 시민운동
조용하 (1992)	강의, 강연	강의, 강연
	토의법	패널 토의, 심포지엄, 강의 포럼, 논쟁 포럼, 콜로키엄 표현
	소집단 토의법	원탁회의, 위원회의, 버즈섹션, 브레인스토밍
	프로젝트법 및 실습	프로젝트법 및 실습
	조사법	조사법
차갑부 (1999)	강의법, 질의법, 시범, 프로그램 학습, 역할극, 감수성훈련, 토의법(지도회의, 문제해결회의, 자유토론, 버즈그룹, 브레인스토밍)	

출처: 이미나·이혜주·김진화(2009).

그러나 위의 기법들 중 어느 하나의 교수기법이 모든 경우에 적용할 수 있는 최상의 집단중심 평생교육방법이라고 말할 수는 없다.

3. 집단중심 평생교육방법의 선정 기준

집단중심 평생교육방법은 활용목적, 집단규모에 따라 차별적으로 적용하는 것이 바람직하다. 구체적으로 어떤 방법을 활용할 것인가는 평생교육방법의 기본원리, 프로그램이 추구하는 학습목표와 내용, 학습자 요구와 특성, 집단의 규모 및 활용 가능성 등에 따라 융통성 있게 결정해야 할 것이다(이미나 외, 2009, 최운실 외, 2017).

1) 구체적 기법의 선정과 활용

구체적인 기법을 선정하고 활용하기 위해서는 평생교육방법의 원리인 자발적 학습, 상호작용, 자기주도적 학습, 실용성, 다양성, 능률성, 참여성, 유희 및 오락성 등의 원리가 고려되어야 한다. 수행될 프로그램과 관련하여 활용하고자 하는 방법이 원리를 잘 반영할 수 있는지 검토해야 한다.

2) 학습의 목표와 내용 고려

평생교육 현장의 모든 프로그램들은 다양하고 독특한 학습목표와 내용을 가지고 있다. 인문교양교육, 문화예술교육, 학력보완교육, 직업능력교육, 시민참여교육 등의 영역에 따라 교육 목적이 다양하다. 이들 영역은 지식획득, 태도변화, 기능개발과 같은 세 가지 목표 및 내용으로 재분류될 수 있으며, 카페렐라(Caffarella)는 표 7-2와 같이 이에 적합한 교수기법을 제안하고 있다.

표 7-2 학습목표와 내용에 따른 교육 방법

학습목표	교수기법
지식습득	강의, 패널, 반응 패널, 선별 강연, 심포지엄, 청취그룹
사고능력 신장	시례연구, 게임, 미결 서류법(in-basket exercise), 중요한 사건법, 토론, 반성적 실천, 관찰, 명상법
신체운동능력 함양	시범, 시뮬레이션, 시행착오, 기술실습, 행동 모델
태도·가치 및 감정의 변화	역할극, 시뮬레이션, 집단토론, 대화, 은유분석, 연습, 반성적 실천

출처: 이미나 외(2009).

3) 학습자들의 요구와 특성 반영

교수-학습방법을 선정하려면 학습자의 요구와 특성을 반영해야 한다. 학습자들은 토의, 실험·실습, 현장실습 등을 선호하지만 평생교육 현장은 집단중심 평생교육방법 중 강의법을 대체적으로 사용하고 있다. 집단중심에서는 학습자 개개인의 특성을 모두 반영하기에는 어려움이 많기 때문에 최소한의 집단적 특성인 연령, 성별 및 지위 등을 고려하여 평생교육의 학습효과를 제고할 수 있도록 최대한으로 노력하여야 한다.

4) 학습자 집단의 규모 고려

평생교육 현장에서 집단중심 평생교육방법을 정할 때는 학습자 집단의 규모가 어떠한지 고려하는 것이 중요하다. 학습자 집단의 규모를 구분하는 정확한 준거가 있지는 않지만 대체로 표 7-3의 예시를 참고할 필요가 있다.

표 7-3 집단규모에 따른 적절한 교수기법

학자	집단규모	교수기법
녹스 (Knox, 1986)	소규모 집단	토론, 세미나, 사례분석, 시뮬레이션, 시범
	대규모 집단	강의, 패널, 토론(debate), 하위집단 토의(subgroup discussion), 포럼
월드론과 무어 (Waldron & Moore, 1991)	소규모 집단 (5~35명)	강의, 브레인스토밍, 사례연구, 질의, 현장견학, 버즈그룹, 패널토의, 역할극, 세미나, 워크숍
	대규모 집단 (35~200명)	강의, 패널토의, 심포지엄, 집단토의, 워크숍

출처: 이미나 외(2009).

5) 활용 가능성에 대한 검토

집단중심 평생교육방법의 선정기준들을 모두 충족시킬 수 있는 교수기법이 있다고 할지라도 평생교육 현장에 적용할 때는 활용 가능성을 검토해야 한다. 예를 들어, 강의법은 학습자 집단을 모두 수용할 수 있는 공간이 확보되지 않는다면 활용할 수 없는 방식이며, 패널은 유능한 사회자와 패널 구성원을 구할 수 없다면 그 방식을 고집할 수 없다. 따라서 기법의 선정을 위해서는 참여자, 시설, 장비 및 도구 등 구비되어야 할 여건을 고려해야 한다.

평생교육방법을 선정할 때는 앞에서 살펴본 바와 같이 교육효과가 극대화할 수 있도록 최적의 방법을 선정하여야 한다. 따라서 여러 가지 요소들과 상황을 모두 고려해야 할 것이다.

제2절 집단중심 평생교육방법의 실제

1. 강의법

1) 강의법의 정의

강의법(Lecture Method)은 인쇄술이 발달되지 않았던 시절부터 보편적으로 사용되어 왔다. 교수자만이 책을 가질 수 있었던 중세의 대학, 서당, 향교, 성균관 등의 교육기관에서 학생들에게 지식을 전달하는 방법으로 사용되었다. 인쇄술이 발달하여 책이 일반화되면서 교수자의 일반적인 강의만으로는 학습자들의 지적 욕구를 충족시키기 어려워졌다. 학습자의 경험을 중시하여 학습자 스스로 조사·관찰·실험을 하는 경험중심의 교육이 일반화되고 교육 매체가 발달한 현대에 와서는 효과적인 교수방법이 아니라는 강한 비판을 받고 있다. 그럼에도 강의법은 여전히 대학을 비롯한 대부분의 교육현장에서 널리 사용되고 있는 교수방법의 하나이다(최운실 외, 2017).

강의법은 학습자에게 지식, 개념 및 사실에 대한 정보를 제공하는 것을 목적으로 한다. 강의법이 효과적으로 그 가치를 발휘할 수 있으려면 교수 – 학습 목적, 교수–학습 내용, 교수–학습 과정 및 학습자 특성의 네 가지 측면을 고려해야 한다(권대봉, 1999; 이성호, 1999).

(1) 교수-학습의 목적

• 특정한 태도나 가치를 고취하기 위하여 설득력 있는 말투, 생동감 있는 표정 및 몸동작 등의 강의가 필요할 때
• 논쟁의 여지가 없는 사실적인 개념이나 정보를 논리적, 객관적으로 짧은 시간에 효과적으로 전달하고자 할 때

(2) 교수-학습의 내용

• 새로운 개념, 이론, 정보 및 자료 등을 설명할 때
• 체계있게 복잡한 내용을 정리하여 전달하고자 할 때

(3) 교수-학습의 과정

• 강의 시간 및 내용의 조정이 교수자의 능력과 재량에 따라 가능하고 학습자의 동기유발이 가능할 때
• 전체 내용을 간단히 요약하거나 다른 교수방법을 도입하기 전에 사전 설명이 필요할 때
• 특정 내용을 강조하고자 할 때

(4) 학습자의 특성

• 애매모호한 것을 참지 못하는 학습자일 때
• 내성적인 학습자일 때
• 융통성이 부족한 학습자일 때

학습자들에게 교수자는 강의를 통해 학문적 내용과는 별도로 가치관을 전달할 수 있다. 학습자에게 학습의욕을 고취시키는 데는 교수자의 열정이 매우 중요한 요인이므로, 강의 내용에 자신의 관심사나 좋아하는 내용을 포함시켜 학습자에게 흥미와 열정이 전달될 수 있도록 하는 것이 효과적이다.

2) 강의법의 장단과 단점

강의법의 효과성을 제고하기 위해 교수자가 알고 있어야 할 강의법의 장점과

단점은 다음과 같다.

(1) 강의법의 장점

- 학습자에게 짧은 시간 동안에 많은 다양한 지식과 정보를 제공할 수 있어 경제적이고 효과적이다. 이때 파워포인트나 비디오 클립 등을 활용하면 더욱 효과적이다.
- 최신의 학문과 이론을 소개하기 쉽다.
- 핵심적인 개념 및 원칙에 초점을 맞추는데 효과적이다.
- 많은 학습자에게 능력과 자질이 뛰어난 교수자는 수준 높은 강의를 전달할 수 있다.
- 교수자 주도로 진행되어 학습자에게 많은 참여를 요구하지 않으므로 소극적이거나 내성적인 학습자에게 안정감을 줄 수 있다.

(2) 강의법의 단점

- 강의를 교수자가 거의 일방적으로 강의를 주도하기 때문에 학습자의 역할은 수동적이며 활동기회가 제약된다.
- 획일화된 교수자의 획일화된 수업진행으로 학습자의 개성과 능력이 무시되기 쉽다.
- 강의의 질과 수월성이 교수자의 능력과 수준에 따라 달라진다.
- 지식 위주의 교육으로 치우치기 쉽다.
- 학습능력이 낮은 학습자는 추상적인 개념전달로 인해 학습내용을 이해하기 어려울 수 있다.

3) 강의법의 진행절차

강의법이 효과적으로 사용되기 위해서는 강의를 준비하는 단계, 실제 전개하는 단계, 본격적으로 강의를 진행하는 단계 및 마무리단계로 구분하여 학습하고자 하는 내용을 사전에 준비함으로써 효과를 증가시킬 수 있다. 효과적인 강의법 진행 절차는 다음과 같다(최운실 외, 2017).

(1) 강의 준비단계

- 분명한 강의목표 설정
- 학습자 욕구, 특성 및 강의시간을 고려한 학습내용 선정과 조직화
- 유용한 자료 준비
- 강의실의 물리적·심리적 환경 구성

(2) 강의 전개단계

- 학습자들과 친화관계 형성(교수자 자기소개, 학습자 이름 부르기, 안부 묻기, 강의 절차에 대한 연습 등)
- 호기심을 유발하고 학습에 대한 주의 집중 유도(개념지도, 그림, 영화 등 시청각 매체활용)
- 수업의 목표 제시

(3) 강의 진행단계

- 친화관계와 주의집중을 지속적으로 유지하기 위해 노력
- 학습할 내용을 논리적으로 조직하여 제시
- 학습자들의 실생활과 연관된 다양하고 구체적인 예제를 활용하여 내용 제시
- 학습자들의 주의집중을 지속적으로 유지

(4) 강의 마무리단계

- 중요한 내용을 복습·요약
- 전체적인 내용 개괄
- 새롭게 학습한 정보와 지식을 기존의 것과 연관시키거나 활용 방법 제시
- 다음 차시 학습내용 예고

4) 효과적 강의법 적용 전략

평생교육 현장에서 효과적인 강의법을 적용하기 위해 고려해야 할 사항들은 다음과 같다(신용주, 2012).

① 학습자의 특성을 파악하여 학습자에게 적절한 강의 내용과 방법을 준비한다.
② 학습자가 장시간 강의에 집중하기 어렵다는 점을 고려하여 강의 시간을 적당하게 정한다.
③ 신체기능이 감퇴하는 성인학습자를 위해 좀 더 안락한 환경을 제공한다.
④ 교수자가 단순히 교재에 의존하여 구두로 정보나 지식을 전달하는 것보다는 다양한 시청각자료와 새로운 교육기자재를 함께 사용하는 것이 좋다.
⑤ 강의할 때 유머 혹은 실생활에서 흔히 경험하는 사례를 적절히 사용하여 학습자의 흥미를 유발한다.
⑥ 학습자의 수강 태도 및 이해도에 따라 강의 내용이나 속도를 유연하게 조정한다.
⑦ 가능하면 교수자와 학습자가 서로 의견이나 경험을 나눌 수 있는 활동을 고안하여 활용한다.
⑧ 강의 내용이 정확하게 전달될 수 있도록 크고 명료한 음성으로 강의한다.
⑨ 강의 중간에 학습자의 이해를 돕기 위해 지금까지의 강의 내용을 요약하고 이에 대한 질문을 함으로써 학습자의 이해 정도를 파악한다.

2. 토의법

1) 토의법의 정의

토의법(Discussion Method)은 집단 구성원 간의 지식이나 경험을 교환하는 등 학습자의 역할과 활동을 중시하는 공동학습형태이다. 교수자와 학습자, 학습자와 학습자 간에 언어적 상호작용에 의해서 의견이 교환되며, 외부로부터의 지식 주입이 아닌 학습자 개개인의 내적 특성과 경험, 사고 작용을 최대한 활용하여 학습자 내부로부터의 학습을 이끌어 낸다. 또한 학습자 스스로 교수자가 설정한 학습 성과에 도달할 수 있는 자기주도적 학습이 이루어진다. 일반 강의식 교수법에 비해 지식 습득의 정도, 고차원적인 사고, 태도 및 동기의 학습에 효과적이고 보다 많은 학습자의 활동과 피드백을 허용하여 개념 이해의 증진, 문제해결 기능발달 면에서 효과를 보인다.

토의식 수업은 민주적인 원리를 바탕으로 하여 학습자가 민주적 시민으로서 필요한 사회적 태도 및 기능을 키울 수 있는 학습형태이다. 토의법의 교육적 가치는 다음과 같다(김종표 외, 2012).

① 인지적인 측면에서 동료 학습자들에게 새로운 정보를 줄 뿐 아니라 배우는 기회를 제공하며 사고와 문제해결의 기능 및 태도를 배울 수 있다.
② 심리적인 측면에서 분단토의 등을 통하여 학습자들이 그 집단 속에서의 수용감, 소속감 또는 유대의식 등을 느낌으로써, 보다 적극적인 구성원 의식과 집단에 대한 긍정적인 태도를 갖게 해준다.
③ 여러 가지 사회적인 기능과 태도를 배양시킬 수 있는 데 그 가치가 있다.

효과적인 토의가 이루어지기 위해서는 토의 집단 내에 민주적인 분위기가 형성되어야 하며, 개방적인 의사소통을 위해 서로 존중하는 분위기를 조성해야 한다. 바람직한 토의 집단의 규모는 활발한 상호작용과 토론이 일어나기에 적절한 30여 명 이내의 집단이 적당하다. 토의법은 평생교육 현장에서 교수자들이 즐겨 사용하는 방법이다.

한편, 토의와 토론은 유사한 개념으로 사용된다. 하지만 토의가 참여자들의 협력적인 사고를 통해 합리적으로 문제를 해결해 가는 과정이라면, 토론은 대립적인 주장을 통해 바람직한 결론에 도달해 가는 과정이라고 할 수 있다(권이종 외 2002).

2) 토의법의 장점과 단점

토의법은 학습자가 비교적 소규모이며 상호작용이 가능한 형태일 때 유용한 방법이다. 이러한 토의법의 장점과 단점은 다음과 같다(신용주, 2012).

(1) 토의법의 장점

- 학습자의 적극적이고 자발적인 참여를 유도할 수 있다.
- 집단 시너지 효과를 얻을 수 있다.
- 학습자의 반성적 사고를 촉진하여 새로운 관점을 가질 수 있도록 돕는다.
- 학습자의 자기표현능력 및 상호작용능력을 향상시킨다.
- 토의 집단의 구성원 간에 상호 존중하는 방법을 익힐 수 있다.
- 토의 규칙에 따라 타인의 의견을 경청하고 자신의 의견을 논리적으로 전개

하면서 집단의 합의를 도출하는 과정을 터득하게 된다.

(2) 토의법의 단점

- 학습자들이 학습목표에 도달하는 데 많은 시간이 소요된다.
- 토의에 대한 철저한 사전 준비와 규칙 개발 그리고 토의과정에 대한 체계적 관리가 요구된다. 때에 따라서는 토의 중에 예측하지 못한 상황이 발생할 수 있다.
- 토의의 허용적인 특성으로 인해 학습자의 이탈도 가능하다.
- 구성원이 완전하게 이해하지 못한 사실이나 쟁점에 대해서는 효과적인 토의가 이루어지지 않는다.

3) 토의법의 유형

토의법은 그 목적, 주제, 집단규모 및 활동방식 등에 따라 매우 다양한 유형이 있다. 집단규모나 공식성 여부를 가지고 그 유형을 분류하면, 일반적으로 소규모일 경우에는 심포지엄, 워크숍, 포럼 등이 활용될 수 있다. 또한 공식적 토의로는 세미나, 패널, 청중반응 팀, 대담토의 등이 있으며 비공식적인 자유토의 형으로는 포럼, 버즈그룹, 브레인스토밍 등이 사용된다. 이들 방법 중 평생교육 현장에서 폭넓게 사용되는 토의법 중 포럼, 세미나, 심포지엄을 중심으로 살펴보고자 한다(최운실 외, 2017).

(1) 포럼

포럼(Forum)은 공개토의라고 불리는 토의 기법으로 약 25명 이상의 집단구성원과 1명 이상의 전문가나 자원인사가 사회자의 진행 아래 대체로 15~60분 동안 공개적인 토의를 하는 것을 원칙으로 한다.

포럼의 목적은 어떤 지식이나 정보 또는 의견을 더욱 확산시키는 것으로 다음과 같은 경우에 개최된다. 첫째, 강의·강연·심포지엄·패널 등에서 이미 제기된 쟁점을 더욱 심도 있게 분석하려고 할 때, 둘째, 청중 또는 참여자들에게 아이디어나 의견을 개진하도록 하고 이에 대한 토의를 하려고 할 때, 셋째, 참여자들이 낸 의견에 대한 전문가의 견해를 듣고자 할 때 등이다.

포럼을 실시하기 위한 사회자 및 발표자들의 좌석배치와 환경 구성 방법은 그림 7-1과 같다(최운실 외, 2017).

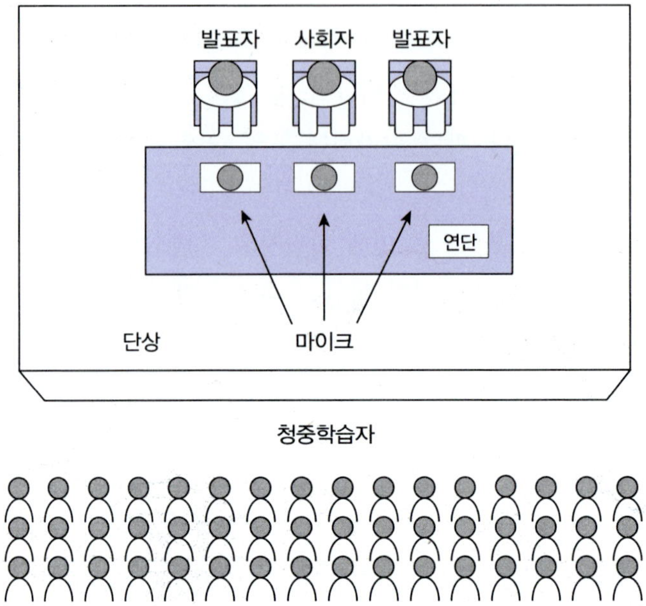

그림 7-1 **포럼의 구성**

① 포럼의 장점

- 학습자들이 직접 토의에 참여할 기회를 갖게 됨으로써 토의 주제나 문제에 대해 적극적이고 능동적으로 탐구하는 자세를 갖게 되어 효과적인 학습이 가능하다.
- 포럼은 학습자들의 질의와 의견을 중심으로 진행되기 때문에 학습자들의 욕구와 필요를 반영할 수 있다.
- 학습자들의 다양한 의견을 수렴함으로써 집단적 지혜를 구할 수 있다.
- 학습자들의 질문과 의견개진이 전문가나 자원인사의 발표 후에 이루어지기 때문에 보다 체계적이고 깊이 있는 학습이 가능하다.

② 포럼의 단점

- 다수의 학습자들과 1명 또는 소수의 전문가 사이에서 토의가 이루어지기 때문에 이를 효율적으로 진행할 수 있는 유능한 사회자가 필수적인데 그런 사회자를 구하기가 쉽지 않다.
- 다수의 학습자들을 동시에 효과적으로 상대할 수 있는 유능한 전문가나 자원인사가 필요하지만 그런 인사를 물색한다는 것 또한 쉽지가 않다.
- 바람직한 토의 기법에 익숙하지 않은 학습자의 경우 아무 때나 끼어들어 발언을 독점하려 하는 등 효율적인 진행에 지장을 줄 수 있다.
- 학습자의 수가 많기 때문에 개인별로 충분한 발언시간을 확보하기가 어렵다.
- 토의주제나 문제에 대해 관심이 없는 학습자의 경우 참여기회를 제공하기가 어렵다.

③ 포럼 참여자들의 역할과 자세

- 사회자

사회자는 대규모의 공개적인 토의를 이끌어 나갈 충분한 경험과 능력을 갖춘 사람으로 선정되어야 한다. 많은 학습자들이 직접 토의에 참여하기 때문에 성공적인 학습으로 연계시키기 위해서는 질의응답자의 선정, 발언시긴 배징, 발언과 관련된 중재역할 및 마무리 정리 등에 각별한 관심을 가지고 진행해야 할 것이다.

- 발표자

발표자인 전문가나 자원인사는 포럼 주제와 관련된 폭넓은 정보와 지식을 가지고 있어야 한다. 발표는 간결하고 논리정연하게 이루어져야 하며, 질의응답 과정에서는 너무 전문적이기보다는 학습자 수준과 문제의 핵심에 적합한 논의가 진행되어야 한다.

- 학습자

학습자는 포럼 주제와 관련하여 사전에 학습해야 하며 진행과정에서는 적극적으로 질문하고 의견을 개진하여야 한다. 사전학습이 미흡하다면 문제의 핵심에서 벗어나는 질문을 할 우려가 높다. 또한 포럼에서 지켜야 할 자세를 숙지하고 참여하는 것도 중요한 과제가 될 것이다.

이상과 같은 포럼의 장점, 단점 및 포럼 참여자들의 역할과 자세를 고려하여 학습효과를 제고해 나가야 할 것이다.

(2) 세미나

세미나(Seminar)는 토의법 중 우리에게 가장 친숙한 유형으로 대학이나 대학원의 강의 또는 평생교육 현장에서 널리 활용되고 있다. 세미나는 소규모로 일정한 주제에 대하여 전문 연구기관 주제로 실시되며 해당 주제 분야의 전문가 5~30명 정도의 사람들이 함께 모여 전문적인 연수나 훈련을 하는 상호작용식 토의방법이다.

일반적인 세미나는 다음과 같이 운영된다. 첫째, 세미나를 실시하기 이전에 연구보고에 대한 계획을 수립한다. 둘째, 필요한 경우 서면으로 된 인쇄물을 포함한 보고자료가 준비된다. 셋째, 모든 참석자들은 보고서에 대하여 토론하고, 발표자에게 의문사항을 질문한다. 넷째, 평가를 실시하고 필요한 경우 사후검토를 실행한다. 최근에 대학, 대학원, 연구기관 및 평생교육기관에서 실시하고 있는 세미나는 더욱 비형식적이라는 점에서 본래의 세미나 방식과는 조금 차이가 있다.

세미나는 그림 7-2와 같이 공간을 구성할 수 있다(최운실 외, 2017).

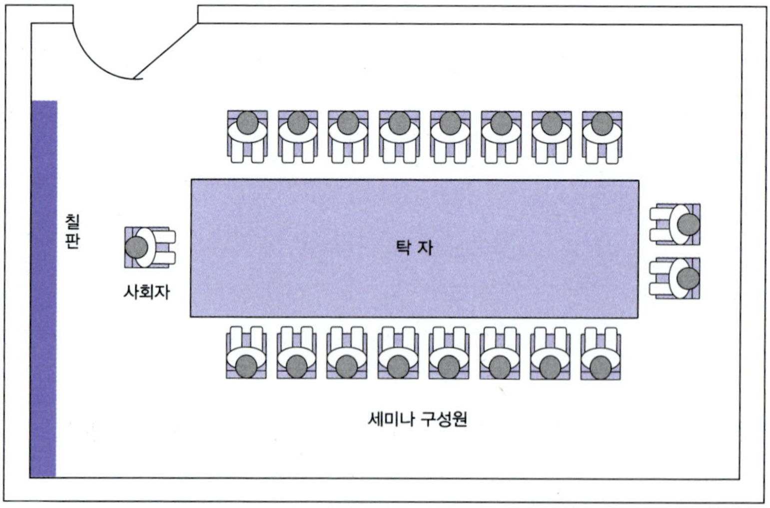

그림 7-2 세미나의 공간 구성

① 세미나의 장점

- 토의주제 분야에 대한 심층적 연구와 전문연수 기회가 제공된다. 세미나 참석자들이 관련 분야의 전문적 식견을 가지고 새로운 지식, 정보, 경험, 견해 등을 발표하고 토의하는 과정에서 학습효과가 극대화된다.
- 전문적이고 다양한 발표와 토의를 통해서 참석자들의 관심 및 흥미유발과 전문성 제고효과를 가져온다.
- 세미나는 발제 준비과정부터 실제토의 및 추후계획에 이르기까지 지속적으로 집단의 모든 구성원들이 상호협력 해야 적극적이고 능동적인 참여가 이루어진다.
- 모든 세미나 참여자가 적극적으로 발표와 토의에 참여할 수 있다.

② 세미나의 단점

- 해당 분야와 관련하여 전문적 식견과 배경이 없는 사람들이 집단구성원인 경우에는 활용할 수 없다.
- 구성원 모두가 해당 분야에 전문적인 능력이 있을 때에만 학습효과를 기대할 수 있는 방법이다.

(3) 심포지엄

심포지엄(Symposium)은 본래 같이 음식을 먹으면서 학문적 또는 예술적인 문제를 가지고 서로 이야기를 나누는 교양인의 모임이라는 뜻이다. 심포지엄은 보통 같은 주제에 대하여 2~5명의 해당 분야의 뛰어난 전문가들로 구성된 발표자가 각자의 견해를 제시하는 일련의 프레젠테이션을 한 다음 토의를 전개하는 공식적인 좌담 토의의 형태로 진행된다.

대체로 심포지엄의 총 진행시간은 약 60~90분이다. 의장의 개회사 후 각 발표자가 의장의 진행에 따라 특정 주제에 관하여 약 20분 정도의 발표를 한다. 그러나 심포지엄에서는 사전에 준비된 공식적인 의견 발표만 있을 뿐 발표자들 간의 대화나 토의 또는 발표자와 청중 간의 의견 교환은 거의 이루어지지 않는다(Galbraith, 2004). 흔히 단상 토의라는 집단 토의 방식으로 널리 활용되는 심포지엄을 실시할 때의 일반적인 공간 구성은 그림 7-3과 같다(최운실 외, 2017).

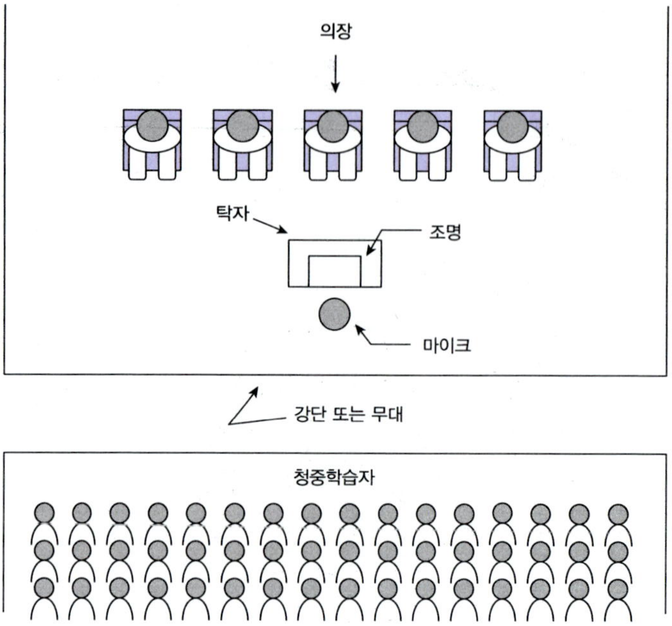

그림 7-3 심포지엄의 공간 구성

① 심포지엄의 목적

- 조직적으로 정보를 제시하고자 할 때 개최된다.
- 논쟁점에 관한 광범위한 의견을 제공하려 할 때 개최된다.
- 문제를 명료화시키거나 하나의 주제에 대한 다양한 관점을 분석할 때 활용한다.
- 논쟁점에 대한 이해를 구하거나 관심 있는 사람들의 태도를 환기시키고자 할 때 활용한다.

② 심포지엄의 장점

- 다양한 지식과 경험의 제시가 가능하다.
- 발표자가 계속 바뀌기 때문에 계속적인 주의집중이 가능하다.
- 발표될 주제에 논쟁의 여지가 있으면 더욱 흥미로워진다.
- 일반적인 강의보다 더 많은 학습자들이 참여할 수 있다.

③ 심포지엄의 단점

- 주제를 철저하게 다룰 수 없다.

- 발표자의 사전 준비가 미비할 때는 의견이 제시되는 데 지나지 않게 된다.
- 한 가지 주제만 다룰 수 있다.

④ 심포지엄의 특징 및 기대효과

- 전문가들의 다양한 지식과 견해 및 경험을 짧은 시간 동안에 청중에게 조직적으로 전달할 수 있다.
- 청중 집단의 규모가 크더라도 간접적 참여를 통해 집단학습능력을 향상시킬 수 있다.
- 논란의 여지가 있는 주제에 관한 전문가들의 견해를 전달함으로써 대주제 및 관련 소주제들 간의 관계를 명백하게 규명할 수 있다.
- 하나의 주제에 대한 다차원적인 분석을 통해 다양한 관점을 체계적으로 이해할 수 있다.
- 청중은 간접적인 참여를 통해서 새로운 지식과 정보를 습득함으로써 학습동기 및 관심이 유발된다.

3. 브레인스토밍

1) 브레인스토밍의 개념

브레인스토밍(Brainstorming)은 미국의 한 광고회사(BBDO)의 부사장으로 있던 알렉스 오스본(Alex Osborn)이 1941년 광고 아이디어를 생각해 내기 위해 개발하였다. 'brain'은 두뇌, 'storming'은 폭풍을 일으킨다는 의미이다. 브레인스토밍은 특정 주제와 관련해 연상되는 생각들을 집단의 모든 구성원으로 하여금 자유롭게 거리낌 없이 말하도록 격려함으로써 다양한 아이디어를 모으는 방법의 하나이다.

브레인스토밍은 관심 분야나 주어진 문제에 대하여 짧은 시간 내에 학습자들로부터 여러 가지 해결방안이나 아이디어를 도출해 내는 방법이다. 제안된 해결 방안이나 아이디어는 질보다 양에 더 많은 관심을 갖는다(Osborn, 1993). 오스본에 의해 사용된 이 기법은 현재 학교교육, 기업체, 관공서 등 평생교육 및 기관 운영 분야에서 널리 활동되고 있다.

브레인스토밍은 주로 6~12명 정도의 주제와 관련 있는 학습자 집단을 선정한다. 보통 한 사람이 칠판에 몇 개의 단어를 씀으로써 시작되며, 이 사람이 반드시 교수자일 필요는 없다, 참여자들이 생각해 내는 모든 아이디어는 절대로 변경하거나 수정하지 않고 그대로 기록한다. 기록자는 요점을 파악하여 알기 쉬운 용어로 빨리 쓸 수 있는 사람을 서기로 지정할 수도 있고 참가 인원이 적을 때는 교수자가 겸할 수도 있다. 최근에는 참여자들에게 포스트잇과 같은 메모지를 무한정 제공하고 한 개의 아이디어를 한 개의 메모지에 기록하게 하여 칠판에 붙이는 방법을 주로 활용한다. 유사한 아이디어끼리 모으는 방식으로 칠판에 붙이면 진행에 효과적이다.

브레인스토밍을 적절히 사용하면 매우 효과적인 기법이 되지만 전체 집단을 대상으로 하기에는 어려움이 있으므로 다음과 같은 기본원리에 기초하여 실시하는 것이 바람직하다(차갑부, 1999)

① 한 사람보다 여러 사람이 의견을 제시할 때 독창적인 아이디어가 많다.
② 아이디어의 수가 많을수록 질적으로 우수한 아이디어가 나올 가능성이 높다.
③ 일반적으로 아이디어는 비판이 가해지지 않아야 많아진다.

따라서 브레인스토밍을 사용할 대에는 어떤 내용의 발언일지라도 평가적 자세를 취해서는 안 된다. 오히려 엉뚱하고 도저히 납득할 수 없는 아이디어들이 격려될 수 있는 분위기를 유지해야 한다.

2) 브레인스토임의 규칙

브레인스토밍에서 가장 중요한 두 가지 원리는 '판단 유보'와 '양의 추구'이다. 이 기법이 종래의 토의법과 다른 점은 참가자들이 아이디어를 낼 때 개인으로서가 아니라 집단이 아이디어를 낸다는 태도로 임하는 것과 아이디어 산출 시에 일체의 비판을 피한다는 점이다(김순화, 1981).

브레인스토밍을 할 때 진행자는 특정인을 지목하여 아이디어를 요구하지 않아야 한다. 나오는 아이디어의 맥락과 범주를 잘 파악하고, 새로운 각도 또는 방향에서 아이디어가 나올 수 있는지 주의를 기울인다. 또한 브레인스토밍의 규칙이 잘 지켜지도록 참여자들을 지지하고 격려해야 한다(최운실 외, 2017).

브레인스토밍의 네 가지 규칙은 다음과 같다.

(1) 평가 및 비판의 유보

자신의 의견이나 타인의 의견에 대하여 일체의 판단이나 비판을 의도적으로 금지한다. 아이디어를 내는 동안에는 어떠한 경우에도 평가를 해서는 안 되며 아이디어가 다 나올 때까지 평가를 보류해야 한다. 즉, 아이디어의 옳고 그름에 대한 판단은 새로운 아이디어의 흐름을 차단하기 때문에 독창적인 아이디어가 발상되는 것을 억제하기 마련이다. 비판을 잠정적으로 보류한다면 아이디어 산출과정은 더욱 생산적일 것이라는 가정 하에 평가가 보류되어야 한다.

(2) 자유분방하고 폭넓은 아이디어

브레인스토밍 기법은 마음속에 떠오른 아이디어가 비록 미숙하고 공상 또는 환상과 같은 것일지라도 이를 자유롭게 표현할 수 있는 분위기를 중요시한다. 어떤 생각이든 자유롭게 표한할 수 있어야 하고 그러한 분위기 속에서 참신한 아이디어가 나올 수 있다.

(3) 가능한 많은 양의 아이디어

질보다는 양에 관심을 가지고 많은 아이디어를 내려고 노력해야 한다. 아이디어의 수가 많으면 많을수록 유용한 아이디어가 나올 가능성이 더 많다. 많은 수의 아이디어 속에서 질 좋은 아이디어가 나올 가능성이 높아진다. 그러므로 어떤 평가도 내리지 않고 생각할 수 있는 모든 아이디어를 떠올려 보는 것이 중요하다.

(4) 결합과 개선의 촉구

자기 자신이 아이디어를 내는 것뿐 아니라 다른 사람의 아이디어를 어떻게 하면 더 좋은 아이디어로 만들 수 있는지에 대한 의견을 내도록 한다. 집단구성원들은 이미 발상된 아이디어를 결합시키거나 개선하여 제3의 아이디어를 창출할 수 있도록 노력해야 한다.

기록자는 참여자들로부터 나온 아이디어를 요약하지 말고 그대로 써야 한다. 이미 나온 아이디어가 또 나온다 하더라도 다시 기록하며 번호를 붙여 나가면 더욱 좋다. 참여자는 다른 참여자들의 의견을 잘 경청하며 떠오르는 아이디어를 자연스럽게 말한다. 다른 학습자들이 아이디어를 낼 때 마다 적극적인 공감을 표시하며, 많은 아이디어가 나올 수 있도록 격려하고 분위기를 조성하는 데 적극적으로 동참해야 한다.

3) 브레인스토밍의 장점과 단점

(1) 브레인스토밍의 장점

- 모두의 아이디어가 똑같이 존중된다는 점에서 긍정적 자아개념 형성에 기여한다.
- 정해진 유일무이한 정답을 찾아가는 틀에 박힌 사고에서 벗어나 어떤 제약이나 제한도 고려하지 않는 다양성과 창의성을 표출할 수 있는 열린 사고를 함양할 수 있다.
- 각자의 아이디어가 집단의 공통된 문제를 해결하는 데 기여하기 때문에 적극적인 참여를 유도해 낼 수 있다.

(2) 브레인스토밍의 단점

- 제시된 아이디어의 약 10%만이 최종 분석에서 유효하기 때문에 시간 낭비가 심하다.
- 아이디어를 낸 개인에게 보상하기 어렵다.
- 참여자 집단 전체에 대한 인정만 할 수 있다는 제한점이 있다.

이러한 단점에도 불구하고 브레인스토밍은 결과와 함께 과정을 중시하고 집단의 문제해결뿐 아니라 개인의 창의적 사고경험을 중시한다는 점에서 평생교육 현장에서 많이 활용되고 있는 방법이다.

4) 브레인스토밍의 단계와 고려사항

브레인스토밍은 다음의 5단계를 거쳐 실시하게 된다(권대봉, 1999).

(1) 주제를 정한다.

브레인스토밍의 주제는 판단을 필요로 하는 것이 아니라 다양한 아이디어가 요구되는 구체적인 것이어야 한다. 복합적인 주제는 안 되며 하나의 주제이어야 한다. 광범위한 문제라면 적당한 크기로 세분화하고, 학습자들이 지식이나 경험만으로도 상상이 가능한 문제이어야 한다.

- 학습자의 체험학습을 위한 장소 선정
- 학습 공동체의 발표회를 위한 아이디어 선정
- 새로 출시한 제품 이름 정하기

(2) 진행자와 기록자

진행자는 브레인스토밍의 주제와 절차에 대해 알려 주고 참여자가 지켜야 할 규칙에 대해 구체적으로 설명한다. 이때 회의 마감시각을 정확히 지켜야 한다면 시간 관리자(time keeper)를 1명 둔다.

(3) 진행자의 주도 아래 차례로 아이디어를 낸다.

진행자는 모든 참여자의 자유로운 의견 개진을 적극 격려하되 다른 사람의 아이디어나 의견에 대한 비평은 모든 의견 개진이 다 이루어진 후까지 보류하도록 주의를 환기시킨다. 자유로운 분위기를 마련하기 위해 다과 등을 준비하고 원형으로 둘러 앉아 한 사람이 한 번씩 아이디어를 내도록 한다.

(4) 토의 기록을 참여자들에게 제시하고 보충·분석한다.

기록자는 브레인스토밍에 참여하여 의견을 제시하지 않아도 좋으나 모든 참여자의 개진된 의견을 기록하여 브레인스토밍 결과를 알 수 있도록 기록한다. 토의 기록을 참여자들에게 제시하고 보충·분석한다.

(5) 아이디어나 의견을 구체화한다.

아이디어가 충분히 나왔으면 이를 구체화한다.

위와 같이 브레인스토밍을 실시할 때 무엇보다 중요한 것은 어떤 환경적 여건을 조성하느냐이다. 최대한의 창의성을 발휘할 수 있는 환경을 구성하기 위해서는 다음과 같은 점들이 고려되어야 한다(이미나 외, 2009).

첫째, 급박한 문제보다는 시간적 여유가 있는 문제를 다루어야 할 것이다.

둘째, 집단은 비슷한 연령이나 지위에 있는 약 10~15명 정도로 구성하는 것이 좋다.

셋째, 총 소요 시간은 1시간 이내로 하는 것이 바람직하다.

넷째, 토의 장소는 조용하고 안락해야 하며, 좌석배치 등의 공간 구성에 있어서도 평안하고 여유로운 분위기 연출이 우선되어야 할 것이다. 산만하지 않은 범위 내에서의 창의적인 공간구성이 요구된다.

다섯째, 구성원들은 해결해야 할 문제를 명확히 알고 있어야 하며, 토의 주제에서 벗어나지 않은 한 어떤 발언도 존중되어야 한다.

여섯째, 진행자는 발언기회를 독점하거나 침묵을 지키는 사람이 없도록 유의해야 할 것이다.

4. 프로젝트학습법

1) 프로젝트학습법의 개념

프로젝트학습(Project Method)은 학습자가 프로젝트를 직접 설계하여 문제를 해결해 나가야 하는 학습방법으로 구체적인 의사결정과 주도적인 참여가 요구되는 학습형태이다. 학습자들은 프로젝트학습을 통해 협력, 의사소통, 비판적 사고기술뿐 아니라 문제해결능력, 자기주도학습능력, 사회적 능력을 향상시키는 것으로 나타났다(Blumenfeld, 1991; Ching & Hsu, 2013).

프로젝트학습은 기존의 정보 전달 위주의 교수법과는 달리 학습자가 구체적인 성과물을 생성하는 과정을 통해 학습 과정에 몰입하며, 현실의 문제해결에 초첨을 맞추는 듀이(Dewey)의 경험주의이론을 중심으로 발전된 교육 방법이다(Blumenfeld, 1991). 듀이의 교육론은 참여를 기반으로 개인의 경험을 재구성하는 것에 대한 중요성을 강조한 원리로 학습자 중심 교수학습 환경이 등장하면서 주목 받게 되었다. 프로젝트학습은 킬패트릭(Kilpatrick, 1918)이 사회적 맥락에서의 학습자의 주도성'을 강조하기 위해 프로젝트를 학교교육과정으로 도입한 1920년 초반부터 본격적으로 활용되기 시작하였다(김영주, 2017).

(1) 프로젝트학습의 특징

프로젝트학습의 구성요소는 정해진 기간 내에 학습자가 주체적으로 동료들과 협력적인 논의를 통해 문제 해결의 결과물로 산출물을 생성하는 학습형태이기 때문에, 학습자가 산출물을 성공적으로 창출하기 위해서는 학습자의 자율성과 인지능력을 향상시킬 수 있는 성찰활동이 지원되어야 하는 교수학습과정이다(임정훈 외, 2004). 이러한 관점에서 프로젝트학습의 특징을 살펴보면 다음과 같다.

- 실제 과제를 해결하기 위해 학습자 스스로가 문제를 도출함
- 실제적이면서도 상황적인 문제를 탐구함으로써 핵심 아이디어를 적용하고 활용할 수 있어야 함
- 구성원 간 협력을 통해 최적의 해결안을 도출해야 함
- 시스템을 활용하여 학습자의 적극적 참여를 유도
- 문제에 대한 해결방안이 구체적인 산출물을 창출해야 함

(2) 학습자의 프로젝트 수행능력

프로젝트학습을 생각할 때 학습자들과 관련하여 다음과 같은 두 가지 질문을 할 수 있다. '학습자들이 프로젝트에 어느 정도 참여할 것인가?', '학습자들이 프로젝트를 수행할 학습능력과 태도를 갖추고 있는가?' 프로젝트학습을 계획하기 전에, 교수자는 학습자들이 프로젝트학습에 어느 정도 자기주도적으로 관여되기를 원하며, 프로젝트활동을 수행함에 있어서 학습자들에게 어느 정도의 자율성을 부여할 것인가를 생각해야 한다. 교수자의 역할은 지도자 혹은 조력자가 되어서 학습자들이 프로젝트를 가다듬어 나갈 때 프로젝트가 교육과정의 내용 기준을 만족시키고, 다양한 평가가 가능하도록 도와야 한다. 만약 학습자들이 프로젝트를 해본 경험이 없다면, 교수자는 학습자들이 정보수집, 조사, 아이디어 구상, 프로젝트 수행능력, 프레젠테이션, 발표와 같은 기술 습득이 필요하다는 것을 기억해야 한다.

2) 프로젝트학습의 장점과 단점

(1) 장점

- 학습자의 내적 동기를 유발시킴으로써 학습의 효과를 높이고 후속학습에

대한 의욕을 고취시킨다.
- 학습자의 책임감을 길러준다.
- 긍정적인 자아개념을 심어준다.
- 학습자들에게 협동심과 사회적 기술을 길러준다.
- 다양한 탐구활동과 표현활동능력을 길러 준다.
- 사고의 유연성을 길러준다. 프로젝트학습에서 학습자의 선택과 결단은 매우 중요한 구실을 한다.
- 체험적 학습 기회를 제공한다.
- 끝까지 작업 수행을 요구하므로 학습에 대한 인내심과 작업을 완수하는 즐거움을 갖게 한다.
- 창의성과 연구심을 중시하므로 창조적, 연구적 태도를 기르는 데 적합하다.
- 팀별 프로젝트학습은 협동 정신, 지도 정신, 희생정신 등 많은 사회적인 덕성 및 인성을 함양하는 데 도움이 된다.

(2) 단점

- 교수자는 학습 내용에 대해 충분히 알고 있어야 하므로 상당한 수준의 준비와 검토시간이 필요하다.
- 문제를 해결하기 위하여 많은 자료가 필요하므로 자료를 얻지 못하여 실패하는 경우가 많다.
- 팀별 프로젝트학습이 이루어지는 경우에는 일부의 우수한 학습자가 독점하는 경향이 있다.
- 팀별 프로젝트학습이 이루어지는 경우에는 일부의 학습자는 다른 학습자에 편승하여 아무것도 하지 않을 수 있다.
- 학습자활동의 자유를 보장하는 경우에 무질서해져서 관리상 어려울 때가 있다.
- 학습자의 흥미에 호소하고 교재를 심리적으로 전개하므로 때때로 교재의 논리적인 체제를 무시하는 경향이 있다.
- 실제적, 기술적 방면에 편중하므로 기계적인 숙련 등을 필요로 하는 학습을 등한시하는 경향이 있다.

(3) 프로젝트학습 관리의 핵심

- 과제 제목은 교재의 주요 내용을 포함하고 있으면서 실생활에 활용되는 제품이나 산출물이 나와야 한다.
- 과제 부과는 학습자들의 창의성이 발현될 수 있도록 해야 하며 따라하기식의 학습이 되지 않도록 한다.
- 꼭 들어갈 과제 요소와 주어지는 재료는 제한사항으로 제시하고 나머지 부분은 학습자들이 자율적으로 결정하게 한다.
- 개인 과제보다 팀별 과제를 제시한다. 팀별 과제를 제시하는 이유는 학습자들의 협동심을 증진시키고 창의력을 향상시키기 위함이다. 팀 프로젝트 시 교수자는 학습자 간의 책임을 부여하여 우수한 팀원의 독주를 방지하며 방관자가 나오지 않도록 지도해야 한다.
- 팀별로 업무를 분장하고 과제 수행 계획을 작성한 후 과제를 수행 한다.
- 반드시 프레젠테이션(PPT 발표)을 하고 동료 평가, 교수자평가 등을 진행한다.

3) 프로젝트학습의 절차

도넬리와 피츠마우리스(Donnelly & Fitzmaurice, 2005)가 제시하는 프로젝트학습의 단계별 구체적인 활동은 다음과 같다.

(1) 프로젝트학습의 계획단계

학습자들은 전반적인 프로젝트 기획안을 작성한다. 예를 들면, 학습자들은 프로젝트 수행을 위해 문제를 도출하고, 도출된 문제를 중심으로 프로젝트 수행 방법, 인력 구성, 역할 분담 등이 포함된 프로젝트 기획안을 산출하게 된다. 팀 프로젝트의 경우, 학습자들은 프로젝트에 대한 충분한 이해를 바탕으로 동료들과 지속적인 논의 과정을 거친 후에 팀 구성원과 더불어 프로젝트 기획안을 작성해야 한다.

(2) 프로젝트학습의 실행단계

학습자들은 각 구성원의 역할 및 구체적인 일정을 계획한다. 예를 들어, 동료가 제공해준 정보 또는 피드백을 반영하여 프로젝트의 주제를 정교화해 나가고, 프로젝트 완료 시점을 명확히 하여 세밀한 계획을 수립한다. 또한 실행 단계에서 학습자들은 프로젝트와 관련된 참고문헌을 탐색 및 공유하여 팀의 목표를 지속적으로 점검하고 구체화한다.

(3) 프로젝트학습의 초안 작성단계

학습자들은 프로젝트 중간단계의 결과물인 최종 산출물에 대한 초안을 작성한다. 기본적으로 초안은 향후 수정 및 보완될 것을 고려하여 작성되기 때문에 이 단계에서 제공받는 다양한 관점의 팀 간 동료피드백은 산출물의 방향성을 결정짓는 데 도움이 되며 산출물의 품질을 향상시키는 중요 전략이 될 수 있다. 따라서 초안 작성 단계에서 학습자들이 동료에게 제공하는 피드백이 동료 과제에 대한 유용한 정보가 될 수 있도록 교수자가 주도면밀하게 수업을 설계해야 한다.

(4) 프로젝트학습의 수정단계

학습자들은 초안을 수정한다. 학습자들은 지속적으로 협력적인 상호작용을 통해 더 나은 품질의 산출물을 생산할 수 있는 기회가 제공되어야 한다. 수정의 단계에서 시행되는 동료피드백은 학습자에게 형성적 평가와 반성적 성찰의 기회를 제공하기 때문에 구성원들이 협력적으로 산출물을 수정 및 보완하는 데 효과적인 전략이 될 수 있다.

(5) 프로젝트학습의 최종 산출물 발표단계

학습자들은 최종 산출물을 제출하고 산출물에 대한 발표를 실시한다. 이 단계에서 학습자들은 동료의 과제와 자신의 팀 과제를 비교하는 성찰의 기회를 갖는다.

4) 프로젝트학습을 할 때 고려할 점

프로젝트 수업을 진행하기 위해서는 다음의 수업 절차와 같이 진행하면서 포함하여야 할 내용을 고려한다.

(1) 주제를 설정할 때의 규칙

- 설정된 주제는 학습자의 창의력과 문제해결력을 신장하는 데 도움이 되는 것 이어야 한다.
- 교수자의 도움이 과도하게 필요한 경우 학습자들의 자기주도적 학습의 의의를 충분히 살릴 수 없다.
- 실제로 현장에서 적용할 수 있는 것이어야 한다.
- 평가가 용이해야 한다. 평가가 까다롭거나 평가에 걸리는 시간이 너무 길지 않게 한다.
- 주제는 현실과 밀접한 관련을 맺는 것이어야 한다.
- 인터넷의 장점을 충분히 살릴 수 있는 주제를 선정하되, 전통적인 강의실 학습과 병행할 수 있는 주제면 더욱 좋다.

(2) 주제가 될 수 있는 유형

- 프로젝드 수행을 통하여 학습자들이 충분히 토론을 할 수 있는 주제
- 적절한 ICT교육과 결합되어 산출물을 제작하고 제시하는 과정이 포함될 수 있는 주제
- 탐구와 추리활동 등 학습자의 호기심을 자극하는 주제
- 역할 분담이 쉽고 정보 격차를 최소화할 수 있는 주제
- 분석, 판단 등 고등정신 능력을 함양할 수 있는 주제
- 실생활과 밀접한 관련이 있는 제품명(예, 나의 달력 만들기 등)
- 제품을 만드는 과정을 제목으로 선택하는 것은 좋지 않음(예, 캐릭터 디자인, 칠보공예, 벽돌쌓기, 흔글 메뉴 따라잡기, 엑셀 기능 익히기 등)
- 완성 제품의 명칭은 좋음(예, 실내 정원 만들기, 분경 만들기, 국화 재배하기, 복분자주 만들기, 사과 재배, 생일 케이크 만들기, 경마 로봇 만들기, 탁상용 시계 만들기, 유아용 의자 만들기, 축구로봇 만들기, 대체 에너지 자동차 만들기, 동문체육대회 개최 발송 공문 작성, 엑셀로 가계부 만들기, 우리 학교 축제 포스터 만들기 등)

5) 프로젝트학습의 실행

그림 7-4 프로젝트학습의 실행 순서

(1) 과제부과

프로젝트 과제명을 정하고 과제를 부과하기 위해서는 사전에 관련 학습의 내용, 학습자의 실태, 관련 기능 등을 분석하여야 한다. 또한 단순한 학습내용이 아닌 현실과 연관이 있는 주제를 찾아 재구성하여 과제를 만든다.

- 과제를 부과하면 학습자들은 정보를 파악한다. 인터넷이나 서적, 현장답사를 통한 자료 수집을 한다. 초기에는 교수자의 지도활동이 많으나 점차 자기주도학습이 증대된다.
- 수집한 자료를 바탕으로 장·단점 분석표를 만든다.
- 브레인스토밍, 브레인라이팅 등을 통해 작품을 구상하고, 고안한 작품에 대해 구상도를 그린다. 마인드맵 등을 활용하여 다양한 생각을 정리한다.

(2) 계획수립

어떻게 과제를 수행할지, 제품의 기능에는 무엇이 있는지, 각자 맡은 역할은 무엇인지, 장비는 어떻게 사용할지 계획을 수립한다.

- 작품 제작 계획서 작성
- 업무 역할 분담

(3) 계획 확정

과제 수행 계획을 검토하여 계획을 확정한다. 이때 교수자는 학습자들의 계획을 확인 검토하는 것이 필요하다.

(4) 수행

수행은 본격적인 제작활동으로 각 프로젝트마다 활동들이 다르게 나타난다. 제품의 도면을 그리고 개인별로 나누어 제품을 제작하여 완성한다.

- 도면 그리기
- 작품제작 및 완성

(5) 수정 및 검토

완성된 작품을 수정하거나 검토한다. 또한 발표에 필요한 프레젠테이션자료(PPT)를 만든다.

- 작품의 점검과 수정
- 프레젠테이션 자료 만들기
- 수행 보고서 작성

(6) 발표 및 평가

발표는 매우 중요한 과정이다. 학습자들의 자신감을 증진시킬 수 있으므로 반드시 모둠별로 발표를 하도록 진행한다. 평가에서는 자기평가, 동료평가, 교수자평가가 필요하다.

- 발표
- 평가: 자기평가, 동료평가, 교사평가

요약

1. 집단중심 평생교육방법은 집단 내에서의 적극적인 상호학습을 통해서 개인적인 욕구를 충족함과 동시에 과제를 해결하며 집단목표를 달성해 나가는 방식을 의미한다. 청소년 및 성인을 대상으로 한 대부분의 평생교육은 이러한 집단중심 교육 방법에 의해서 수행되는데, 집단중심 교육 방법은 상호학습의 원리를 특징으로 한다.

2. 집단중심 평생교육방법은 활용목적, 집단규모에 따라 차별적으로 적용하는 것이 바람직하다. 구체적으로 어떤 방법을 활용할 것인가는 평생교육방법의 기본원리, 프로그램이 추구하는 학습목표와 내용, 학습자 요구와 특성, 집단의 규모 및 활용 가능성 등에 따라 융통성 있게 결정해야 할 것이다.

3. 토의법은 그 목적, 주제, 집단규모 및 활동방식 등에 따라 매우 다양한 유형이 있다. 집단규모나 공식성 여부를 가지고 그 유형을 분류하면, 일반적으로 소규모일 경우에는 심포지엄, 워크숍, 포럼 등이 활용될 수 있다. 또한 공식적 토의로는 세미나, 패널, 청중반응 팀, 대담토의 등이 있으며 비공식적인 자유토의형으로는 포럼, 버즈그룹, 브레인스토밍 등이 사용된다.

4. 브레인스토밍은 주어진 문제나 관심 분야에 대하여 비교적 짧은 시간 내에 학습자들로부터 여러 가지 해결방안이나 아이디어를 얻어 내는 기법으로, 제안된 해결 방안이나 아이디어는 질보다 양에 더 관심을 갖는 것이 특징이다.

5. 프로젝트학습(Project Method)은 학습자가 프로젝트를 직접 설계하여 문제를 해결해 나가야 하는 학습방법으로 구체적인 의사결정과 주도적인 참여가 요구되는 학습형태이다.

연구문제

1. 집단중심 평생교육방법의 선정 기준은 평생교육방법의 기본원리, 프로그램이 추구하는 학습목표와 내용, 학습자 요구와 특성, 집단의 규모와 활용가능성 등에 따라 융통성 있게 결정해야 합니다. 어떤 교수기법들이 집단중심 평생교육방법의 선정 기준 요소에 적합한지 분류해 봅시다.

2. 강의법은 학습자에게 지식, 개념 및 사실에 대한 정보를 제공하는 것을 목적으로 합니다. 강의법을 효과적으로 진행하기 위한 계획서를 작성해 봅시다.

3. 토의법은 그 목적, 주제, 집단규모 및 활동 방식 등에 따라 매우 다양한 유형이 있습니다. 평생교육 현장에서 폭넓게 사용되는 토의법 중 포럼, 세미나, 심포지엄의 효율성 제고 방안을 논의해 봅시다.

4. 브레인스토밍은 주어진 문제나 관심 분야에 대하여 비교적 짧은 시간 내에 학습자들로부터 여러 가지 해결 방안이나 아이디어를 얻어내는 기법입니다. 팀끼리 주제를 설정하고 브레인스토밍을 실행해 봅시다.

5. 프로젝트학습은 학습자가 프로젝트를 직접 설계하여 문제를 해결해 나가야 하는 학습법입니다. 평생교육 현장에서 프로젝트학습 주제로 어떤 것들이 적합한지 파악하여 제시해 봅시다.

CHAPTER 08

체험중심 평생교육방법

개요

체험학습은 특정한 유형의 학습을 가리키는 말이라기보다는, 학습의 본질을 나타내는 말이다. 즉, 학습은 근본적으로 체험이 동반되며 학습자가 주체적으로 문제의식에 기초하여 학습활동을 추구하게 된다. 또한 자신의 선행 경험과 유의미하게 연계하여 하나의 구조와 체계 속에서 그 내용이 해석되며, 학습내용이 구성되고 발전된 맥락을 생동감 있게 체감할 수 있을 때, 학습자는 어디에 있든지 간에 학습을 하는 것으로 볼 수 있다.

학습목표

1. 가상현실 활용교육의 개념 및 특징을 이해할 수 있다.
2. 증강현실 활용교육의 개념 및 특징을 이해할 수 있다.
3. 현장견학의 절차 및 장단점을 파악할 수 있다.
4. 게임법의 효과 및 장단점을 파악할 수 있다.
5. 역할극의 과정을 이해할 수 있다.
6. 사례연구의 개념 및 방법에 대해 이해할 수 있다.
7. 시범의 유형을 파악할 수 있다.

주요 용어

가상현실, 증강현실, 현장견학, 게임법, 역할극, 사례연구, 시범

제1절 가상현실 활용교육

1. 가상현실의 개념

가상현실(virtual reality, VR)은 컴퓨터를 활용하여 가상의 공간을 시각화·공간화하여, 실제 환경에서의 경험을 할 수 있도록 하는 기술을 의미한다(McGrath et al., 2018). 즉, 컴퓨터로 만들어 놓은 실제 환경과 비슷한 가상의 세계에서 사람이 실제와 같은 체험을 할 수 있도록 하는 것이다.

가상현실 속에서 인간의 시각, 청각, 촉각, 냄새, 맛과 같은 감각은 컴퓨터 시스템에 의해 전체적으로 또는 부분적으로 통제되며, 이러한 감각은 머리에 착용하는 디스플레이 디바이스인 HMD(Head Mounted Display)를 이용하여 마치 현실 세계와 같은 체험을 할 수 있다.

가상현실은 시스템의 설치방식 및 소프트웨어의 운영방식 등에 따라 여러 유형으로 분류되어 왔다. 브릴(Brill, 1994)은 종합적인 측면에서 가상현실의 유형을 몰입형, 윈도우형, 반사형, 왈도형, 실내형, 캡 시뮬레이터형, 사이버스페이스의 7가지 유형으로 제시하였다(한상길 외, 2020).

1) 몰입형(immersive)

HMD, 데이터장갑(data glove), 위치추적 장치, 3D 그래픽, 사운드 등을 활용하여 몰입적인 경험을 제공하는 유형이다.

2) 윈도우형(window)

스크린을 바라보면 마치 가상세계에 들어가는 것처럼 스크린의 영상이 펼쳐지도록 하는 장치로 주로 컴퓨터가 이용된다.

3) 반사형(mirror)

사용자의 움직이는 이미지를 비디오 카메라로 찍어서 그것을 컴퓨터 그래픽으로 투사하는 방식으로써 화면에 투사된 자신의 실루엣은 화면상의 다른 대상

물들과 상호작용할 수 있다.

4) 왈도형(waldo)

인간의 움직임을 감지할 수 있는 센서가 달린 마스크나 옷을 착용하고 사용자가 움직이면 이 동작이 화면에 나타나게 되며 마치 화면의 캐릭터가 움직이는 것처럼 조작되는 유형으로 애니메이션이나 영화에 많이 사용된다.

5) 실내형(chamber)

사용자가 실제로 걷거나 움직일 수 있는 방(chamber) 형태의 가상 환경을 말하며, 주로 3면 또는 4면에 프로젝션 스크린이 설치된 방에서 구현된다. 사용자는 특수 제작된 HMD를 착용하고, 주변의 스크린에 투영된 3D 이미지를 통해 가상 세계를 체험할 수 있다.

6) 캡 시뮬레이터형(cab simulator)

전통적인 시뮬레이터에 가상현실기술을 접목하여 발전한 형태로 훈련 또는 오락의 목적으로 주로 사용되고 있다. 특히 항공기, 자동차, 기타 차량 조종 훈련에서 사용하는데, 사용자가 실제 조종석이나 운전석을 모방한 캡 내부에 직접 들어가서 가상현실을 경험하는 장치이다.

7) 사이버스페이스(cyberspace)

가상환경 내에서 다수의 사용자들이 네트워크를 통해서 동시에 접속할 수 있는 시스템을 의미한다. 사이버스페이스에서는 아바타를 통해 다른 사용자와의 실시간 의사소통이 가능하다.

이러한 구분은 1990년대 초반 가상현실을 구현하는 기기의 유형이나 가상현실이 표현되는 방식에 의해 이루어졌지만, 점차 가상현실을 구현하는 기술의 발달로 인하여 분류의 의미가 크지는 않다(한상길 외, 2020).

2. 가상현실교육의 특징

가상현실은 텍스트 및 2차원적 이미지를 기반으로 정보를 제공하던 과거와는 달리 3차원적 입체적 교육환경을 제공하고 다감각적인 경험을 통해 사용자를 가상공간에 완전히 몰입시킬 수 있는 효과(immersive effect)를 가지고 있기 때문에 다른 미디어와는 차별화된 교육을 할 수 있다(이형래 외, 2006). 가상현실은 데이터를 모으고 시각화하는 프로젝트를 계획하고 설계하는 일, 상호작용하에 훈련 시스템을 설계하는 일, 가상 분야의 여행, 실험적인 학습 환경 설계 등의 영역에서 교육적인 잠재력을 가지고 있다(McLellan, 1996). 가상현실의 특징인 몰입감, 다중 참여, 다감각적인 상호작용 등으로 학습자는 실험적이고 능동적인 학습이 가능하며, 현실에서 불가능하거나 상당히 위험한 내용을 경험할 수 있고(예: 비행시뮬레이션, 청각장애인용 기계실습 등), 시각화와 구체화로 인해 학습의 흥미와 이해를 높일 수 있다(한상길 외, 2020).

위켄스와 베이커(Wickens & Baker, 1995)는 가상현실을 활용한 교수설계 시 차원, 행동, 상호작용, 준거틀, 다감각적 상호작용 등 다섯 가지 요인에 의해 더욱 실감나는 가상현실을 경험할 수 있다고 하였다. 가상현실의 구성요소는 표 8-1과 같다.

표 8-1 가상현실의 다섯 가지 구성요소

구성요소	Less real	More real
차원	2-D	3-D
행동	정적인	동적인
상호작용	개방형 루프	폐쇄형 루프
준거틀	3인칭 시점	1인칭 시점
다감각적 상호작용	제한된	다감각적인

출처: Wickens & Baker(1995).

3. 가상현실교육 사례

가상현실을 통한 학습은 고도의 기술과 자본, 노하우가 응축된 체험형 학습으로 교육 관련 종사자들의 미래교육 방법으로 각광받고 있다(팽혜선, 2009). 가상현실 교육은 직무기술 훈련, 전문 지식, 고등교육의 영역에서도 이미 널리 활용되고 있다. 이러한 가상현실을 활용한 학습의 모범사례는 미국 미시간 대학의 기상현실 실험실이다. 자동차로 유명한 미시간 주의 특성을 반영한 기계공학과 유체역학 등의 전문 연구를 가상공간을 통해 실험, 실습 및 교육시키고 있다. 또한 자동차 디자인 및 제조 공정 등의 공학적인 설계에 시뮬레이션 방식을 활용한 연구에서부터 의학, 군사 시뮬레이션, 무정형 디자인, 고고학 등 다양한 연구 영역으로 확대하고 있다. 최근에는 웹 환경에서도 가상체험을 자유롭게 할 수 있도록 VRML(Virtual Reality Modeling Language)의 기술표준에 대한 연구를 통하여 원격지에서도 3차원 가상공간을 통해 협력학습 혹은 공동 작업이 가능하도록 하는 기술을 개발하고 있다(한정은, 2002).

미국의 카네기멜론대학교에서는 새로운 도시 건설 프로젝트와 설계 등에 가상현실을 이용하고 있고, 톨레도 대학교의 경우 의학 전공 학생들이 가상현실을 이용해 해부학을 공부하고 있다(전국과학교사협회, 2019). 알베르타 대학교 역시 의료와 재활 공부를 하는 학생들 사이에서 가상현실을 활용해 환자들의 상황을 직관적으로 파악할 수 있게 하고, 싱가폴의 난양 폴리텍 대학교에서는 터빈(turbine)에 대한 학습에서 가상현실로 터빈에 대한 입체적인 학습을 돕고 있다(전국과학교사협회, 2019). 우리나라의 경우도 박물관 체험, 과학교육 등 다방면에서 가상현실을 이용한 교육이 진행되고 있다. 한국과학기술정보연구원(KISTI)은 각종 과학정보자료 중 엄선된 콘텐츠를 제작·개발한 가상박물관 형태로 가상학습 공간을 구축하였고, 경기도 문화재단은 경기도 역사문화 가상현실체험 프로그램을 개발하여 국내외에 우리 문화유산의 홍보 및 청소년 교육을 위한 전곡리 석기인의 생활상을 가상현실 시스템으로 구축하여 교육에 활용하고 있다(한상길 외, 2020).

특히 몰입형 가상현실 기반의 교육은 실제 상황과 같은 몰입감과 현실감으로 인해 건축, 의학, 안전, 군사 분야 등에서 교육 활용이 활발하게 이루어지고 있다.

표 8-2 가상현실 기반교육의 분야별 응용사례

분야	효과
의료	• 가상 수술, 해부학(생리학적 지식학습) • 침습적 수술 실습, 햅틱기술로 촉감반응 체크 • 원격 수술, 공포증 극복
과학	• 태양계, 지형지리 학습 응용 • 로켓작동원리, 과학원리 학습
미술	• 재료 없이 가상작업 가능, 다양한 미술재료 활용 가능, 미술관, 박물관 체험 • 시각디자인, 인테리어, 건축디자인 설계(실제감 체험학습)
언어	• 실제 외국인과 상황재현 언어학습
산업	• 자동차 운전체험, 산업도구 활용교육
안전교육	• 화재, 지진, 교통 등 재난 안전교육

이지혜(2019).

가상현실은 다양한 분야에서 적용되고 있으며, 직업교육 및 훈련의 용도로 활용되고 있다. 교육 분야 적용 사례를 살펴보면 교육과 놀이를 접목한 에듀테인먼트(Edutainment) 콘텐츠가 가상현실과 결합하여, 외국어학습, 지구과학, 역사교육 등에 적용하여 시각적 개념 교육에 높은 효과를 나타내고 있다.

4. 가상현실교육의 장단점

가상현실을 기반으로 한 교육은 몰입감을 통해 시간과 공간을 뛰어넘고, 학습자의 흥미와 몰입 및 만족 면에서도 뛰어나며 교육의 효과도 뛰어나다. 이러한 가상현실을 교육적으로 활용했을 경우에는 텍스트, 이미지, 영상 기반의 교육 자료 및 콘텐츠와는 달리 입체적 교육환경을 제공하여 학습경험의 폭을 넓히고 깊이 있게 한다(장선영, 2018). 그럼에도 불구하고 가상교육시장이 폭발적으로 성장하지 못하고 있는 이유는 첫째, 고가의 VR HMD는 세컨드 디바이스가 아니므로 사용성 측면에서 대중화가 이루어지지 않았다는 점이다. 둘째, 한정된 공간에서 체험한다는 공간의 제약을 극복하지 못했다. 실제로 VR을 체험하려면 제한된 공간과 시야가 차단된 환경에서 사용해야 한다. 또한 휴대성이 떨어진다는 측면에서 지속적인 사용을 유도하기 어렵다. 세 번째, VR디바이스의 고비용에 비해 사용자 경험의 가치가 높지 않다는 점이다. 네 번째로 학습자에게 설문조사 시 가장 큰 비율을 차지했던 어지러움 증, 멀미증상 등 사용자의 불편함이 해소되지 않았다. 다섯째, 부족한 콘텐츠와 킬러 콘텐츠의 부재를 들 수 있다. 이는 학습자에게 가상현실 기반의 콘텐츠를 반복 사용하도록 유도하기가 어려워 가상현실 시장의 생태계 조성을 어렵게 만들고 있다. 특히 교육분야의 콘텐츠는 기존 교육 시스템과 결합하여 시너지 효과를 낼 수 있는 다양한 콘텐츠의 개발이 시급한 상황이다. 최근 종이로 만든 저비용 카드보드(cardboard)가 보급되면서 스마트폰만 있으면 앱의 개방용 컨텐츠를 통해 실감나는 가상체험을 즐길 수 있다. 의정부시는 지역의 문화재 및 명소를 VR 동영상으로 제작하여 유튜브 채널을 통해 공유하고, 초등학교 사회교과목과 연계하여 교육에 활용하고 있다. 스마트폰과 함께 사용하는 저비용의 HMD는 세컨드 디바이스로써 스마트폰이 지원하지 않는 기능을 보완해 준다.

대다수의 가상현실 사용자들은 재미와 흥미유발이 큰 게임콘텐츠에 관심이 크기 때문에 다른 분야의 콘텐츠 개발 시에도 게임형태로 제작되는 것이 학습효과와 가상현실 기반 응용 프로그램 활성화와 대중화 측면에서 효율적이라 여겨진다. 교육분야 역시 학습의 효과적인 측면에서 학습자들의 재미와 흥미를 유인할 수 있는 게임식 교육 콘텐츠를 다양하게 개발할 필요가 있다.

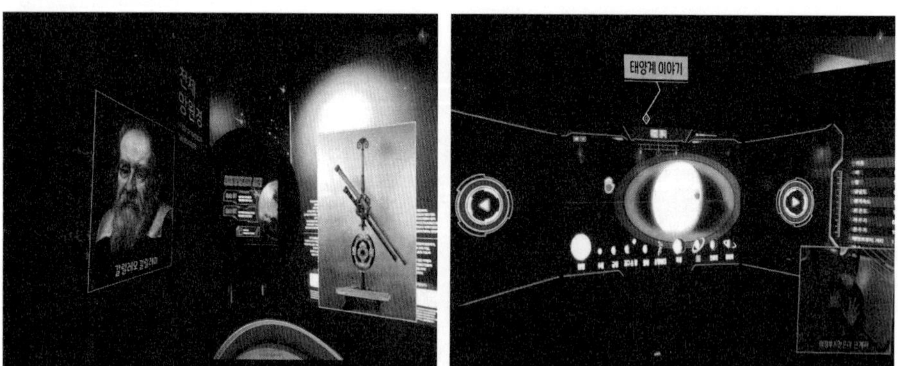

출처: 의정부시평생학습원 제공(의정부 천문대 VR체험 영상)

제2절 증강현실 활용교육

1. 증강현실의 개념과 특성

증강현실(Augmented Reality)이란 실제세계와 가상세계를 혼합하여 사용자와 실시간으로 상호작용할 수 있는 환경을 제공하고 사용자의 지각과 활동에 보다 나은 몰입감, 현실감을 제공하는 기술이다(Azuma, 1997).

가상현실에서 대상은 '내가 가상의 다른 세계(실재)로 가서 보는 것이라면, 증강현실의 대상은 '내가 있는 현실(실제)로 소환되어 보여지는 것이다(이용수, 2015). 즉, 전체 그래픽 이미지로 구성된 가상현실과의 차별점으로 증강현실은 실제 이미지와 가상 이미지의 혼합으로 구성된 기술로 구분하고 있다. 밀그램과 키시노(Milgram & Kishino, 1994)는 가상－현실 연속체 도식을 통해 증강현실과 가상현실의 관련성을 컴퓨터가 생성한 가상정보와 실세계의 영상 간의 혼합비율에 따라 그림 8-1과 같이 분류하고 있다.

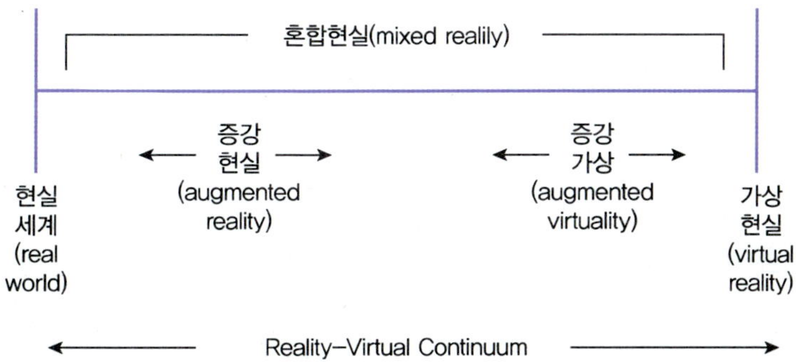

그림 8-1 실세계와 가상세계의 연속성

위의 그림에서 보여 지는 바와 같이 가상현실과 실제 환경을 서로 접목하여 만들어 낸 세계를 혼합현실(mixed reality)이라고 하고, 이미지 기반이 현실인가 가상인가에 따라 증강현실(augmented reality)과 증강가상(augmented Virtuality)으로 구분된다. 가장 오른쪽은 모든 것이 가상으로 이루어진 완전한 가상현실(virtual reality)이고, 가장 왼쪽은 모든 것이 실제로 이루어진 현실 세계(real world)를 의미한다. 따라서 연속체에서 보면 증강현실은 가상현실과 현실세계의 중간단계로서, 증강현실을 통해 구현된 정보와 이미지는 현실을 통해 사용자와 상호작용하는 형태이다.

증강현실은 상호작용, 현실감, 몰입, 쉬운 이해, 흥미 유발 등의 특성을 가지고 있다. 증강현실은 현실 영상을 인터페이스 사용자의 현재 상황에 맞게 가상의 정보를 제공하기 때문에 상호작용과 현실감, 몰입감을 높여준다. 또한 현실과 가상의 합성으로 사용자는 더욱 흥미를 느끼고 쉽게 사용할 수 있다는 특징이 있다.

이러한 증강현실은 광학적 투과 방식, 비디오 투과 방식, 스마트 글래스 투과 방식, 프로젝터 기반 방식, 모니터 기반 방식 등 기술구현 방식에 따라 나눌 수 있다.

1) 광학적 투과(optical see-through)

실제 화면에 가상 이미지를 결합하여 보여주는 방식으로 실제 화면을 사용자는 투명한 유리로 볼 수 있다.

2) 비디오 투과(video see-through)

카메라의 실제 화면과 가상 화면을 합성하고 불투명HMD(Head Mounted Display)를 사용한다.

3) 스마트 글래스 투과(smart glass see-through)

구글 글래스와 같은 안경 모양의 단말기를 활용하여 증강현실에서 여러 방식으로 사용자와 상호작용한다.

4) 프로젝터 기반(projector-based)

프로젝터를 활용하여 사물에 가상 정보를 합성하여 보여준다.

5) 모니터 기반(monitor-based)

마커(marker)기법을 이용해 컴퓨터 모니터 또는 스마트폰 단말기 화면으로 증강현실을 구현하는 방식으로 카메라 영상에 가상정보를 보여주도록 구현하며, 최근에 증강현실에서 가장 많이 활용되는 방식이다.

증강현실의 현실감은 사용자가 현실에 중첩되어져 보이는 정보를 직관적으로 쉽게 얻을 수 있게 하고 몰입을 높이며, 인터페이스(interface) 측면에서도 거부감을 적게 하고, 이해가 용이해 사용자는 한층 강력한 상호작용(interaction)과 UX(Uiser Experience)를 창출한다(박종일, 2013). 이처럼 증강현실은 3D 입체영상 분야와 융합되면서 한층 강화된 현실감을 갖는 인터페이스를 통해 강렬한 몰입을 경험하는 상호작용이 가능하다. 따라서 증강현실기술과 기존의 다양한 미디어 콘텐츠를 융합한 새로운 콘텐츠를 개발하여 활용한다면 강력한 전달력과 학습효과를 가진 교육 매체를 확보할 수 있다.

2. 증강현실의 교육적 사례

증강현실 기술은 주로 고등대학과 기업의 연구 실험 및 게임, 의료, 자동차, 제조업, 유통업 등 다양한 분야에서 활용되고 있는데, 교육 분야에서도 환경과 사물을 결합하는 방식으로 학습자에게 몰입감과 상호작용을 강화시킴으로써 스마트교육과 실감형교육에 적용되고 있다. 증강현실을 이용한 콘텐츠는 다양한 감각을 지원하는 학습 정보를 제시함으로써 흥미를 유발시켜 학습자로 하여금 학습 내용에 몰입하게 하여 학습을 증진시킬 수 있다. 특히 3차원으로 복잡한 개념을 시각화하여 보여줄 수 있고, 현실 세계에서 불가능한 체험을 현실화해 줄 수 있다. 또한 현실과 가상 세계 간의 자연스러운 전환 효과를 통해 관찰의 실제성과 학습과제와의 상호작용을 높여 학습을 촉진하기 때문에 학습자의 주도적인 학습으로 이어진다(김경현, 2009).

증강현실이 교육 분야에 적용된 첫 번째 사례는 뉴질랜드 켄터베리 대학의 HIT(Human Interface Technology) 연구소에서 개발된 Magic Book이다. 이 책은 마커(marker) 인쇄된 페이지를 HMD(Head Mountel Display)로 보면 3D 콘텐츠가 증강되는 동화책을 읽고 자신만의 이야기를 만드는 스토리텔링 그림책이다. 워싱턴 대학의 HIT 연구소에서도 고등학생을 대상으로 화학 및 생물 학습에 증강현실을 활용한 수업을 통해 성공적인 학습 성과를 가져왔다. 특히 과학 수업에서 증강현실을 사용한 경우 학습의 집중과 몰입을 유발하고, 학습자들의 사실적 개념을 증진시켰으며, 학습의 이해도를 높이는 효과를 가져왔다(한상길 외,

2020).

현재 스마트폰이나 태블릿 PC의 확산은 접근성, 이동성, 개인성의 장점을 가진 스마트 러닝을 활성화시키고 있다. 특히 다양한 기술을 통해 증상현실을 구현하여 그 기술과 다양한 콘텐츠를 구체화하고 있는 비약적인 발전으로 증강현실의 활용도를 높이고 있다. 위키피디아(wikipedia), 유튜브(youtubee), 플리커(filickr) 등의 다양한 온라인 소스에서 가져온 데이터로 현실을 증강할 수 있다. 즉, 스마트폰에서는 증강현실을 다양한 어플리케이션들을 통해서 다양한 정보를 제공하고, 스마트폰에 내장된 카메라로 촬영을 하면 디스플레이의 영상을 통해서 정보를 제공하고 있다. 교육과 관련된 천문학, 생물학, 화학, 생태학, 수학 등 다양한 분야를 접목한 어플리케이션을 통해 직접 체험을 통한 시각적 현장감을 제공하여 학습자의 흥미와 이해도를 높이고 있다(한상길 외, 2020).

국내에서는 2005년도 한국교육학술정보원과 포항공대에서 개발한 체험형 학습 콘텐츠인 '물의 여행'이 증강현실 교육의 활용 사례이다. 이 콘텐츠는 초등학교 5학년 과학과의 학습내용을 바탕으로 빗방울과 함께 여행을 떠나 증발, 강수, 유수로 이루어지는 물의 순환 과정을 직접 관찰하고 실험할 수 있으며, 직접 구름을 만들어 보거나 비 또는 눈을 내리게 하는 체험활동으로 구성되어 있다.

광주과학기술원 VR 연구소는 교육용 가상 화단인 '가든 얼라이브(Garden Alive)'를 개발하여 빈 화분에 물과 영양분을 조절해서 주면 조건에 따라 가상공간에서 식물의 생육을 관찰할 수 있는 교육시스템을 개발했다. 국내·외에서 증강현실을 활용한 교육용 콘텐츠 유형은 매우 다양해지고 있고, 여러 가지 증강현실기술을 활용하여 기존의 학습 환경에서 쉽게 결여될 수 있는 학습자의 주도적 참여 및 감각적 몰입을 보완하기 위한 대체기술로 활용되고 있다. 이미 의료나 이공계에서는 증강현실을 활용한 실습이 빠르게 확산되고 있으며, 인문 분야에서도 적용 범위를 넓히고 있다. 이는 스마트폰 사용의 보편화로 인해 더욱 증강현실에 대해 널리 알려지게 되고 활용 방안도 다양화되었다. 이제는 학교교육에서뿐만 아니라 기업에서의 직무교육 및 성인들을 위한 미술, 음악, 언어 등 다양한 분야의 문화체험교육에서도 활용 가능할 것이다. 따라서 이를 위한 충분한 양의 콘텐츠가 설계 제작되어야 하며, 교육적 활용 방안 및 효과를 평가할 수 있는 체계적인 연구가 수반되어야 한다(한상길 외, 2020).

3. 증강현실 교육의 장단점

증강현실을 기반으로 한 교육은 학습자의 이해를 용이하게 한다. 특히 증강현실 기술의 적용은 눈에 보이는 실물과 관련된 다양한 정보를 즉시 확인할 수 있어 이전보다 정보의 취득을 쉽게 만든다. 사용자 참가형 증강현실의 보급으로 인한 가상현실 기반교육의 몰입감을 통한 교육은 시간과 공간을 뛰어넘고, 학습자의 흥미와 몰입, 만족 면에서도 뛰어나며 교육의 효과에도 탁월하다. 그러나 현실과 가상의 합성으로 인한 혼돈성과 장비를 착용하는 데서 오는 거부감 등을 발생시킬 수 있으며 이벤트적인 일회성 구현으로 사용자가 쉽게 싫증을 내는 현상과 정확도 및 화질과 같은 기술적 측면의 개선이 필요한 실정이다.

최근 증강현실이 주목받는 이유는 스마트폰이 대중적으로 널리 보급되었기 때문이다. 스마트폰은 GPS, 카메라, 디스플레이가 장착되어 있어 증강현실을 구현할 수 있는 최적의 조건을 갖춘 도구이며, 정보통신의 발달로 사용자는 전달 공간이 제약 없이 이동하면서 실시간으로 정보를 송수신하는 것이 가능하고 높은 수준의 커뮤니케이션을 할 수 있다.

특히 위치추적시스템(GPS)을 적용하여 개발한 프로그램의 경우에는 실내에서의 사용이 불가능하나. 그러나 실내에서 작동하지 않는 위치추적시스템의 문제는 랜(WLAN) 기반의 측위 전용 AP(Access Point) 시스템의 활용으로 가능하며 다양한 증강현실 기술과 기존의 미디어 콘텐츠를 융합한 새로운 콘텐츠를 개발하여 활용한다면 강력한 전달력과 학습효과를 가진 교육 매체를 확보할 수 있을 것이다.

가상현실과 증강현실은 컴퓨터 기술을 기반으로 실제와 유사한 환경이나 상황을 만들어내는 기술을 말한다. 두 기술의 특징을 비교하면 표 8-3과 같다.

표 8-3 가상현실과 증강현실 비교

	가상현실	증강현실
주체	허상	실상
환경	존재하지 않는 환경을 가상 이미지를 사용하여 표현한 가상공간	현실 환경에 3차원 가상 이미지를 부가하여 표현한 현실공간
인식	현전하지 않는 대상 인식	현전하는 대상 인식 (마커형, 위치정보형)
목표	현실이 아닌 가상세계에서의 몰입과 상호작용	현실과 가상의 객체가 결합된 가상 세계에서의 상호작용
매개체	HMD, 글래스, 스마트폰 등	스마트폰, 테블릿, 글래스 등
구현	양안 시차 이용	카메라, GPS, 지자기 센서 이용

가상현실과 증강현실에서 구현되는 환경 및 공간은 디지털을 활용해서 만든 가상의 세계이다. 가상현실 속에서 사용자는 보고, 듣고, 느끼면서 상호작용이 가능하고 새로운 경험을 창출한다는 점에서 공통점을 가지고 있다고 할 수 있다.

제3절 현장견학

1. 현장견학의 정의

현장견학(field trips) 혹은 현장답사는 학습자집단이 직접적인 관찰과 탐구를 통한 학습을 위해서 필요한 대상이나 장소를 방문하는 방식이다(박노열, 1987; 신용주, 2012). 현장견학은 대체로 교수자와 학습자에 의해서 실행되지만 교수자가 견학 대상이나 장소에 익숙하지 않을 경우에는 보조해 줄 수 있는 안내자를 활용할 수도 있다.

2. 현장견학의 절차

현장견학은 학습의 목적을 효율적으로 달성하기 위해 학습장소를 학습자료가 있는 현장으로 옮기는 학습방법이다.

현장견학을 위한 절차는 사전준비, 계획, 실시, 사후 평가로 이루어진다.

① **사전준비**: 현장견학의 목적에 맞는 학습내용과 목록을 정한다.

② **계획**: 견학지 선정부터 견학시간, 견학지 책임자와의 협조, 체험활동, 이동수단 등을 계획한다.

③ **실시**: 교수자는 학습자의 학습 분위기를 조성하고 학습자의 능동적 참여와 신체적 편의를 고려하여 실시하도록 한다.

④ **평가**: 현장견학을 종결하고 난 후에는 결과를 검토하여 견학지에 대한 개괄적인 점검과 주요 사건 및 발견된 사항들을 기록하고 학습자들과 공유하며 정리하는 시간을 갖는다(기영화, 2012).

3. 현장견학의 장·단점

현장견학의 장점은 다음과 같다. 첫째, 직접경험의 기회를 통해서 자기주도적으로 살아 있는 학습을 가능하게 한다. 둘째, 교수자, 동료학습자, 때로는 안내자와 함께 관찰하기 때문에 보다 정확한 관찰과 이해 및 해석이 가능하고 현장에서 즉각적인 피드백이 제공될 수 있다. 셋째, 실제적인 경험을 통해서 문제의식이 세고되고 이해의 폭이 넓어질 수 있다.

한편 현장견학은 다음과 같은 몇 가지 문제점도 안고 있다. 첫째, 사전에 충분한 계획이 수립되지 않을 경우 초점 없는 오락여행으로 그칠 우려가 높다. 둘째, 학습이 특정 견학 대상이나 장소에 절대적으로 의존할 경향이 있다. 셋째, 육체적 장애로 여행이 자유롭지 못한 사람에게는 부담이 될 수 있다. 넷째, 사고의 위험성이 항상 존재한다는 것 등이다.

이 같은 장단점에 유의하면서 현장견학을 실시할 때는 구체적인 계획을 수립해야 한다. 현장견학의 성공 여부는 얼마나 계획을 잘 세우느냐에 크게 의존한다. 또한 참가자들은 현장에서 무엇을 어떻게 관찰하며 면담할 것인지에 대해 충분히 숙지하고 있어야 한다. 방문을 마친 후에는 관찰한 것과 수집된 정보에 대해 토의 등을 통하여 철저히 이해하고 해석함으로써 학습효과를 높이도록 노력해야 한다(기영화, 2004).

제4절 게임법

1. 게임법의 개념

게임법은 가르치는 동시에 재미를 유발할 수 있는 교수방법으로 학습을 촉진하는 데 매우 유용하며, 학습자가 소극적 관찰자가 아닌 능동적 참여자라는 점에서 매우 역동적인 방법이다(Svinicki & Mckeachie, 2011). 모의적 상황을 만들어 놓고 그 상황을 체험함으로써 학습의 계기를 만들어 주고자 하는 것으로써 이는 모의적 상황 하에서 개인 또는 집단의 사고, 행동, 태도 등을 비롯하여 결론이나 결과에 이르는 전 과정을, 그리고 결론이나 결과를 분석하여 해결책을 모색해 나가는 상호학습방법이다.

2. 게임법의 효과

게임법은 학습자들의 흥미를 유발시키고 자연스럽게 학습을 수행할 수 있게 한다. 게임법을 실시할 때 교수자가 전달하고자 하는 특정 개념이나 원칙을 일반적으로 전달하기에 무리가 가지 않도록 너무 복잡한 게임은 피하는 것이 좋다(최운실 외, 2017). 게임법을 사용할 때는 전형적인 강의실을 벗어나 학습자들의 흥미를 자극할 수 있는 다양한 환경을 제공하고 학습목표와 학습내용에 적합한 기법을 사용해야 학습 효과를 기대할 수 있다.

3. 게임법의 장단점

게임법을 교육방법으로 적용함에 있어 장점과 단점은 다음과 같다(Davis, 2009). 게임법의 장점은 첫째, 흥미를 유발시켜 학습자의 참여를 높일 수 있다. 둘째, 여러 가지 기법을 사용하여 지루하지 않고 역동적이다. 셋째, 학습자 간 의사소통 능력과 협동심을 증진시킨다. 넷째, 경쟁심을 유발시켜 학습의욕을 높일 수 있다. 단점으로는 첫째, 흥미 위주의 진행으로 유희적일 수 있다. 둘째, 교수자의 역량에 따라 학습 성취도에 차이가 생길 수 있다. 셋째, 피드백을 제공하지 않으면 학습내용이 정확히 전달되지 않을 수 있다. 넷째, 승부에 집착해 지나친 경쟁심을 유발시킬 수 있다.

이와 같이 게임법을 적용할 때는 게임에만 집중하여 학습 의도가 변질되는 경우를 주의하고 종료 후에는 반드시 게임을 통해 전달하고자 하는 학습내용을 요약하여 그 속에 함축된 의미를 정리해 주어야 한다.

제5절 역할극

1. 역할극의 개념

역할극(role playing)은 인간관계와 관련된 어떤 상황이나 문제를 극화한 것으로 연기를 통해 타인의 역할을 경험해 봄으로써 자신과 타인을 이해하고 문제해결과 의사결정을 돕는 교수 학습방법이나(김성수, 1988; 박성희 외, 2013). 역할극은 무엇보다도 개인적·사회적 관계에서 발생하는 다양한 심리적 갈등문제를 해결하는 데 유용한 교수학습이다.

생활 속에서 부딪히는 많은 문세는 관련된 당사자 간의 상호이해 부족에서 비롯되는 경우가 많은데, 상대방의 입장을 이해하려 하기보다는 자기 입장만을 내세우는 데에서 갈등은 더욱 심화된다. 역할극은 이 같은 갈등상황에서 서로 다른 다양한 역할을 수행하며 감정이입적 상호작용을 통해 인간관계를 개선하고 선입관과 편견에서 벗어나며, 궁극적으로는 합리적인 문제해결을 돕기 위해 활용된다(차갑부, 1999). 역할극은 다음과 같은 절차에 따라 실시하는 것이 바람직하다(기영화, 2004; 김영인·노경주, 2016; 김종표·이복휘, 2010; 박노열, 1987; 신용주, 2012).

2. 역할극의 과정

① 문제 파악

사람들이 일반적으로 경험하는 인간관계나 특정 집단구성원 간의 관계에 있어서 상호이해를 바탕으로 한 학습을 통해 해결해야 할 문제가 있는지, 있다면 구체적으로 무엇인지 파악한다. 이 단계에서는 구성원 전체의 참여가 바람직하다. 또한 이때 처리해야 할 문제는 복잡하지 않고 분명한 것이어야 한다.

② 상황설정

선정된 문제와 관련하여 구성원이 관심을 가지고 적극적으로 참여할 수 있는 극적 상황을 설정해야 한다. 따라서 다수의 구성원이 실제 생활에서 자신의 문제로 느낄 수 있는 상황이 설정될 경우 더욱 효과적이다.

③ 사전준비

대본을 사용할 것인지 또는 주된 내용과 진행계획만을 설정할 것인지를 결정해야 한다. 그리고 필요한 역할과 역할을 맡은 연기자의 수, 무대장면 등 물리적인 환경 구성에 대해서도 계획을 수립해야 한다.

④ 배역 결정

연기자의 선택과 배역 결정은 역할극에서 상당히 중요한 부분이므로 심사숙고할 필요가 있다. 연기자는 기본적으로 자발적 참여를 원칙으로 하되 강요하지 않는 범위 내에서 구성원의 의견을 반영하거나 교수자의 판단에 맡길 수도 있다.

⑤ 실연 준비

연기자와 관찰자는 실제 역할극의 진행을 위한 준비를 한다. 연기자는 다른 연기자와 가벼운 연습과정을 거치면서 자신의 역할을 분명하게 익혀야 한다. 한편 관찰자는 자신들이 무엇을 어떻게 관람해야 하는지를 분명히 숙지하고 메모하면서 실연 후의 토의참가를 위해서 준비할 수 있도록 지도해야 한다(이주연, 2005).

⑥ 역할극 실시

실제로 연기활동을 한다. 참여자는 전문 배우가 아니므로 기술적인 면에 치중하기보다는 문제 상황에 맞춰 자연스러운 연기를 할 수 있도록 유도한다.

⑦ 토의 및 지도

역할연기가 끝난 뒤에 연기자와 관찰자는 토의를 통해 문제에 대한 해결책을 찾도록 한다. 토의는 연기에 대한 평가보다는 상황마다 도출된 문제에 초점을 두도록 하고, 이때 연기자와 관찰자 모두에게 발언 기회를 주어 충분한 토의를 하도록 한다. 또한 교수자는 역할극 자체나 토의 중에 제기된 갈등 상황과 문제를 해결할 수 있도록 격려하고 안내할 책임이 있다.

역할극이 성공적으로 이루어지기 위해서는 교수자의 역할이 매우 중요하다(이성호, 1999). 교수자의 역할로는 첫째, 연기자가 문제 상황에 초점을 두도록 주지시켜야 하며 둘째, 연기자들이 연기에 대해서 부담감을 느끼지 않도록 자연스러운 분위기를 형성해 주어야 한다는 점을 들 수 있다. 만일 연기 도중에 곤경에 처하거나 분위기가 산만해지는 등 예상치 못한 상황이 벌어지는 경우에는 잠시 중단하고 재시도를 유도한다(이주연, 2005). 그리고 연기시간이 너무 길어지면 비효과적일 수 있으므로 10분 내외에서 마무리하는 것이 적절하다.

3. 역할극의 장단점

교육 방법으로서 역할극의 장점과 단점은 다음과 같다(권두승, 2000; 신용주, 2012). 장점은 첫째, 집단 구성원 간의 친근감과 참여를 증대시킬 수 있다. 둘째, 자신에 대한 인식과 타인에 대한 이해가 쉽다. 셋째, 특정 문제에 대한 관심을 촉발하고 다양한 해결책을 제시할 수 있다. 넷째, 연습하는 과정에서 교육적 효과를 볼 수 있다. 반면 단점으로는 첫째, 역할극의 준비과정에 비해 교육 효과에 대한 정확한 예측과 평가가 어렵다. 둘째, 시간과 노력이 많이 소모된다. 셋째, 참여자의 능력과 자질에 적합하지 않은 역할을 부여하면 효과를 보기 힘들다. 넷째, 참여자가 불편을 느낀다면 역효과를 초래할 수 있다.

제6절 사례연구

1. 사례연구의 개념

사례연구란 특정 개체를 대상으로, 그 대상의 특성이나 문제를 종합적이고 심층적으로 기술하고 분석하는 연구를 말하며, 사례연구법은 분석력, 판단력, 의사결정능력, 협상력 등의 문제해결능력이나 직무수행능력을 체험적으로 함양시키는 연수기법이다(기영화, 2004).

사례연구는 어떤 학습자 또는 조직이 어려운 상황에 직면했을 때, 이를 어떻게 극복했는지에 대한 사례를 바탕으로 학습자들이 이를 탐색하여 행동들을 분석하고 비판하는 것으로써 문서, 인터뷰, 관찰 등 다양한 방법들을 사용할 수 있다(최운실, 2017).

사례연구를 적용하기 위해서는 우선 학습자들이 사례 문제를 다룰 수 있는 분석능력, 토론능력, 평가능력 및 피드백능력을 구비하고 있어야 효과적으로 사용될 수 있다(기영화, 2004).

사례연구는 분석, 통합, 평가를 포함하는 고도의 지적 기술을 개발하는 것에 효과적이다. 이를 위해 평생교육자는 학습자들에게 사례에 대해 분석을 준비하고 토론하기 위한 기회를 제공해 주어야 하며, 충분한 시간과 동기를 부여해야 한다.

평생교육 현장에서 사례연구는 활발하게 활용되고 있으며 최근의 연구로는 경력단절여성의 일터 재진입을 일상의 학습경험에서 살펴본 것과 노인이 사회적 기업가로 성장하는 과정에서 나타난 실천공동체의 학습 경험, 평생교육사의 사회적 상호작용을 통해 일터 학습문화를 형성해 가는 과정에 대한 연구 등이 있다.

2. 사례연구의 필요성

사례연구는 강의나 교과서에 의한 학습이 아니라. 실제의 구체적인 사례를 통하여 연구하도록 함으로써 사례의 현상과 관련 원리를 이해하고 발견하고자 할 때 사용하는 기법이다. 특히 특정 개체와 단체의 특성이나 문제를 진단하고 해결방법을 찾아내는 데에도 효과적으로 사용될 수 있다(기영화, 2004).

평생교육 실천 현장의 사례연구는 다양한 학습자들의 사례를 통해 새로운 정보나 문제해결능력을 얻을 수 있으며, 수집된 자료는 학습 상담의 기초자료로 활용할 수 있다. 또한 사례연구에서 도출된 사실은 이론의 구성과 체계화에 활용되고 실전 적용이 가능하다.

3. 사례연구 과정

사례연구는 학습목표에 따른 적절한 사례를 골라 학습목표와 부합시키느냐에 따라 학습효과가 달라지므로 교수자가 개별적인 학습목표에 부합되는 사례를 제작하는 것이 바람직하다(기영화, 2004).

1) 사례 검토

교수자는 분석을 통해 충분한 해결방안이 나올 수 있는 사례 자료가 있는지 검토한다.

2) 사례 준비

사례를 수집하는 단계로 문서, 관찰, 사진, 영상, 논문, 인터뷰 등 다양한 자료를 활용할 수 있다.

3) 사례 제작

학습목표를 수행할 수 있는 사례가 적절치 않을 경우에는 직접 제작해야 하는데, 반드시 관련 분야의 실무자를 만나 확인하고 현장경험과 지식 그리고 그 분야의 전문 용어에 유의하며 제작한다(기영화, 2004).

사례 제작은 다음과 같은 방법으로 한다.

① 이야기하는 어조로 글을 쓴다.
② 의사전달이 용이한 단순한 언어를 사용하고 사실에 입각하여 짧고 명료하게 작성한다.
③ 현장감을 위해 사례에 등장하는 인물에 이름을 붙이고 현장에서 사용하는

용어를 사용한다.

④ 내용은 사실과 관련 경위를 포함하고 있어야 하며 학습자가 동참할 수 있는 상황이 설정되어야 한다.

⑤ 필수 정보를 포함하되 간결하게 쓴다.

⑥ 사건의 시간적 순서에 따라 논리적으로 전개한다.

⑦ 자연스럽게 등장인물 등의 대화체로 묘사한다.

학습자들의 사고와 문제해결에 대한 올바른 해석을 위해 도입부분과 사건의 개요, 소재배경, 사건묘사, 대안제시, 맺음말 등을 포함하여 논의되도록 하고, 목적과 문제를 규명하는 질문과 함께 종결하여 실제상황에서 문제를 해결할 수 있는 아이디어를 얻도록 해야 한다(기영화, 2004).

4. 사례연구의 장단점

사례연구의 장점으로는 첫째, 실제 사례를 통해 판단력과 응용력을 증진시키고 실무적인 내용을 학습할 수 있다. 둘째, 다양한 출처를 통해 현상을 연구함으로써 심층적이고 종합적인 정보를 제공할 수 있다. 셋째, 현장 사례는 학습의 흥미를 유발시킬 수 있다.

반면 단점으로는 첫째, 특정 사례에 관한 연구이므로 일반화하여 활용하기 어렵다. 둘째, 적절한 사례를 수집하기 위해서는 시간과 경비가 많이 든다. 셋째, 체계적인 학습과 학습 성과 측정이 어렵다.

사례연구에 주로 사용되는 자료 출처의 장단점을 살펴보면 표 8-4와 같다.

표 8-4 사례연구에 사용되는 자료출처의 장단점

자료	장점	단점
문서	• 안전성이 있어 반복해서 볼 수 있다. • 사례연구 이전에 이미 존재하는 것이므로 연구자 임의대로 할 수 없다. • 정확하다. • 장기간에 걸쳐 광범위한 사항을 다루고 있다.	• 복구하기가 어렵다. • 선정에 편견이 있을 수 있다. • 보고에 저자의 편견이 반영될 수 있다. • 접근이 차단되어 있을 수 있다.

자료	장점	단점
공문서 기록	• 증거서류가 갖는 장점과 동일하다. • 나아가 보다 정확하며 양적이다.	• 문서서류가 갖는 단점과 동일하다. • 기밀유지로 접근이 금지되어 있을 수 있다.
면접	• 연구주제에 맞추어 정확히 초점을 유지할 수 있다. • 인과적 추론에 통찰을 제공할 수 있다.	• 면접 질문이 좋지 않아 편견이 있을 수 있다. • 피면접자가 면접자가 듣기 원하는 것만 표현할 수 있다.
직접 관찰	• 실시간으로 실체를 다룰 수 있다. • 사상의 맥락을 이해할 수 있다.	• 시간 소모적이다. • 선택적이어서 사실을 놓칠 수 있다. • 관찰자의 존재로 인하여 원인이 바뀔 수 있다. • 관찰자는 시간·비용이 든다.
참여 관찰	• 직접관찰의 장점과 동일하다. • 대인 간 행동에 대해 통찰을 제공할 수 있다.	• 직접관찰의 단점과 동일하다. • 연구자의 행위로 인해 편파적일 가능성이 있다.
물리적 인공물	• 문화적 특징들에 대한 통찰을 제공해 준다. • 기술적인 조작에 통찰을 제공해 준다.	• 선택적이다. • 이용 가능성에 한계가 있을 수 있다.

출처: Yin(1994); 김석우·최태진(2007) 재인용.

제7절 시범

1. 시범의 개념

시범(demonstration)은 경험학습에 기초한 평생교육방법으로 학습자는 시범을 통해 기술이 실생활에서 수행되는 정확한 방법을 관찰할 수 있다(신용주, 2012). 학습자는 지식으로만 머물러 있던 정보를 이론과 기술이 결합되는 현장을 직접 관찰함으로써 학습의 효과를 높일 수 있다. 강의법이나 토의법은 주로 지식과 정보의 전달에 중점을 두지만 시범은 그 방식의 작동법과 진행과정을 학습자에게 직접 보여줌으로써 학습자가 이론으로 학습하던 것을 직접 현장에서 적용해 보도록 하는 교육기법이다. 시범은 1인 또는 소수의 인원을 교육하던 전통적인 도제식교육에서 활용하던 방법을 동시에 다수의 학습자에게 적용하는 것이다. 따라서 교수자는 효과적인 시범을 위해 전체 과정에서 실수 없이 수준 높은 기술을 보여줄 수 있는 고도의 숙련도를 갖추어야 한다.

2. 시범의 특징

시범의 특징을 갈브레이스(Galbraith, 2004)는 다음과 같이 일곱 가지로 설명하고 있다(신용주, 2012).

① 시범은 기술, 행동, 지식에 대한 학습과정의 관심을 유도하는데 효과적이며 동기 및 흥미 유발에도 적합하다.
② 시범은 관찰이 필요한 주제나 기술 등에 적합하다.
③ 시범은 장비나 기자재, 재료나 시간 등을 효율적이고 경제적으로 사용할 수 있도록 한다.
④ 시범은 오랜 시간에 걸쳐 발생한 과정들을 한 번에 효과적으로 보여주면서 기술의 전 과정을 빠르게 보여 줄 수 있다.
⑤ 시범은 현장에서 진행 중인 과정을 실제로 보여주기에 적합하다.
⑥ 시범은 어떤 과제를 수행할 때나 단계별로 과업을 지도할 때 적절하며, 난이도가 있거나 단계별 기술과 방법을 익힐 때 유용하다.
⑦ 시범은 특정 기술의 수행을 직접 관찰하고 그것을 실제로 바로 적용해 볼 수 있다.

3. 시범의 장단점

시범의 장점을 살펴보면 다음과 같다. 첫째, 짧은 시간 내에 효과적으로 학습자의 이해를 도울 수 있다. 둘째, 직접 보여주기 때문에 이론과 실제와의 간격을 좁힐 수 있다. 셋째, 시범 후 학습자가 바로 따라해 보고 피드백을 받을 수 있으므로 정확한 방식을 배울 수 있다. 단점으로는 첫째, 실제 보여줘야 하므로 추상적인 내용은 시범이 어렵다. 둘째, 학습자가 잘 따라 하지 못할 경우 오히려

려 학습동기를 저하시킬 수 있다. 셋째, 숙달된 시범을 보여야 하므로 교수자가 시범을 할 수 없을 경우 다른 전문가가 필요하다. 넷째, 시범을 위한 장소와 설비를 갖추어야 할 경우 강의실의 이용이 제한적일 수 있다.

교수자는 시범 전에 시범의 목적과 내용을 학습자들에게 명확히 주지시키고, 시범에 필요한 기구의 안전과 재료의 질과 양이 충분한지 미리 점검한다. 시범 과정에서는 학습자들이 이해하기 쉽도록 단계별로 천천히 설명하고 시범 후에는 충분한 연습시간과 피드백을 주어야 한다.

요약

1. 가상현실은 시간과 장소에 관계없이 사용자에게 몰입과 상호작용을 통한 완전한 가상현실 기반의 학습을 가능하게 한다.

2. 증강현실은 사용자가 눈으로 보는 현실세계에 가상의 물체를 겹쳐서 보여주는 기술로써 학습자에게 몰입감과 상호작용을 강화시켜 스마트 교육과 실감형 교육에 적용되고 있다.

3. 현장견학은 학습자집단이 직접적인 관찰과 탐구를 통한 학습을 위해서 필요한 대상이나 장소를 방문하는 방식이며, 다시 강의실로 돌아와 견학 내용을 토의·분석해 봄으로써 학습의 효과를 높이고자 하는 방법이다.

4. 게임법이란 모의 상황의 체험을 통해 개인 또는 집단의 사고, 행동, 태도 등을 비롯하여 결론이나 결과에 이르는 전 과정으로, 결론이나 결과를 분석하여 해결책을 모색해 나가는 상호학습방법이다.

5. 역할극은 인간관계와 관련된 어떤 상황이나 문제를 각색하여 서로 다른 역할을 경험해 봄으로써 문제해결과 의사결정을 돕는 교육방법이다.

6. 사례연구는 사례를 바탕으로 학습자들이 이를 탐색하고 행동을 분석하여 비판하는 것으로 문제해결 능력을 높일 수 있는 교육방법이다.

7. 시범은 학습자가 배워야 할 기술이나 절차의 성취 행동을 교수자가 모범으로 보여 주어 학습자가 직접 관찰하는 경험을 통해 학습효과를 높일 수 있는 교육 방법이다.

연구문제

1. 가상현실과 증강현실의 차이를 설명해 봅시다.

2. 현장견학의 절차를 설명해 봅시다.

3. 게임법의 장단점을 설명해 봅시다.

4. 역할극의 구성요소를 설명해 봅시다.

5. 사례연구의 필요성을 설명해 봅시다.

CHAPTER 09

기업중심 평생교육방법

개요

기업교육은 평생교육 분야에서 매우 큰 부분을 차지하고 있는데, 기업의 궁극적 목적인 이윤창출을 위해서는 교육을 통한 인적자원 육성이 경영성과를 달성하는데 필수적인 요소라 할 수 있다. 기본적으로 기업교육은 기업 구성원을 대상으로 구성원의 자기개발 및 직무능력 향상을 목적으로 체계적이고 조직적인 학습활동으로서 기업성과를 달성하기 위하여 구성원의 자기개발과 직무능력 향상을 위하여 공식적인 학습활동 및 무형식·비형식적 학습활동 등 모든 교육활동을 포함한다.

본 장에서는 기업교육의 개념, 목적, 종류 및 추진단계, 지도방법 등에 관하여 살펴보고 기업교육 현상에 적용 방법 등을 살펴보았다.

학습목표

1. 기업교육의 개념과 목적을 설명할 수 있다.
2. 기업교육의 종류를 구분하여 이해할 수 있다
3. 기업교육의 종류에 따른 개념과 장·단점을 설명할 수 있다.

주요 용어

현장직무교육 OJT, 집합교육 Off-JT, 계층별-직능별교육, 자기개발학습(OJL)

제1절 기업교육의 개념과 목적

1. 기업교육의 개념

기업의 구성원은 미래 성장을 주도하여 기업성과를 창출할 수 있는 중요한 자원으로 인식되고 있다. 핵심역량을 가진 인재는 기업의 성패를 좌우할 수 있기 때문에 각 기업은 핵심 인재의 확보와 육성을 위하여 교육훈련에 많은 비용을 투자하고 있다. 즉, 기업은 급속한 환경변화에 능동적으로 대처 가능한 창의적 인재육성을 위하여 교육훈련 참여와 기회 마련 등 상당한 부분을 지원하고 막대한 비용 투자를 하고 있다(이영민, 2013).

시장경제의 글로벌화, 과학기술의 급격한 발전에 따라 경쟁력 강화를 위하여 교육을 통한 인적자원 육성은 결국 경영성과를 달성하는 주요 요인이 된다. 기업 구성원을 대상으로 실시되는 기업교육은 구성원의 자기개발 및 직무능력 향상을 목적으로 체계적이고 조직적인 학습활동으로 이루어지고 있다. 즉, 기업교육은 학교교육 이후에 기업에서 직무수행에 필요한 지식(knowledge), 스킬(skill), 태도(attitude) 등을 향상하기 위한 '직장 내 계속교육'으로서 평생교육의 한 분야를 차지하고 있다.

이처럼 기업교육은 인적자원인 구성원을 대상으로 기업성과를 달성하기 위하여 구성원의 자기개발과 직무능력 향상을 위하여 공식적인 학습활동 및 무형식·비형식적 학습활동 등 모든 교육활동을 포함하는 것으로 정의할 수 있다. 기업에서의 교육은 변화와 성장을 위한 모든 활동으로 학습을 통하여 이루어지며 기업의 경영성과를 달성하기 위한 방안으로 인적자원개발이다.

기업교육의 개념은 다음과 같이 구분할 수 있다. 광의적 개념으로 각종 산업체에 종사할 인력을 양성하는 교육과 이미 산업체에 종사하고 있는 구성원을 대상으로 조직의 목적을 달성하기 위하여 산업체 내외에서 실시하는 교육을 의미한다. 협의의 개념으로 기업교육은 주로 산업체에서 종사하고 있는 구성원의 직무능력 향상, 교양 함양, 건강증진을 목적으로 실시하는 계획된 학습활동으로 조직의 목적 달성과 일치되어야 하는 직장 내 교육을 의미한다(권대봉, 2003).

기업교육은 기존 학교교육이 이론 중심적 교육으로 현장적응 및 직업에서의 활동과 연계되지 못한다는 비판이 대두되어 학교교육의 보완교육이나 재교육으로 수립·기획·개발·운영·평가단계를 거치는 체계적인 교육 중심이 되었다. 기업교육의 방향은 구성원의 역량 향상 및 기업 성과 달성을 목적으로 기업에 현존하는 문제해결을 위하여 의사 소통력, 리더십, 상황 대처력, 혁신적 사고 및 창의력 개발 등 현장에 즉시 적용 가능하고 미래지향적 인재육성을 위한 방향으로 변화하면서 자아실현을 위한 평생교육 패러다임으로 변화를 거듭하고 있다.

이처럼 기업교육은 현 시대에 적합하고 전문성을 갖춘 창의적 인재육성을 목표로 구성원에게 다양한 교육기회의 제공과 함께 개별 기업의 특성과 목적에 부합하는 자율적이고 자기조절학습 및 자기주도적 학습을 유도하고 있다.

2. 기업교육의 목적

기업은 영속적 유지를 위하여 경영성과를 달성하고 구성원의 고용안정 등 사회 및 국가발전에 기여해야 하는 책임을 담당하여야 한다. 기업이 지속적 성장을 유지하기 위해서는 인적자원, 물적자원, 금전적자원을 필요로 하는데, 물적자원과 금전적자원을 관리 운용하는 인적자원이 무엇보다 중요하다. 따라서 기업교육은 구성원의 자기개발과 경영성과 달성에 중요한 활동으로 인식되고 있다.

기업교육의 목적은 1차와 2차 목적으로 구분할 수 있는데, 이를 단순히 설명하면 개인의 업무능력 향상을 통한 기업의 성과달성으로 설명할 수 있다. 1차 목적은 교육 및 학습을 통하여 구성원이 업무를 효과적으로(effectively), 그리고 효율적으로(efficiently) 수행함으로써 업무성과를 높이는 데 있다. 2차 목적은 구성원의 업무능력 향상이 기업 성과로 연결되어 기업의 궁극적 목적을 달성하는 데 있다. 기업교육은 업무능력 향상이나 성과만을 목표로 하는 것은 아니고 개인의 인성, 감성, 자기개발이나 동기부여 등 비가시적인 교육성과도 다양한 방법이나 경로를 통하여 기업 성과와 연계될 수 있다(이관춘·김은경, 2012).

즉, 기업교육은 인적자원개발을 통하여 기업발전의 원동력을 확보하고, 구성원 입장에서는 자기개발 및 동기부여로 직무수행에 필요한 능력을 개발하여 건전한 사회인으로서 육성함에 있다(김종표, 2006),

기업교육은 기업이 필요로 하는 직업능력의 요건을 명확히 하고 고용관리제도, 보상제도, 경력개발제도, 교육훈련, 조직운영 등 직업능력 개발차원으로 육성시켜 나가야 하는데(김선희·박성민·권정언, 2010), 이러한 기업교육의 성과는 구성원의 자기개발, 동기부여, 인성, 교양, 직무능력 향상 뿐만 아니라 성과창출로 이어지게 된다. 이에 조직 구성원은 자신의 속한 기업이 자아실현을 위한 장소라는 인식, 동기부여 등 업무능력 향상으로 기업 성과창출에 기여할 수 있도록 집중해야 할 것이다(한상길·김현영·김윤정, 2020).

이상을 종합해 보면 기업교육의 가장 궁극적 목적은 인재육성으로 이를 달성하기 위한 기업교육 방법은 다양하게 제시되어 왔다.

제2절 기업교육의 종류

기업교육은 기업체에 종사하는 구성원의 직무능력 향상, 자아실현을 목적으로 실시하는 계획된 학습활동으로 기업교육의 목적 달성을 위한 모든 과정과 수단이자 교육내용을 전달하기 위한 과정 또는 자료개발이라는 의미로 사용하게 된다. 종류로는 현장직무교육 OJT(On-the Job Training), 집합교육 Off-JT(Off-the Job Training)으로 크게 나눌 수 있다.

1. 현장직무교육(OJT)

1) OJT의 개념과 특성

기업에서 중점적으로 이루어지고 있는 현장직무교육(OJT)인 직장 내 훈련은 구성원의 능력 개발을 위하여 직장 내에서 업무를 하면서 일상적 직무상황에서 일어나는 형태의 교육·훈련이라고 할 수 있다. OJT는 직무 현장 밖의 집합교육활동보다 조직 구성원 간 협동관계 형성에 매우 우수한 교육 방법으로 평가받고(박경규, 1998; Wexley & Latham, 1991) 대부분 조직 구성원은 업무수행과 관련하여 OJT 형식의 교육훈련을 받은 경험이 있을 정도로 OJT는 기업 내 연수의 대표적인 훈련 방법이다. 특히 신입사원이 직장의 상사로부터 전문적 지식과 기술을 습득하는 것으로 다양한 조직과 기관에서 조직구성원을 훈련하는 방법으로 널리 사용되고 있다.

직무현장에서 직속상사나 선배 사원은 부하직원에 대하여 일상적인 직무현장에서 주어지는 모든 기회와 장소를 이용하여 계획적으로 직무수행에 필요한 지식, 기술, 태도를 교육시킴으로써 직원의 업무향상을 도모하는 훈련 방법을 의미한다. 즉, 직무경험이 풍부한 상사, 선임, 관리자가 교수자로서 기업 내 직무수행과정에서 요구되는 부하의 지식, 기술, 태도 등의 능력 향상을 목적으로 책임감을 가지고 적절한 교육 방법으로 이루어지는 것이다.

2) OJT의 목적과 필요성

기업교육에서 OJT는 다음 두 가지 목적으로 실시된다(성낙돈 외, 2013).

첫째, 업무성과 향상을 위한 인재육성부하 각 개인의 능력을 높이고 그 능력을 발휘하도록 유도하여 결과적으로 업적을 향상하도록 하는 것이다. 부하의 지식과 업무능력이 항상 정비례관계를 유지하지는 않는다. 아무리 지식을 갖추어도 업무성과로 바로 연결되지 않기에 업무향상을 위해서는 업무 수행에 필요한 여러 가지 기능, 업무를 대하는 바람직한 태도, 문제해결능력이 뒷받침될 때 업무능력 향상이 이루어진다.

이러한 능력은 단순히 자기개발이나 집합교육만으로 그 능력을 배양함에 있어 한계를 가질 수 있기 때문에 업무수행 중에 개별 OJT를 통하여 부하직원의 특성에 부합하는 능력을 육성하는 방법으로 실천해야 할 것이다. 즉, OJT의 첫째 목적은 업무성과 향상을 위하여 이를 실천할 수 있는 부하직원을 육성하는데 있다.

OJT의 둘째 목적은 부하직원 개개인에 맞춘 인간적 성장을 지원하는 것이다. 인간은 각자 그 개성과 특성이 다르기 때문에 업무능력은 뛰어나지만 인간관계가 원만하지 못하여 조직 분위기에 적응을 하지 못하고, 팀워크를 저해하는 직원도 있다. 또한 자신의 주장이 강하여 다른 직원들의 의견을 경청하지 못하고 충돌을 일으키는 등 갈등상황을 야기하는 경우도 다반사로 발생한다.

결국 조직은 다양한 성격과 환경에서 성장한 사람들이 모여 공동의 목표를 위하여 서로 협력하면서 업무를 수행하는 장소로 이를 인식하고 적응해 나가며 타인에 대한 배려 등을 익히면서 인간적 성장을 격려하고 지원하는 것도 OJT의 목적 중 하나이다.

오늘날 조직은 상사로부터 일방적 강요가 아닌 부하직원으로부터 상향식 의사소통과 의사결정이 이루어질 때 경영자, 관리자, 부하직원의 혼연일체로 기업의 성과를 달성할 수 있다. 조직은 이와 같은 이유로 OJT의 필요성을 다음과 같이 설명할 수 있다(김종표, 2006).

첫째, 업무 내용이나 일하는 방식이 급격하게 변화되고 있기 때문에 지금까지 습득한 지식이나 경험만으로는 업무수행을 함에 있어 불충분하다.

둘째, 노동시장의 변화와 새로운 기술혁신 등으로 새로운 기술을 새롭게 습득해야할 뿐만 아니라 이를 분석·판단·창조라는 지적 능력 향상이 필요하다.

셋째, 대규모의 인원보다는 소수 정예화로 보다 전문성을 갖추고 다양한 일을 복합적으로 수행할 수 있는 능력이 요구된다.

넷째, 과거 기업에서 집합교육이나 자기개발만으로는 업무성과로 직접 연결되지 않기 때문에 인재육성을 위하여 필요하다.

다섯째, 조직이나 관리자 입장에서도 업무성과 향상을 위하여 구성원 육성이 필요하다.

이러한 OJT에 따른 효과는 다음과 같다(성낙돈 외, 2013).

첫째, 업무수행능력을 개선한다.

둘째, 부하직원의 업무성과를 향상시킨다.

셋째, 부하직원의 근무의욕을 높인다.

넷째, 부하직원의 자주성과 창의성을 활성화시킨다.

다섯째, 조직의 목표를 달성한다.

여섯째, 기업의 존립과 발전을 추구하게 된다.

3) OJT의 특성과 장·단점

(1) OJT의 특성

OJT는 부하직원을 육성한다는 목표를 가지고 작업 부과, 책임 부여 및 적절한 지도를 통하여 부하의 직무능력 향상을 도모하려는 의식적 관리활동으로 직무능력 중심인 기능이나 태도교육은 필수적 요소로 그 특성은 다음과 같다(김종표, 2006).

- 업무를 수행하는 과정에서 상사가 부하직원에게 교육의 필요점을 파악하여 그것에 대해 지도하고, 원하는 모든 활동이다.
- 상사가 부하직원에게 가르치는 책임과 육성을 동시에 수행하는 일이다.

- 부하의 성장, 발전에 대하여 영향을 미치는 상사의 모든 행위이다.
- 바람직한 부하직원이 되도록 하겠다는 상사의 염원에서 유발되는 상사의 모든 행위이다.
- 효과적인 조직관리, 업무관리, 부하관리이다.
- 목표관리이다.

(2) OJT의 장·단점

OJT의 장점과 단점을 살펴보면 다음과 같다. 우선 장점을 살펴보면 다음과 같다.

- 개인별 교육 필요점을 파악한 후 그에 따른 지도가 가능하다.
- 실제 업무현장에서 구체적이고 실체적인 교육훈련을 할 수 있다.
- 시간이나 장소에 구애받지 않고 계속적·반복적으로 할 수 있다.
- 저렴한 경비, 후속교육의 용이성 및 결과평가가 용이하다.
- 상사와 부하, 선후배 간 인간관계가 형성되고 교재가 풍부하다.
- 상사는 지도자로서 최적임자이고 상사와 선배는 자기개발의 기회를 얻게 된다.

이외에 OJT의 단점은 다음과 같이 설명할 수 있다.

- OJT가 일상적 교육이 중심이 되면 시야가 좁은 지도자가 되기 쉽고 이를 제대로 수행할 수 있는 유능한 지도자가 부족하다.
- 단순한 현장 경험으로 마치는 경향이 많고 직제상 조직의 최상위자 능력 이상의 부하 육성이 어렵다.
- 부문 또는 부서에 따라 OJT 실시 정도에서 불균형이 발생할 수 있다.

(3) OJT의 유의사항

성공적인 OJT의 운영을 위한 기본적 원리 및 요인은 다음의 다섯 가지로 확인할 수 있다(김선희, 1997).

- OJT는 실제 작업이 실시되는 현장에서 실행되는데 새로운 업무를 맡은 구성원은 실제 업무가 진행되는 작업환경 하에서 직무를 관찰하고 관찰한 직무를 즉각적으로 반복 수행하며, 수행한 직무에 대한 피드백을 받음으로써 강조될 수 있다.

- OJT는 훈련목표와 계획안을 작성하여 사용한다. 교육 대상자가 특정 직무를 수행하기 위하여 갖추어야 할 조건, 행동, 기분을 포함한 훈련목표나 숙달해야 하는 하나의 업무에 포함되는 여러 과제를 파악하여 업무내용을 작성하는 훈련계획안을 사용해야 한다.
- 훈련자는 OJT에서 적극적 참여가 요구된다. 효과적인 OJT가 수행되기 위해서는 효과적인 수행 방법, 코칭기술, 질문능력과 같은 분야에서 지식과 기술을 갖춘 숙련된 구성원의 참여가 중요하다.
- OJT는 인쇄된 자료와 업무지침서를 사용한다. 진행절차가 서술된 목차, 문제해결 사례표, 의사결정 지침서, 운영일람표와 같은 인쇄된 자료는 많은 양의 정보를 효과적으로 전달, 가르쳐야 할 내용, 수행해야 할 방법의 일치, 및 훈련 후 업무수행 지침서 및 학습자료로 활용할 수 있다는 점에서 중요하다.
- OJT는 시스템적 접근법을 사용한다. 설정한 훈련목표 달성은 문제 영역, 심도 있는 직무의 분석, 개발, 실행, 평가로 이어지는 체계적 접근 방법을 사용해 체계적인 훈련을 실시할 수 있다.

(4) OJT의 추진단계 및 지도방법

① OJT의 추진단계

기업에서 OJT의 전개과정은 조직 구성원을 대상으로 인재를 육성하는 훈련과정으로 그 교육 방법은 구조화된 직무현장교육을 실시한다. 직무현장교육 담당자는 교육 실시 이전에 교육목표, 교육내용, 교육시기, 교육 방법 등에 대한 구체적인 교수설계를 수립해야 한다. 교육 방법은 참여 대상자의 다양한 능력 수준을 파악한 후 지도방법을 선택해 학습효과를 극대화할 수 있고, 실시 후에는 학습성과를 평가하여 다음 직무현장교육에 반영해야 한다(한상길·김현영·김윤정, 2020).

이러한 과정에 따른 OJT의 실시 전·후 전개 절차는 다음과 같다(김선희·박성민·권정언, 2010).

- 업무의 정형화로 업무매뉴얼, 직무기술서, 직무요건 일람표 등을 갖춘다.
- 직무요구를 분석한 후 교육목표와 내용이 직무수행능력인지 자기능력개발 향상이지 여부를 결정한다.

- 교육일정과 교육 방법을 구체적으로 설정하고, 지도 계획서를 작성한다.
- 실제 직무교육활동에 적합한 교육 방법으로 직접적인 지도, 간접적인 지도, 자기개발에 지원 등 세 가지 방법을 고려한다.
- 관리활동으로서 OJT의 체계적 실천을 위하여 교육 참여자 본인이 작성하는 실습일지, 교육 담당자의 지도일지, 월간 지도계획서, 평가서 등 최소한의 관리활동을 위한 준비이다.

OJT의 추진단계는 다음의 7단계로 제시하고 있다(조대연, 권대봉, 1998)

㉠ 1단계: 효과적인 OJT의 추진을 위해서는 구성원의 담당업무와 이에 요구되는 필요한 능력요건을 정확히 파악해야 한다. 업무수행에 어떤 능력이 필요한가를 분명히 인식할 수 있도록 구체적으로 기록하고 이는 구성원을 지도하는 기준이 된다.

㉡ 2단계: 구성원의 담당업무 대비 현재 보유능력을 정확히 파악해야 한다. 이에 구성원의 지식, 기술, 태도 등에 대한 수준과 내용을 상세하게 검토하여 구성원의 현재 처한 상황, 가정, 교우관계, 흥미, 적성, 성격, 욕구 등에 대하여 넓은 이해 및 객관적으로 보유능력에 대한 파악이 필요하다. 또한 관리자는 가능한 객관적 형태로 파악하여 구성원이 현재 지니고 있는 강점과 약점을 나누어 기술함이 필요하다.

㉢ 3단계: 구성원의 능력개발 요구사항을 파악한다. 제1단계의 직무능력요건과 제2단계의 학습자 보유능력과의 차이(gap)를 비교·파악해 보면 구성원들의 요구 사항을 파악할 수 있다. 그리고 구성원이 직무 확대에 어떤 능력 육성이 필요함을 미리 파악하여 대비할 수 있다.

㉣ 4단계: 제 4단계에서는 제3단계에서 파악된 능력개발 요구사항 중 OJT로 충족시켜야 할 우선 요구 순위를 결정한 후 교육목표를 설정한다. 직무수행에서 부족한 능력을 설정하여 구성원 능력 수준의 개발 정도를 목표로 제시하고, 직무 중요성, 긴급성, 효과성 등을 감안하여 구성원이 충분한 이해를 통한 중점적 목표 선정이 필요하다. 목표를 설정할 경우 구성원을 참여토록 하여 스스로 이해한 후 결정할 때 학습의욕이 상승될 수 있다.

㉤ 5단계: 교육 담당자가 파악한 구성원의 교육요구사항과 서로 협의하에 설정한 계획은 미리 준비하고 공개하며, 체험의 기회 제공 등으로 OJT의 목표성취를 위한 구체적인 지도계획을 작성한다.

계획안 수립 시에는 누가, 언제, 어디서, 어떤 방법이나 수단을 사용하여 가르치는가, 그리고 그 결과를 어떻게 평가할 것인가를 구체적으로 사전에 결정하여야 한다.

ⓗ 6단계: 구성원의 능력개발을 위하여 인내심을 가지고 계획한 교육을 지속적으로 추진하며, 효과성을 향상시키기 위해서는 수시로 추진 상황에 대해 체크하고 문제발생 시 이를 해결하기 위한 노력 및 구성원에게 지도교안 및 실습일지를 작성하여 실시할 수 있다.

ⓢ 7단계: 교육결과에 대한 효과성을 측정·평가하고 피드백을 실시하며, 인지된 내용을 다음 목표설정에 반영하도록 한다. 목표성취에 대한 효과가 없을 경우 문제점을 파악하여 다음에 실시될 OJT에 반영할 것인지 여부를 충분히 검토한다.

이상 OJT의 추진단계를 요약 정리하면 그림 9-1과 같다.

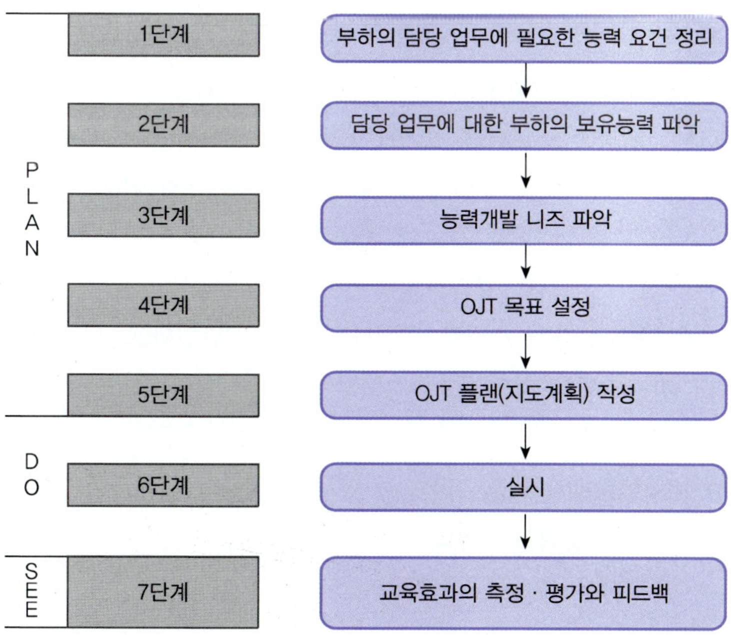

그림 9-1 OJT의 추진 7단계

② OJT의 지도 방법

㉠ 지식교육

ⓐ 사실과 개념을 알리고자 할 때

- 가르치려는 일련의 사실을 무리 없이 순서대로 배열하고, 한 차례 학습하기에 적당한 단위로 구분한다.
- 교육대상자가 첫 번째 시행(읽기, 기억하기, 쓰기, 실습하기)에서 올바른 반응을 일으키도록 유도한다.
- 올바른 반응이 생기면 즉시 그것을 동화(동의, 칭찬, 격려)하고, 잘못된 반응이 생기면 즉시 정정한다.
- 사실을 명확하게 알 때까지 복습시킨다.
- 교육대상자 스스로 자신의 인지 정도나 진전된 내용을 평가하도록 지도한다.

ⓑ 문제해결능력을 향상시키고자 할 때

- 문제 상황 전체를 파악하게 하고, 해결 가능한 문제를 부각시킨다.
- 문제를 한정하여 정확히 기술하도록 지도한다.
- 문제해결에 필요한 정보와 방법을 발견하도록 지도한다.
- 정보와 방법을 올바르게 해석·분석하여 적용하도록 지도한다.
- 문제해결을 위한 가설을 세우고 그것을 정확하게 기술함으로써 그 가설의 진위를 검증하도록 지도한다.
- 교육대상자가 스스로 해결하는 방법을 발견하고, 그 해결법에 대해 평가하도록 지도한다.

ⓒ 창조성을 촉진하는 교육

- 항상 독창적인 발상과 표현을 장려한다.
- 무조건적 선배를 추종하기보다는 관점은 다각적으로, 생각은 탄력성을 갖도록 유도한다.
- 명확한 목표를 갖도록 지도한다.

㉡ 기능교육

ⓐ 기능지도 전에 가르칠 기능의 내용을 분석한다.

ⓑ 올바른 동작을 알려준다.

ⓒ 먼저 기본동작을 설명하게 한 다음 실제로 하도록 한다.

ⓓ 적당한 과제를 부여하고 실습을 시킨다.

ⓔ 집중보다는 단계별로 나누어 가르친다.

ⓕ 올바른 동작과 올바른 성과, 잘못된 동작과 잘못된 성과에 대해서는 설명을 통하여 이해시킨다.

ⓖ 자신의 동작을 스스로 평가할 수 있도록 지도한다.

㉢ 태도 교육

ⓐ 학습시켜야 할 태도·가치를 명확히 한다.

ⓑ 태도·가치에 의미부여를 명확히 한다.

ⓒ 태도·가치에 깊은 관련을 갖는 경험을 쌓게 한다.

ⓓ 교육대상자가 일체감을 가질 수 있는 바람직한 인물을 제시한다.

ⓔ 그 태도·가치에 관련된 감정 체험을 하게 한다.

2. 집합교육(Off-JT)

1) 집합교육의 개념과 특성

집합교육(Off-JT)은 Off-the Job Training의 약어로 주로 지식교육을 중심으로 특정 시간과 장소에서 다수의 학습자를 상대로 동일한 내용을 전체적으로 교육하기 위한 목적으로 실시되는 교육을 말한다. 이 교육은 직무현장교육인 OJT와는 달리 직무현장을 떠나 다른 장소에서 다양한 학습자들이 함께 모여 진행되는 교육활동으로 조직 내부에서 이루어지는 학습활동을 보충하거나 내부에서 제공할 수 없는 전문적인 교육 내용 및 정보를 제공하기 위하여 단기간 동안 이루어지는 교육 방법을 말한다.

집합교육은 기업에서 전체 직원이나 특정 계층을 대상으로 실시하고 있는데, 그 장소는 기업 연수원 등에서 정기적으로 실시되거나 부정기적인 강연회, 특강 또는 외부 전문교육기관에 위탁하는 경우도 있다. 기초연수의 경우 안정감을 위하여 기업 외 다른 교육현장에서 집합교육을 실시하기도 한다. 집합교육은 구성원을 대상으로 기업비전, 경영철학, 핵심가치 등 교육과 직무수행에 대한 일반적 의식 및 태도, 작업 개선 방식, 조직 내 인간관계 등 현장 작업이나 직무와 직접적인 관련성이 떨어지는 보편적인 내용에 대한 교육도 이루어지고 있다(이관춘, 2001).

이러한 집합교육은 신입사원교육, 관리자교육 등의 계층별 교육이나, 직능별 교육, 과제별 교육 등 크게 세 가지로 분류할 수 있다(이관춘 · 김은경, 2012).

(1) 계층별 교육

계층별 교육(level-up-training)은 신입 사원, 중간 관리자, 임원, 최고 경영자 등 기업 내 각 계층에 속한 구성원을 대상으로 하여 각 계층에 요구되는 인재상이나 역량 향상을 목적으로 실시되는 교육이다. 첫째, 신입사원교육의 경우 기업의 업(業)에 적합한 인재를 키우기 위하여 전사적인 차원에서 문화 및 목표를 공유하도록 하는 교육과 직장인으로서 갖추어야 할 기본적인 업무자세와 스킬을 중심으로 한 프로그램이 운영된다.

이러한 신입사원교육은 일반적으로 입사 전 교육, 도입교육, 추수(follow-up) 교육 등 3단계로 구분되어 실시되는데, 도입교육은 회사생활의 조기 적응을 돕기 위한 초기교육 형태로 기본을 익히고 훈련하는 데 중점을 둔다. 특히 학교생활과 직장생활의 차이, 업무 추진 자세 및 직장규율, 비즈니스 매너 기본동작, 직장 내 인간관계 중요성 등을 다룬다.

일반 및 중견 사원급에 대한 교육은 무엇보다 직무에 임하는 자세나 가치관과 아울러 직무수행에 필요한 지식과 기능 및 태도 함양을 목적으로 하고, 감독층인 중견사원교육은 주로 입사 5~6년이 경과되어 부하 직원이 있고 상사의 업무지시를 받는 사원으로 상사의 지시, 관리, 보고, 지도 등을 책임지는 현장 중심 직원으로 TWI(training within industry) 프로그램 중심교육이 실시된다. TWI는 직업지도방법(job instruction), 작업개선방법(job method), 인간관계기법(job relation), 작업안전기법(job safety) 등으로 감독자 자신이 실제로 관할하는 업무상의 실제 물품과 업무를 실습재료로 하여 실습, 발표, 체험하도록 하는 프로그램이다(정홍모, 2000).

관리자는 일반적으로 과장, 부장 등 직책을 가진 자를 말하는데, 직장의 일상업무, 부하의 동기 부여 등 인간관리 및 기업의 배분된 자원을 효율적으로 활용하고 일상적인 경영활동이 원활하게 수행되도록 역할을 요구받는 계층으로 이와 같은 업무를 담당한다(이관춘, 2001).

관리자교육은 집합교육, 통신교육, 과제 부과 등 체계적으로 설계하여 실시하는 프로그램이 보다 효과적이므로 '사전학습 – 집합교육 – 통신교육 – 과제 및 면담 실시 주기'를 3개월이나 6개월 단위로 진행하는 가운데 지속적으로 실시한다(김종표, 2006). 관리자교육 프로그램의 한 예로 MTP(management training program)는 TWI 프로그램 대상보다 높은 위치의 관리층을 대상으로 한다. 비교적 광범위한 경영분야의 관리기술 지도를 목적으로 강의 외에도 회의, 토의, 역할연기, 사례연구 등의 방법이 교육 중심이 된다.

(2) 직능별 교육

직능별 교육(functional training)은 수평적으로 수직적인 계층별 연수와는 달리 기업 구성원이 담당하고 있는 업무를 기준으로 대상을 결정하고 교육을 실시하는 것이다. 일반적으로 기업의 각 부문은 생산, 판매·영업, 연구개발, 인사 및 재무 부문으로 분류된다. 직능별 교육은 해당 기업의 관점에서 볼 때 경영 기능상 긴급하거나 중요한 업무기능을 중심으로 실시되기 때문에 교육훈련의 성과가 직접적으로 나타나야 하고, 교육훈련기법도 실무에 바로 적용할 수 있는 지식이나 기법의 교육에 중점을 준다.

생산 부문의 경우는 설비와 시스템, 기술 인력의 확보, 전문적인 기능과 기술, 생산 계획 및 관리, 시스템 공정 관리, 설비기계 및 도면 관리, 운반 및 구매 관리 등에 관한 내용 등 전문 기술 및 기능 외에도 '관리운영'자로서의 자세, 가치관, 동기 등 교육도 중요시된다. 인사관리 부문은 상급자가 일선에서 부하직원의 통솔을 위하여 직접 담당하는 현장(line) 영역과 이를 효율적으로 수행할 수 있도록 뒷받침해 주는 스태프(staff) 영역의 필요에 따라 교육훈련이 이루어진다. 따라서 채용, 배치, 승진, 인사, 복리후생, 인간관계, 노사협력 등 교육내용으로 구성한다. 재무 부문의 교육은 자본의 효율적인 조달과 성과 배분을 위해서 재무 및 경리의 특성, 자금계획, 자본 조달과 관리 등의 과제해결능력을 함양하는 교육이 중심이 된다(이관춘, 2001).

(3) 과제별 교육

경영 환경이 급변하면서 기업이 직면한 과제를 해결하기 위해 기업의 당면

과제와 미래의 과제 해결에 직결되는 특정 과제를 선정해서 그 과제에 관계되는 모든 사람을 집합하여 실시하는 교육훈련이 과제별 교육(theme training)이다. 대표적인 과제별 교육은 강사양성교육, 고객만족(CS)교육, 어학·IT능력 향상교육 등이 있다. 기업은 당면과제와 미래에 취해야 할 경영과제를 정확히 파악한 경영 비전, 경영 계획서 작성이 무엇보다 중요해짐에 따라 경영 중심과제의 해결 방안을 명확히 하고, 현재와 미래의 시점에서 능력개발, 조직의 체질강화, 신규 사업을 위한 직원육성 등 핵심과제에 대비하기 위한 교육이 필요하다.

기업체 집합교육은 자체 연수원이나 근무현장에서 인근지역의 호텔, 리조트, 연수원, 수양관 등을 교육현장으로 활용하는데, 집합교육은 교통편, 교육환경, 교육장의 부대시설 확인 등 교육장소의 선정이 필요하다. 집합교육 준비과정은 교육 주제, 목적, 기간, 장소, 대상, 비용, 시간, 평가 등 교육 프로그램 계획이 중요하고, 교육내용 구성은 전문성과 대상에 적합한 비중 있는 교육을 실시해야 한다. 교육 방법은 강의, 강연, 그룹토의, 회의방식, 사례연구, 비즈니스 게임, 시뮬레이션 기법, 워크숍 방식, 시청각 기기 등을 활용할 수 있다.

집합교육 실시에 대한 사내 홍보와 교육 참가에 대한 안내가 중요하고, 교육자료 및 교재를 반드시 준비하게 한다. 최근에는 Off-JT 교육매체로 e-Leaning과 같은 컴퓨터를 이용한 교육도 점차 확산되고 있는 추세이다(한상길·김현영·김윤정, 2020).

3. 직무관련 자기개발학습(OJL)

기업교육은 라인 중심의 OJT, 스탭 중심의 Off-JT, 본인 중심의 자기개발(SD: Self Development) 방식으로 구분할 수 있다. 특히 현재는 본인 중심의 자기개발 방식이 크게 부각되고 있어 생애교육(Career Education)의 중요성과 더불어 이의 중요성이 점점 더 강화되고 있는 실정이다. 자기개발(SD: Self Development)이란 자기의 책임 하에 자기의 이해와 평가에 의해서 성장, 향상하려는 의욕(자기개발의욕)을 갖고 자발적으로 이에 대해 노력(자기훈련)하는 것을 말한다.

자기개발은 개인 수준의 능력개발로서 개인 수준의 자발적 교육이므로 기업은 아무 관계가 없는 것 같으나 지식교육에는 대단히 효과적이다. 따라서 개인의 자발적 학습은 기업이 원조제도 등을 설정하여 이를 추진하도록 적극 권장하는 제도 마련이 중요하다. 일반적으로 자기개발은 일반교양, 전문지식 등의 체계적, 전문적 학습에는 적합한 성격을 지니고 있지만, 기능이나 태도교육과의 연관성은 부합하지 않을 수도 있다(김종표, 2006).

직무 관련 자기개발학습(OJL: On-the Job Learning)은 자기개발(SD)활동에서 기업 내 직무와 관련된 학습활동이다. 직무 관련 자기개발학습은 직무현장교육(OJT)와 직무와 관련(on the job)이 있다는 공통점을 지니고 있지만, OJT는 교육담당자의 의도적인 영향력을 전제로 하는 교육을 중시하고 훈련을 강조하지만 OJL은 학습자의 자기주도적 학습을 바탕으로 하는 학습에 초점을 맞추고 있다. OJL에는 자기관리학습(SML)과 자기개발계획(SDP)이 대표적으로 거론되고 있다(이관춘 · 김은경, 2012).

1) 자기관리학습(SML)

자기개발(SD)의 실천 방법으로 많이 사용되는 자기학습(SML, Self-Management Learning)은 기업 구성원에게 최대한의 자율성을 주고 기업의 목적 달성을 위해 해결해야 할 문제를 스스로 선택하게 하여 그 해결과정을 체계적으로 지원하여 학습의 전이효과를 높임과 동시에 기업의 이익 증진을 도모하는 교육 방법이다(송상호, 2003). 즉, 자기관리학습은 기업이익에 도움이 되는 학습 상황을 선택하여, 기업교육 담당자와 학습계획서를 작성하고, 학습자원을 선택하며, 학습 네트워크를 조직하여 학습활동을 전개한 후, 학습결과를 공개 및 평가하는 절차를 밟는다(이관춘 · 김은경, 2012). 자기관리학습(SML) 관련 내용은 다음과 같다(김종표, 2006).

(1) 기본 과정과 절차

자기관리학습(SML)의 기본 과정으로 학습은 타인의 영향력을 전제로 하지 않는 주체적 활동이므로 기업의 목표에 부응하는 개인의 주체적 학습활동이 가능하다. 학습자는 능동적인 성인으로 학습의 과정은 스스로 계획하고 실시하며, 반성적 자기점검의 과정을 통해 학습하는 것이 보다 효과적이다.

일반적인 절차를 살펴보면 우선 기업의 이익에 도움이 되는 학습 상황의 선택하고, 기업교육 담당자(전문가)와의 학습계획서 작성한다. 이후 학습자원을 선택하고 학습 네트워크의 조직하여 개인 또는 팀 학습활동의 전개한다. 최종적으로 학습결과의 공개하고 학습결과의 평가서(기업이익 창출에의 기여도 판단)를 작성하여 보고한다.

(2) 장점과 단점

자기관리학습(SML)은 기업교육의 가장 발전된 형태의 하나로 장점은 해결하기 어려운 직무문제를 스스로 해결할 수 있고, 교육 현장과 실무 현장이 통합한 학습으로 진행된다는 점이다. 그리고 학습 결과는 즉시 업무 현장의 과제해결로 연결되어 개인 학습자에게 직무 관련 자기개발의 기회를 제공할 수 있다.

이에 반하여 자기관리학습(SML)의 단점은 학습계획 및 교육 시행이 구성원의 학습능력에 따라 결과가 좌우되고, 학습자원을 확보하고 활용할 때 학습자의 책임이 과중될 수 있고, 기업에 기여하는 기여도 판단이 구체적이지 못할 수도 있다. 그리고 학습 진행과정에 대한 고비용이 지출, 자기관리 학습에 많은 시간 소요 및 현장 부서장의 이해와 협조 없이는 성공하기 힘들다는 단점이 있다.

이러한 기업체 내의 자기관리학습은 평생교육의 자기주도학습(SDL: Self-Directed Learning)과도 유사하다. 자기주도학습은 학습을 고립화하지 않고 교수자, 지도자, 교재, 교육기관 등 다양한 교육자원을 활용하여 학습자 자신이 학습 전체를 계획(planning), 통제(controlling), 감독(supervising) 및 책임을 지는 학습형태이다(김용현 · 정기수, 2015). 기업교육 방법으로 자기주도학습은 교수자 중심의 일방적 지식 전달과 학습자의 수동성에 근거한 기존의 교육 방법에 대한 대안의 필요성 때문에 SDL이 등장하였는데 SML은 SDL의 기업교육용 버전이라 할 수 있다(김종표, 2006).

SDL의 궁극적 지향점은 개인의 자기개발로 이러한 목적을 달성하기 위하여 SDL은 교육 중심이 타인으로부터 학습자 자신으로 변화를 가져왔다. 하지만 단순히 자기개발 목적이 아닌 기업은 바로 경영성과에 기여해야 하는 기업교육 방법을 추구하는 기업의 입장에서 볼 때 경영성과에 기여한다는 확신이 없다면 SDL을 추진함에 한계를 지닐 수 있다. 그리고 SDL은 자기개발적 요소가 강하기에 기업 구성원들의 독립성 향상 내지 조직 이탈 성향을 조장할 우려가 있다는 점이다.

기업은 SML 도입이 이익 창출에 도움이 될 수 있다는 확신을 바탕으로 실시되어야 하고, 비록 SML에서 실패한 학습자들이 있더라도 그 과정을 통해서 얻어지는 기타 결과물을 인정하는 문화를 조성하는 것이 중요하다.

2) 자기개발계획(SDP)

자기개발계획(SDP: Self-Development Plan) 제도는 구성원의 능력개발을 위하여 경영 관리상 또는 직무 수행상 필요한 자기개발 목표를 스스로 설정하고 기업의 제도 내에서 소정의 절차에 따라 자학·자습하는 인력개발활동(천영희, 2005)으로 개인 스스로 자기개발활동이 이루어진(김선희·박성민·권정언, 2010).

자기개발계획은 세 가지 특징으로 요약된다(이관춘·김은경, 2012). 첫째, 과목과 교재는 회사가 준비한다. 둘째, 본인의 자기개발 동기를 전제로 하며 스스로 연수의 주체가 되고, 셋째, 일정한 기준에 따라 평가를 실시한다(천영희, 2005).

기업은 자기개발계획(SDP) 제도를 통해 저렴한 비용으로 사원의 의식개혁과 전사적인 정보력을 강화할 수 있다. 자기개발계획 제도를 체계적으로 운영하는 기업은 인사제도에서 각 직급별로 이수해야 할 과목과 학점수를 사전에 규정하여 이를 이수하는 경우에만 승진제도를 부여하고 있다. 즉, 승진에 필요한 학점은행제도 등을 통하여 이를 이수하거나 이수한 과목의 성적을 승진 시 반영하도록 운영하고 있다.

요약

1. 기업교육은 인적자원인 구성원을 대상으로 기업성과를 달성하기 위하여 구성원의 자기개발과 직무능력 향상을 위하여 공식적인 학습활동 및 무형식·비형식적 학습활동 등 모든 교육활동을 포함하는 것으로 정의할 수 있다. 기업교육의 1차 목적은 교육 및 학습을 통하여 구성원이 업무를 효과적으로(effectively), 그리고 효율적으로(efficiently) 수행함으로써 업무성과를 높이는데 있다. 2차 목적은 구성원의 업무능력 향상이 기업 성과로 연결되어 기업의 궁극적 목적을 달성하는데 있다.

2. 기업교육의 종류 중 현장직무교육 OJT(On-the Job Training)은 업무성과 향상을 위한 인재육성과 부하직원 개개인에 맞춘 인간적 성장을 지원하는 목적으로 실시된다. 필요성으로는 ① 현재 습득한 지식이나 경험만으로는 업무수행의 불충분 ② 노 새로운 기술을 새롭게 습득하고 이를 분석·판단·창조라는 지적 능력 향상 필요성 ③ 소수 정예화·전문성·복합적 업무수행능력 요구 ④ 업무성과를 위한 인재육성의 필요성 ⑤ 조직이나 관리자 입장에서 업무성과 향상을 위한 구성원 육성의 필요성 등이 있다. 그 효과로는 ① 업무수행 능력의 개선 ② 부하직원의 업무성과를 향상 ③ 부하직원의 근무의욕을 고양 ④ 부하직원의 자주성과 창의성의 활성화 ⑤ 조직의 목표 달성 ⑥ 기업의 존립과 발전 추구 등이 있다.

3. 기업교육의 종류 중 현장직무교육 OJT(On-the Job Training)의 추진 7단계로 1 단계는 구성원의 담당업무와 필요한 능력요건을 정확히 파악하고, 2단계는 구성원의 담당업무 대비 현재 보유능력의 파악, 3단계는 구성원의 능력개발 요구사항의 파악, 4단계는 능력개발 요구사항 중 OJT로 충족시켜야 할 우선 요구 순위 결정과 교육목표를 설정, 5단계는 OJT의 목표성취를 위한 구체적인 지도계획 작성, 6단계 문제를 해결하기 위한 노력과 지도교안 및 실습일지를 작성, 7단계는 교육결과에 대한 효과성을 측정·평가·피드백 및 다음 목표설정에 반영 등의 순서로 진행된다.

4. 집합교육 Off-JT(Off-the Job Training)의 종류는 신입사원 교육, 관리자 교육 등과 같은 계층별 교육, 직능별 교육, 과제별 교육 등으로 구분할 수 있다. 계층별 교육은 신입 사원, 중간 관리자, 임원, 최고 경영자 등 기업 내 각 계층에 속한 구성원을 대상으로 하여 각 계층에 요구되는 인재상이나 역량 향상을 목적으로

실시되는 교육이다. 직능별 교육은 기업 구성원이 담당하고 있는 업무를 기준으로 대상을 결정하고 교육을 실시하는 것으로 경영 기능상 긴급하거나 중요한 업무 기능을 중심으로 실시되기 때문에 교육훈련의 성과가 직접적으로 나타나야 하고, 교육훈련기법도 실무에 바로 적용할 수 있는 지식이나 기법의 교육에 중점을 준다. 과제별 교육은 기업의 당면 과제와 미래의 과제 해결에 직결되는 특정 과제를 선정해서 그 과제에 관계되는 모든 사람을 집합하여 실시하는 교육훈련으로 강사양성 교육, 고객만족(CS) 교육, 어학·IT 능력 향상 교육 등이 있다. 그리고 직무 관련 자기개발 학습(OJL: On-the Job Learning)은 자기개발(SD) 활동에서 기업 내 직무와 관련된 학습활동이다.

5. 직무관련 자기개발학습 OJL은 학습자의 자기주도적 학습을 바탕으로 하는 학습에 중점을 두고 자기관리학습(SML)과 자기개발계획(SDP) 등으로 구분할 수 있다. 자기관리학습은 기업 구성원에게 최대한의 자율성을 주고 기업의 목적 달성을 위해 해결해야 할 문제를 스스로 선택하게 하여 그 해결과정을 체계적으로 지원하여 학습의 전이효과를 높임과 동시에 기업의 이익 증진을 도모하는 교육방법을 말한다. 자기개발계획 제도는 구성원의 능력개발을 위하여 경영 관리상 또는 직무 수행상 필요한 자기개발 목표를 스스로 설정하고 기업의 제도 내에서 소정의 절차에 따라 자학·자습하는 인력개발활동으로 개인 스스로 자기개발활동이 이루어진다.

연구문제

1. 기업교육의 개념과 목적을 설명해 봅시다.

2. 기업교육의 종류 중 현장직무교육 OJT(On-the Job Training)의 필요성과 그에 따른 효과를 설명해 봅시다.

3. 기업교육의 종류 중 현장직무교육 OJT(On-the Job Training)의 추진단계를 설명해 봅시다.

4. 기업교육의 종류 중 집합교육 Off-JT(Off-the Job Training)의 종류와 개념을 설명해 봅시다.

5. 기업교육의 종류 중 직무관련 자기개발학습 OJL(On-the Job Learning)의 종류와 각 개념을 설명해 봅시다.

CHAPTER 10

원격중심 평생교육방법

개요

2019년 12월에 발생한 코로나19 바이러스는 교육현장에도 큰 영향을 미쳤다. 면대면에서 비대면 수업으로 변화되면서 평생교육방법도 큰 전환기를 맞게 되었다. 원격학습과 교육은 코로나 사태 이전부터 꾸준히 진행되어 왔고, 짧지 않은 역사를 지닌 것도 사실이다. 방송통신대학, 사이버대학, 사이버평생교육원 등 다양한 교육기관에서 원격으로 학습이 진행되어 왔다. 그렇지만 원격수업이 기존의 대면수업을 대체한 것은 아니고 상황이나 환경에 따라 원격수업은 함께 성장해온 것이 사실이다. 이러한 상황에서 코로나19의 전 세계 확산은 일상의 삶이 크게 변화되었고, 교육 영역에서도 예외는 아니게 된 것이다. 만일 코로나 상황이 진정되고 다시 예전의 일상으로 돌아간다고 해도 또다시 새로운 바이러스의 등장이 없을 것이라는 것은 누구도 믿을 수 없게 되었다. 이런 상황에서 평생교육분야에서도 포스트코로나 시대에 대비하기 위해서는 원격중심의 교육 방법을 미리 준비해야만 할 것이다. 따라서 이번 장에서는 원격중심으로 이루어지고 있는 다양한 평생교육방법들에 대해 살펴보고자 한다.

학습목표

1. 원격교육의 개념을 파악할 수 있다.
2. 원격교육의 특성, 장단점, 유형 등에 대해 이해할 수 있다.
3. 이러닝에 대해 설명할 수 있다.

주요 용어

원격교육, 이러닝, 모바일러닝, 유비쿼터스러닝, 스마트러닝

제1절 원격교육의 개념

1. 원격교육의 개념

원격교육이라는 용어는 1980년 캐나다 벤쿠버에서 열렸던 제1회 국제통신교육협회(International Council for Corespondence Edu Cation)에 대한 명칭이 국제원격교육협회(International Council for Distance Education)로 변경되면서 공식적으로 사용되기 시작했다. 브랜드(Brande, 1993)는 원격교육을 열린 교육의 개념으로 파악하였으며, 학습자들이 배우고 싶을 때, 원하는 방식으로 원하는 내용을 배울 수 있도록 해주는 교육으로 정의하고 있다. 무어와 키슬리(Moore & Kearsley, 1996)는 원격교육을 가르치는 특정 장소 이외의 일상 공간 어디에서나 발생하는 학습으로 특수한 조직과 행정의 조율하는 것으로 정의하였다. 그리고 교수기법, 특수한 코스 설계 방법, 전자 및 다른 공학 등에 의한 특수 통신 방법이 요구되는 계획된 학습이라고 하였다. 핍스, 웰먼, 메리소티스(Phips, Welman, & Merisotis, 1998)는 원격교육을 서로 다른 지역에 있는 학습자들이 커뮤니케이션 수단을 매개로 공간과 시간을 초월하여 수업을 받을 수 있는 것으로 정의하였다. 이러한 원격교육의 정의를 토대로 원격교육을 재정의해 보면 원격교육(遠隔敎育, distance education)이란 전통적 교육 방식에서의 출석에 의한 대면학습과 달리, 교수자와 학습자 간에 시간적·공간적 원격성을 전제로 인쇄물이나 방송 통신 및 컴퓨터 등과 같은 다양한 교육 공학 매체들을 매개로 하여 행하게 되는 교육 방식이다(서울대학교교육연구소, 1995). 이와 같은 원격교육이 최근의 코로나19의 감염사태로 인해 갑작스럽게 등장한 것은 아니다. 이미 대면교육과 더불어 원격교육도 적지 않은 역사를 갖고 있다. 하지만 언택트, 즉 비대면 상황이 요구되는 환경에서 원격교육의 필요성은 제고되고 있다.

원격교육과 유사하게 쓰이는 용어를 표 10-1에 정리하였다.

표 10-1 원격교육과 유사한 용어

용어	의미
가상교육 (Virtual Education)	가상공간에서 이루어지는 교육형태를 지칭하는 용어로 가상캠퍼스, 가상대학 등을 의미한다.
사이버교육 (Cyber Education)	가상교육과 유사한 개념으로 현실공간이 아닌 사이버 공간에서 이루어지는 교육을 일컫는다.
온라인교육 (Online Education)	교육에서 면대면 교육을 오프라인교육으로 정의하면서 가장 보편적 형태의 인터넷을 이용한 교육을 일컫는다.
웹 기반교육 (Web-based training)	컴퓨터기술인 하이퍼텍스트, 메신저, 멀티미디어 등을 특성으로 하는 웹을 이용한 교육 방식으로 사이버공간에서 자유롭게 이용하고 정보교환이 가능한 통합교육환경을 의미한다.
WBT (Web-based Instruction)	웹을 기본적인 수단으로 하여 교수 및 학습이 이루어지는 일체의 교수법 또는 교육을 말한다. 네트워크가 설치된 컴퓨터를 통해 전자우편(e-mail)이나 검색엔진 수단을 적극적으로 활용하게 된다.
IBT (Internet-based Instruction)	인터넷을 기반으로 하여 지식을 만들어내고, 조직하며 이를 전파하는 새로운 교육 방식을 의미한다.

출처: 강대식(2013).

2. 원격교육의 특성

원격교육이 갖는 특성은 가르치는 교수행위와 배우는 학습행위가 서로 분리되어, 원격의사 소통 방식(distance communication)을 통해 행하게 되는 새로운 형태의 교수학습활동으로서 ① 학습자와 교육제공자 간의 공간적·시간적 원격성 극복, 즉 원하는 시간에 원하는 장소에서의 학습이 가능 ② 학습자에 의한 자기주도적 자율학습과 개별학습의 실시 ③ 사전에 개발·준비·제공되는 체계적이고 조직적인 교육 프로그램 ④ 인쇄물이나 전화, 회로식 TV, 컴퓨터, 비디오 등과 같은 다원적 원격교육 매체를 통한 학습자와 교수자, 교육 매체 전문가 간의 다원적 의사소통의 가능성 ⑤ 화상학습이나 상황학습, 모듈코스 등과 같은 다양한 대안적 학습체제 개발과 최신 정보공학기술 활용을 통한 새로운 교육 영역의 개척과 교육 효율성의 제고 ⑥ 교육의 대량 공급과 합리적인 자율 학습 체제 등을 통한 교육의 경제적 효율성 제고 등과 같은 특징을 지닌다(서울대학교교육연구소, 1995).

또한 원격교육은 전자정보통신기술을 이용하여 교육과정을 받는 하나의 교육 방식으로 가상학교, 온라인학습, 인터넷 기반교육, 웹 기반교육 등의 다양한 표현으로 사용되고 있다(황정원, 2001). 이러한 원격교육은 전통적인 교육 방식과 비교하여 거리, 시간, 경제상황, 신체적 기타 장애로 인한 정상적인 교육이 어려운 학습자들을 위한 매우 긍정적인 가치 평가를 받고 있다(신나민, 2007).

키건(Keegan, 1986)은 원격교육의 특성을 다음과 같이 다섯 가지로 제시하였다.

① 학습이 일어나는 과정 동안 교수자와 학습자는 반영구적으로 분리되며, 이 점에서 원격교육은 면대면(face-to-face)교육과는 구분된다.
② 교수자료의 개발 및 제공이나 학습자 지원 서비스의 제공에 있어서 기관 또는 조직의 영향을 받는다. 따라서 학습자의 사적인 연구나 자기학습 프로그램과는 차이가 있다.
③ 기술적 미디어를 사용한다. 교수자와 학습자를 연결시키고 교육내용을 전달하기 위해서 인쇄 매체, 오디오, 비디오 및 컴퓨터를 사용한다.
④ 학습을 시작할 때 학습자가 도움을 받을 수 있게 하기 위해서 교수자와의 쌍방향적인 커뮤니케이션을 제공한다.
⑤ 개인으로 학습참여가 가능하기에 학습 집단을 구성할 필요는 없다.

원격교육의 특성의 보다 쉬운 이해를 위해 표 10-2에서 전통적인 면대면 교육의 특성과 원격교육의 특성을 나타내었다.

표 10-2 전통적인 면대면 교육과 원격교육의 특성

내용	전통적인 면대면 교육	원격교육
시공간적 측면	• 교수자와 학습자가 같은 시간과 공간에 함께 존재함	• 교수자와 학습자가 같은 시간과 공간에 분리되어 존재함
학습자 특성	• 동질적인 특성을 가짐 • 거의 같은 지역에서 학습함 • 주로 학부모에 의존함	• 이질적인 특성을 가짐 • 다양한 지역에 거주하며 학습함 • 일을 하거나 성인학습자인 경우가 대부분임
교수방법	• 대면수업	• 교수 미디어를 통한 수업
상호작용	• 직접적으로 상호작용이 이루어짐	• 보고서나 미디어 등을 매개로 한 상호작용이 이루어짐 • 학습자에 대한 지원시스템을 통한 상호작용
교수개발	• 개별적 교수자에 의해 개발	• 부문별 전문가간의 공동 개발
수업형태	• 교수자를 중심으로 한 학습	• 학습자 스스로의 개별 학습
행정조직	• 교수자들이 행정업무의 일부를 담당	• 전문적이고 권위있는 행정조직이 필요

출처: 염명숙·조은순(2009).

3. 원격교육의 장점과 단점

원격교육은 학습자의 교육기회가 확장되고 나아가 교육적 효율성을 증대시킨다는 측면에서 커다란 장점을 갖는 것으로 분석된다. 즉, 첨단의 교육 다중매체를 활용함으로써 교육의 효율성을 제고할 수 있으며, 교과 전문가와 교육 프로그래머, 교육공학 및 통신 매체 전문가, 컴퓨터 전문가, 학습상담자, 일반 교육자원 인사 및 교육 전문가 등의 다양한 집단에 의해 교육 프로그램이 사전에 체계적이고 전문적으로 기획·개발·제공된다는 점에서 다학문적·다양역적 팀티칭의 효과를 기대할 수 있다는 점, 무엇보다도 시간적·공간적 거리의 제약을 넘어서 누구에게나 효율적인 교육을 대량 체제로 공급할 수 있다는 점 등에서 그 장점이 부각되고 있다. 이와 같은 원격교육은 오늘날 개방대학이나 방송통신대학 등과 같은 새로운 고등교육부문과 기업체 연수 및 통신강좌 등과 같은 사회교육 프로그램에도 널리 활용되고 있다(서울대학교교육연구소, 1995).

원격교육이 갖는 단점은 대면교육이 갖는 현장성이 부족해 맥락적, 상황적 흐름이나 전달에 제한이 있을 수 있으며, 피드백 역시 즉시성이 부족할 수밖에 없다. 또한 커뮤니케이션에 있어 한계를 가질 수밖에 없으며, 특히 블렌디드러닝, 플립러닝, 시범, 코칭, 액션러닝 등 다양한 평생교육방법을 활용하기가 어렵다. 이와 함께 실시간 원격교육의 경우, 교육과 관련한 장비나 수단이 필요하며, 교수자, 학습자 모두 준비가 되어 있지 않으면 교육이 이루어지기 어려운 것이 사실이다.

4. 원격교육의 유형

정보통신기술발달에 따라 원격교육을 1세대에서 4세대로 각각 분류할 수 있다. 1세대 원격교육은 인쇄 매체를 중심으로 우편통신을 통한 개발화교육이 주를 이루었다. 2세대 원격교육은 인쇄물을 포함하여 라디오, TV, 오디오와 VTR 등과 같은 일방향 대중 전파 매체를 이용한 공급자 중심의 교육이 이루어졌다. 3세대 원격교육은 정보공학의 발달로 컴퓨터통신, 인공위성, 인터넷 등의 전자 매체를 통한 쌍방향 커뮤니케이션이 가능하게 되었다. 4세대 원격교육은 학습자 중심의 교육이고, 네트워크를 통한 가상공간의 교육, 즉 이러닝(E-learning)으로 현재까지 발전해왔다(신나민, 2007).

원격교육은 시간적인 기준으로 크게 2가지 유형으로 분류할 수 있다. 교수자와 학습자가 실시간으로 교육이 이루어지는 실시간 원격교육과 시간적인 갭이 존재하는 시간차 원격교육으로 구분된다. 실시간 원격교육은 ZOOM과 같은 도구를 활용하여 실시간으로 교수자와 학습자 사이에 교육이 이루어지는 형태이다. 시간적 갭이 존재하지 않는다는 점에서 대면수업이 갖는 장점을 어느 정도는 가질 수 있으며, 학습자들의 질문이나 발표 등을 즉시 답변하거나 피드백이 가능하다. 하지만 실시간 원격교육은 같은 시간에 두 주체가 함께 접속을 해야 하므로 학습자 중에서 참여가 어려운 상황에서는 부득이하게 학습이 어려워질 수 있고, 원격교육을 위한 도구가 준비되지 않거나 사용에 대한 인지가 어려운 경우 원활한 학습이 어려울 수 있다는 단점이 있다. 시간차 원격교육은 학습자가 원하는 시간에 학습이 이루어질 수 있어서 시간을 적절히 활용할 수 있다는 장점이 있지만 즉시적 질문이나 피드백이 어렵다는 점이 아쉽다.

제2절 이러닝(E-learning)

4세대 원격교육에 있어 가장 대표적인 평생교육방법이 이러닝(E-learning)이다. 원격교육이 갖는 장점에서 살펴보았듯이 이러닝은 언제, 어디서나, 누구든지 원하는 교육을 받을 수 있는 학습 환경을 제공하며, 다양한 매체와 통신기술의 발달에 영향을 받으면서 탄생, 발전해 왔다. 현재 이러닝은 대면수업을 대체할 만큼 학습 현장에서 각광을 받고 있으며, 사이버대학, 사이버평생교육원과 같은 전문 이러닝교육기관 뿐만 아니라 초, 중, 고, 대학교 등 일반 형식교육기관에서도 이러닝이 활용되고 있고, 특히 비대면이 요구되는 환경에서는 더욱 그 진가를 발휘하고 있는 것이 사실이다.

1. 이러닝의 개념

이러닝은 Electronic Learning의 약자로 PC, 휴대전화기, PDA(Personal Digital Assistance) 등의 정보기기를 매개로 하여 인터넷, 이동통신망 등 네트워크를 통하여 실시하는 원격교육 방법을 의미하며, 가상학습, 온라인학습, 사이버학습, 인터넷학습, 전자교육 등의 다양한 이름으로 불린다(최운실 외, 2017).

이러닝은 넓게는 컴퓨터 테크놀로지 또는 정보통신기술을 활용하여 이루어지는 학습을 의미하고, 좁게는 인터넷과 같은 네트워크를 통하여 이루어지는 학습을 의미한다(강인애, 2006; 권양이, 2012; 박종선, 2013).

로젠버그(Rosenberg, 2001)는 이러닝을 지식과 성과를 향상시키는 다양한 해결책을 전달할 목적으로 인터넷 기술을 이용하는 것이라 정의하고 있다. 이러닝은 정보통신기술을 이용한 교육을 말한다. 이는 기존의 전통적인 교실 위주의 집합식의 수업이나 강사주도의 교육과 대비되는 컴퓨터기반(Computer based Training: CBT), 웹기반(Web-based) 등 가상학습(Virtual Classroom)을 포함하는 개념이라고 정의할 수 있다.

이처럼 이러닝은 정보통신 기술을 활용하여 언제, 어디서, 누구나 수준별 맞춤형 학습을 할 수 있는 학습 환경을 의미한다. 이러닝과 관련한 용어를 살펴보면 표 10-3과 같다.

표 10-3 이러닝 관련 용어

용어	정의
이러닝	정보통신 기술을 활용하여 언제나, 어디서나, 누구나 원하는 수준별 맞춤형 학습을 할 수 있는 체제
동시적 의사소통	송신자와 수신자 사이의 상호작용이 동시에 일어나는 의사소통
비동시적 의사소통	송신자와 수신자 사이의 상호작용이 동시에 일어나지 않는 의사소통
인트라넷	인터넷 프로토콜을 쓰는 폐쇄적 근거리 통신망 LAN을 기반으로 데이터 저장장치인 서버를 연결하고 PC에 설치된 인터넷 검색 프로그램을 통해 업무를 처리할 수 있게 하는 것
사이버교육	사이버 공간에서 이루어지는 교육으로 학습자가 시간과 장소의 제약에서 벗어나 언제, 어디서나 각종 교수-학습활동을 수행하는 정보통신기술기반의 교육 형태

출처: 조은숙 · 염명숙 · 김현진(2012).

이처럼 이러닝에 대한 용어는 사이버교육(cyber education), 온라인교육(online education), 웹기반교육(web-based education) 등 명확히 구분하기는 어려우나, 이러한 교육유형이나 방법을 통해서 일어나는 학습이라 할 수 있다. 물리적 공간이 아닌 가상공간에서 같은 시간대에 또는 시간을 초월하여 교육이 이루어지는 것이 이러닝의 핵심이다. 최근 인터넷의 활용이 극대화되면서 웹기반의 교육형태인 이러닝이 무한한 성장을 거듭하고 있다.

2. 이러닝의 특성

인터넷은 학습자 개인과 관심 영역을 신속하게 연결시키며 우리 삶의 방식을 빠르게 변화시켜 오고 있다. 이러한 변화는 교육환경에서 개별화된 학습 환경을 신속하게 제공한다는 점에서도 그 의의가 있다. 이처럼 이러닝은 인터넷과 인트라넷을 기반으로 다양한 멀티미디어 정보기술을 활용하여 지식을 획득하는 학습방법으로 교수자와 학습자 간의 시간적·공간적 제약 없이 이루어지는 학습활동을 통하여 수요자 중심의 서비스가 제공되는 새로운 개념의 교육체제이다.

이러닝은 디지털 시대의 가능성을 실현하며 개방적이고 유연하게 융통성을 제공하며 쌍방향 학습 환경을 구축해오고 있다. 이러한 이러닝이 학습자 및 교수자에게 유용한 여러 특성을 살펴보면 다음과 같다(신용주, 2006).

1) 학습자에게 유용한 이러닝의 특성

① 시간적·공간적 유용성
② 기존의 전통적인 교육 방식보다 비용이 저렴함
③ 자기주도적 학습 방식
④ 개별화 및 맞춤 서비스(customizing)
⑤ 전 세계적 접근 가능성
⑥ 지식에 대한 무제한적 접근성
⑦ 수준 높은 교육 콘텐츠
⑧ 학습자에 대한 트래킹(tracking)이 가능한 네트워크
⑨ 커뮤니티를 통한 상호학습
⑩ 지식 재사용 및 공유
⑪ 학습자 요구에 적합한 최소 단위 프로그램 제공이 가능함
⑫ 웹에서 학습 모듈의 활용이 용이함
⑬ 교육 훈련 콘텐츠의 전자 상거래 확산

2) 교수자에게 유용한 이러닝의 특성

① 최신 온라인 및 사이버교육의 추세와 관련 이론의 발전을 신속하게 반영할 수 있음
② 커뮤니티 서비스, 동영상을 통한 쌍방향 교육 등 다양한 교육방법의 적용이 가능함
③ 유연성과 편의성
④ 교수–학습 과정의 개발과 유지가 용이함
⑤ 학습자의 학습정보 관리가 용이함

이와 같은 온라인학습활동을 지원하기 위해 LMS(Learning Management System)가 폭넓게 사용되고 있다. LMS란 온라인학습 환경에서 학습자의 학습을 지원하고 관리하는 시스템으로 강의 및 학습내용 탑재, 상호작용 도구, 학습과정 점검 및 평가와 관리, 접속 관리 등 총체적인 지원 소프트웨어를 의미한다. 최근에는 추가적으로 퀴즈, 시험기능, 전자게시판, 동료 학습자들과의 협력작업 공간, 성적관리 등의 학습을 관리하고 지원하는 기능이 기본적으로 탑재된 LMS가 개발되어 활용되고 있다. 이렇듯 LMS는 단순한 소프트웨어의 의미 이상으로 온라인학습 환경에서 발생하는 모든 학습사태를 계획, 전달, 운영하는 플랫폼으로 대학과 기업교육을 중심으로 이러닝에 필수적인 시스템으로 자리 잡았다(한상길 외, 2020).

3. 이러닝의 장단점

누구나, 언제, 어디서나, 원하는 시기에 원하는 정보에 접근하여 자기주도적으로 학습할 수 있다는 것이 이러닝이 가진 유익함이며 경쟁력이라 할 수 있다. 전통적인 오프라인(off-line)교육의 미비점을 보완할 수 있는 새로운 대안으로 제시되고 있는 이러닝의 장점은 다음과 같다.

1) 이러닝의 장점

① 기존 오프라인교육과 달리 시간과 장소에 제한받지 않고 학습할 수 있다.

② 학습자의 자기주도적 학습능력과 창의력을 길러준다.
③ 획일적 교육에서 탈피하여 개인의 니즈에 맞는 커스터마이징(customizing)이 가능하다.
④ 다양한 멀티미디어자료를 활용할 수 있다.
⑤ 이동할 필요 없이 집이나 사무실에서 교육을 받을 수 있기 때문에 교육과 관련한 비용을 절감할 수 있다.

2) 이러닝의 단점

이러닝은 근본적으로 학습자의 자발성에 기초하여 이루어지기 때문에 강제성이 없으며, 현실성이 낮은 가상학습이라는 특성 등의 이유로 이러닝에 대한 전망에 부정적인 견해도 적지 않다. 이러닝의 단점을 구체적으로 살펴보면 다음과 같다.

① 지속적인 학습동기 부여가 어렵다.
② 면대면 교육이 아니기 때문에 피드백이 어렵다.
③ 학습자와 콘텐츠 제공자 모두 특별한 시스템을 필요로 하여 초기 비용이 많이 들며, 제작시간이 많이 걸린다.
④ 교수자는 학습을 위해서 학습에 필요한 새로운 기술을 터득해야 하고, 이러한 기술이 없을 경우 학습의 효과성이 낮아질 수 있다.
⑤ 학교교육과 교사에 대한 경시로 이어질 수 있다.
⑥ 교수자와 학습자 모두 원활한 수업의 진행을 위해 기본적인 수업 요건의 준비가 필요하다.

이상과 같은 이러닝의 장점을 잘 살리고 단점을 보완한다면, 교육의 한계를 극복하고 경쟁력을 갖춘 새로운 수준별 환경을 구현하는 데 기여할 수 있을 것이다. 특히 수업운영과 관련해서 이러닝은 프로그램 전체를 온라인교육으로 운영할 수도 있고 오프라인교육과 병행하여 운영할 수도 있다. 후자처럼 온라인수업과 면대면수업을 결합하여 운영하는 경우는 블렌디드러닝(blended learning)이라고 한다(강인애, 2006; 권양이, 2012). 이러닝만으로 수업이 운영될 때 피드백의 지연이나 인간적 상호작용의 기회가 축소된다는 약점이 있는데, 블렌디드러닝은 이것을 해소하고 학업 성취도 및 만족도를 높여 준다는 장점이 있다(권양이, 2012). 이러닝과 오프라인교육은 각각의 장단점이 있기 때문에 지속적으로 경쟁하고 협력할 것으로 예상된다(BIR Research Group, 2012).

4. 이러닝의 유형

교수자가 학습자에게 학습내용을 전달하는 특성에 따라 여러 유형으로 분류할 수 있다. 각각의 특징을 살펴보면 다음과 같다.

① **반복연습형**: 반복연습형은 이미 습득한 지식이나 기능을 반복 연습시킴으로써 숙달 수준에 이르도록 보충하고 강화하기 위한 것이다. 사실적 정보, 기본적 용어나 개념, 언어에서의 단어 익히기나 발음 연습 또는 수학에서의 연산 등 단순 암기나 숙달을 통하여 지식이나 기능을 학습시키고자 할 때 활용된다. 되도록 많은 연습을 할 수 있도록 구성하는 것이 좋고, 반응은 간단하고 즉각적이어야 하며, 학습자의 수행 정도를 기록하고 이에 따라 난이도를 조정해야 한다.

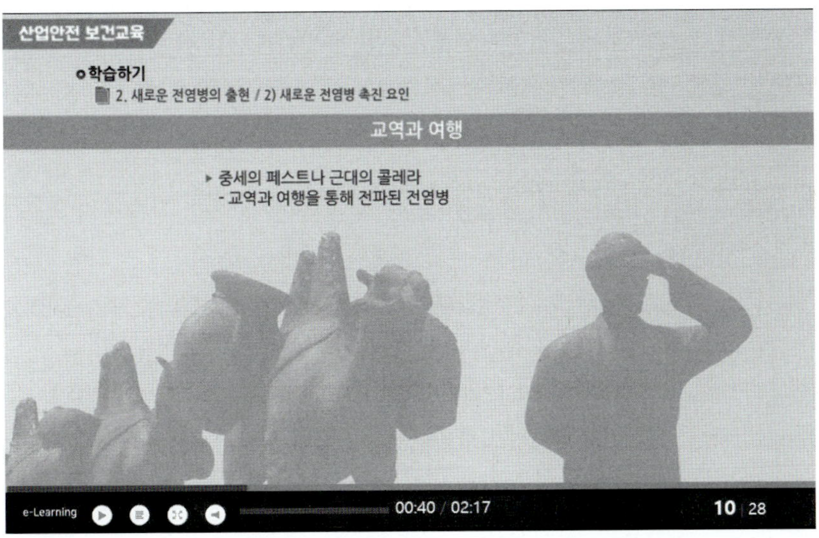

② **개인교수형**: 개인교수형은 교수자와 학습자가 일대일로 수업을 하는 것같이 컴퓨터가 교수자의 역할을 담당하여 새로운 학습내용을 가르치고

확인하고 강화한다. 개인교수형은 실제적 정보의 획득, 원리에 대한 학습, 문제해결 관련 학습 등에 사용가능하며, 학습자의 수가 적은 경우나 교수자가 정규수업이 이루어지기 어려운 경우에 활용이 가능하다.

③ **시뮬레이션형**: 시뮬레이션형은 컴퓨터를 통하여 실제와 유사한 가상 상황을 제공함으로써 실제와 유사한 경험을 갖도록 한다. 실제로 경험하기에 시간적·공간적·경제적 제한이 있거나 위험이 따르거나 경험하기 불가능한 경우에 사용되는데, 예를 들면 비행기 조종훈련, 사업경영의 실습, 상황판단훈련, 위험한 과학실험, 모의전쟁훈련, 인체수술 등에 이용된다.

④ **게임형**: 게임형은 경쟁적인 요소를 포함하여 승자와 패자를 구분하며, 오락적인 요소를 투입하여 동기유발과 학습을 강화하는 것이 특징이다. 이 유형은 이미 습득한 지식, 기능 등을 강화하는 데 유용하며 사실과 원리, 문제해결력, 협동과 같은 사회적 기능, 태도 형성 등에 사용된다.

⑤ **발견학습형(문제해결형)**: 발견학습이란 학습자에게 스스로 원리를 발견하게 하는 과정 중심의 학습형태로서 고도의 지적 기능학습에 특히 유용하다. 시행착오를 통한 원리발견과 구체적 예를 통한 원리발견 또는 실험과정을 통한 원리발견 등의 발견학습형태가 컴퓨터를 통하여 구현될 수 있다.

⑥ **자료제시형**: 컴퓨터에 저장된 많은 양의 학습자료를 학습자가 필요에 따라 찾아볼 수 있도록 하는 프로그램으로 학습 보조자료로 사용되는 경우가 많다. 하이퍼텍스트나 하이퍼미디어의 개념을 적용한 자료를 제시하거나 멀티미디어를 활용하여 음성이나 음향, 사진 또는 동영상자료를 제시하는 것도 가능하다.

5. 이러닝의 확장

1) 모바일러닝

모바일러닝(m-learning: mobile learning)은 이동 가능한 장비로 무선 매체를 활용하여 이루어지는 학습을 의미한다(강인애, 2006; 권양이, 2012). 모바일러닝에서 이용할 수 있는 장비로는 노트북, PDA(Personal Digital Assistants, 개인용 휴대용 단말기), PMP(Personal Media Player, 개인용 미디어 플레이어), 태블릿 PC, 아이패드, 스마트폰 등과 같이 개인이 휴대할 수 있고, 이동이 가능한 매체가 있다. 특히 2000년대 초반에 나타났던 휴대전화, PDA, 노트북의 높은 보급률이 모바일러닝의 도입과 발달의 중요한 요인이 되었다(신용주, 2012; 배영권 외, 2013).

컴퓨터 앞에 가야만 가능했던 이러닝과 달리 모바일러닝은 언제 어디에서나 모바일기기를 무선으로 인터넷에 접속하여 학습할 수 있다는 장점이 있다. 그러나 언제 어디에서나 학습이 가능하다는 점에서 비롯된 학습에 대한 부담감이나 학습자의 정보나 위치 노출에 따른 사생활 보호의 문제가 대두된다(권양이, 2012). 특히 학습을 위해서는 일정 수준 이상의 환경을 갖춘 휴대용 단말기가 필요할 뿐만 아니라 진화속도가 너무 빠르기 때문에 일부 학습자에게는 접근성의 문제가 대두하기도 한다. 또한 충분한 교수-학습을 진행하기에는 대화형식이 너무 짧고 스크린이 작으며 인쇄가 용이하지 않고 건전지의 수명과 충전의 문제가 있다는 등의 지극히 실제적인 측면에서의 지적이 있기도 하다(BIR Research Group, 2012).

2) 유비쿼터스러닝

유비쿼터스러닝(u-learning: ubiquitous learning)은 언제 어디에서나 학습할 수 있다는 의미를 지니는 개념으로, 언제 어디에서나 무선으로 인터넷에 접속할 수 있는 환경이 구축된 2000년대 후반에 이르러 가능해졌다(권양이, 2012; 배영권 외, 2013). 즉, 유비쿼터스러닝은 학습 환경과 여건에 대한 제약이 거의 대부분 사라졌다는 의미를 담고 있다. 따라서 유비쿼터스러닝은 기존의 이러닝이나 모바일러닝과 완전히 다른 별개의 개념이 아니라 ICT의 발달에 따라 진화해 가는 학습형태에 해당한다. ICT의 발달은 휴대용 기기 간의 네트워크를 기반으로 단말기와 사물에 이식된 각종 센서, 칩, 태그, RFID 등을 통해서 학습자의 상황 정보와 해당 사물의 정보를 실시간으로 인식할 수 있게 해 주고 있다(권양이, 2012). 따라서 학습은 컴퓨터와 네트워크에서만 이루어지는 것이 아니라 감지된 학습자의 상황에 적합한 지원과 전자칠판이나 전자북 또는 스마트폰 등 각종 지능형 사물을 통해서도 이루어진다. 시간과 장소에 구애받지 않고 평생학습이 가능해진 것이다.

3) 스마트러닝

인터넷활용교육은 이러닝, 모바일러닝, 유비쿼터스러닝의 순서로 변화해 왔다. 엄밀히 보면 이 모두를 통틀어 이러닝(e-learning)의 범주에 두지만, 컴퓨터를 기반으로 이동성이 확대됨에 따라 이러닝의 용어가 확장된 것이다. 이제는 휴대용 단말기나 휴대전화에 컴퓨터기능이 추가되면서 스마트러닝(smart learning)이라는 획기적인 변화가 일어나고 있다. 즉, 컴퓨터를 기반으로 한 인터넷 활용을 넘어서서 블로그(blog), 위키(wiki), 트위터 등 SNS를 활용한 학습이 시도되고 있다(권양이, 2012).

스마트러닝은 '21세기 학습자 역량을 개발하기 위한 개별형 맞춤 학습체제'(천세영 외, 2013) 또는 '최신 정보통신기술의 활용, 상호작용의 극대화, 학습자중심, 지능적 맞춤학습'(김미용·배영권, 2012; 배영권 외, 2013 재인용)이라고 정의되기도 한다. 그러나 스마트러닝에 대한 공식적인 또는 합의된 용어 정의가 존재하지는 않는다.

스마트러닝의 공식적 어원은 2011년 6월 교육과학기술부의 보도자료에서 '스마트교육 추진 전략'이라는 용어를 처음 사용한 데서 기원한다. 그리고 같은 해 10월에 교육과학기술부는 '스마트교육 본격 도입을 위한 실행 계획'을 통해서 스마트교육은 "정보통신기술과 이를 기반으로 한 네트워크 자원을 학교교육에 효과적으로 활용하여, 모든 학생이 글로벌 리더가 될 수 있도록 재능을 발굴·육성하는 21세기 교육 패러다임"이라고 소개하였다.

이와 함께 교육부는 스마트교육 비전을 '지구촌 공동체를 이끌어 갈 창의성과 인성을 갖춘 글로벌 인재 육성'으로 정하고 다음과 같이 학교교육에서 추진할 7대 과제를 마련하였다.

① 디지털교과서 개발 및 적용
② 온라인수업 활성화
③ 온라인을 통한 평가 및 개인별 학습 진단·처방
④ 교육콘텐츠 공공목적 이용 환경 조성
⑤ 역기능 해소를 위한 정보통신 윤리교육 강화
⑥ 교원의 스마트교육 실천역량 강화
⑦ 모든 학교에 클라우드 교육서비스 기반 조성

스마트러닝은 무엇보다도 개별화와 상호작용성을 가장 큰 특징으로 한다(배영권 외, 2013). 즉, 스마트러닝은 이러닝, 모바일러닝, 유비쿼터스러닝보다 더 학습자 개개인에게 적합한 맞춤형 콘텐츠와 활동을 제공하고, 보다 더 생동감 있는 실시간 상호작용이 가능하게 하는 데 중점을 두고 있다. 그리고 그 맥락에서 7대 과제가 추진될 것이며, 점진적으로 조만간 평생교육에도 확산·추진될 것이다. 인재개발협회(ATD: Association for Talent Development)의 최고의사결정자인 빙엄과 코너(Bingham & Conner, 2010)는 "과거에는 테이블에 둘러앉아 토론해야 했지만, 사회적 미디어는 멀리 떨어져 있는 누구와도 실시간으로 함께 이야기 나누는 일을 가능하게 한다"고 주장하였다. 또한 "훈련은 이미 해결된 문제에 대한 답이라고 인정된 지식을 교과서를 통해 배우지만, 협력은 누구도 생각하지 못한 해결책을 창의적으로 만들어간다"고 하였다. 이렇게 새로운 배움의 기회를 가능하게 하는 도구가 바로 사회적 미디어이고, 그런 과정을 통해 이루어지는 배움이 바로 '사회적 학습(social learning)' 또는 스마트러닝이다(Bingham & Conner, 2010). 웹 2.0 기반의 사회적 미디어를 통해 함께 배우는 스마트러닝은 평생교육의 핵심적인 트렌드로 자리잡아가고 있다.

6. 이러닝의 과정

1) 실시간의 경우

- 교수자는 학습자를 대상으로 교육에 대한 제반 사항을 교육 홈페이지, 스마트캠퍼스, SNS 등을 활용하여 전달한다.
- 교수자는 정해진 시간에 합의된 학습전달도구(ZOOM 등)에 접속한 후, 학습

자들이 원활히 접속할 수 있도록 안내하고, 접속주소를 알린다.

- 학습자는 교육시간을 확인하고 시간에 맞추어 컴퓨터나 노트북, 스마트폰, 테블릿PC 등을 준비하고, 접속한다.
- 대면강의와 마찬가지로 교수자는 교육주제와 내용에 맞는 강의를 진행한다.
- 학습자는 궁금하거나 이해하지 못하는 내용을 즉시 질문하여 이해하도록 한다.
- 가능하면 소그룹으로 토의나 발표를 진행한다.
- 평가와 피드백을 진행한다.

2) 비실시간의 경우

- 교수자는 교육하고자 하는 내용을 동영상이나 자료를 준비한다.
- 학습자와 합의된 교육전달매체(구글클래스, 대학 스마트캠퍼스, 사이버캠퍼스 등)에 준비된 강의동영상과 자료를 업로드하고 학습자가 정해진 시간 내에 학습할 수 있도록 한다.
- 학습자는 업로드된 강의자료를 찾아 시청하거나 읽기를 통한 학습을 진행한다.
- 궁금한 내용이나 이해하지 못한 내용에 대해서는 교수자에게 질문을 남긴다.
- 교수자는 학습자의 질문에 적절한 답변을 한다.
- 교수자는 강의와 관련한 평가(중간, 기말, 과제, 퀴즈 등)를 진행하고 이에 대한 피드백을 진행한다.

요약

1. 원격교육(遠隔敎育, distance education)이란 전통적 교육 방식에서의 출석에 의한 대면학습과 달리, 교수자와 학습자 간에 시간적·공간적 원격성을 전제로 인쇄물이나 방송 통신 및 컴퓨터 등과 같은 다양한 교육 공학 매체들을 매개로 하여 행하게 되는 새로운 형태의 대안적 교육 방식이다(서울대학교교육연구소, 1995).

2. 원격교육이 갖는 특성은 ① 학습자와 교육제공자 간의 공간적·시간적 원격성 극복 ② 학습자에 의한 자기주도적 자율학습과 개별 학습의 실시 ③ 사전에 개발·준비·제공되는 체계적이고 조직적인 교육 프로그램 ④ 인쇄물이나 전화, 회로식 TV, 컴퓨터, 비디오 등과 같은 다원적 원격교육 매체를 통한 학습자와 교수자, 교육 매체 전문가 간의 다원적 의사소통의 가능성 ⑤ 화상학습이나 상황학습, 모듈코스 등과 같은 다양한 대안적 학습체제 개발과 최신 정보공학기술 활용을 통한 새로운 교육 영역의 개척과 교육 효율성의 제고 ⑥ 교육의 대량 공급과 합리적인 자율학습 체제 등을 통한 교육의 경제적 효율성 제고 등을 들 수 있다(서울대학교교육연구소, 1995).

3. 이러닝은 정보통신기술을 활용하여 언제, 어디서, 누구나 수준별 맞춤형 학습을 할 수 있는 학습 환경을 의미한다.

4. 이러닝의 유형에는 ① 반복연습형, ② 개인교수형, ③ 시뮬레이션형, ④ 게임형, ⑤ 발견학습형(문제해결형), ⑥ 자료제시형 등이 있다.

연구문제

1. 원격교육의 개념과 특성에 대해 논의해 봅시다.

2. 원격교육의 향후 발전방안에 대해 발표해 봅시다.

3. 이러닝의 장단점에 대해 논의한 후, 단점을 개선할 수 있는 방안에 대해 논의해 봅시다.

4. 이러닝의 유형에 대해 논의해 봅시다.

5. 스마트러닝에 대해 논의해 봅시다.

PART 03

새로운 평생교육방법

CHAPTER 11

평생교육 프로그램 운영의 실전

개요

평생교육 프로그램 운영의 실전은 현장감 있게 운영하는 것과 밀접한 관련이 있다. 그런데 평생교육 프로그램은 컴퓨터 프로그램처럼 작동되는 것이 아니라 프로그램과 관련된 교수자의 교수행위, 학습자의 학습행위, 운영 요원의 운영 및 관리행위의 통합적으로 상호작용하는 인간의 인위적 노력에 의해 전개되는 것을 의미한다.

이 장에서는 평생교육 실천현장에서 평생교육 담당자가 적용할 수 있는 프로그램의 운영과 관련된 실제적인 방법, 즉 프로그램 운영의 이해, 평생교육 운영의 실행과정 및 관리, 프로그램 운영방법, 프로그램 평가방법을 살펴보고자 한다.

학습목표

1. 평생교육 프로그램의 운영에 대하여 이해하고 설명한다.
2. 평생교육 운영의 실행과정 및 관리를 파악한다.
3. 평생교육 프로그램 운영방법을 알아보고 실행한다.
4. 평생교육 프로그램 평가방법을 알아보고 평가한다.

주요 용어

프로그램, 인적비용, 절감법, 변동비용, 프로그램 평가

제1절 평생교육 프로그램 운영의 이해

평생교육방법에서 프로그램 운영(program implementation)은 하나의 활동(activity)으로서 계속적이며 일목요연한 순서(order)가 있고, 한 개 이상 항목으로 진행된다. 그리고 모든 항목에 따라 교육목표가 있으며, 교육활동은 사건과 사건끼리 상호적인 관련되어 있다. 즉, 평생교육의 실전에서 한 부분이지만 전체적으로 중요한 영역으로 강조된다. 이것은 평생교육사에게 프로그램 운영에 대한 명확한 이해가 요구되는 이유이기도 하다.

프로그램 운영은 교수자의 교수 학습의 행위와 운영과 관리의 행위가 상호작용하며 인간적이며 인위적으로 운영되는 것이다. 또한, 계획되고 조직화된 프로그램이 지향하는 본질적인 목적과 목표를 이루기 위해 실제 행동으로 옮기는 것을 의미한다. 이것은 광의적인 의미와 협의적인 의미로 파악된다(권두승, 2005).

프로그램 운영의 의미를 광의적으로 해석하면, 설계된 프로그램을 실제적으로 실행하기 위하여 운영조직을 편성하는 단계에서부터 실제로 활동을 실천하고 그 활동 내용을 기록·정리하여 평가에 이르기까지의 일련의 과정을 포함하는 것을 의미한다. 협의적 의미로 보면, 실질적인 프로그램의 실행의 시작부분의 도입과 정리까지 일체의 과정이라고 말할 수 있다.

학교교육에서 사용되는 보통 교육과정이란 기계적인 교육관의 관점으로 미리 준비된 것인데, 마치 기계를 작동하는 것과 같이 조작적인 행위를 하는 것을 말한다. 그런데 프로그램의 실행과 운영을 조작적인 행위로만 간주하기에는 무리가 있다. 그것은 교수자는 물론 학습자와 운영자의 상호협력으로만 가능하기 때문이다. 즉 컴퓨터 프로그램처럼 자동적으로 작동되는 것이 아니라 프로그램과 관련된 사람들의 인위적인 노력이 필요하기 때문이다(이해주 외, 2018).

따라서 기본적인 교육행위에서 조직과 운영을 이상적이면서도, 실천적인 행동으로 대상 집단과 기관 간에 공동의 노력을 통해 정보와 자원을 획득한다. 일정한 절차에 따라 적절한 순서대로 프로그램을 구성하고 운영된 프로그램을 고객에게 제공하여 최종적으로 그 효과를 평가한 후 프로그램을 개정하는 일련의 과정을 의미한다(권이종 외, 2003).

1. 평생교육 프로그램 운영목적

사람들은 왜 프로그램에 참여하려는 것일까? 사람마다 각자 다른 이유와 목적이 존재할 것이다. 사람들이 학습프로그램에 참여하는 목적은 우선 학습자의 개인적 경험을 최대한 이용하여 개인적 삶의 질을 향상시키고 학습자의 특정한 요구나 문제해결에 도움을 주어 자기 만족감을 얻기 위해서다. 또 다른 하나는 새로운 지식과 기술을 습득하고 적용해 봄으로써 좀 더 삶의 질을 향상시키기 위해서라고 할 수 있다. 이와 같이 개인적인 만족감과 사회적 효용감이 성인학습자들에게 프로그램 참여 목적이라 할 수 있다. 평생교육 프로그램은 개인은 물론, 조직, 집단, 그리고 지역사회 등 보다 광의의 고객 및 학습체제를 대상으로 프로그램이 제공되어야 한다. 학습자 개인만을 대상으로 제시한 평생학습 프로그램은 일반적으로 다음과 같은 목적에 의해서 만들어짐을 볼 수 있다(권이종 외, 2013).

표 11-1 **평생교육 프로그램의 목적**

프로그램의 목적	프로그램의 예시
① 개인의 지속적인 성장과 발달 추구	컴퓨터 활용을 위한 실습 교육
② 성인의 생활과제와 실제적 문제해결	근로자를 위한 퇴직준비 연속 세미나
③ 현재와 미래의 직업 기회 준비	신입사원 오리엔테이션교육
④ 조직의 목적과 수행	조직의 통합질관리를 위한 전직원 세미나
⑤ 지역사회의 과제와 사회적 이슈검토	지역 환경의 날 행사적 교육이벤트

출처: Caffarella, R.S.(1994).

2. 평생교육 프로그램 운영원리

평생교육 현장에서 평생교육자가 프로그램을 실행하고 운영·관리하는 과정에서 반드시 이해하고 실천해야 할 원리(Boone, 1985)는 다음과 같다.

첫째, 평생교육사는 기획된 프로그램을 실행하는 데 준비된 자료와 환경을 조성하기 위하여 기법과 전략을 최대한 여러 가지로 활용해야 한다. 프로그램 대상 학습자의 특성을 분석하고 내용의 홍보로 프로그램에 참여하도록 촉진한다. 그리고 합리적인 프로그램으로 구성하고 프로그램 운영의 환경을 분석 학습자가 활동에 적합한 활동환경을 조성해 준다. 모든 면에서 이용 가능한 자원을 적극 활용할 수 있도록 한다.

둘째, 프로그램 실행에 앞서 인적·물적 자원을 확보하여 유용하게 활용하도록 해야 한다. 프로그램 내용에 따른 교수자 선정과 교수방법의 통합으로 실행 과정에 적합한 평생교육사의 활동이 있어야 한다. 또한 수립된 프로그램 예산에서 준비된 물적 자원을 확인하고 프로그램 활용에 즉시 투입될 수 있도록 프로그램의 문서화 및 매체화가 작성되어야 한다.

셋째, 설계된 프로그램의 전 과정을 조절할 수 있어야 한다. 일단 프로그램이 진행되면 학습활동을 관찰·통제하기 위한 체계적인 방법을 선택하여 활용할 수 있어야 한다.

넷째, 평생교육사는 프로그램을 진행하면서도 계속적인 발전요인으로 향상시킬 수 있어야 한다. 참석자들의 욕구와 지위 등을 파악하여 학습자의 능력과 필요에 부응하는 프로그램이 진행되고 있는지 또는 학습자가 학습에 적응을 못하는지 학습환경을 파악하여 보상 및 강화 활동을 해야 한다.

다섯째, 운영과정에서 학습자의 체험을 유도시키고 재활용하기 위해 학습자들에게 반응을 이해시키며, 그 결과에 대한 기쁨을 찾아야 한다.

여섯째, 프로그램의 운영에 있어서 평생교육 지도자들은 참가자들의 욕구와 지위 등을 파악하는 분석가, 학습내용, 순서 및 계열성을 선정하고 모든 교육경험을 기획하고 편성하는 개발자, 프로그램을 진행하는 강사 및 운영자로서 프로그램 과정 및 성과를 평가하는 평가자의 역할을 수행해야 한다.

3. 평생교육 프로그램 운영모델

특정한 영역 속에서 일정한 원리가 적용되어 나타날 때, 평생교육 프로그램 운영은 매우 포괄적인 현상이다. 그래서 프로그램 운영 모델에 대한 체계적인 조망이 필요한 이유가 이 때문이다. 평생교육 프로그램 운영은 평생교육기관에 소속된 평생교육 담당자가 담당해야 할 중요한 직무이다. 이러한 직무를 효과적으로 수행해 나가기 위한 모델은 **표 11-2**와 같다.

표 11-2 평생교육기관 프로그램 운영 모델

전개과정	수행과업	
1. 프로그램 운영계획	•프로그램 필요성 확인 •목표에 적합한 전략 세우기 • 프로그램 환경분석 • 운영관리도구 점검, 전체 계획표 작성 • 예측 불허 상황에 대처방안 • 학습목적·목표진술	• 프로그램 운영 지침서 제작 • 교육장소 및 시설 사전 점검 • 프로그램 진행과 관련된 스케줄 작성
2. 평생학습자 모집	• 학습자특성, 지역 고려한 참가자 모집 • 학습요구 및 필요분석 • 학습자의 접근 편의성 고려 • 간편하고 편리한 수강신청 방법 마련	• 홍보전략 구성 및 실천 • 주기별프로그램 안내 책자발간 및 배포 • 적절한 프로그램 수강료 책정
3. 프로그램 예산관리	• 소요경비 편성 및 재원 확보 • 필요경비 조정 및 집행 • 행정업무처리의 간소화	• 투자한 프로그램으로 발생된 이익 계량화
4. 고객관리 및 지원	• 편안한 분위기 학습분위기 조성 • 잠재적 고객 분석 • 프로그램 정보제공 • 상담 및 컨설팅의 상설화	• 고객마인드 실천 • 교육 결과 적용 및 활용 정보 제공 • 홈페이지에 정보 업로드
5. 프로그램 준비	• 개강 및 수료식의 시나리오 • 오리엔테이션 자료, 교재, 자료집 제작 • 프로그램 운영 관리 체제 수립 • 프로그램 실행 매뉴얼 제작 • 교육환경, 기자재 점검 관리	• 장소 선정 및 학습환경 조성 • 수강생 리스트 확인·출결 상황 점검 • 프로그램 전개되는 총괄적인 의사결정 • 현장학습에 대한 학습자의 상황 파악 및 관리
6. 관계 조성	• 조직 관계자와 파트너십 유지 • 학습자·강사와 원활한 의사소통 • 학습자·강사와 신뢰적 분위기 조성	• 학습자와 교수자 및 운영자 간에 상호적 협력관리 • 학습자와 친밀감 형성 및 동기 유발
7. 평생 학습자 멘토 및 지원	• 학습자의 질문·요구에 대한 피드백 • 학습자 격려와 학습의지 지속적	• 학습자의 자율학습 공간과 소통 지원 • 학습에 대한 어려움과 불만을 사

전개과정	수행과업	
	조장 • 참여학습자 중도탈락 예방 상담	전파악 • 학습자를 위한 배려와 관심 갖기
8. 강사관리 및 지원	• 강사에 대한 정보, 강사섭외 및 관리 • 적절한 강사료 협의 및 지급 • 휴강 및 강사 보강조치 결정	• 학습자 반응을 신속하게 피드백 • 기자재 및 교육환경 조성 • 강사가 심리적으로 안정감과 책임감을 갖도록 지원함 • 교육에 필요한 자재의 작동 가능 확인
9. 평가 및 사후관리	• 프로그램 평가 자료 수집 · 분석 • 프로그램 모니터링/학습자 상황 파악 • 학습자 정보 데이터베이스 구축 • 프로그램 평가 결과 보고 • 프로그램 종료 후 내용 정리 및 기록	• 학습자 만족도 설문지 제작 및 조사 • 프로그램 종료 후 성과분석 결과 보고 • 수료생 추후지도 및 학습동아리 지원
10. 프로그램 통합관리	• 프로그램 모니터링/평가보고서 작성 • 개설할 수 있는 프로그램 숫자 파악 • 프로그램 존폐 관계 결정	• 프로그램 브랜드화 • 경쟁력 있는 프로그램 연구 및 개발 • 프로그램 생애주기별에 따른 전략수립

출처: 김소현(2007)에서 윤영남 외(2021)가 첨가하여 표로 구성.

4. 프로그램과 커리큘럼 비교

프로그램은 커리큘럼과 혼돈되는 용어이다. 커리큘럼은 특정한 교육목표를 얻기 위해 구성된 학습기회로 볼 수 있다. 커리큘럼은 특정한 교육목표를 수행하기 위해 구조화된 학습기회로 정의할 수 있으며, 일반적으로 학교 등의 공식 교육조직에서 사용된다. 존슨(Johnson)에 의하면 커리큘럼은 계획된 학습결과의 연계로 구조화되었으며, 공교육제도권 안에서 학습활동에 대한 것을 말하는 반면 프로그램은 제도권 이외의 모든 학습활동까지를 포함하는 광범위한 의미이다.

교육적 의미의 프로그램이라고 하더라도 평생학습에 있어서의 프로그램은 분명히 학교교육에서의 커리큘럼과 구별되는 특성을 가지고 있다. 평생학습 프로그램의 성격을 분명히 하기 위해서 이 둘 간의 비교도 의미가 있다. 학교는 획일적이고 정형화된 교육과정에 의해서 수업이 진행되고 평생교육에서는 기관마다 혹은 대상별로 유연성 있는 프로그램을 학습자에게 제공한다.

이러한 차이가 학교에서는 교육내용을 주로 교육과정(curriculum)이라는 용어로 칭하는 반면에 평생학습에서는 프로그램(program)이라는 용어를 사용하는 이유이기도 하다(Javis, 1983). 커리큘럼과 프로그램의 비교는 다음과 같다.

표 11-3 커리큘럼과 프로그램의 비교

구분	커리큘럼	프로그램
주요 관심	교과목 위주	개인적 문제와 요구
학점	학점화	비학점화
설계자	선정된 전문가와 자문위원	학습자와 평생교육사
주제	전문가에 의해 학습자에게 필요하다고 판단되는 지식·기술·태도·가치 등	학습자의 특정한 요구나 문제해결에 도움이 되는 것
초점	내용중심	문제 및 과제중심
장점	학습목표나 활동이 명백히 제시되며, 학습 내용이 체계적이고 조직화된 계열성을 지님	학습자의 개인적 경험을 최대한 이용하며 이를 통해 요구에 즉각 부응함

출처: Neimi, j. A., & Nagle, J. M.(1977).

제2절 평생교육 프로그램 운영관리

1. 프로그램 운영과정

프로그램 운영의 실행은 프로그램과 관련된 인적·물적 자원을 투입하여 프로그램이 원활하게 활용할 수 있도록 하는 것을 말한다. 프로그램을 운영하는 과정은 복잡한 과정을 거치게 되기 때문에 프로그램 운영의 모델에 따라 절차에 충실할 필요가 있다. 평생교육사가 개발된 교육 프로그램을 진행하는 과정에 프로그램 실행자로서의 능력이 필요하다. 평생교육사는 자기주도적 학습이 되도록 분위기를 조성하며 학습자의 입장에서 진행해야 한다. 언제나 학습자가 심리적 안정과 편안한 분위기로 학습에 몰입하도록 최대한 신경을 써야 한다. 따라서 평생교육사는 프로그램의 설계 및 실행과정, 평가의 각 단계에서 적합하게 상황 파악을 하면서 운영에 임해야 한다.

1) 프로그램 설계

프로그램을 효과적으로 실행하고 운영하기 위해서는 평생교육사가 설계단계에서 문서화된 준비물 점검사항에 의하여 철저한 점검과 확인이 매우 중요하다.

설계단계에서 고려할 점검내용은 표 11-4와 같다.

표 11-4 준비물 점검사항

점검사항		월일	비고
① 교육장소는 잘 준비되어 있는가	• 장소는 지정된 날에 사용할 수 있는가 • 실행장소의 환경은 적절한가 • 사회, 접수, 명찰 및 장소의 표시는		
② 필요한 교육매체는 잘 준비되어 있는가	• 칠판 준비는 되어 있는가 • 필요한 교육 매체는 준비되어 있는가 • 마이크는 제대로 점검되었는가		
③ 필요한 자료는 준비되어 있는가	• 참석자 수 만큼의 자료는 준비되어 있는가 • 참석자를 위한 종이, 필기구 등은 준비되어 있는가 • 의약품 준비는 잘 되어 있는가		
④ 장소의 배치는 적절한가	• 책상, 의자, 괘도대, 스크린, 마이크 등의 위치는 적절한가 • 관찰자, 배석자의 위치는 적절한가		
⑤ 기록 준비는 되어 있는가	• 기록의 계획은 되어 있는가 • 녹음기, VTR을 사용하는가 • 기록용지, 필기구 등은 준비되어 있는가		

점검사항		월일	비고
⑥ 강사에 대한 통지는 잘 되어 있는가	• 강의 의뢰서는 전송하였는가 • 강의 일정, 장소, 시간 등에 대한 확인이 이루어졌는가		

출처: 김진화(2001).

2) 프로그램 실행

① 프로그램 운영계획을 수립한다. 역할분담 내용, 프로그램 운영조직과 관련되는 인적요인 및 운영조직의 확인, 준비물의 사전 점검 등이 포함된다.

② 프로그램 운영·관리체제를 수립한다.

③ 프로그램 실행 매뉴얼을 제작한다.

④ 프로그램을 실행한다.

프로그램 실행 시 유의할 점은

첫째, 실제로 프로그램 운영은 평생교육자에 의해 프로그램을 설계하고 편성·운영하는 구체적인 활동이 이루어지도록 한다.

둘째, 프로그램을 편성할 때 기상조건이나 강사와 학습자의 상황이 예상외로 변화할 수 있는 돌발 상황에도 대처할 수 있는 방안을 마련하여 프로그램이 차질없이 계획대로 운영되도록 한다.

3) 프로그램 정리 및 평가

① 실시한 내용을 정확하게 기록하고 정리하여 프로그램에 대한 체계적인 평가를 위한 자료로 활용할 수 있도록 준비해 둔다.

② 학습자와 교사·강사들에 의해 예상된 결과를 분석, 해석한다. 기관의 입장에서 프로그램 개발단계에서 각 요소 상의 선택의 결과를 평가한다.

③ 프로그램 평가자료 수집·분석 – 프로그램 평가결과 보고 – 프로그램 정리 등의 순서로 프로그램 평가를 한다.

평생교육 지도자들은 교육프로그램 운영과정 가운데서 하나의 단계 또는 모든 단계에 참석한다. 즉 참가자들의 욕구와 지위 등을 파악하는 분석가, 학습

내용, 모든 교육경험을 기획·편성하는 개발자, 프로그램을 집행하는 강사 및 운영자이며 동시에 프로그램과정 및 성과를 평가하는 평가자의 역할을 수행해야 한다.

2. 프로그램 설계 및 운영

1) 학습대상자 특성분석

평생학습 프로그램을 설계하는 단계에서 프로그램 설계자는 학습자의 행동에 초점을 두고 평생교육 프로그램 운영의 설계를 해야 한다(권이종 외, 2003). 프로그램을 편성하는 데 있어서 특별히 유의할 일은 그 프로그램을 통해서 학습하려는 학습자가 누구냐 하는 것을 명확하게 하는 것이다. 프로그램의 주 대상자는 청년이냐 주부냐 직장인이냐 아니면 노인이냐에 따라서 학습자의 요구는 달라지기 마련이다. 따라서 학습 대상자에 대한 파악이 정확하도록 그들의 특성을 분석하는 일이 우선적으로 필요하다.

2) 프로그램 내용 및 조직

학습목표가 설정된 다음에는 그 목표를 실현하기 위하여 프로그램 내용을 선정해야 한다. 내용선정의 과정은 학습목표를 학습 대상자에 대한 파악이 정확하도록 선택되어야 한다. 그러나 프로그램의 내용도 항상 융통성 있게 고려하여야 하며, 상당한 변화를 요구하는 학습자들에게 즉시 대처하고 적용할 수 있도록 우선적인 변경이 가능해야 한다.

프로그램을 내용을 선정한 후 학습내용의 연속성, 발전성, 탄력성을 고려하여 교육목적과 목표에 부합되게 프로그램 내용을 조직한다.

3) 프로그램 내용에 따른 교수방법

프로그램의 목표, 참여자들의 상황, 주변의 요인들을 고려하여 학습자에 어떻게 프로그램 내용을 습득시킬 것인가의 교수방법을 정해야 한다. 즉, 학습경험을 수행하는 방법이 결정되어야 하는 것으로 교육목표를 획득할 수 있도록 도와줄 수업형태나 방법을 결정하는 단계이다. 학습내용에 따른 최적의 방법은 다음과 같다.

표 11-5 학습내용에 따른 최적의 방법

내용		최적방법
지식	기억	게임, 기억법
	이해	강의, 토의, 사례연구, 견학
기능	신체	시범, 비디오 등 시각자료, 실습, 실제상황 설정 연습
	지적(정신적)	강의, 사례연구, 과제해결, 실습, 작업 연습
	사회	시범, 시청각, 실제상황, 역할극
태도	인정	집단적으로 제도변경, 환경조작, 장기간체험(사례연구)
	충성, 헌신	
	순응	

출처: 권이종 외(2003).

4) 프로그램 문서화 및 매체화

프로그램은 기획단계부터 결과물을 기록하여야 한다. 즉, 학습과제명의 결정, 학습형태의 결정, 인적자원의 활용, 사업명의 결정 등을 문서화해야 한다. 완성된 프로그램의 내용을 학습자들에게 효율적인 전달방법과 매체화가 어떻게 이루어질 것인가를 검토해야 한다. 따라서 여러 가지 매체에 교육내용을 알차게 담아내는 과정이 어떻게 매체를 다룰 것인가의 전문성과 적응력이 운영의 실제 단계에서 요청된다.

3. 프로그램 운영 및 관리

1) 강사선정

평생교육 프로그램 운영에 있어서 좋은 강사의 선정이 수준 높은 프로그램을 결정한다고 한다. 그래서 교육프로그램은 강사의 비중이 크므로 강사를 위촉할 때, 기준과 기관 및 대상 등을 여타 기간의 담당자들에게 정보와 소통으로 충분한 자료파악이 요청된다. 따라서 강사 선정 시의 고려사항은 다음과 같다.

① 학습자들이 받아들이기 쉬운 강사
② 학습 내용에 대해 충분한 실력과 전달할 수 있는 표현력을 갖춘 사람
③ 전체적인 운영의 구성과 호응으로 분위기를 이끌 수 있는 사람
④ 강사 후보자는 복수로 하고, 면담하여 본인의 승낙을 얻을 필요가 있다.
⑤ 기관 내 강사의 경우, 전문강사가 아니기 때문에 충분한 준비 기간을 가질 수 있도록 배려한다.
⑥ 외부 강사의 경우에는 본인의 스케줄이 있기 때문에 가능한 한 빨리 섭외할 필요가 있다.

2) 프로그램 운영 및 관리

평생교육사는 계획된 교육프로그램을 운영하고 관리하는 행정가로의 자질이 있어야 한다. 실제로 교육프로그램을 운영하면서 평생교육사가 수행해야 할 역할은 매우 다양하다. 조직을 발전시키고 유지하는 능력, 프로그램 실행자로서의 관리능력이 있어야 한다.

표 11-6 프로그램 운영관리의 영역

영역	수요 활동	영역	주요 활동
강사관리	• 강사섭외 및 강의의뢰서 송부 • 강사료협의, 강사료 지급 • 원천징수 영수증 작성 및 송부	교육 기자재 및 시설 관리	• 재물조사 준비 • 시설물활용 계획서 작성 • 교육기자재 수리보수 • 냉난방확인
교육생 관리	• 참석대상자 명부작성 • 출결상황, 요구사항 교육반응 점검 • 교육생 자치회 협조	기타	• 입학식 준비 • 입학 졸업식 초청인사 안내문 • 전공별 대표자회의 • 수료생 학적부정리 • 예산편성 • 신입생 모집 요강작성 • 운영위원회 준비
수업관리	• 강의실 점검 • 강사소개 • 교육기자재 준비 상황확인 • 휴·결강 강사 보강조치		

출처: 이해주 외(2018).

(1) 프로그램 운영 시 유의사항

프로그램의 운영은 실행과 관리에 따른 학습목표에 도달하는 실제적 프로그램의 효과와 직접으로 관계되며, 계획된 목표를 달성하는 데 집중되어야만 한다. 프로그램 운영 시에 평생교육사가 유의할 사항은 권두승(2005)의 설명에 다음과 같이 요약할 수 있다.

첫째, 평생교육사가 프로그램 실행안의 구상, 편성한 후에 학습목표를 달성하기에 부적절하거나 큰 차이점이 발생한 경우에는 목표 변경이나 내용 방법의 대체를 고려해 보는 것이 중요하다.

둘째, 프로그램은 뜻밖에 상황 전개로 변경해야 할 경우가 종종 발생하기 마련이다. 이미 준비한 프로그램에 연연하기보다는 상황변화에 대처할 수 있는 적절한 자세가 요청된다.

셋째, 프로그램의 운영계획을 변경해야 할 불가피한 시에는 타당한 이유를 설정하여 현명한 결정이 되도록 해야 한다.

넷째, 프로그램의 운영을 위한 조직원들의 공통된 목표와 역할의 중요성을 알고 상호 협력하면 더 효과적으로 할 수 있도록 한다.

다섯째, 프로그램을 실행하기 전 점검해야 할 목록을 먼저 준비해서 배치해 두고 잘 지키도록 하는 것이 중요하다.

여섯째, 프로그램은 실시 기관의 모든 사람이 협력하면 운영이 원활함을 알아야 한다. 그러므로 프로그램을 담당하는 평생교육자는 프로그램 목표를 달성하기 위해 다른 사람과 협력의 관계를 유지해 나가야 한다.

제3절 평생교육 프로그램 운영방법

1. 프로그램 일정 및 준비사항

1) 실시 일정

평생교육방법에서 프로그램 실시 일정은 목표를 실현하기 위한 당해 프로그램의 구체적인 계획이다. 프로그램의 내용을 충실히 진행하기 위한 총시간 수의 배분, 실행 시기, 그리고 몇 주 단위나 학기로 진행할 것인지 결정한 후, 시간대에 적합한 단위시간 및 수업을 어떤 과정으로 실시할 것인가를 명확히 하는 일이다.

첫째, 학습자가 시간적 문제로 학습 참여에 제한받지 않도록 수요자 입장에서 편성한다.

둘째, 시간표 조정으로 학습자 집단이 선호하는 프로그램이 같은 시간대에 집중되지 않도록 한다.

셋째, 집중 프로그램은 되도록 짧고 알차게 실시하며, 참여의 가능성을 높이기 위해 사전에 견학 및 야외활동 일정을 알려 주어 개인이 일정을 조절할 수 있도록 해야 한다.

넷째, 프로그램의 특성에 따라 고려하면 좋은데, 가족중심의 내용은 공휴일이나 명절이 용이하지만, 그외 다른 것은 실시 일정을 잘 고려해야 한다.

다섯째, 성인학습자의 재미와 흥미를 계속하여 유발시키도록 프로그램 진행 중에 다각도로 변화를 유도한다.

2) 실시 장소

교육 장소로 인한 어려움을 해결하여 적합한 분위기를 학습자들에게 조성하기 위해서는 교육이 시작되기 전에 장소와 관련된 많은 항목들을 점검하는 것이 프로그램 담당자의 중요한 책무이다. 성인교육 장소는 프로그램의 내용, 진행방법, 학습자의 특징과 시설의 편리성에 따라 장소를 선정한다. 학습자에게 특정한 프로그램의 내용에 따른 최적의 장소, 평생교육자 등의 다양한 특성을 고려해야 하므로 결정이 쉽지 않다. 다양한 시설 중에서 적절하게 좋은 장소로 성인학습자들이 편안하고 교육받기에 적절한 환경에서 학습 효과가 더 크다고 할 수 있다.

다음은 성인학습자의 참여를 촉진하기 위해 프로그램 실시 장소를 결정할 때 고려해야 하는 요소를 정리·제시한 것이다(최운실, 2017).

첫째, 교육 장소는 학습 분위기를 수용할 수 있는 곳으로서 학습자에게 접근이 용이한 지역이나 교통과 직장이 가까운 곳이어야 한다.

둘째, 교육 장소는 설계된 학습활동이 최대한 학습목표를 달성할 수 있는 곳이어야 한다.

셋째, 교육 장소는 반드시 사전 답사해야 하며, 이동이나 변경할 때 프로그램 실시에 가능여부와 적절한 비용도 알아야 한다.

넷째, 집중해야 할 프로그램은 숙박 상황 및 응급할 때 사용할 연락처와 부대시설을 확인 후 잘 갖춘 곳이어야 한다.

다섯째, 교육 장소가 정해지면 프로그램 진행을 위해 강의실의 상태를 확인하고 사전에 문제를 발견하여 조치하도록 해야 한다.

3) 외부시설 이용 시 유의사항

첫째, 현장 확인은 가장 중요한 사항으로, 반드시 현장의 사전 답사를 통해 실시하고자 하는 교육의 성격과 내용, 교육 참가자의 여건에 적합한지를 점검한다.

둘째, 강의실과 숙소의 규모 및 청결과 노후 정도, 이용할 수 있는 시설의 범위, OHP, 슬라이드, 비디오, 영사기 등의 시청각 기재의 종류 및 상태, 냉난방 방법과 작동 상태, 방송시설의 상태 및 작동 방법 등 시설의 유·무 및 상태를 확인한다.

셋째, 진행담당자의 숙소 및 진행장소의 위치, 교재, 교육기기의 보관장소, 강사 휴게실을 마련하도록 한다.

넷째, 시설 내용에 따르는 경비 문제도 세밀한 부분까지 확인한다.

다섯째, 프로그램 참가자 및 강사의 이동 시간 및 교통편을 확인한다.

여섯째, 비상연락, 프로그램 참가자의 숙소 관리, 시설 이용시 회사의 시설에 대한 임대차 및 이용할 수 있는 다른 단체와 관계 등에 유의한다.

2. 성인학습지도자 관리와 리더십

1) 성인학습지도자 관리

평생교육기관의 강사는 대체로 기관에 소속되지 않은 성인학습지도자이다. 강사로 결정된 직후의 강사료, 지급방법과 같은 행정 절차 이외에는 교육기관의 구성원과 접촉하는 일이 거의 없다. 그러나 학습자의 교육 만족도를 높이기 위하여 더 나은 프로그램 진행이 이루어지도록 해야 한다. 그래서 위촉된 강사는 기관에서 프로그램이 마칠 때까지 상호 협력하도록 한다. 강사가 확정된 기관은 강사들을 위하여 개인적이나 집단적으로 상세한 안내로 원활한 프로그램을 위해 지원해 주어야 한다. 이때 다루어야 할 기초적인 내용은 다음과 같다(이해주 외, 2018).

첫째, 전체 프로그램 관리자 소개, 기관에 대한 정보
둘째, 프로그램 실시 시간과 장소, 계약내용
셋째, 주차장, 강사 휴게실, 복사실 등과 같은 편의시설 안내
넷째, 강사로서의 책임 영역, 강사의 강의 이외의 행정적 업무
다섯째, 학습자 요구분석에 기초한 프로그램에 대한 기대

이상의 내용에 대한 오리엔테이션이 끝나면 성인학습지도자는 카드를 작성하고, 강사료 협의, 강사료 지급방식 결정, 필요한 교재·교구 및 교육 매체를 프로그램 관리자에게 미리 알려 주고 또한 매체의 확보방법을 상의하여 프로그램 진행절차를 마친다.

2) 성인학습지도자의 바람직한 리더십

바람직한 성인학습지도자의 리더십은 다음과 같다(기영화 외, 2006).

첫째, 학습자와의 상호관계, 학습자들 간의 상호관계를 중요시하는 관계지향적 리더십이다.

둘째, 학습자를 존중하고 학습계획과 학습활동, 평가에서 학습자를 참여시키고 그들의 의견을 최대한 수용하는 민주적 리더십이다.

셋째, 학습조직에서 미래에 대한 비전을 제시하고 학습자들을 공동목표 설정과 달성에 동참시킴으로써 목표달성에 전념하도록 하는 공유 비전적 리더십이다.

넷째, 학습자의 체계적인 의사소통, 평가, 정보와 아이디어의 분석을 촉진해 주고 문제해결과 의사결정을 도와주는 과업 지향적 리더십이다.

다섯째, 외부의 영향이 아니라 스스로에게 영향력을 행사하는 셀프리더십이다.

따라서 성인학습지도자로서 강사가 될 사람은 관계 지향적이며, 성인학습자를 프로그램에 많이 참여시키는 민주적·공유적·과업 지향적 셀프리더십이 필요하다.

3) 프로그램 예산수립 및 재원확보

(1) 비용산출

예산을 편성한다는 것은 설계된 프로그램에 필요한 모든 비용과 할당을 적절하게 조절하는 것이다. 프로그램을 운영할 때 예산은 절대적으로 신중해야 한다. 특별히 프로그램에 대하여 예산을 세울 때, 첫째는 전체 예산에 맞춰야 하고, 둘째는 어디로 낭비되는지를 파악해야 한다.

프로그램 관련 비용은 직접비용과 간접비용, 고정비용과 변동비용으로 나눌 수 있으며, 혹은 개발비용, 수업비용, 평가비용으로 구분하여 산출할 수도 있다(Caffarella, 2002). 또한 학습자, 강사, 수업개발, 시설관리 및 유지비용으로 분류한 프로그램 비용산출 방법을 제시하기도 한다(Strother & Klus, 1982).

인적비용, 수업 및 시설비용, 프로그램 관리비용 등으로 나누어 개발비용·운영비용·평가비용의 산출방법은 표 11-7과 같다.

표 11-7 프로그램 비용산출

항목	내용	비용 (개발, 운영, 평가)
① 인적비용	• 프로그램 개발자, 관리자, 강사, 자문위원, 보조원	
② 수업비용	• 교재와 매체 비용 • 프로그램 설계와 평가비용	
③ 시설비용	• 프로그램 운영기관의 시설을 이용 • 시설이 기관의 소유가 아니라 임대하여 활용하는 시설	
④ 프로그램 관리비용	• 마케팅 비용은 모집 요강, 광고, 홍보물 등의 제작비용과 배포, 신문, 전화, 직접 대면 등의 직접적인 광고 홍보비 • 학습자 관리, 서류 작성, 복사, 보관, 사무용품 구입, 전화사용 등 일반 행정을 위한 비용 • 수료식, 졸업 전시회, 졸업 발표회 등 행사를 위한 비용 • 자료실, 복사실, 취업 정보수집 등 학습자 개인의 교육목표 달성을 위한 기관의 지원비용	

출처: 이해주 외(2018)의 내용을 표로 작성함.

(2) 인적비용 산출방법

프로그램 개발과 진행에 참여할 인적 요소인 개발과 운영에 필요한 개발자와 관리자 및 강사나 보조원에게 지출되는 것이 인적비용이다. 산출방법은 다음과 같다(Head, 1994; Keársley, 1990).

표 11-8 인적비용 산출방법

인적비용 산출방법
① 프로그램 개발, 진행단계별로 필요한 인적자원이 누구인지를 결정한다.
② 각 인적자원이 각 단계의 일을 수행하는 데에 필요한 시간을 결정한다.
③ 각 인적자원이 프로그램에 참여하는 총 시간을 계산한다.
④ 각 인적자원의 연봉을 추정한다. 정규 직업이 있는 경우는 직장에서의 연봉으로, 정규 직업이 없는 경우는 같은 직종의 비슷한 지위에서 일하는 사람의 연봉 범위의 평균으로 정한다.
⑤ ④를 각 인적자원이 정규 직장에서 1년 중 실제 일하는 날짜로 나눈다.
⑥ ⑤를 각 인적자원이 정규 직장에서 하루에 근무하는 시간 수로 나눈다. 이 결과는 각 인적자원에 지불하는 시간당 급여가 된다.
⑦ 프로그램에 참여하는 총시간 ®에 시간당 급여 ®을 곱하여 각 인적자원에 지급해야 하는 비용을 산출한다.
⑧ 기관의 위치나 사정에 따라 각 인적자원에 교통비를 더 지급할 수 있다.

출처: 김진화(2006).

이 외에도 단순히 다른 기관에서 지급하는 비용에 기준하여 비용을 결정할 수 있다. 또한 기관 보조금이 전혀 없이 학습자의 수강료에 의존하여 비용을 지급해야 할 때에는 총 수강료 수입에 근거하여 비용을 결정하기도 한다(Knowles, 1980).

(3) 재원확보

예산과 관련하여 프로그램 학습비를 결정하는 것은 대단히 어려운 일이다. 기관의 운영철학이나 보조금, 기관의 시장 점유율 등 다양한 요소들이 가격 결정에 영향을 미친다. 기관의 수입원은 기관의 성격과 프로그램의 목적에 따라 다르다. 사설 교육기관인지, 시청·구청과 같은 관공서에서 운영 혹은 보조한 프로그램인지, 정부의 보조를 받는 직업기술교육인지에 따라 기관의 수입원이 달라진다. 성인교육기관의 수입원을 분류하면 다음과 같다.

첫째, 학습자가 수강료를 지불하는 경우이다.

둘째, 정부에서 학습자의 수강료를 대납하고 프로그램의 개발과 운영을 지원하는 경우이다.

셋째, 기업에서 자기개발 제도를 운영하면서 학습자가 등록한 학원의 수강료를 학습자의 소속기관에서 수강료를 대신 지불하는 경우이다.

넷째, 프로그램 운영기관이 다른 수익사업으로 인한 이윤으로 이 교육프로그램의 운영을 지원하는 경우이다.

다섯째, 학습자나 일반인을 상대로 교육기관이 개발한 교재나 출판물을 판매하여 얻은 이윤을 프로그램 운영에 보조하는 경우이다.

(4) 재원의 절감방법

모든 평생교육 기관의 재원은 한정되어 있다. 그렇기에, 재원을 절감할 수 있는 방안은 중요하다. 프로그램을 설계한 대로 진행하기 위해 예산을 편성하지만, 재정의 제한을 받는 프로그램은 방법과 내용을 개정해야 할 때도 있다. 이렇게 비용이 한정되었을 때는 여러 가지의 재원의 절감 방법을 강구해서 프로그램을 실행하도록 한다.

카파렐라(Caffarella, 1994)는 프로그램 개발의 과정에서 비용을 절감할 수 있는 방법을 구체적으로 다음과 같이 제안하고 있다.

① 프로그램 관련 직원이 인력을 재배치하고 남은 인력은 방출을 효율적으로 이동하도록 관리한다.
② 프로그램 개발과정에서 직접 제작하는 것보다 외부에 맡겨서 효과적인 것은 외부 기관에 위임할 수도 있다.
③ 최대 한계 비용에 달하는 참여자 수를 정하여 정원을 제한한다.
④ 각 단위시간을 최대한 이용할 수 있게 수업을 설계한다.
⑤ 장비를 구입하기보다는 가능한 장비와 교재는 대여해서 사용하도록 한다.
⑥ 학습자의 수업에 지장을 주지 않는다면 학습자 중심의 교수법을 택한다.
⑦ 예산이 많이 드는 새 교재의 개발보다는 기존의 교재를 이용하도록 한다.
⑧ 홍보물의 내용에 중점을 두고 화려하지 않고 실용적으로 제작한다.

3. 평생교육 프로그램 평가

1) 프로그램 평가개념

평생교육 프로그램 평가란 평생교육 프로그램 실행 후 프로그램의 성과, 가치 등 효과를 판단하는 것이 바로 프로그램 평가이다. 실제 평생교육의 현장에서 활용되고 있는 프로그램 평가는 프로그램의 가치나 장점을 판단하고 결정하며, 효과와 영향력을 판단하여 목적 달성과 성취도를 파악하는 것, 프로그램에 대한 운영과 학습자의 의사결정에 지원하는 것 등 몇 가지 기초에 의하여 이루어지고 있다. 평생교육 프로그램의 평가는 평생교육 프로그램 평가와 평생교육 기관 평가의 두 영역이 있다.

2) 평가목적

평생교육 프로그램 평가의 영역에는 평생교육 프로그램 평가와 평생교육 기관의 평가가 있다. 평생교육 프로그램 평가란 프로그램 실행 후 프로그램의 목표성취도, 설계와 실행의 효과성을 파악하기 위한 과정이며, 요구된 목표의 달성 정도, 설계된 프로그램의 가치 등 여러 각도에서 판단하는 것이다.

평생교육기관 평가란 평생교육 기관의 강의 시설, 매체, 수강료, 교사·강사의 자질, 운영여건 등을 종합적으로 확인하고 점검하고 진단하는 것이다.

첫째, 평생교육의 실시가 원래 계획대로 잘 진행되고 있는지를 확인한다. 좋은 프로그램의 평가 기준은 항목에 따라서 유익한 피드백을 주는데, 평가의 목적은 개인적으로 무엇이라도 보다 나은 결정을 하도록 한다는 가정에 바탕을 둔다.

둘째, 교육과정의 개선 여부 및 지속 여부를 결정하기 위한 근거자료를 제공한다. 프로그램의 기획과 실행의 전체 과정에서 피드백(feedback)을 통한 수정이나 운영의 존폐 여부를 검토하고 결정하는 자료로 적합하게 활용되어야 한다.

셋째, 지역사회 개발 정책이나 국가 정책 결정 시의 판단자료로 사용할 수 있다.

3) 프로그램 평가절차

평생교육 프로그램 평가과정은 평생교육 프로그램의 평가과정 설계, 평가자료 수집, 자료의 분석 및 해석, 프로그램 실패 요인 검토, 프로그램 결과에 대한 의견 교환의 순으로 살펴보고자 한다(차갑부, 1999).

(1) 평가과정 설계

프로그램 평가를 위해서는 평가과정에 대한 면밀한 계획이 필요할 뿐만 아니라 그 결과를 어떻게 활용할 것인지에 대한 설계가 선행되어야 한다.

카파렐라(Caffarella, 1994)는 체계적인 평가과정을 설계하는 방법에 대하여 다음과 같이 종합적으로 논의하고 있다.

① 평가결과에 영향을 미치는 사람 및 단체로부터 평가에 대한 후원을 확보한다.
② 누가 평가를 계획하고 감독할 것인지를 결정해야 한다.
③ 평가의 목적과 그 결과를 활용하는 방법을 정확히 기술한다.
④ 평생교육 프로그램 평가할 내용과 문항을 구체화해야 한다.
⑤ 평가를 위해 필요한 증거를 누가 제공할 것인지를 결정한다.
⑥ 활용될 평생교육 프로그램의 평가방법의 구체화 및 평가에 사용될 기준과 그 기준을 결정하기 위한 절차의 활용을 구체화한다.
⑦ 자료수집 기법과 시기를 결정하고 분석절차를 구체화한다.
⑧ 평가를 실시하는데 필요한 구체적인 시간계획과 예산을 결정한다.
⑨ 평가 후 권고안이나 평가보고서를 제시하거나 프로그램 전체 또는 특정한 학습활동에 있어서 개선되어야 할 권고 사항에 대한 반응을 유도한다.

4) 프로그램 평가 자료수집

(1) 자료수집 기법

평생교육 프로그램의 목표, 평가방법, 필요한 정보 유형에 따라 한 가지나 그 이상의 기법이 활용될 수 있으며, 평생교육 프로그램 평가의 실행 및 응답자의 유형과 기법을 활용하는데 드는 비용을 고려해야 한다(권이종 외, 2003).

첫째, 가장 일반적으로 활용되고 있는 것이 질문지법이다.

둘째, 직접 대면하여 개인적 질문과 대답을 통해 이루어지는 면접법이 있다.

셋째, 관찰법은 수업 진행과정에서 즉, 특정 행동을 체계적으로 관찰하고 기록하는 방법이다.

넷째, 형식적 내지 비형식적 기록인 논평(comment)이 있다.

다섯째, 비디오테이프와 테이프 레코딩은 수업 관찰에 대한 영구적인 기록이 가능한 방법이다.

(2) 자료수집 과정

평생교육 프로그램 평가자료 수집은 프로그램 평가와 교육프로그램을 위한 아이디어 수집을 위해 사용되며 평가자료는 수업과정과 직접 관련되는 자료수집 과정은 다음과 같다(성낙돈 외, 2013).

첫째, 평생교육 프로그램이 시작되기 전 참여자들의 수준을 알아보기 위해 지식, 기술, 가치, 태도에 관한 기초자료를 수집한다.

둘째, 프로그램 개선을 목적으로 질문지, 면접, 테스트 등을 통해 프로그램 실시 중에 학습의 현장에서 평가자료를 수집한다.

셋째, 프로그램이 끝날 경우에 그 학습현장에서 참여자들의 반응 및 학습에 관한 자료를 질문지, 면접 등을 통해서 수집한다. 프로그램 시작되기 전 수집한 학습자들의 수준과 프로그램의 배경에 대한 자료와 비교하여, 프로그램을 통한 학습자의 수준 향상 여부와 개선사항을 밝혀낼 수 있다.

끝으로 프로그램이 종결된 후 추수평가를 통해 참여자들의 지식수준, 수행능력, 가치 및 태도에 관한 자료, 기관의 정보 등을 알아본다.

(3) 프로그램 실패요인 검토

교육프로그램에 대한 평가 자료를 해석함에 있어서 실제적인 상황을 전제로 하여 성패의 요인을 면밀히 검토해야 한다. 흔히 성공이 강조될 뿐 실패를 이해하는 과정이 소홀히 취급되고 있다. 프로그램 실패유형 4가지는 다음과 같다.

표 11-9 프로그램 실패유형

실패 원인	구체적 내용
프로그램의 기획은 부분적으로 완성되었으나 실행되지 못하는 경우	• 불분명한 조직목표 • 잘못 규정된 고객 대상 • 자위 제약에 대한 불안전한 지식 • 과도한 비용 내지는 설계의 미비 • 계획 완수 노력 미흡
프로그램을 위한 계획은 완성되었으나 충분한 등록을 유도하지 못해 프로그램이 취소된 경우	• 부적절한 수강료, 스케줄, 장소 • 잠재적 학습자, 조직, 지역사회의 관심 부족 • 부적절한 마케팅, 후원 • 매력적인 경쟁체제 실패
프로그램이 실행되었지만 학습자들이 기대한 내용을 제공하지 못한 경우	• 미숙한 교수자, 미숙한 진행자 • 불분명한 목표 • 학습자 욕구를 고려하지 못한 내용 • 시설, 복지 등 비 수업 자원의 질
학습자들이 프로그램 실행에 만족감을 표시하였지만 설계된 목표에 달성하지 못한 경우	• 비효율적인 프로그램 진행 • 불분명한 목표와 목표에 대한 인식 부족 • 목표 및 프로그램 틀과 교수·학습기법의 연결 미흡 • 비현실적 기대, 부적절한 학습 준비

출처: Sork(1991).

(4) 프로그램 결과에 대한 의견교환

평가를 통해서 결과가 나오게 되면 관련 있는 다양한 사람들과 구체적인 의견을 나누는 과정이 요청된다. 프로그램에 대한 의견교환과정을 체계적이고 시기적절하게 계획되어야 하며, 필리프스(J. Phillips, 1991)는 프로그램 결과에 대한 의견교환은 다음과 같은 순환적 단계를 거친다고 설명했다(성낙돈 외, 2013).

① 제1단계–의견교환 이유분석

교육프로그램의 결과에 대해 의견을 교환할 필요성에 대한 분석을 한다.

② 제2단계–대상선정

의견교환에 참여할 평생교육기관의 책임자, 직원, 외부 전문가, 참여자 등의 대상자를 선정한다.

③ 제3단계–보고서 개발

프로그램 결과를 설명하기 위해 보고서 형식의 자료를 개발하는 일이다.

④ 제4단계–결과보고를 위한 미디어 선정

가장 흔히 사용되는 대표자 모임, 기관의 뉴스레터 및 출판물 등의 미디어를 선정한다.

⑤ 제5단계–정보 제시

정보 제시는 가장 주의 깊고 신중하게 행해져야 하는 단계이다.

⑥ 제6단계–의견교환에 대한 반응분석

매우 비형식적이고 비 체제적일 수 있으나, 긍정적·부정적·무반응 등 모든 반응이 어떻게 받아 들려지는가에 대한 암시를 준다. 포괄적인 의견교환을 통해 피드백을 받을 수 있어야 한다.

요약

1. 평생교육의 프로그램 운영은 교수자와 학습자 및 운영과 관리자가 상호 협력하므로 효율적으로 전개되는 것이다. 계획된 프로그램이 조직적으로 교육의 목표를 지향하도록 실질적으로 실천에 옮기는 과정이다.

2. 교육적 의미의 프로그램이라고 하더라도 평생학습에 있어서의 프로그램은 확실하게 학교교육의 커리큘럼과 특성이 구별됨을 알 수 있다. 학교는 획일적이고 정형화된 교육과정에 의해서 수업이 진행되고 평생교육에서는 기관마다 혹은 대상별로 유연성 있는 프로그램을 학습자에게 제공한다.

3. 좋은 강사의 선정이 프로그램의 성공여부를 좌우할 수 있다. 그래서 교육프로그램에서 강사의 역량은 비중이 매우 크다. 좋은 강사의 선정을 위해서 사전에 다른 기관의 운영자와 정보 교류와 강사의 전공 등 선정기준을 잘 파악해야 한다.

4. 예산편성은 프로그램의 운영을 위해 계획된 비용을 산출하고 확보하는데, 프로그램마다 드는 비용을 효과적으로 관리하는 것으로 직접, 간접비용과 고정, 변동비용으로 구분한다. 때론 개발비용과 수업비용 및 평가비용으로 구별하여 산출하지만, 예산을 절감하는 방법도 파악해 둘 필요가 있다.

5. 실제 평생교육의 현장에서 활용되고 있는 프로그램 평가는 프로그램의 가치나 장점을 판단하고 결정하는 것, 프로그램의 효과 및 영향을 파악하고 판단하는 것, 프로그램의 목적 달성 정도를 확인하는 것, 프로그램에 대한 의사결정을 보조하는 것인데, 대부분이 이런 네 가지 기초에 의하여 이루어지고 있다.

연구문제

1. 사람들이 학습프로그램에 참여하는 이유는 자기의 만족감과 질적인 삶의 향상과 성취감을 맛보기 위함이다. 또 다른 하나의 이유는 무엇인지 발표해 봅시다.

2. 평생교육 프로그램의 운영을 위한 외부시설 이용 시 유의점을 예를 들어서 발표해 봅시다.

3. 평생교육기관의 프로그램 운영 시 선정된 강사의 관리는 어떻게 하는 것이 좋은지 사례를 들어서 발표해 봅시다.

4. 평생교육 프로그램 중에서 자신에게 적합한 것을 선택한 후에 프로그램 운영의 방안을 발표해 봅시다.

5. 만일, 자신이 평생교육 기관의 운영자라면, 평생교육 프로그램 운영 시 재원 절감방법에 대해 발표해 봅시다.

CHAPTER 12

스토리텔링을 활용한 평생교육방법

개요

현대 인지심리학의 선구자인 제롬 브루너는 1981년 에밀리라는 두 살짜리 여아를 대상으로 연구한 결과, 혼자 중얼거리는 것이 일종의 이야기(story)라는 것을 알게 되었다. 이와 관련하여 하버드대학교 캐서린 넬슨교수가 이끄는 연구자들은 인간은 이야기를 통해 현실관을 형성하고 수정해간다는 것이다. 즉, 이야기는 사고의 내용이자 생각하는 방식이며, 인간발달에 영향을 미칠 수 있다는 의미를 갖는다(배철우, 2018).
이야기를 전달한다는 의미를 가진 스토리텔링(storytelling)의 목적은 스토리텔러가 스토리를 통해 무언가를 전하고자 하는데 이것이 바로 메시지다. 이러한 메시지는 평생교육에 있어서는 교육목표이자 교육내용이라 할 수 있다. 이와 같은 사실을 통해 스토리텔링은 평생교육방법으로서의 역할을 충분히 할 수 있을 것으로 예측되며, 이미 여러 분야에서 스토리텔링을 활용한 교육이 이루어지고 있다. 따라서 이번 장에서는 평생교육분야에 있어서의 스토리텔링을 활용한 평생교육방법에 대해 살펴보고자 한다.

학습목표

1. 스토리텔링의 개념을 파악할 수 있다.
2. 스토리텔링이 갖는 특성과 가능성에 대해 이해할 수 있다.
3. 스토리텔링의 교육적 접근에 대해 이해할 수 있다.
4. 스토리텔링을 활용한 교육과정에 대해 이해할 수 있다.

주요 용어

스토리텔링, 스토리텔러, 원소스 멀티유스(One Source Multi Use)

제1절 스토리텔링의 개념과 특성

1. 스토리텔링의 개념

스토리텔링(storytelling)은 스토리(story)와 텔링(telling)의 합성어로 사전적 정의는 이야기하기이다. 이런 의미에서 스토리텔링에 대한 접근은 크게 스토리에 대한 포커스와 텔링, 즉 어떻게 전달하는가에 대한 포커스로 분류되며, 특히 최근 디지털 매체의 발달과 다양한 전달 매체의 개발에 따라 이야기를 전달하는 기술적 측면을 강조한 정의들도 등장하고 있다.

스토리텔링은 이야기를 하는 기술, 매체 특성에 맞게 표현하는 것, 이야기를 전하는 것만이 아닌 이야기를 만드는 것, 전달매체에 대한 기술특성을 이해하고 그 특성에 맞는 이야기를 선정하는 것, 상호작용의 의사소통기술 등의 의미를 포함하고 있다.

정창권(2008)은 스토리를 미디어의 특성에 맞게 표현하는 것이라고 하여 스토리의 내용뿐만 아니라 스토리를 전달하는 기술적인 측면까지 포함했으며, 박기수(2007)도 미디어 환경의 특성을 적극 반영하고 있고, 스토리 중심에서 벗어나 커뮤니케이션활동과 말하기를 중심으로 한 향유라고 정의했다. 여러 연구자들의 스토리텔링에 대한 정의를 표 12-1에 정리하여 제시하였다.

표 12-1 스토리텔링의 정의

연구자	정의
Ong (1982)	인간이 갖는 경험을 조직하고 구축하며 이를 전달할 수 있는 능력을 가지고 있는 참여적, 상황의존적인 구술행위
Marson (1996)	스토리텔링의 기본적 요소는 첫째, 상호작용, 둘째, 상호 창조적인 과정, 셋째, 개인적이고 해설적인 성격을 갖고 인간의 본질을 전달하는 수단, 넷째, 스토리를 전달하는 과정에서 전달자와 수용자가 내용을 함께 공유하고 해석하거나 제안할 수 있는 의미전달의 수단
Haven (2000)	가장 오래된 의사소통의 한 형태로 스토리의 요소, 이미지를 언어와 목소리, 육체적 움직임과 제스처를 사용한 예술
Kazlovich	인생의 의미를 내포한 스토리를 공유하면서 타자의 삶을 간접적으로 경험

연구자	정의
(2002)	하고 스토리 속에 동화되어 전달자와 수용자가 함께 의미를 발견하고 만들어가는 것으로 인생을 이해하는 방법
Gordin (2005)	수용자가 경청할 수 있도록 매력적인 이야기를 창작하고 어렵지 않은 방법으로 전달해 주는 것
이인화 (2005)	사건에 대한 진술의 지배적인 담화 양식
송정란 (2006)	사람과 사물의 본질을 전달하는 과정에서 이야기가 개입되며, 이를 엮어서 전달하는 창조적인 과정
박기수 (2007)	미디어 환경의 특성을 적극 반영하고 있고, 스토리 중심에서 벗어나 커뮤니케이션 활동과 말하기를 중심으로 한 향유
최혜실 (2007)	어떠한 현상, 사실, 사물에 대하여 일정한 줄거리를 가지고 하는 말 또는 글
김광욱 (2008)	서사적 줄거리와 전승력을 갖춘 언어기술적인 것들의 집합
김의숙 이창식 (2008)	협의적 정의: 재미있고 감동적인 이야기를 창조하는 능력 광의적 정의: 문학적인 상상력, 예술적인 심미안, 공학적인 기술까지를 모두 갖춘 능력
정창권 (2008)	스토리를 미디어의 특성에 적합하게 표현하는 것
류은영 (2009)	하나의 사건을 잘 짜인 이야기로 감각에 호소하며 감동적으로 전달하는 인류의 담화예술 혹은 기술
황신웅 (2009)	깊숙이 내재된 인간의 본능으로 그 이야기가 이 세상을 이해하고 설명하는 데 도움이 될 수 있도록 인간의 지식구조를 형성하는 기본 방식
김민규 (2010)	스토리를 전달하고 공유하고 나누는 행위와 과정
최시한 (2015)	전통적 이야기 행위에서 나아가 매체를 복합적으로 활용하는 문화(콘텐츠)산업 시대의 이야기 활동 전반, 즉 아이디어의 발상과 기획에서 창작, 제작 등을 거쳐 이야기물이 산출되기까지를 포함하며, 경우에 따라 이것의 사용 혹은 소비과정까지를 광범위하게 가리킴

출처: 정차숙(2013). p.8 재구성.

이와 같은 여러 학자들의 정의를 종합하여 스토리텔링을 다음과 같이 정의할 수 있겠다.

스토리텔링이란 인물, 사건, 배경이 적합하게 형성된 이야기를 목적에 맞게 만들거나 혹은 찾아서 적절한 전달 매체를 선정하여 수용자에게 전달하여 이야기의 내용을 효과적으로 받아들이도록 하는 전달자와 수용자 간의 상호 의사소통이다.

스토리텔링도 스토리텔러가 스토리에 메시지를 담아서 그것을 받아들이는 수용자에게 의도적으로 계획하는 커뮤니케이션의 한 과정이므로 스토리텔링의 모델을 그림 12-1과 같이 나타낼 수 있다.

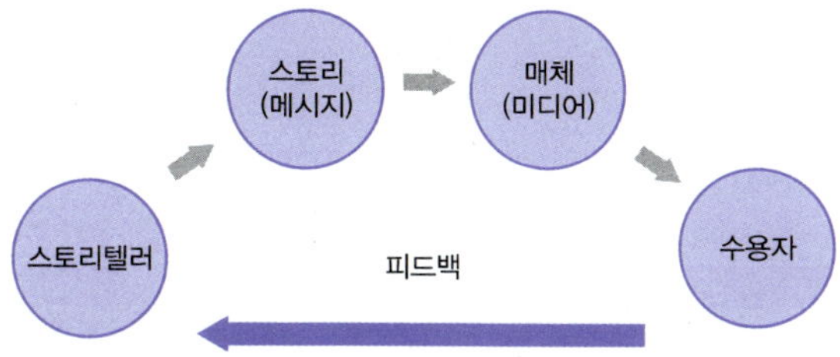

그림 12-1 **스토리텔링 모델**

2. 스토리텔링의 특성

스토리텔링이 갖는 특성을 살펴보면 스토리텔링은 실제성과 허구성의 두 가지 특성을 모두 갖는다. 이야기는 자서전이나 위인전과 같이 실제 일어난 일이나, 신문이나 방송에 등장하는 실제 일어난 사건을 이야기형태로 꾸밀 수 있기에 실제성을 갖지만 소설이나 희곡, 시나리오 등과 같이 픽션(허구)을 기반으로 한 창작 이야기가 많기 때문에 또한 허구성도 스토리텔링의 중요한 특성의 하나라 할 것이다.

스토리텔링은 누구나 공감할 수 있어야하는 수용적 특성을 갖는다. 스토리텔링은 일방적 커뮤니케이션이 아니기 때문에 그것을 수용하는 수용자적 측면에서도 관심을 기울여야 한다.

스토리텔링은 감동만 전하는 것이 아니라 지식을 전하는 교육적 특성을 갖는다. 신화, 전설, 민담 등의 이야기가 갖고 있는 역사적 지식이나 종교적, 사회문화적 지식이 함께 수용자들에게 전달되기 때문이다. 따라서 스토리에는 흥미나 재미만을 담아서는 안 되고 가능하면 이야기와 관련한 구체적이고 전문적인 지식도 포함되어 전해지는 것이 바람직하다. 그렇기에 스토리텔링은 교육적 역할을 수행한다.

스토리텔링의 또 다른 특성 중의 하나는 다양한 변화성이다. 스토리텔링 그 자체로서 존재하는 것뿐만 아니라 다른 스토리텔링에 흡수되기도 하고, 다른 텍스트의 스토리텔링과 혼합되기도 하며, 다른 스토리텔링을 빌려 좀더 탄탄한 스토리텔링으로 성장할 수 있기 때문이다. 이를 융합(convergence)과 분화(divergence)로 설명할 수 있다.

스토리텔링은 또한 지혜를 전하는 교훈적 특성을 갖는다. 흔히 이야기 중에 가장 대표적인 것이 선과 악의 대결모티프인데 선을 행하면 복이 오고, 악을 행하면 벌이 따른다는 내용으로 이루어진 것이다. 수용자들은 스토리텔링을 통해 선을 행해야 하고, 선한 주인공에게 박수를 보내며, 자신도 선해야겠다는 교훈을 얻게 된다.

스토리텔링은 실천적 특성을 갖는다. 수용자는 이야기가 진행되는 과정에도 반응하며, 이야기 행위가 끝난 뒤에도 스토리텔링으로 수용된 내용에 대해 실행으로 옮길 수 있다.

스토리텔링은 즐거움과 재미의 특성을 갖는다. 아무리 스토리가 탄탄하고 좋은 지식과 교훈, 감동을 전하는 것이라 하더라도 재미나 즐거움이 없으면 쉽게 접하려고 하지 않는다. 쓴 약이 몸에 좋은 것을 알아도 쉽게 접하려고 하지 않는 것과 같은 이치이다. 따라서 스토리텔링은 어떠한 형태이든 재미있고 즐거움을 갖고 있어야 보다 큰 텔링의 효과를 얻게 된다(배철우, 2018).

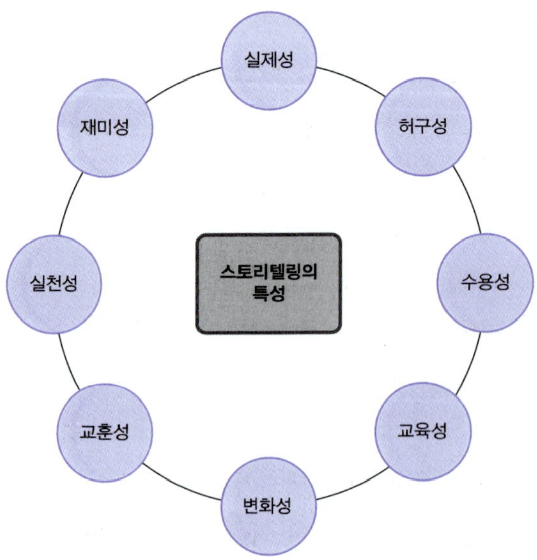

그림 12-2 **스토리텔링의 특성**

3. 스토리텔링의 주체 '스토리텔러'

스토리텔링은 대중의 이야기에 대한 근원적인 욕망을 담아내는 창구라고 할 수 있다. 인류의 역사와 함께 시작된 이야기에는 인간의 삶과 세계에 대한 이해가 담겨 있다.

1) 선사시대의 스토리텔링(동굴벽화를 중심으로)

선사시대의 특징은 문자가 없었다는 것이 특징이다. 그러나 문자가 없었다고 해도 인간은 말을 하고 그 말로 자기의 감정과 의사를 표현할 수 있었고, 이야기를 만들고, 이야기는 구전되어 전승되어 왔다.

2) 고대시대의 스토리텔링(문자를 중심으로)

고대시대의 특징은 문자가 생겨났으며 이는 선사에서 역사시대로 전환되는 중요한 시대로서 전승되던 이야기가 문자로 표현되어 전해졌다.

3) 중세시대의 스토리텔링(종교와 철학을 중심으로)

중세시대의 특징은 보다 강력한 국가를 형성하고, 문자가 더 많이 보급되어 법전과 종교적인 책들이 나타나기 시작했다.

4) 근세시대의 스토리텔링(금속활자를 중심으로)

근세시대의 특징은 인쇄술의 발달로 많은 사람들에게 책이 보급되고, 읽혀짐으로 해서 시대사상을 공유하고 국가의 힘을 나타내고 확대해 갔다.

5) 현대시대의 스토리텔링(디지털 미디어를 중심으로)

보다 많은 과학과 기술의 발달로 시간과 공간을 초월하되, 대륙과 국가의 경계를 넘어 글로벌 개념이 일반화되어 지구가 한 마을과 같이 다가오면서 세계 여러 나라의 이야기가 바로 전해지는 특성을 갖는다.

오늘날 디지털시대의 호모 나랜스는 다양한 미디어를 통해 누구나 쉽게 이야기를 생산하고 소비할 수 있는 이야기꾼의 시대를 꿈꾼다(한혜원, 2010).

스토리텔링은 최근에 이르러 다양한 미디어의 발달과 디지털기술의 발전으로 다양하고 폭넓게 활용되고 있는데, 스토리텔러(storyteller)를 통해 메시지를 담은 스토리를 수용자 혹은 학습자에게 전달함으로써 원하는 목적을 이룰 수 있다(정창권, 2008). 스토리텔링을 주관하는 주체로서 스토리텔러는 전달하고자 하는 내용에 재미있는 이야기를 가미해 전달하는 사람, 이야기 잘하는 사람, 이야기 작가(story writer)의 사전적 의미를 갖고 있다(조관제, 2008). 이러한 사전적 의미를 놓고 볼 때, 스토리텔러는 단순히 이야기를 쓰는 작가만을 지칭하는 것이 아니라 다른 이가 쓴 이야기를 각색과 같이 자신의 느낌으로 덧입혀 목적에 맞게 잘 전달하는 것도 포함되므로 스토리텔러는 더 포괄적 개념이라 할 수 있다. 특히 디지털 미디어의 급속한 발전으로 이를 적절히 활용하여 이야기를 전달할 수 있는 능력이 요구되며, 적절한 커뮤니케이션 기술과 이야기를 전달받는 수용자의 선정이나 분석능력도 필요하다. 따라서 스토리텔링의 시대에 스토리텔러의 역할은 이야기꾼 정도의 의미에서 확장되어 좀 더 넓은 분야에서 역할을 할 것으로 예측되며 이를 위한 적절한 능력과 역량이 함양되어야 한다(배철우, 2018).

스토리텔러는 때로는 과장되게, 때로는 유머러스하게, 때로는 여러 방법을 융합적으로 활용하여 메시지의 중심내용을 효율적으로 전달할 수 있어야 한다. 스토리텔러는 단순히 이야기를 전해주는 것이 아니라 가치와 이념을 스토리텔링하는 사람이다. 올바른 가치관과 도덕성, 사회관, 경제관 등을 확립하여 정의롭고 신념에 찬 목소리를 낼 수 있어야 한다(홍숙영, 2011).

이러한 요소들을 종합하여 볼 때, 스토리텔러란 스토리텔링의 주도적인 주체로서 인물 사건 배경이 적합하게 형성된 이야기를 목적에 맞게 만들거나 혹은 찾아서 적절한 전달매체를 선정하여 수용자에게 전달하여 이야기의 내용을 효과적으로 받아들이도록 하는 전달자라고 정의할 수 있다(배철우, 2018).

김민규(2010)는 스토리텔러의 필요 역량을 구성하는 요소들을 제시하면서 타인의 이야기를 듣고 이해할 수 있는 소통능력, 즉 의사소통능력이 우선적으로 중요하다고 보았고, 다른 사람과 소통이 어려운 이야기는 단지 이야기로 끝날 뿐 아무런 가치를 만들어낼 수 없다고 지적한다. 이와 함께 이야기의 소재를 이끌어낼 수 있는 능력, 미디어 특성을 이해할 수 있는 능력, 다양한 소재와 에피소드를 하나의 전체적인 이야기로 구성할 수 있는 능력이 요구되며 이를 곧 창의성을 갖춘 인재로 보았다.

뛰어난 스토리텔러란 첨단기술이나 복잡한 내용을 쉽게 이야기를 통해 전달할 수 있는 사람을 말한다. 단순한 것이 복잡한 것보다 어렵다. 단순하게 만들려면 그만큼 많은 노력을 들여야 하기 때문이다. 그러나 단순하게 만들 수 있다면 그것은 세상을 바꿀 정도로 강력한 힘을 얻게 되는 것이다. 스토리, 즉 이야기는 남녀노소, 시간과 장소를 불문하고 흥미를 갖게 하고 이해하기 쉬운 것이 특징이다. 어려운 내용이나 기술적인 부문이라도 스토리텔링을 통해 전한다면 받아들이는 수용자는 어려움 없이 그것을 이해하고 자신의 기억창고에 저장하게 될 것이다. 소통이 이루어지는 그 어느 곳에서도 이러한 스토리텔링은 놀라운 활약상을 보여줄 것이다. 뛰어난 스토리텔러가 되기 위한 기준을 정리하면 다음과 같다(배철우, 2020).

첫째, 독서를 즐겨라!
둘째, 자신이 겪은 내용을 글로 정리하라!
셋째, 수용자를 이해하라!
넷째, 전달자로서만이 아닌 공감자가 되어라!
다섯째, 창의성을 키워라!
여섯째, 전달 메체를 효율적으로 활용하라!

4. 스토리텔링의 무한한 가능성

다니엘 핑크(Daniel Pink, 2012)는 기술의 진보와 세계화 그리고 풍요로움을 사회가 발전하는 주요 동인으로 간주하고 인류가 농업, 산업 그리고 정보화의 시대를 지나 지금과는 많은 변화를 가져올 새로운 시대, 즉 하이컨셉(high concept)의 시대로 이동하고 있다고 하였다. 그러므로 각각의 단계에서 사회발전을 위해 필요로 하는 인간형은 농경시대의 농부에서, 산업화시대의 공장노동자, 정보화시대의 지식근로자를 거쳐, 하이컨셉의 시대에는 아름다움을 창조하는 능력(설계), 트렌드를 파악하는 능력, 이야기를 만들어내는 능력, 종합하는 능력, 공감을 이끌어내는 능력, 인간관계를 이해하는 능력, 즐겁게 할 줄 아는 능력, 의미를 만들어내는 능력 등을 갖춘 사람으로 변하고 있다(김민규, 2010).

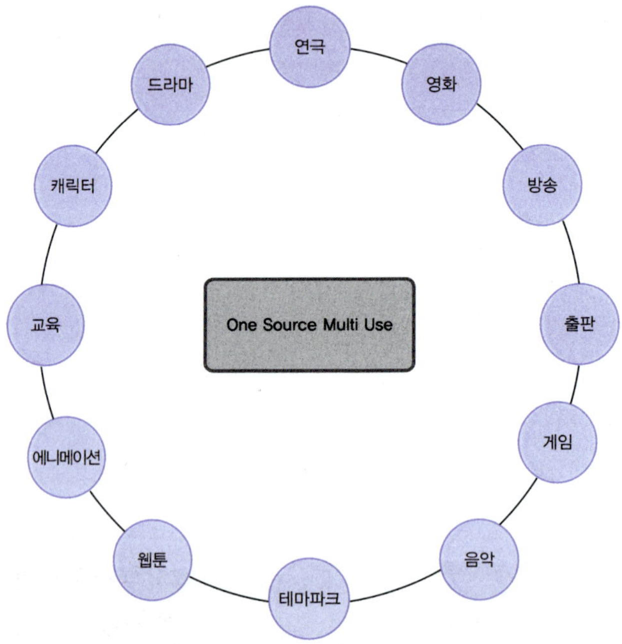

그림 12-3 **원소스 멀티유스의 다양한 영역**

롤프 옌센(Rolf Jensen, 2005)은 앞으로 다가올 미래사회는 이야기를 토대로 한 감성에 의해 전개될 것으로 예측하였다. 즉, 소비자는 단지 상품 자체의 기능이나 품질만 보는 것이 아니라 그것에 담겨있는 이야기를 보고 선택한다는 것이다. 따라서 미래사회에서는 이야기를 많이 가진 나라, 지속적으로 이야기를 만들어내는 나라가 세계에서 큰 영향력을 갖게 될 것이라고 보았다.

탄탄한 이야기 하나가 정보사회 특히 디지털미디어의 발전에 따라 영화, 드라마, 라디오, 출판, 애니메이션 등 다양한 분야에서 고부가가치를 누릴 수 있다는 '원소스 멀티유스'(One Source Multi Use)의 시대가 도래한다는 것이다. 특히 하나의 인기 소재만 있으면 추가적 비용부담을 최소화하면서 다른 상품으로 전환해 높은 부가가치를 얻을 수 있다는 점에서 주목을 받고 있다. 이처럼 원 소스 멀티유스는 마케팅 비용을 상대적으로 줄일 수 있을 뿐만 아니라 한 장르에서의 성공이 다른 장르의 문화상품 매출에도 영향을 끼치는 시너지 효과를 낸다(배철우, 2020).

5. 스토리텔링의 장점

스토리텔링은 대중의 이야기에 대한 근원적인 욕망을 담아내는 창구라고 할 수 있다. 인류의 역사와 함께 시작된 이야기에는 인간의 삶과 세계에 대한 이해가 담겨 있다. 이러한 스토리텔링이 갖는 장점을 정리하면 다음과 같다(배철우, 2020).

① 스토리텔링은 수용자(학습자)의 기억을 돕는다.
② 스토리텔링은 수용자(학습자)의 이해를 돕는다.
③ 스토리텔링의 수용자의 관심을 끈다.
④ 스토리텔링은 수용자의 공감대를 이끌어낸다.

하지만 스토리텔러의 자질과 역량에 따라 스토리텔링이 성공할 수도 있고 실패할 수도 있다. 따라서 스토리텔러가 갖추어야 할 역량을 제고해야 한다. 스토리텔러가 갖추어야 할 전문 역량에 대해서는 크로스비, 에반스와 카울(Crosby, Evance & Cowles, 1990)의 연구와 레이 외(Wray et al., 1994), 스완, 트로윅과 실바(Swan, Trawick & Silva, 1985), 진선영(2005)의 연구에 사용한 스토리텔러의 공통된 전문 역량으로 전문성, 수용자지향성, 커뮤니케이션 능력 등을 들 수 있다.

김민규(2010)는 다니엘 핑크(Daniel Pink, 2012)의 하이컨셉, 하이터치 시대의 창의적 인재의 여섯 가지 조건에 비추어 스토리텔러의 필요역량을 제시하였는데 가장 대표적인 역량으로 창의성과 의사소통능력을 들고 있다. 스토리텔러는 창의성을 기반으로 이야기를 만들어내는 창작능력이 우선되어야 하고, 이를 통해 타자와의 공감을 유도해야 하며, 의미를 전달할 수 있는 이야기 소재를 찾아야 하고, 하나의 이야기속에 다양한 에피소드가 조화될 수 있도록 하며, 하나의 이야기가 미적인 가치를 지닐 수 있도록 기획해야 한다(배철우, 2018). 아울러 창작된 이야기를 타인에게 전달하는 의사소통능력이 중요한데 이를 위해서 매체가 가진 특성을 이해하고, 이야기를 어떠한 대상에게 효율적으로 전달할 것인가에 대한 수용자 이해가 전제되고 있다.

제2절 스토리텔링의 교육적 접근

1. 스토리텔링의 교육방법론적 접근

인간은 이야기하려는 본능이 있고, 이야기를 통해 사회를 이해한다(Niles, 1999)라고 하듯이 인간은 누구나 이야기 본능을 가진 존재, 즉 호모 나랜스(Homo Narrans)의 특성을 갖는다. 캠벨(Campbell, 1988)은 우리가 '이야기하기'를 멈추지 않는 것은 세계와 관계를 이루기 위해, 우리 삶을 현실과 조화시키기 위해서라고 했다. 즉, 인간의 짧은 생애에서 이룰 수 있는 경험치는 한정되어 있으므로 우리는 보다 많은 간접 체험을 통해 세상에 대한 이해를 넓히고자 끊임없이 이야기를 만들어 내고 받아들이는 것이다.

인간의 인지 구조가 이야기(story) 구조로 되어 있다는 사실이 밝혀짐에 따라 이야기는 인간과 매우 친근하고, 이로 말미암아 기억과 인지를 쉽게 할 수 있는 특성을 가지며(한국수학교육학회, 2013), 최혜실(2011)은 이야기는 정보 전달을 위한 매우 유용한 도구로서 활용되고, 인간이 갖는 삶의 모형을 반영하는 세계적 보편성을 갖고 있으며, 삶의 시뮬레이션의 특성을 갖기에 자신에게 닥친 문제를 해결해 나갈 수 있는 문제 해결의 매뉴얼로서의 역할을 갖는다고 보았다.

옥스퍼드대학교 앤서니 모나코(Anthony Monaco)교수와 그의 연구진이 지난 2001년 FOXP2라는 유전자를 찾아냈는데, 이야기와 관련한 모든 내용을 담은 유전자로서 우리 인간이 선천적으로 이야기를 할 줄 알게 하는 기능과 능력이 이 유전자에 내장되어 있다는 사실을 밝혀냈다. 즉, 우리는 본성적으로 이야기꾼의 자질을 갖고 태어난 것임을 알 수 있는 것이다. 실제로 인간은 이야기를 좋아하고 이야기에 관심을 갖고 이야기를 통해 자신의 생각을 전하거나 음미하고 또한 이야기라는 환경 속에서 살아간다고 해도 과언은 아니다(배철우, 2020).

스토리텔링은 최근에 이르러 다양한 미디어의 발달과 디지털기술의 발전으로 다양하고 폭넓게 활용되고 있는데 스토리텔러(storyteller)를 통해 메시지를 담은 스토리를 수용자 혹은 학습자에게 전달함으로써 원하는 목적을 이룰 수 있다(정창권, 2008). 교수자는 스토리텔러의 역할을 감당해야 하고, 이를 위해서는 스토리텔링과 그와 관련한 교수법을 정확히 이해하고 활용할 수 있어야 한다.

스토리텔링은 그 특성에서 살펴본 바와 같이 교육성, 교훈성 등을 갖기에 자연스럽게 스토리텔링을 교육적인 관점에서 접근이 가능하다. 스토리텔링은 이미 다양한 교육분야에서 활용되고 있다. 국어 영역은 말할 것도 없고, 수학, 역사, 과학, 신학, 철학, 사회, 음악 등 다양한 교육 영역에서 스토리텔링이 활용되고 있으며, 이와 관련해서 많은 연구가 이루어졌다. 고은주(2015)의 연구에서는 스토리텔링을 활용한 영어교육분야에 대한 논문을 정리하여 연구동향을 분석하였으며, 유현정(2006)은 1996년부터 2005년까지 10년간 영어교육, 응용언어학, 외국어교육 등 3개 학술지 논문 총 1,209편을 대상으로 연구 동향을 분석하였고, 김나연(2014)은 과학교육에 과학사를 도입한 국내·외 연구 동향을 비교분석하며, 최근 20년 동안 과학사와 관련된 과학교육 전문 학술지 11종에 실린 논문을 대상으로 분석하였으며, 국내논문 44편과 국외논문 81편을 대상으로 하여 연구를 진행하였다. 김윤정(2013)은 음악교육을 중심으로 연구를 진행하였으며, 정지현 외(2016)가 국내 유아교육분야 스토리텔링 관련 연구동향을 2003년부터 2016년 2월까지 발표된 논문 총 65편에 대하여 분석하여 연구를 진행하였다.

이와 같이 스토리텔링이 다양한 교육 영역에서 활용되고 있고, 이에 대한 연구도 활발히 진행되고 있음을 알 수 있다. 향후 스토리텔링은 평생교육분야에서도 평생교육방법으로 크게 활용될 것으로 예측되며, 이에 대한 적극적인 대비가 필요한 시점이라 할 것이다(배철우, 2018).

2. 교육 영역에서의 스토리텔링이 갖는 역할

스토리텔링은 교육영역에서 다음과 같은 역할을 통해 높은 교육성과를 얻을 수 있다.

첫째, 스토리텔링은 상대방에게 알리고자 하는 바를 재미있고 생생한 이야기로 설득력 있게 전달하는 커뮤니케이션의 방법이기에 학습에도 매우 큰 역할을 담당한다.

둘째, 스토리텔링은 모든 유형의 학습자에게 설득력을 갖는다. 스토리텔링은 시각적인 특성과 청각적인 특성을 모두 갖고 있으므로 학습자들에게 접근이 용이하다.

셋째, 스토리텔링은 창의적이고 독창적인 학습방법으로 전통적인 교수학습과 차별화되어 학습자에게 새로움과 즐거움을 준다. 특히 어떤 이야기를 학습에 사용하느냐에 따라 다양한 학습효과를 가져온다.

넷째, 스토리텔링은 학습자 누구에게나 쉽게 몰입하게 한다. 인간은 이야기를 본성적으로 좋아하기 때문이며, 이야기를 통해 자신과 동일시하는 감정이입과 카타르시스가 학습의 질적 향상을 도모한다.

다섯째, 스토리텔링은 학습자에게 재미와 감동을 불러일으킨다. 갈등을 해결해나가는 이야기의 구조와 특성은 쉽게 이야기 속으로 몰입하게 하는 것뿐만 아니라 문제를 해결해나감으로써 통쾌함과 즐거움, 권선징악을 통한 감동마저 전달하는 매력을 갖는다.

여섯째, 스토리텔링은 교수자와 학습자 사이에 공감대를 형성한다. 이야기 속에 교수자와 학습자는 함께 호흡하는 동료이자 같은 공동체로 여겨지기 때문이다. 이야기는 서로의 마음의 문을 여는 역할을 담당한다.

3. 스토리텔링을 활용한 교육의 과정

- 교육하고자 하는 주제와 내용을 준비한다.
- 교육하려는 대상, 즉 수용자(학습자)에 대해 이해하고 특성을 파악한다.
- 주제와 내용에 맞는 적절한 이야기를 찾거나 각색하거나 순수 창작한다.
- 적절한 미디어를 찾아 스토리를 전달한다.
- 스토리텔링을 진행한 후, 질문법 등을 활용하여 토의, 토론한다.
- 평가와 피드백을 진행한다.

요약

1. 스토리텔링(storytelling)은 스토리(story)와 텔링(telling)의 합성어로 사전적 정의는 이야기하기이다. 이러한 스토리텔링은 지식과 지혜를 전하는 특성을 갖고 있기에 평생교육방법의 하나로 활용이 가능하다. 교육하고자 하는 주제와 내용에 대해 적합한 스토리를 적절한 전달 매체를 선정하여 수용자(학습자)에게 전달하여 이야기의 내용을 효과적으로 받아들이도록 하는 새로운 교육 방식이다.

2. 스토리텔링의 특성에는 실제성, 허구성, 수용성, 교육성, 변화성, 교훈성, 실천성, 재미성의 특성이 있으며, 이러한 특성을 통해 스토리텔링을 평생교육에 활용하는 데 있어 매우 큰 가능성을 제시하고 있다.

3. 스토리텔러란 스토리텔링의 주도적인 주체로서 인물 사건 배경이 적합하게 형성된 이야기를 목적에 맞게 만들거나 혹은 찾아서 적절한 전달 매체를 선정하여 수용자에게 전달하여 이야기의 내용을 효과적으로 받아들이도록 하는 전달자라고 정의할 수 있다(배철우, 2018). 뛰어난 스토리텔러가 되기 위해서는 독서를 즐겨야 하며, 자신이 겪은 내용을 글로 정리할 수 있고, 수용자를 이해해야 하며, 전달자로서만이 아닌 공감자가 되어야 하며, 창의역량을 향상시키고, 전달 매체를 효율적으로 활용할 수 있어야 한다.

4. '원소스 멀티유스'(One Source Multi Use)란 탄탄한 이야기 하나가 정보사회, 특히 디지털미디어의 발전에 따라 영화, 드라마, 라디오, 출판, 애니메이션 등 다양한 분야에서 고부가가치를 누릴 수 있다는 것을 의미한다(배철우, 2018).

5. 스토리텔링이 갖는 장점을 정리하면 첫째, 스토리텔링은 수용자(학습자)의 기억을 돕고, 둘째, 수용자(학습자)의 이해를 도우며, 셋째, 수용자의 관심을 끌며, 넷째, 스토리텔링은 수용자의 공감대를 이끌어낸다는 점이다.

연구문제

1. 스토리텔링의 개념과 특성에 대해 논의해 봅시다.

2. 스토리텔러가 되기 위한 기준에 대해 생각해보고 발표해 봅시다.

3. 스토리텔링을 어떠한 교육분야에 어떻게 활용할 수 있는지 생각해보고 발표해 봅시다.

4. 원소스 멀티유스(One Source Multi Use)에 대해 논의해 봅시다.

5. 교육영역에서의 스토리텔링이 갖는 역할에 대해 논의해 봅시다.

CHAPTER 13

SNS와 온라인을 활용한 평생교육방법

개요

4차산업학명 시대가 도래하면서 우리나라의 경제, 문화, 교육 등 4차산업혁명의 이슈가 사회 전반적으로 큰 영향을 미치고 있다. 미래 사회에서의 교육은 기술의 발달뿐 아니라 인구 구조의 변화, 경제 · 사회적 변화, 가치관의 변화 등 다양한 요인들에 의해 변화할 것으로 예상되고 있으며, 4차산업혁명시대가 도래하면서 다양한 교육의 변화가 나타나고 있다. 과거 주입식 교육이 퇴조하고 역량중심 교육으로 나아가며 학습자 중심의 학습으로 변화할 것이다.

소셜 네트워크 서비스(Social Network Service, SNS)를 풀어 보면 소셜은 사회를 뜻하는 '공동체'를 의미하며 네트워크는 '사람들이 일련의 과정을 통해 모인 관계망'을 의미한다. 서비스는 '기반을 만들어 주는 것'으로 정의할 수 있다.

SNS는 온라인에서 사회적인 관계를 형성시키는 서비스로서 개인 및 조직 간의 연결을 구축하고 이를 통해서 유용성 있는 정보를 서로 간에 공유하는 서비스로 볼 수 있다. 이번 장에서는 줌(Zoom), 스카이프(SKYPE), 구글 미트(Google MEET), 유튜브(Youtube) TV 방송국 등을 활용한 언택트 평생교육방법에 대하여 살펴보고자 한다.

학습목표

1. SNS의 개념을 이해하고 종류를 분류할 수 있다.
2. 줌(Zoom)과 스카이프(SKYPE)를 설치하고 이를 학습에 활용할 수 있다.
3. 구글 미트(Google MEET)를 활용하여 온라인 학습을 진행할 수 있다.
4. 유튜브(Youtube) TV 방송국을 개국하여 학습을 진행할 수 있다.

주요 용어

SNS, 줌(Zoom), 스카이프(SKYPE), 구글 미트(Google MEET), 유튜브(Youtube)

제1절 4차산업혁명과 학습 환경의 변화

1. 4차산업혁명시대의 교육 방향

4차산업학명시대가 도래하면서 우리나라의 경제, 문화, 교육 등 4차산업혁명의 이슈가 사회 전반적으로 큰 영향을 미치고 있다. '4차산업혁명'이라는 용어는 2016년 1월 스위스 다보스에서 열린 세계 경제 포럼에서 처음 등장하였으며, 1~3차산업혁명과 다르게 4차산업혁명은 빠르게 전개 중이다.

1차산업혁명이 증기기관의 발달로 기계에 의한 생산 방식의 변화를 가져왔고, 2차산업혁명에서는 전기와 생산 조립 라인의 출현으로 대량생산을 가능하게 하였다. 그리고 1960년에 시작된 3차산업혁명은 컴퓨터와 인터넷의 발달이 사회구조를 바꾸는 동력으로 작용하였다. 그리고 오늘날 우리는 4차산업혁명의 시작점에 있다고 할 수 있으며 유비쿼터스, 모바일, 인터넷, 더 저렴하면서 작고 강력해진 센서, 인공지능과 기계학습이 4차산업혁명의 특징이다(박수진, 2018).

산업혁명의 단계별 구분은 다음 표 13-1과 같다.

표 13-1 산업혁명의 단계별 특징

단계	특징
1차산업혁명	증기기관 발명으로 시작 철도 건설, 기계에 의한 생산
2차산업혁명	전기와 생산조립 라인 출현 생산 기술의 발전, 대량 생산 가능
3차산업혁명	반도체, PC, 인터넷의 발달 '컴퓨터 혁명' 또는 '디지털 혁명'으로 불림
4차산업혁명	유비쿼터스, 모바일, 인터넷, 인공지능과 기계학습 등을 특징으로 함

4차산업혁명의 개념은 인터넷 및 정보 처리와 관련된 새로운 과학기술의 혁명을 의미하고 있으며, 2차산업혁명이 근대 학교 제도를 탄생시킨 것처럼, 새로운 시대의 도래를 의미하는 4차산업혁명 역시 학교교육을 변화시킬 것이라 생각된다.

이러한 4차산업혁명으로의 전환에 대비하기 위하여 국내에서도 미래의 산업 구조, 인구구조 등의 변화를 반영한 미래 인재 양성을 위해 교육시스템과 교육 과정 등에 대한 종합적인 검토가 이루어질 필요성이 제기되고 있다. 특히, 교육에 있어 4차산업혁명으로 인한 지능정보사회의 도래에 대비하는 중·장기 교육 정책의 방향과 전략 수립에 대한 필요가 높아져 있다(윤종혁 외, 2017).

2. 4차산업혁명시대의 교육 환경의 변화

미래 사회에서 교육은 기술의 발달뿐 아니라 인구 구조의 변화, 경제·사회적 변화, 가치관의 변화 등 다양한 요인들에 의해 변화할 것으로 예상되고 있으며, 4차산업혁명시대가 도래하면서 다양한 교육의 변화가 나타나고 있다. 4차산업혁명시대의 교육의 변화를 크게 3가지로 정리할 수 있다.

첫 번째로 과거 주입식 교육의 퇴조이다. 우리나라는 최근까지도 주입식 교육이 교육의 주된 패러다임으로 자리 잡고 있었으며, 3차산업혁명시대에 접어들기 이전부터 '주입식 교육'에서 점차 '학습자 중심의 교육'으로 변화하고 있던 주요 선진국들의 교육 방식과 달리 21세기에도 '국가수준 성취도 평가'와 같은 국가주도의 주입식 교육 방식을 고수했다. 하지만 우리나라 특유의 '주입식 교육'의 효과에 대해 의문이 제기되기 시작했다(임용진, 2018). 그동안 수많은 문제점에도 불구하고 국제 비교 평가에서는 상당한 성과를 보이던 '국가 주도의 주입식' 교육이 교육 경쟁력에서 문제를 드러내기 시작한 것이다. 우리나라의 주입식 교육의 개혁을 요구하는 목소리가 높아졌으며, 대안학교, 혁신학교 등 기존의 교육제도와 다르게 다양하고 새로운 형태의 교육 정책으로 나타나고 있다.

두 번째로는 역량 중심 교육이다. 현재 우리사회는 정보화시대로 인터넷이 널리 보편화되어 지식·정보습득과 함께 습득된 지식·정보를 활용하는 방법을 모색하는 것을 더욱 강조하고 있다.

기존의 교육목표가 지식을 습득하는 것에 주안점을 둔 반면 이러한 역량은 지식의 실행능력과 태도를 포괄하는 능력이며 인지적, 비인지적 역량을 균형적으로 함양한다는 점에서 큰 의미가 있다. 이러한 역량중심 교육의 추세는 여러 선진국들 사이에서 중요한 교육목표로 강조되고 있으며, 흐름에 따라 우리나라 역시 핵심역량 중심의 교육에 대한 관심이 높아졌다.

세 번째는 학습자 중심의 학습이다. 2차산업혁명으로 시작된 교육이 한계를 드러내면서 개인 맞춤형 학습에 대한 요구가 생겨났으나 여러 가지 관행과 기술 등의 문제로 수용되지 못한 측면이 있었다. 최근에는 인공지능기술과 데이터 분석기술 등을 활용하는 적응적 학습기술(adaptive learning technologies)과 온라인학습 환경의 발전은 개별 학습자의 학습활동 데이터를 수집하고 분석하여 학습자 수준에 따른 개별적인 학습 경로를 설계하고 제공하는 개인 맞춤형학습이 가능하다. 이러한 맞춤형학습은 개별 학습자가 각기 다른 목표 지점을 향해 나아가는 개념이기 때문에 개인별로 자신에게 적합한 학습목표를 설정하고 이를 달성하기 위한 교수학습 과정상의 처치를 제공받는 개념이다. 따라서 전통적인 교실 수업 패러다임을 넘어 학습자 중심 학습의 실현이 가능한 학습방법이다(김영수, Op.cit).

4차산업혁명시대의 교육은 4차산업시대 신기술을 교육적으로 적용하여 변화되어 가고 있다. 4차산업혁명의 핵심기술인 인공지능기술은 전문가 주도로 교육에서의 적용 가능성에 대한 연구 개발이 이루어지고 있다. 그러나 현재 인공지능기술 전문가가 교육적 적용을 추구하는 방향은 과거의 교육을 오히려 강화시키는 방향이다(권정민, 2017). 이러한 이유로 인공지능기술을 사용하되 현재의 교육을 강화하는 수단이 아니라 앞으로는 미래교육에 맞는 기술을 도입해야 한다.

3. 4차산업혁명시대에 요구되는 미래 교육기관의 방향

오늘날 사회에서는 4차산업혁명이라고 불리는 산업사회를 탈피하는 양상의 새로운 변혁이 나타나고 있으며, '4차산업혁명'이라는 단어가 함의하는 방향에 대해 전 세계적인 공감대가 형성되고 있다(윤기영, 2016). 이처럼 변화되는 사회의 큰 패러다임에 따라 사회에서 요구하고 있는 인재상 역시 변화되고 있으며, 교육시설에 대한 혁신이 세계적으로 강조되고 있는 실정이다.

또한 미래사회의 경쟁력은 다양한 학문과 기술들을 융합하여 새로운 지식과 가치를 창출할 수 있는 창의력과 사회와의 소통과 조화를 이끌어 낼 수 있는 인성을 겸비한 인재 양성에 있다. 이러한 미래사회의 필요한 인재 양성을 위해 각국에서는 미래지향적 교육 환경 프로젝트를 진행하고 있다.

현재 교육시설은 획일적인 학습 환경으로 문제시되어 왔으며, 전통적인 지식교육을 주된 역할로 수행해 오던 현재의 교육기관들은 변화의 필요성에 직면하게 되었다. 4차산업혁명시대의 교육시설은 창의적인 문제 해결능력을 키우는 기관으로서의 역할이 요구되며, 창의성교육으로의 전환을 위해서는 기존의 획일적 한계를 극복해 나가야 한다. 대부분의 기본적인 학습인 인터넷이나 디지털 매체를 통해 개별적으로 학습할 수 있게 되며, 다양한 문제를 해결해 나가는 작업은 공동 작업을 통해 협업해 나가는 경우가 많아질 것이다(김영훈, 2020).

4차산업혁명시대에는 교육기관의 개념이 크게 바뀔 필요가 있다. 단순한 지능정보를 가르치기만 하고 학습자는 수동적으로 배우기만 하는 곳이 아니라 학습자들 스스로가 문제를 제시하고 교수자의 지도를 통해 상호 협업하여 문제를 해결해 나가는 과정을 학습해야 할 것이다. 교육기관의 기본방향과 시설조성 방향을 표 13-2에 나타내었다.

표 13-2 교육기관의 시설조성 방향

기본방향	시설 조성 방향
스마트 교육기관	무선네트워크, 모바일 등 첨단 과학기술을 기반으로 한 다양한 형태의 교수-학습 환경
창의·혁신적 교육기관	창의성과 협업능력, 공간 및 소통 등 미래핵심역량을 키워줄 수 있는 교수-학습 환경
안전한 교육기관	외부로부터의 침입이나 각종 재해 등으로부터 이용자들의 안정이 보장되고 보안이 강화된 환경
지속 가능한 교육기관	친환경적이며 생태지향적인 학습 환경과 지속가능한 각종 설비 시스템 및 환경조성
네크워킹 교육기관	온/오프라인 상으로 지역사회 및 세계와의 인적, 공간적 상호 유기적인 네트워크가 구축된 환경

4. 4차산업혁명시대 대비 SNS를 활용한 평생교육방법의 활용 사례

빅데이터, 인공지능(AI), 사물인터넷(IoT) 등 다양한 신기술이 등장하면서 4차산업혁명시대가 도래하는 우리나라에서는 4차산업학명에 대응하는 미래교육과정, 학습 환경 등에 대한 논의와 대응책에 관심이 몰리고 있다. 우선 정부에서는 미래교육 정책과 재정지원사업 등을 통해 4차산업혁명시대에 대응하는 다양한 방향을 제시하고 있다.

또한 미래 관련 연구자들은 인공지능발달과 기계화, 컴퓨터화로 인해 현재의 일자리 중 상당수가 조만간 사라질 것이며, 미래에는 대량실업 등이 사회적으로 큰 이슈가 될 것이라고 예측하고 있다. 이처럼 4차산업혁명은 사회적으로 큰 변화를 가져올 것이며, 그 안에서 가장 큰 변화가 일어날 것으로 예측되는 영역 중 하나는 교육이라 할 수 있다. 미래사회에서는 새로운 인재를 필요로 할 것이며, 새로운 인재를 양성하기 위해서는 새로운 교육과정이 필요하다. 앞으로 4차산업혁명시대를 대비하여 미래교육의 대응 방안을 모색해야 하고 정부의 미래교육 정책, 재정지원사업, 미래 관련 연구자의 연구 등 여러 관점에서 미래교육을 예측하고 대응 방안을 제시하고자 한다.

현재 4차산업혁명시대에 대응하기 위한 미래교육의 변화 중에서 교육기관에서 일어날 변화는 매우 클 것이라 예상한다. 4차산업혁명시대에서는 다양한 신기술을 통해 평생교육기관의 운영 양상은 완전히 달라질 것으로 예측한다.

1) 미래 인재 양성 대응 방안

교육환경과 패러다임이 바뀌면 인재상도 달라지기 마련이다. 산업화, 근대화 시대의 인재와 4차산업혁명시대, 인공지능시대의 인재는 다를 수밖에 없다. 4차산업혁명이 요구하는 인재로 시사매거진 이코노미스트는 구체적으로 2020년에 가장 중요해질 10가지의 업무능력을 다음과 같이 제시하였었다(최현구, 2017).

표 13-3 2020년에 가장 중요해질 10가지 업무능력

업무능력	내용
맥락 파악 (Sensemarking)	이미 존재하거나 드러난 사실을 토대로 보다 깊고 새로운 의미와 신호를 읽어내는 능력
사회적 지능 (Social Intelligence)	다른 사람들과 직접적이고 깊게 교감·교류하는 능력
참신하고 적응할 수 있는 사고 (Novel and Adaptive Thinking)	기계적이고 틀에 박힌 방식이 아닌 새로운 방식으로 문제를 해결하는 능력
다문화 역량 (Cross-cultural Competency)	문화적 차이를 가진 타인을 이해하고 유연하게 받아들일 수 있는 능력

업무능력	내용
컴퓨터 사고력 (Computational Thinking)	정답이 없어도 데이터에 근거해 판단하고 데이터에 숨어 있는 추상적 의미를 찾아내는 능력
뉴미디어 리터러시 (New Media Literacy)	뉴미디어를 활용해 새로운 콘텐츠를 만들고 주체적으로 정보를 받아들이는 능력
초학문적 능력 (Transdisciplinary)	학문적 경계를 뛰어넘는 다양한 시각으로 현상을 이해하는 능력
디자인 마인드셋 (Design Mindset)	요구하는 결과를 얻기 위해 적절한 업무 프로세스를 개발하고 표현하는 능력
인지적 부하 관리 (Cognitive Load Management)	중요도에 따라 정보를 판별하고 걸러내는 능력
가상 협력 (Virtural Collaboration)	가상 팀의 멤버로 존재감을 드러내며 참여를 끌어내 생산성을 높이는 능력

이처럼 초지능, 초연결사회로 정의되는 4차산업혁명의 발달이 교육적으로 주는 시사점은 인간으로서의 정체성을 확립하고 대응하는 인재 양성이다. 또한 인간의 경험이 시간과 공간, 현실과 가상을 넘나드는 상황에서 학습에 대한 스스로의 능력을 신뢰하고 구축해 나가는 인재 양성이다(김진숙 외, 2017)

또한 미래사회에는 인공지능 기계와 인간이 공존하고 인공지능 기계의 상당수가 인간의 업무를 대체할 것이다. 인공지능의 발달로 인해 사라지는 일자리도 많지만 새롭게 창출되는 일자리도 나타나고 있으며, 향후 미래사회의 인재 양성을 위해서는 고차원의 문제해결능력, 창의력, 사회 정서적 능력이 높아야 하고 문화적이고 감성적인 인재를 양성해야 한다.

미래의 인재상을 양성하기 위한 방안으로는 미래사회에서 필요로 하는 다양한 지식과 능력을 가르쳐주는 것이라 할 수 있다. 과거 학문의 지식을 쌓기 위한 이론적 수업이 아닌 실무 중심, 현장 중심의 교육을 통해 미래인재상의 핵심역량을 쌓고 인공지능 기계가 할 수 없는 일, 감성이나 창의력 등을 필요로 하는 일에 필요한 능력을 키우는 데 집중해야 할 것이다.

2) 학습의 대응 방안

앞서 미래 인재상 대응 방안에서 말한 바와 같이 4차산업혁명시대를 대비한 학습으로는 실무 중심, 현장 중심 등 체험을 통해 학습하는 방식이 크게 나타날 것이다. 이처럼 실무 중심, 현장 중심은 교수자가 학습을 주도하는 것이 아닌 학습자가 주도하는 학습의 형태로 과거 학습교육과는 다른 형태를 보여주고 있다.

학습자 주도학습은 학습자 개개인의 수준과 능력을 높이기 위한 맞춤형 학습 등의 방법으로 4차산업혁명시대에 요구되는 핵심역량을 길러주는 아주 효과적인 학습방법이라 할 수 있다. 이러한 학습방법을 통해 학습자들의 주도성을 길러주고, 그로 인한 문제 해결을 위한 과정에서 창의력, 문제해결능력과 같은 4차산업혁명시대에 요구되는 핵심역량들이 자연스럽게 학습될 것이다.

이러한 학습자 주도형 학습은 4차산업혁명시대에 대비할 수 있도록 과거 획일적이고 표준화된 교육과정 운영방식을 학습자들에게 자율적 권한을 주는 방식으로 달바꿈하였다.

결론적으로 4차산업혁명시대를 대비한 학습의 대응 방향은 학습자 주도형 학습이 이루어지고 학습목표를 실현하기 위해서 보다 구체적이고 실현 가능한 개혁을 추진하여야 한다.

3) 학습 환경의 대응 방안

4차산업혁명시대를 맞이하면서 학습 환경에 대한 변화가 나타나고 있다. 미래사회에 벌어질 큰 변화 중 하나는 탈도시화 및 분산화이다. 1~3차산업혁명을 거치면서 인류는 도시를 중심으로 한 노동이나 자본이 집중화된 산업을 통해 성장해 왔다. 그러나 이로 인해 미세먼지, 기후변화, 공해 등 다양한 문제를 겪고 있다. 그러나 정보통신기술과 가상현실, 생체공학과 관련된 융합기술의 발전을 통해 가상의 물리적 시스템(Cyber Physical System)을 구현할 수 있게 되면 더 이상 과밀화된 환경에서 살 필요가 없어진다. 게다가 교통수단의 발전은 공간적인 제약으로부터 인간을 점차 자유롭게 할 수 있다(조현구, 2017).

이러한 변화는 학습 환경에서도 나타나며, 가장 큰 변화로는 학습 공간의 확대로 과거 강의실이라는 한정된 공간에서 학습하던 모습과 다르게 스마트 기기, 디지털 기기 등 기술의 발달로 장소의 규제를 받지 않고 학습할 수 있는 상황에 이르렀다. 인공지능, 로봇 등을 통한 교육이 실시될 경우에 학습자들은 특정 장소에 가지 않더라도 보다 쉽게 학습할 수 있게 된다. 또한 개인 맞춤형 학습이 가능해진다면 강의실에서 이루어지던 단체수업이 아닌 개개인의 학습수준에 맞는 개별화된 맞춤형학습이 가능해질 것이다.

또한 4차산업혁명시대의 기계발달로 인해 학습에 필요한 시스템 및 도구 등의 변화도 나타났다. 과거 교재로 강의를 진행했던 방식에서 4차산업혁명시대에서는 다양한 스마트 기기, 디지털 기기 등을 이용한 학습이 진행되고 있다. 이처럼 교재를 벗어나 스마트 기기의 다양한 교구 확장을 통해 정보 검색, 토의·토론, 직·간접적 체험 등이 이루어지며, 실무 중심, 현장 중심 교육에 효과적인 것을 알 수 있다.

오늘날 디지털 기기를 활용한 스마트 기기의 교구를 사용하는 교육기관이 대부분이지만 현재까지는 4차산업혁명시대에 기술력을 십분 발휘하여 교육환경에 적용을 하기는 어려운 실정이다. 기술의 발달로 인해 컴퓨터화 되고 컴퓨터 관련 학습이 중요해지고 있지만 실질적으로 교육기관에서의 컴퓨터실은 4차산업혁명시대와 맞지 않는 학습 환경이 대부분이다. 마찬가지로 이론과목의 경우에도 전자칠판, TV설치 등 스마트기기 활용 교구가 구비되어 있지만 아직까지는 문제점이 나타나고 있는 실정이다.

따라서 4차산업혁명시대에 발맞춰 교육환경의 변화가 필요하며, 디지털 기술의 발달로 장소에 구애받지 않는 학습 환경을 갖추는 것이 가장 중요할 것이라 여겨진다. 향후 4차산업혁명시대의 미래 교육 환경으로 발돋움하기 위해서는 현재 이뤄지고 있는 기술력을 실제 학습 환경에 적용할 수 있도록 그 방안을 보다 더 연구해야 할 것이다.

제2절 SNS와 평생교육

1. SNS의 개념과 분류

1) SNS의 개념

소셜 네트워크 서비스(SNS: Social Network Service)를 풀어 보면 소셜은 사회를 뜻하는 '공동체'를 의미하며 네트워크는 '사람들이 일련의 과정을 통해 모인 관계망'을 의미한다. 서비스는 '기반을 만들어 주는 것'으로 정의할 수 있다(곽비송, 2013). 한편으로 SNS는 개인의 프로필(profile) 정보(성별, 연령, 직장, 취미, 학교, 지역 등)를 선택적으로 공개함으로써 다른 사람들과 커뮤니케이션을 통해 새로운 사회적 관계를 형성해 가는 서비스이다(왕천군, 2015). SNS를 온라인 커뮤니티 서비스와 비교해 보면 SNS는 개인중심의 서비스인 반면에 온라인 커뮤니티는 그룹 중심의 서비스로 구분할 수 있다. 기술적으로는 사용자들 간에 상호작용할 수 있는 매개체로 이메일과 즉시 응답하는 메시지 등을 웹상에서 공급하는 것이 특성이라 할 수 있다(김명수 외, 2012).

또한 현대의 SNS인 페이스북(Facebook), 카카오톡(KakaoTalk)과 같은 도구는 실명을 바탕으로 하는 상호작용에서 강한 특징을 가지고 있으며, 트위터(Twitter)의 경우는 콘텐츠 게시자의 동의가 없어도 팔로우(Follow)를 할 수 있어서 일부 익명성이 보장될 가능성이 있는 정도이다(이호영 외, 2011).

따라서 SNS는 온라인에서 사회적인 관계를 형성시키는 서비스로서 개인 및 조직 간의 연결을 구축하고 이를 통해서 유용성 있는 정보를 사람들 서로 간에 공유할 수 있는 서비스로 볼 수 있다. 즉, 인터넷을 기반으로 개인을 연결해 주고 정보를 공유하며, 자기표현이나 인맥관리 및 유형을 통해서 사람들 간의 관계를 유지하며 관리해 주는 서비스이다(한국인터넷진흥원, 2009).

2) SNS의 분류

인터넷 및 SNS 서비스들 간의 상호협력과 경쟁, 새로운 표준의 제안을 알리기까지 다양한 모양과 동향으로 발달하고 있다. 정보 교환, 활동 및 회의 등을 관리하기 위해 SNS의 사용자 수는 지속적으로 늘어나고 있으며 SNS는 사회와 문화 등 다양한 분야에서 이용도가 높아지고 있는 흐름이다(김명수 외, 2012). SNS의 사용자들 중에는 생산자도 있고 소비자도 있다. 많은 사용자들은 플랫폼을 통해 정보 등을 공유하며 경험함으로써 직접적으로 참여하여 댓글, 이미지, 동영상 등의 여러 가지 혜택으로 SNS를 이용하고 있다. 나종연(2010)은 인터넷을 기반으로 형성된 사람들 간의 상호 관계를 의미하는 것으로 SNS를 설명하였고, 온라인 소셜 네트워크를 형성, 유지하게끔 지원하는 플랫폼은 다양한 유형으로 발전·진화하고 있다고 하였다.

한국인터넷진흥원에 따르면 SNS(Social Network Service)의 유형별 정의는 인터넷상에서 친구와 동료들의 인간관계를 강화하거나 새로운 인맥을 형성함으로써 폭넓은 인적 네트워크가 이루어지게 해 주는 서비스이며, 주로 커뮤니티(클럽, 카페), 미니홈피, 마이크로 블로그, 블로그, 프로필 기반하의 서비스라고 하였다. SNS는 서비스의 특징에 따라서 표 13-4와 같이 분류할 수 있다(료훈위, 2015).

표 13-4 SNS의 유형들의 정의

유형		정의
1	블로그	개인의 관심에 따라 일기, 전문자료, 클럽, 사진 등을 게시, 저장하고 다른 이용자들과 공유하는 대표적인 1인 미디어(예: 네이버 블로그, 다음 블로그, 이글루스, 티스토리 등)
2	마이크로 블로그	140~150자 이내의 메시지로 자신의 생각, 감정을 표현, 공유할 수 있는 블로그, 네이버 일종으로 미니 블로그(mini blog)라고도 함(예: 트위터, 미투데이, 플레이 톡, 토씨 등)
3	미니홈피	미니홈페이지는 네트워크 사용자들이 직접적으로 꾸미며, 서로를 초대할 수 있는 공간으로, 함께 활동하면서 네트워크 사용자들 간의 인맥을 형성하는 1인 미디어(예: 싸이월드 미니홈피, 드림위즈홈피 등)
4	커뮤니티(카페, 클럽)	인터넷에서 관심분야나 취미가 서로 비슷한 사람들이 서로의 정보를 교류하거나 친목을 이루기 위해 형성한 모임(예: 네이버 클럽, 다음 카페 등)
5	프로필 기반 서비스	나이, 직업, 학력 등 개인 정보와 무관하게 직접 게시한 사진이나 동영상 및 주된 웹페이지인 프로필에 제공되어, 사용자들 간의 인맥을 구성하고 소통하는 서비스(예: 페이스북, 링크나우, 마이스페이스, 링크드인 등)

SNS가 빠르게 발전하는 환경, 개인이나 기관이 편하고 자유롭게 관계를 공급할 수 있는 특성, 세계적으로 각 부문에 있는 기업들이 더 자유롭게 사회적인 가치를 쫓기 위한, 비전과 생각들을 타인에게 제공할 수 있는 SNS에 대한 관심이 급속히 증가하였고, 참여도가 갈수록 높아지게 되었다.

SNS의 유형별 특성과 대표적인 SNS들을 정리하면 표 13-5와 같다(이문구, 2011).

표 13-5 SNS의 유형별 대표사이트와 특징

서비스기반	대표 사이트	특성
프로필 기반 (Profile)	페이스북(Facebook), 싸이월드(Cyworld), 마이스페이스(Myspace)	이용자의 금지 조건이나 특정 분야 없이 누구나 참석할 수 있음
블로그 기반 (Blog)	네이버 블로그(Naver Blog), 다음 블로그(Daum blog), 다음 티스토리(Daum Tistory)	개인 미디어의 블로그 중심으로 소셜 네트워크 서비스가 연결돼 있음
마이크로 블로그 (Micro-Blog)	트위터(Twitter), 미투데이(Me2day)	짧은 줄 정도로 할 수 있는 단문 서비스
커뮤니케이션 중심 (Communication)	네이트온(NateOn), 이버디 클럽-토크 (ebuddy club-talk)	비디오, 채팅, 메일, 컨퍼러싱(Conferencing) 등 사용자 간 커뮤니케이션 중심 서비스
관심 주제 기반 (Cyber Space)	다음카페(Daum cafe), 트렌드 밀(Trend wheat), 와인로그(Wine logo)	분야별로 관심 제목에 따른 특별한 서비스
버티컬 (vertical Sharing)	유튜브(Youtube), 딜리셔스(delicious.com), 아프리카(www.afreeca.com)	UCC를 중심으로 사진, 동영상, 북마크 등 특정 분야
협업기반 (Collaboration)	위키피디아(Wikipedia), 스프링노트(Spring note)	공동 창작과 협업 기반 중심
위치기반 (Location)	구글(Google), 다음(Daum), 포스퀘어(Four square), 스토리트뷰(Story tube), 엘프(Elf), 플레이스(Place)	위치정보서비스(IBS)와 결속하여 한 차원 향상한 최신의 소셜미디어 서비스

서비스기반	대표 사이트	특성
비즈니스 기반 (Business)	링크드인(Linkedin), 링크나우(link Now), 비즈스페이스(Bizspace)	직무나 사업관계를 목적으로 전문적인 비즈니스 중심의 소셜 네트워크 서비스

2. SNS의 특성과 효과

1) SNS의 특성

SNS는 섬처럼 흩어진 사람들의 마음과 마음을 거리와 시간의 경계를 넘어 연결해 주는 놀라운 기술이다. SNS는 일반적으로 기존 인맥을 강화하고 새 인맥을 창출하여 정보를 공유하는 특성을 가진다. SNS는 개인의 표현 욕구를 표출하기 위한 통로로도 이용되고 있으며 특정 관심사를 가진 커뮤니티 사이트를 운영하며 같은 관심을 가지고 있는 집단들이 생기면서 자신의 정보와 지식을 공유한다. 현재는 많은 기업들이 마케팅으로 활용하기 위해 SNS로 진출하고 있다(홍일유·강동원·조휘형, 2014). Smith(2007)는 SNS 특성을 표 13-6과 같이 7가지로 구분하였다.

표 13-6 Smith의 SNS 특성

존재감(Presence)	자기 자신의 표현
공유(Sharing)	각종 정보와 콘텐츠 공유
대화(Conversations)	타인과의 커뮤니케이션
그룹(Group)	단체활동
평판(Reputations)	자기홍보와 명성을 알림
관계(Relationship)	관계를 구축하고 유지
정체성(Identity)	자기의 주체성을 알림

2) SNS의 효과

SNS의 장점을 보면 누구나 개인 계정에 자유롭게 가입이 가능하다는 것이다. 또한 언어만 통한다면 언제 어느 장소이든 SNS 사용자 누구와도 친구가 될 수 있으며 그들로부터 정보를 얻고 자신의 생각을 전달할 수 있는 반면에 SNS를 통해 얻은 불확실한 정보로 인해 피해를 보는 수도 있다. 또한 그밖에 단점으로는 불특정 다수인에 의해 받는 사생활 침해이며 이로 인해 피해자는 많은 스트레스를 받고 있어 법적 구제수단을 모색하기도 한다.

여러 연구들을 통해 살펴보면 SNS는 단순히 미디어를 이용한 서비스로 그치지 않고 스마트폰을 통해 이용하면서 부정확한 정보의 확산이나 사생활 침해, 범죄에 악용될 수 있다는 점에서 큰 문제로 지적되고 있다. 또한 청소년들의 경우 SNS를 통한 게임에 빠져 현실 감각이 떨어지고, 심할 경우 부모를 위협하거나 학교에 가지 않고 방에서만 지내는 현상도 종종 일어나고 있다(http://blog.naver.com/ncanvas01/2018135312).

3. 온라인을 활용한 평생교육방법

4차산업혁명시대에 필요한 역량은 디지털 역량, 글로벌 역량, 창의력, 융합력, 자기력, 사회력, 감성력, 연결력, 미래력, 데이터 장악력이라고 흔히 말한다. 4차산업혁명이라는 거대한 변혁기를 맞아 교수자는 미래사회에서 경쟁력 있는 핵심 역량을 길러 줄 수 있어야 한다. 지금까지 이러한 문제를 해결하기 위하여 학습자활동 중심의 다양한 학습방법 개선을 위하여 노력해 왔다. 거꾸로 교실(Flipped Learning), 하부르타교육법, 프로젝트학습, 토의토론, 브레인스토밍, 협동학습, 마인드맵 등을 도입하고 있다. 기본적인 지식은 디지털로 전환하고 학습자들이 스스로 관심사를 검색하고 능동적으로 학습할 수 있게 해야 할 필요가 더해졌다.

평가 방식의 전환도 이루어야 한다. 모두 똑같은 문제를 풀고 하나의 정답을 적어내는 평가 방식으로는 미래 인재를 키울 수 없다. 각 학습자가 가진 교육의 생각과 논리력을 들여다보는 평가 방식으로 바꾸어 나가야 한다.

그러나 2020년 초부터 코로나19라는 팬데믹(pandemic) 현상이 온 세상의 활동을 변화시켜 놓았다. 감염병 대유행 상황으로 모든 교육기관이 온라인학습체제로 바뀌었다. 갑자기 찾아온 실시간 양방향 온라인학습으로 인하여 교수자들은 큰 어려움을 맞이하게 되었다. 현실적으로 대다수의 학습이 강의 동영상을 학습자 혼자 보고 과제를 해결하는 실태가 되고 있다. 물론 상호작용은 비실시간으로도 가능하다. 제출한 과제에 대해 교수자가 이메일로 피드백을 하면 그

것도 좋은 상호작용일 수 있다. 그러나 이 같은 피드백이 제대로 잘 되기 어렵다. 100% 실시간 양방향 학습을 하고, 과제에 대해 100% 피드백을 제공하는 것이 필요하다. 대부분의 교수자들은 자체 제작한 강의 동영상을 제공한다. 하지만 강의 영상 제작에 너무 많은 에너지를 쏟고 있다. 원격교육 전환 이후 가장 큰 고충이 콘텐츠 제작이라고 할 수 있다.

평생학습방법도 기존의 SNS를 이용하는 방식에서 발전하여 화상회의에서 주로 사용해 왔던 온라인 방식이 많이 이용되고 있다. 이러한 방식들의 사용방법에 대하여 간단히 살펴보고자 한다.

1) 줌(Zoom) 활용하기

4차산업혁명 사회나 코로나19와 같은 팬데믹 현상들은 우리가 살아가는 삶의 모습을 변화시킬 것이고 코로나19가 극복되더라도 우리의 삶은 많은 부분이 바뀌게 될 것이다. 앞으로의 삶 중에서 가장 큰 부분이 언택트일 것이고, 비대면으로 이루어지는 생활이 자연스러워지는 세상이 다가올 것이다. 지금은 일시적이라고 생각하겠지만 미래의 우리는 비대면이 자연스러워질 것이다. 그중에서 가장 두드러지는 부분이 온라인학습과 재택근무가 될 것이다.

(1) Zoom 개요

온라인학습 중에서 최근 가장 많이 사용하고 있는 서비스는 줌(Zoom)일 것이다. Zoom은 에릭 위안이 개발하였다. 누구나 쉽게 온라인학습과 화상회의 시스템을 구축할 수 있고, PC, 테블렛 PC, 모바일 등의 장치에서 이용이 가능한 서비스이다. 초창기 Zoom 서비스는 해킹문제가 야기되어서 문제가 되었지만 현재는 해킹문제가 어느 정도 해결되고 있다. Zoom 서비스는 온라인학습뿐 아니라 그룹회의, PC화면 공유, 투표 등과 같은 여러 가지 서비스를 제공하고 있어서 유용하게 사용할 수 있다.

학습자(참가자)는 Zoom을 다운로드 할 필요가 없다. 왜냐하면 교수자(호스트)가 보내 주는 링크로 접속만 하면 되기 때문이다. Zoom PC 버전 다운로드가 필요한 경우는 교수자(학습을 주최하는 호스트)가 되었을 때이다. 다운로드는 Zoom 홈페이지에서 가능하고 다운로드 후 Zoom 설치도 간단하게 할 수 있다. 즉, Zoom 홈페이지의 리소스 탭을 누르면 각각의 상황과 디바이스 버전에 맞게

Zoom PC 버전 다운로드가 가능하다. 교수자(호스트)의 디바이스에 맞춰서 해당하는 Zoom 다운로드를 하면 된다. 모바일 전용도 있다.

(2) Zoom학습방법

학습을 시작하려면 먼저 나의 회의실(강의실)에 학습자들을 초대할 수 있도록 초대코드를 생성해야 한다. Zoom 홈페이지 메인화면의 '회의 호스팅' 버튼을 누르면 회의실(강의실)을 만들 수가 있으며, 앞서 Zoom PC 버전 다운로드 및 설치가 완료된 상태라면 바로 회의(학습)를 시작할 수 있다. 교수자(호스트)는 음소거나 화면 전환 등 여러 가지 권한을 설정할 수 있다. 시스템 대화상자가 표시되면 Zoom Meetings 열기를 클릭한다. Zoom 클라이언트가 설치되어 있으면 '회의시작'을 실행하거나 Zoom을 다운로드하여 실행한다.

Zoom 화상회의(학습) 서비스는 유료와 무료 버전 모두 제공하며 웹과 모바일 앱 형태로 쓸 수 있다. 무료 버전은 한번에 100명까지 화상 회의 및 컨퍼러스 참가자들을 모을 수 있다. 유료 버전도 Zoom 화상회의(학습)를 주최하는 교수자만 결제를 하면 되고 회의(학습)에 참가하는 사람(학습자)은 무료로 이용할 수 있다.

※ 이용사례 1

홍길동이 예약된 Zoom 회의에 귀하를 초대합니다.
주제: 홍길동의 개인 회의실
Zoom 회의 참가
초대링크: https://us04web.zoom.us/j/9883773126?pwd=WXNxSIFYSlpOeFBQ9lejd0amczd
회의 ID: 988 377 3120
암호: Ki4FC8

※ 이용사례 2

- Zoom us에서 사용자 가입하기
- Android와 IOS에서도 Zoom을 검색하여 설치하기
- 회의 주관자(교수자)가 회의(학습)룸을 개설한 뒤 해당 링크를 회의 참여자(학습자)에게 공유하기
- 학습자는 공유된 링크, 회의 ID 및 암호를 입력하여 회의에 참여
- 비디오와 음소거 버튼을 적절히 활용하여 학습하기

2) 스카이프(SKYPE) 활용하기

(1) 스카이프(SKYPE) 개요

코로나19와 같은 팬데믹 시대에 스카이프(SKYPE)와 줌(Zoom)은 화상회의 어플의 양대산맥이라고 볼 수 있다. 집밖으로 못 나가는 상황에서 학업과 업무를 이어가려면 어쩔 수 없이 비대면으로 진행해야 하는데, 스카이프와 줌이 비대면 만남에 많은 도움을 주고 있다.

PC 스카이프와 모바일 스카이프는 장단점이 있다. PC 스카이프는 화면이 커서 전달력이 좋기 때문에 메모나 그림 같은 것을 보여주는 학습이나 회의 같은 것에 유리하다. 반면에 모바일 스카이프는 마이크나 카메라가 따로 필요 없어서 훨씬 접속하기 쉽고 휴대성이 좋기 때문에 이동하면서도 화상회의(학습)를 할 수 있다. 단점은 화면이 작아서 글씨나 그림 같은 것들을 보기가 힘들다는 점이 있다.

(2) 스카이프학습방법

스카이프는 최대 25명까지 동시 접속이 가능한 멀티화상회의(학습)를 진행할 수 있다. 많은 사람과 다량으로 화상회의(학습)가 가능한 만큼 이용방법을 살펴보자.

우선 'SKYPE' 다운로드 페이지에서 PC, 스마트폰, 태블릿용으로 각기 다른 디바이스의 프로그램을 설치할 수 있다. 우선 PC 버전을 활용하기 위하여 PC용으로 다운로드 받는다. PC용 스카이프는 윈도우 버전, 애플 맥 버전, 리눅스 버전별로 나뉘어져 있으며 교수자의 컴퓨터에 있는 프로그램에 따라 선택해서 다운로드 하면 된다.

다음으로는 로그인이다. 스카이프는 마이크로소프트 계정으로 이용할 수 있기 때문에 마이크로소프트 계정이 없으면 전자 메일을 입력하는 창 아래에 '계정을 만드세요' 텍스트를 클릭하면 회원가입 창이 뜬다. 계정을 만들 때에는 전화번호 또는 이메일 둘 중의 하나의 인증으로 선택해서 계정을 만들 수 있다. 이메일은 마이크로소프트 메일계정으로만 이용할 수 있으니 메일 만들기가 귀찮은 교수자는 전화번호로 빠르게 가입할 수 있다.

스카이프 아이콘이 바탕화면에 깔려있는 것을 확인하고 이것을 더블 클릭한 후, 시작하기를 누르면 마이크로소프트 계정으로 로그인을 하라는 창이 뜬다. 가입한 계정으로 로그인을 하면 된다. 이메일로 인증을 받은 사람은 이메일을 입력해주면 되지만, 전화번호로 인증을 받은 사람은 010-1234-5960이면 앞에 082를 붙여서 0821012345960로 입력해야 한다. 010의 맨 앞의 0은 생략된다.

비밀번호까지 입력하면 메인화면이 뜨게 된다. 정렬된 영상통화, 화상회의 등의 메뉴 아이콘들이 있다. 대화 시작을 누르면 대화를 시작할 친구 또는 사람을 선택할 수 있는 창이 나타나며 이어 채팅창이 나오게 된다.

스카이프 화상회의(학습) 방법은 음성통화와 새 그룹 만들기를 할 수 있는 아이콘이 있으며, 영상통화 아이콘을 추가로 확인하고 그 영상통화 아이콘으로 화상회의를 할 수 있다. 또한 메뉴의 검색창에 다른 사람의 ID를 검색하거나 친구를 초대할 수 있으며 연락처에 저장해두고 이용하면 더욱 편리하게 화상회의를 할 수 있다.

이렇게 스카이프 화상회의(학습) 방법에 대해 살펴보았다. 동시에 25명까지 초대가 가능한 스카이프 화상회의는 부서원, 팀원들 모두 모여 원격회의를 할 수 있으며 무료로 지원되는 프로그램이다. 코로나19가 빠르게 종식되었으면 좋겠지만, 장기화를 염두에 두고 이런 스카이프 화상회의(학습) 방법 등을 익혀두면 가정에서도 원활한 학습생활과 직장생활을 할 수 있을 것이다.

(3) 모바일 스카이프 활용 방법

- 모바일 스카이프 다운로드 및 설치하기
- 스카이프 실행
- 화상회의 방(모임)을 만들기 위해 캠코더 버튼 클릭
- 모임 만들기 화면이 나오면 그곳에 모임의 이름을 써 준다. 이어 '링크 복사, SKYPE 연락처, 공유'를 통해 상대방을 초대하고 '통화시작' 버튼을 누르면 화상 통화(학습)가 시작된다.
- '공유' 버튼을 눌러서 상대방에게 카카오톡이나 문자로 스카이프 초대 링크를 보낼 수 있다. 학습자들이 카카오톡을 많이 사용하므로 카카오톡으로 상대방을 초대하면 학습에 용이하다.
- 카카오톡에서 초대할 상대방을 체크하고 확인 버튼을 눌러주면 바로 상대방에게 초대 링크가 발송된다.

- 상대방이 카카오톡 초대 링크를 받아서 클릭하면 스카이프 화면이 나타난다. 학습자는 미리 스카이프를 설치해 놓아야 한다. 스카이프 화면에서 '대화 참여' 버튼을 클릭하면 화상회의(학습)에 입장할 수 있다.
- 스카이프 화상 회의가 시작되면 '채팅, 나의 화면, 카메라 전면 후면 변경, 음소거, 카메라 끄기, 화면 캡처, 스카아프 종료' 등과 같은 여러 가지 기능 버튼을 볼 수 있다. 버튼이 안 보일 때는 화면을 클릭하면 버튼이 표시된다. 특히, '화면 캡처' 버튼을 클릭하면 화상 회의에 참가한 사람들의 화면이 캡처가 되고 채팅창에 등록이 된다. 회의(학습)를 종료하고 싶을 때에는 스카이프 종료 버튼을 눌러 화상회의(학습)를 중단할 수 있다.
- '마이크' 버튼을 클릭해서 음소거를 하면 내 목소리가 상대방에게 들리지 않는다. '카메라'도 마찬가지로 꺼 놓으면 상대방에게 내 아이디만 표시된다.
- 화상회의 중에 '채팅' 버튼을 눌러서 채팅을 하거나 다른 사람을 초대할 수 있다.
- 화면 오른쪽 아래에 있는 '더보기' 버튼을 클릭하면 스카이프 추가 옵션이 나온다.
- 추가 옵션에는 '수신 비디오 허용' 버튼이 있는데 이것을 비활성화하면 상대방 화면을 나에게 안 보이게 만들어 준다. 하단에 '사람 추가' 버튼으로 화상 회의에 참가할 사람을 추가할 수 있고, '녹음시작' 버튼으로 대화 내용을 녹음할 수 있으며, '하트' 버튼으로 상대방 화면에 하트를 날려줄 수도 있다. '화면공유' 버튼은 내 화면에서 보여주고 싶은 부분만 지정해서 보여줄 수 있는 기능인데 모바일 버전은 지원되지 않고, PC 스카이프에서만 사용할 수 있는 기능이다.

3) 구글 미트(Google MEET) 활용하기

(1) 구글 미트 개요

코로나19가 길어지고 있어 교육기관, 회사, 공공기관 등 대면 학습과 대면회의가 꼭 필요한 기관들조차 행사를 미루어 오다가 온라인으로 진행하고 있다. 구글 MEET는 화질과 음질이 Zoom보다도 좋은 편이다. 구글 클래스룸을 사용하면 과제 및 출석관리, 유튜브 영상 보기, 구글 미트로 실시간 수업 등을 할 수도 있다.

(2) Google MEET 활용 방법

Google MEET를 사용하기 위해서 우선 크롬 브라우저를 열어야 하고, 지메일 (@gmail) 계정이 있어야 한다. 없을 경우 계정을 만들면 된다. 그리고 회의(학습)에 참여할 모든 사람도 지메일 계정이 있어야 한다. 인터넷 검색창에서 https://meet.google.com/을 입력하거나 meet.google.com/링크를 클릭해도 된다. 이후, 새 회의(학습방)를 개설할 수도 있고, 이미 개설된 회의(학습방)에 들어갈 수도 있다. 휴대폰에서는 Google MEET 앱을 검색해서 다운받고, 실행하면 된다. PC 화면이나 앱화면의 기능은 유사하다.

회의실(학습방)의 호스트(교수자)가 되려면 '새회의'버튼을 누른다. 이미 개설된 회의(학습방)에 들어가려면 '코드로 참여' 버튼을 선택하면 된다.

※ 이용 사례 1('새회의'를 눌러서 즉석회의를 시작하기)

- 구글 미트 회의(학습방)를 개설하고, 공유링크를 알려준다. 공유링크를 알려주는 방법은 복사버튼을 누르고 문자, 메일 및 카톡창에 전송하면 된다. 다른 방법은 '초대공유'버튼을 눌러서 전송할 수 있다.
- 회의(학습) 참가자들에게 전달할 메세지를 작성해서 보내 준다. Zoom처럼 호스트(교수자)가 참가자들의 마이크를 일괄 끄는 기능이 없다.
- 온라인강의를 위하여 ppt을 공유한다. 구글 미트에는 Zoom 처럼 주석기능은 없지만 공유가 잘 된다. 크롬탭도 공유가 가능하므로 유튜브 영상 등을 같이 볼 수 있다.

(3) Google MEET 실행해보기

- 호스트(교수자)는 먼저 https://meet.google.com으로 접속
- '새 회의'를 클릭
- 웹브라우저에서 카메라, 마이크 사용을 동의하고, '지금 참여하기' 클릭
- 주소 공유하기
- 참여자(학습자)는 https://meet.google.com 첫 화면에서 코드 또는 링크 입력에 회의 URL의 뒷부분을 입력
- 카메라, 마이크 사용을 동의하고, 그 다음 '참여 요청' 클릭

- 호스트(교수자)가 수락
- 회의실(학습방) 입장
- 모든 참가자를 화면으로 볼 수 있으며, 타일 형태로 보는 것은 참가자 개인적으로 조작 가능함. 호스트(교수자)는 참가자들에 대하여 음소거를 할 수 있다.
- 오른쪽 아래 점 세 개를 누르면 여러 가지 기능을 사용할 수 있다.
- '새 화이트보드 시작'을 눌러 참가자에게 수정을 허용할지 보이게만 할지를 결정한다. 이렇게 화이트보드를 공유할 수 있는데 수신자에게 바로 화면이 뜨는 것은 아니고 채팅창에서 하이퍼링크를 클릭해야 한다.
- 화이트보드를 삭제하려면 오른쪽 위 점 세 개를 누르고 삭제를 누른다.
- 화면 공유를 하려면 '발표 시작'을 클릭하면 된다. 화이트보드와 달리 공유 즉시 수신자의 화면에 나타난다.
- 디스플레이 설정을 확장으로 바꾸려면 두 모니터 중 하나만 선택해서 화면을 공유할 수 있다.
- 화면 공유를 수신하는 경우에도 타일 형태로 보기가 가능하다.
- 메모장을 열어서 공유하면 공유하는 사람이 창을 움직여도 그 창이 계속해서 공유된다.
- '레이아웃 변경', '배경 변경', '설정'을 통해 학습 환경의 변화가 가능하다.

4) 유튜브(Youtube) TV 방송국 개국하여 활용하기

유튜브에서 TV 방송국을 개국하여 학습을 진행할 수 있다. 유튜브 TV를 운영하기 위해서는 좋은 컨텐츠가 있고 촬영과 편집기술이 뛰어나며 충분한 시간이 있는 사람만 가능하다고 생각하겠지만 평생교육에서는 교수–학습이 이루어질 컨텐츠가 있으므로 여러 가지 장비를 활용하여 학습을 진행하면 된다.

준비해야 할 장비로는 카메라(캠코더), 외장사운드, 마이크, 닌텐도, 컴퓨터와 연결되는 니세트로키트 등이 필요하다. 외장카드는 PC에 스테레오 믹스가 없을 경우 필요하며 컴퓨터에서 소리와 마이크 소리를 모두 인식하기 위해서 준비해야 한다.

(1) 플랫폼 가입하기

유튜브는 여러 가지의 플랫폼 중에서 전 세계적으로 많은 영향력을 발휘하면서도 초기의 투자비용이 들지 않는 플랫폼이다. 유튜브에 '교수자의 방송국'을 개국하려면 먼저 구글(http://google.com)에 교수자의 계정을 만들어 놓으면 된다.

- 구글(http://google.com)로 이동하면 구글 화면이 나타난다.
- 화면에서 '계정 만들기'를 클릭하면 계정을 만들 수 있는 단계로 나아가게 된다. 화면의 '계정 만들기' 아래에 보면 아이콘으로 구글의 계정을 만들었을 때에 할 수 있는 여러 계정들이 보인다.
- 구글 계정 만들기는 대체적으로 쉬워서 빈칸을 채워주기만 하면 얼마든지 쉽게 계정을 만들 수 있다. 이름, 아이디, 비밀번호를 입력하면 쉽게 계정을 만들 수 있다.
- 계정을 만들기 위해서 계정확인 작업을 해야 한다. '전화번호'란에 교수자의 휴대폰을 입력하면 휴대폰 번호로 인증번호가 온다. 인증번호를 기록해 놓았다가 입력하면 가입이 완료된다.
- 인증절차가 끝나면 환영창으로 바로 갈 수 있고 이후 사용이 가능하다.
- 이후 가입한 아이디로 로그인한다. 오른쪽 상단에 교수자의 아이디가 둥근 원에 들어 있는 것을 볼 수 있다.
- 이것으로 플랫폼 가입 절차는 완성된다. 이제 바로 유튜브로 이동하여 교수지의 채널을 만들면 된다.

평생교육의 수요와 중요성은 점점 증가할 것이다. 평생교육은 정규교육을 마친 사람들 각자에게 특화된 세부적인 전문지식을 맞춤형으로 제공할 수 있는 형태로 점점 다양해질 것이다. 강의실에서의 강의가 아니라 다양한 매체를 활용해 언제 어디에서나 닿을 수 있는 형태가 일반화될 것이다.

요약

1. 빅데이터, 인공지능(AI), 사물인터넷(IoT) 등 다양한 신기술이 등장하면서 4차산업 혁명시대가 도래하는 우리나라에서는 4차산업혁명에 대응하는 미래교육과정, 학습 환경 등에 대한 논의와 대응책에 관심이 몰리고 있다.

2. SNS는 온라인에서 사회적인 관계를 형성시키는 서비스로서 개인 및 조직 간의 연결을 구축하고 이를 통해서 유용성 있는 정보를 사람들 서로 간에 공유할 수 있는 서비스로 볼 수 있다. 즉, 인터넷을 기반으로 개인을 연결해 주고 정보를 공유하며, 자기표현이나 인맥관리 및 유형을 통해서 사람들 간의 관계를 유지하며 관리해 주는 서비스이다.

3. 온라인학습 중에서 최근 가장 많이 사용하고 있는 서비스는 줌(Zoom)일 것이다. Zoom은 누구나 쉽게 온라인학습과 화상회의 시스템을 구축할 수 있고, PC, 테블렛 PC, 모바일 등의 장치에서 이용이 가능한 서비스이다.

4. PC 스카이프는 화면이 커서 전달력이 좋기 때문에 메모나 그림 같은 것을 보여주는 학습이나 회의 같은 것에 유리하다. 반면에 모바일 스카이프는 마이크나 카메라가 따로 필요 없어서 훨씬 접속하기 쉽고 휴대성이 좋기 때문에 이동하면서도 화상회의(학습)를 할 수 있다. 단점은 화면이 작아서 글씨나 그림 같은 것들을 보기가 힘들다는 점이 있다.

5. 코로나19와 같은 팬데믹 현상에서는 교육기관, 회사, 공공기관 등 대면 학습과 대면회의가 꼭 필요한 기관들조차 행사를 미루어 오다가 온라인으로 진행하고 있다. 구글 MEET는 화질과 음질이 좋은 편이다. 구글 클래스룸을 사용하면 과제 및 출석관리, 유튜브 영상 보기, 구글 미트로 실시간 수업 등을 할 수도 있다.

연구문제

1. 4차산업혁명시대가 도래하면 평생교육방법이 어떻게 변화해야 하는지 모색해 봅시다.

2. 미래사회에서의 교육은 기술의 발달, 인구구조의 변화, 경제·사회적 변화, 가치관의 변화 등 다양한 요인들에 의해 변화할 것으로 예상됩니다. 4차산업혁명시대의 평생교육 환경을 어떻게 구성해야 할지 그 방안을 논의해 봅시다.

3. SNS 유형 중 블로그, 카페, 이메일, 카카오톡, 페이스북 등이 평생교육 현장에서 어떻게 활용되고 있는지 설명해 봅시다.

4. 팀을 구성하여 온라인 평생교육방법으로 많이 사용되고 있는 줌(Zoom)과 구글 미트(Google meet)를 실연해 봅시다.

5. 평생교육방법으로 활용되고 있는 유튜브 방송국을 검색하여 각 방송국들의 성과를 평가해 봅시다.

CHAPTER 14

블렌디드 평생교육방법

개요

블렌디드러닝이란 칵테일처럼 온라인 비대면강의와 면대면강의를 혼합한 학습형태라고 할 수 있다. 온라인강의는 대면강의에 비해 많은 장점을 가지고 있다. 하지만 대면강의의 장점을 온전히 온라인강의로 구현할 수는 없다. 그래서 온라인과 오프라인강의를 결합한 블렌디드러닝이 새로운 대안으로 부각된 것이다. 블렌디드러닝의 유형에는 순환 모델, 플렉스 모델, 알라카르테 모델, 가상학습 강화 모델 등이 있다.

학습목표

1. 블렌디드러닝의 개념 및 특징을 이해할 수 있다.
2. e-learning과 변화하는 학습자를 이해할 수 있다.
3. 블렌디드러닝의 유형을 설명할 수 있다.
4. 블렌디드러닝의 학습 모형을 설명할 수 있다.
5. 블렌디드러닝의 장단점을 파악할 수 있다.

주요 용어

블렌디드러닝, 플립러닝, 순환모델, 플랙스 모델, 알라카르테 모델, 가상학습 강화 모델

제1절 블렌디드러닝

1. 블렌디드러닝의 개념

블렌디드러닝(blended-learning)은 두 가지 이상의 학습방법을 혼합하여 학습의 효과를 극대화하려는 것으로써 단순히 온라인(on-line)과 오프라인(off-line)의 연계가 아닌 적절한 학습방법 간의 조합이다. 즉, 블렌디드러닝은 학습 효과를 극대화하기 위한 전략으로 온라인교육과 오프라인교육의 양자 논리로부터 탈피하여 다양한 학습전략 및 테크놀로지를 혼합하고 더 나아가 학습경험과 학습양식, 학습과제까지 통합하는 것이라고 할 수 있다.

블렌디드러닝은 그동안 기업교육 분야에서 다양한 혼합 영역과 요소들로 적용·활용되어 왔다. 송영수(2003)는 혼합학습의 혼합 영역을 아래 표 14-1과 같이 10가지로 제시하였다.

표 14-1 송영수가 제시한 혼합학습 영역

혼합 영역	혼합 요소
학습자 수준	개인학습(Self-directed learning) 집단학습(Group-based learning)
시간	실시간, 비실시간의 합성
공간	온라인, 오프라인의 연계
내용	구조화된 학습내용, 비구조화된 학습내용, 학습 객체
방법	강의식, 사례연구, 전문가 패널토의, 그룹토의, 경험학습, 역할연기, 시뮬레이션, 워크숍, 팀활동, 독서 등의 연계
활동초점	콘텐츠 중심, 프로세스 중심, 상호활동, 스킬 개발, 사고활동
학습양식	적응자, 분산자, 수렴자, 융합자
기술	문자기반, 오디오기반, 비디오기반, 컴퓨터기반
학습차원	개별학습, 그룹학습
상호활동 수준	학습자 - 강사, 학습자 - 학습자, 학습자 - 커뮤니티, 학습자 - tool, 학습자 - 지식경영시스템, 학습자 - 학습 환경 등의 연계

출처: 송영수(2003).

김도헌(2003)은 블렌디드러닝의 의미를 다음과 같이 세 가지로 나누어 설명하고 있다. 첫째는 온라인-오프라인학습 환경 간의 혼합이다. 이는 전통적인 면대면 오프라인교육과 최신의 비대면 온라인교육의 장점을 혼합하고 배치하여 운영하는 일련의 설계 전략으로 표현되며, 현재 우리나라 교육현장에서 일반적으로 받아들여 적용하고 있는 개념이기도 하다. 둘째는 학습방법론 간의 혼합이다. 이것은 단순한 온라인과 오프라인교육 간의 물리적 결합을 넘어서 어떻게 온라인-오프라인학습 환경 속에 적절한 학습방법론과 전략들을 배치, 혼합할 것인가의 의미를 담고 있다. 세 번째는 학습과 업무의 혼합이다.

드리스콜(Driscoll, 2002)은 블렌디드러닝이 궁극적으로는 학습과 일의 조화로운 효과를 창조하기 위하여 훈련을 실제적인 업무과제와 조화시키는 방향에서 이루어져야 함을 강조한다. blended training이 아닌 blended learning으로서 완전한 의미를 갖기 위해서는 blended 개념이 공식적인 훈련으로부터 얻어지는 공식적 학습경험과 실제 업무현장에서 자연발생적으로 얻어지는 비공식적 학습경험 간의 혼합까지도 포함할 필요가 있다. 왜냐하면, 기업조직이 요구하는 업무지식과 기능에 대한 학습의 대부분이 업무현장 속에서 비공식적 학습을 통해 일어나고 있기 때문이다. 즉, Blended training은 off-site학습(업무현장을 벗어난 집합교육)과 on-site학습(업무현장에서의 실천학습) 간의 연결통로를 마련하는 역할을 수행할 필요가 있다.

2. e-learning의 등장과 변화하는 학습자

블렌디드러닝은 전통적으로 강의실에서만 이루어지던 면대면 교육에서 ICT 기술의 발달로 사이버 상에서도 교육이 가능한 이러닝(e-learning)이 출현함으로써 더욱 주목받기 시작했다. 이러닝의 등장은 학습자가 원하는 방식과 이러닝 활동을 연계하여 다양한 차원의 결합 효과를 보인다.

첫째, 학습공간의 통합으로 전통적인 면대면 오프라인의 수업형태와 인트라넷, 인터넷을 활용한 온라인 수업형태의 통합을 의미한다(강환수, 2010). 둘째, 학습형태의 통합으로 이것은 자기주도형학습과 협력학습의 결합이다. 즉 학습자 혼자 스스로 관리하고 통제하는 자기주도형학습과 역동적인 의사소통에 의해 많은 사람들이 지식을 공유하는 협력학습의 결합을 의미한다. 셋째, 학습유형의 통합으로 사전에 계획된 구조화된 학습 프로그램의 형태와 대화, 이메일, 온라인 포럼 등과 같은 과정 속에서 일어나는 비형식적 학습형태의 결합을 의미한다(한영신 외, 2011). 넷째, 학습내용의 통합으로 이것은 기성품과 같이 이미 규격화되어 만들어진 학습내용과 학습자 스스로 구성하는 자신만의 학습내용을 결합하여, 자신의 필요에 따라 객체화되어 있는 지식의 단위를 끌어와 자신에게 적합한 학습내용으로 만들어 가는 것이다(강환수, 2010). 다섯째, 학습과 일의 통합으로 여러 유형들의 결합에서 얻은 학습경험을 최종적으로 실제 현장에서 업무과제와 연결함으로서 최상의 교육 효과를 거둘 수 있다(송의성 외 2017).

표 14-2 블렌디드러닝 방식의 구성

실시간 대면(정규)	실시간 대면 생중계(비정규)
• 강사 주도의 강의실 • 워크숍 • 코칭/멘토링 • 현장 교육(OJT)	• 동료와의 소통 • 팀 작업 • 역할 모델링
가상 협력/실시간	**가상 협력/비실시간**
• 실시간 이러닝 강의 • 전자 멘토링	• 이메일 • 온라인 게시판 • 리스트 서비스(전자 메일링 목록) • 온라인 커뮤니티
자기주도학습	**지원 시스템**
• 웹학습 모듈 • 온라인 자원 링크 • 시뮬레이션 • 시나리오 • 비디오 및 오디오 CD/DVD • 온라인 자체 평가 • 교재	• 도움말 시스템 • 인쇄물 • 지식 데이터베이스 문서 **문서** • 수행/의사 결정 지원 도구

출처: Rossett, A., Douglis, F. & Frazee, R. V.(2003). Strategies for building Blended-Learning. Learning Circuits.

정보통신의 발달은 교육 패러다임의 변화와 함께 학습자의 특성도 바꾸어 놓았다. 정형화된 교육 공간에서 벗어나 학습자 스스로의 의지에 따라 학습 행위가 일어나는 학습환경으로 변화하고 있는 것이다. 특히 COVID-19로 인한 이러닝 교육 시대의 도래는 블렌디드러닝을 비롯한 다양한 수업 모형의 개발과 교수자의 역할 변화를 필요로 한다. 2020년 11월 4일 국가교육회의가 발표한 '미래교육체제 탐색을 위한 조사'에 따르면, 대면교육이 이러닝 교육보다 교과 지식 교육에 더 유리하지만 이러닝 수업을 통한 학습은 이전에 비해 더 활용될 것이라는 의견이 높게 나타났다(국가교육회의, 2020). 그러나 이러닝 교육만으로는 지식교육 외에 다른 학습 성과들을 기대하기가 어렵고, 학습자 간 학력격차에 대한 우려가 있으므로 블렌디드러닝이 미래 교육 방법의 한 축으로 자리매김할 것으로 전망된다. 블렌디드러닝은 다양한 형태로 존재하고 학자들마다 다르게 정의한다. 스미스(Smith, 2001)는 고기술인 TV, 인터넷, 저기술인 음성 메일, 회의전화와 같은 기술을 사용하는 원격기술과 전통적인 강의식 교육의 조합으로 보았는데, 학습자가 교수-학습 프로그램을 학습하는 데 어떠한 교수매체가 학습의 증진을 효과적으로 이룰 수 있는지 평가한 후 학습자들에게 적용하였다(조아라, 2014).

만틸라(Mantyla, 2001)는 블렌디드러닝은 학습자의 학습내용과 경험을 증진시키기 위하여 여러 가지의 전달기법, 표현들을 2개 이상으로 조합하여 학습자에게 제공하는 것이라고 하였다. 또한 학습자는 학습 내용을 부분으로 나누거나 멀티미디어와 통합, 새로운 학습 경험을 창출해 낼 수 있다고 하였고 이를 혼합의 힘이라고 하였다(표미정, 2009 재인용). 김도현(2004)은 지금까지 논의된 블렌디드러닝에 관하여 온라인과 오프라인의 단조로운 연계뿐만 아니라 적절한 교수방법, 학습경험 및 학습과제 간의 통합까지 확장시켜서 다음과 같이 세 가지로 정의하였다.

첫째, 블렌디드러닝의 가장 보편화된 정의는 전통적인 강의식 수업과 최신의 이러닝의 장점을 통합하여 효과적으로 배치, 운영하는 교수전략을 의미한다(김태종, 2019). 둘째, 블렌디드러닝은 온라인과 오프라인 학습자 간의 물리적인 결합뿐만 아니라 교수방법, 학습양식 등을 효율적으로 재배치하는 것이다. 셋째, 블렌디드러닝은 최적의 교육 효과를 발생시키기 위하여 학습경험부터 학습과제까지 통합할 수 있다. 즉, 블렌디드러닝은 단순한 온라인 수업과 오프라인 수업뿐만 아니라 교수학습방법, 학습과제, 잠재적인 학습자의 경험까지 통합하는 것이라 할 수 있다(표미정, 2009 재인용).

3. 블렌디드러닝의 특성

블렌디드러닝은 이러닝 등장 이후 이러닝과 전통적인 면대면 수업의 장점을 결합하기 위한 시도로써 새롭게 주목받고 있는 개념이다.

블렌디드러닝의 도입을 통하여 얻을 수 있는 장점과 특징을 살펴보면 다음과 같다.

첫째, 이러닝과 오프라인 교육의 장점만을 수렴하는 개선된 교수법으로써 학습 활동의 수준을 높이고 학습자 간의 상호작용과 학습자 중심의 학습 활동을 증진시키는 장점을 지닌다.

둘째, 다양한 학습방법과 전략을 혼합하여 개별 학습자에게 다양한 학습 기회를 제공함으로써 역동적인 학습자 중심의 학습을 가능하게 한다.

셋째, 학습자가 전통적인 교실수업으로부터 이러닝으로 점진적으로 전환할 수 있도록 하기 때문에 학습자의 입장에서 변화된 학습환경을 수용하기가 더욱 수월하다.

넷째, 시간과 비용을 절약할 수 있으며 단기간에 광범위하게 흩어져 있는 학습자를 대상으로 학습 내용을 전달할 수 있다(Singh, 2003).

4. 블렌디드러닝의 유형

블렌디드러닝은 칵테일처럼 온라인강의와 오프라인강의를 혼합한 학습 형태라고 할 수 있다. 온라인강의는 오프라인강의에 비해 많은 장점을 가지고 있지만 대면 강의의 장점을 온전히 온라인 수업에서 구현할 수는 없다. 그러므로 온라인과 오프라인강의를 결합한 블렌디드러닝이 새로운 대안으로 부각된 것이다. 블렌디드러닝의 유형에는 순환 모델, 플렉스 모델, 알라카르테 모델, 가상학습 강화 모델 등이 있다.

1) 순환 모델

순환 모델은 교사의 규제에 따라 면대면 수업과 온라인 수업을 정해진 시간 안에 운영하는 방식으로써 기존의 대면 수업 입장에서는 온라인 수업으로 구현하기에 좋은 것을 받아들인 형태이다. 순환 모델 중 대표적인 것은 가정에서 온라인학습을 하고 학교에서 대면 수업을 통해 지식을 학습하는 '플립러닝(Flipped learning, 거꾸로 교실)'이다.

2) 플렉스 모델

플렉스 모델은 기본적으로 온라인 수업을 진행하지만 온라인 방식으로는 하기 힘든 체육대회, 입학식, 각종 행사, 시험 등을 대면 활동으로 진행하는 것이다.

3) 알라카르테 모델

알라카르테 모델은 선택식 모델이라고도 한다. 이 모델은 학생이 대면 수업에 참여하면서 학교를 다니지만 선택 과목 등 일부 과목은 비대면 온라인 수업에 참여하면서 학교를 다니지 않고 과목으로만 개설하여 운영하는 것이다.

4) 가상학습 강화 모델

가상학습 강화 모델은 필수 과목 등 일부 수업시간만 대면 수업을 하고 그 외 나머지 수업은 비대면 온라인 수업에 참여하는 것으로서 주 2~3회 출석 수업을 하거나 오전이나 오후만 출석 수업에 참여하는 것이다. 비대면 온라인 수업에 대한 비중은 플렉스 모델과 알라카르테 모델의 중간적 위치에 있다고 볼 수 있다.

5. 블렌디드러닝의 학습 모형

교육과학기술부(2008)에서는 블렌디드러닝을 네 가지의 기본 학습 모형으로 분류하여 제시하였는데, 이 모형들을 살펴보면 다음과 같다.

1) 온라인 오프라인 연계형

교수학습활동이 대체로 오프라인에서 이루어지나 온라인과 연계하여 이루어지는 형태를 말한다. 이때 온라인의 역할에 따라 3가지 모형으로 세분화할 수 있다. 온라인이 오프라인 교수학습활동을 보충하는 모형, 온라인이 오프라인과 같이 교수학습을 병행하는 모형, 오프라인 교수학습활동을 보조하는 모형이 있다(김태종, 2019).

(1) 제1형 '오프라인 중심 온라인 보충형'

교사가 오프라인에 중점을 두어 수업을 진행하고 여기에 온라인의 여러 가지 콘텐츠를 이용하여 보충자료나 보충과제로 활용하여 학습효과를 높이는 형태이다.

(2) 제2형 '온라인 오프라인 병행형'

온라인과 오프라인에서 모두 교수학습활동을 병행한다. 제1형에 비해서 온라인의 비중을 높이는 형태이다. 즉, 교수학습활동이 오프라인과 온라인 모두 이루어진다고 할 수 있다. 이 모형은 온라인에서도 교수학습활동이 이루어지기 때문에 오프라인에서의 수업시간의 융통성을 가지고 탄력적인 수업이 가능하므로 교사의 수업부담을 줄일 수 있다. 또한 수업결손을 보완하거나 방과 후 학교의 인적자원을 보완할 수 있다(김태종, 2019).

(3) 제3형 '오프라인 보조형'

오프라인 수업 운영을 위해 온라인에서 강의콘텐츠가 없어도 시스템을 활용하는 모형이다. 즉, 오프라인에서 수업을 진행하고 온라인에서는 커뮤니티나 게시판 등의 콘텐츠를 이용하여 오프라인에서 이루어지는 학습활동을 지원하거나 학습관리를 안내하면서 오프라인을 보조하는 형태이다(김태종, 2019).

2) 온라인 중심형

교수학습활동이 주로 온라인에서 이루어지고 오프라인에서는 학습관리를 하는 형태이다. 오프라인 보조형 형태의 정반대의 모형이라고 할 수 있다. 다양한 프로그램을 개설하거나 수업의 질을 유지, 향상시키기 위해 유명 강사들의 강의를 전국적으로 보급하기 위한 방안으로 구상된 것이다. 온라인으로 교수학습활동이 진행되기 때문에 시공간을 초월한 수업을 운영할 수 있으며 다양한 전문 인력을 전국적으로 활용할 수 있다(김태종, 2019).

다음은 4가지 연계 모형을 정리한 표이다.

표 14-3 블렌디드러닝 기본 모형

모형	온라인 오프라인 연계형			온라인 중심형
	오프라인 중심 온라인 보충형	온라인 오프라인 병행형	오프라인 보조형	
장점	- 수업내용 보충 - 예습 및 복습 자료 제공 - 심화학습 제공	- 수업시간의 융통성 확보 - 수업결손 보완 - 인적자원 보완	- 오프라인 활동 지원 - 커뮤니티 관련 활동 지원	- 시공간을 초월한 수업 운영 - 다양한 전문인력활용

출처: 교육과학기술부(2008) 재구성.

블렌디드러닝은 2000년 후반부터 미국의 일부 온라인교육학자들이 수업에서 활용한 '온라인활동과 오프라인학습을 병행하는 학습 방식'으로, 그 목적은 오프라인교육의 시간적, 공간적 제약을 극복하고 혼자 이러닝으로 학습하는 데 따른 고립적 불안 등 비대면적인 소외를 극복하는 데 있다(서정목, 2015). 또한 온라인과 오프라인학습을 결합하여 각각의 단점을 보완하는 데 초점을 둔다(김보경, 2014; 이상수 · 이유나, 2007; 이옥형, 2006). 그런 까닭에 온라인과 오프라인을 단순하게 통합하는 데 그치지 않고, 학습과학을 바탕으로 효과적이며 효율적이고 매력적으로 수업을 구성해야 한다. 즉, 교수자가 열심히 가르쳐도 학생들에게 꼭 학습이 이루어진다고 볼 수 없고 학습자 스스로 문제에 대한 답을 찾으면서 잠재력을 키우고 주체적으로 행동을 변화하게 해야 한다. 그 측면에서 네트워크 사회에서 지식과 정보 및 타자와의 소통은 권력, 지위, 부 등 사회적 가치를 취득하고 분배하는 기반으로 시간적, 공간적 제약을 넘어 정보를 취득하거나 타자에 대한 접근성을 늘리려면 온라인학습의 도입은 불가피하다.

학습자 세대의 문화적 특성도 간과할 수 없다. 멀티미디어를 통한 소통에 익숙하고 오프라인에서의 활동보다 온라인 환경을 더욱 편하게 느끼기 때문이다. 그런데도 오프라인 수업만으로 아날로그적인 수업전략을 고수한다면 학습자의 학습동기를 저하시킬 수 있다. 지식정보사회의 급격한 성장으로 교육패러다임이 다양한 사람과 함께 지식을 창출하며 어떤 자원과도 연결하는 네트워크학습으로 바뀌기 때문에 의사소통능력과 협업능력 및 창의력을 향상시키는 교육시스템의 구축은 필수적이다.

6. 평생교육에서의 블렌디드러닝

블렌디드러닝에서 온라인학습은 수업에 참여하는 학생 수, 공개 범위 등에 따라 소규모 공개수업과 고도화된 대규모 온라인 공개수업인 'MOOC(Massive Open Online Course)'로 나누는데 미래교육으로는 MOOC가 권장된다. MOOC는 2011년부터 미국의 MIT를 중심으로 확산되던 '개방적인 공개 교육자료 운동', 즉 누구나 교수학습자료나 연구자료 등을 자유롭게 이용하게 하는 데서 출발했다. 한국에서도 2015년부터 국가평생교육진흥원이 한국형 온라인 공개강좌인 'K-MOOC' 서비스를 개통하여 누구든 어디서나 무료로 수강할 수 있다.

그러나 분명 단점도 존재한다. 첫째, 해외 연구에 따르면 조사 주제나 시기에 따라 다르지만 끝까지 학습하는 학생이 적어 이수율이 낮다. 심지어 이수율이 5%에 그친다는 연구도 있다(네이버, 지식백과사전). 그 원인은 온라인 수업이 모든 학생에게 긍정적이지는 않고, 강제성이 없으며, 미 참여자를 제재할 수단이 마땅치 않고, 교사와 학생, 학생들끼리 거의 직접적 교류를 하지 않기 때문이라고 알려져 있다. 국내에서도 COVID-19로 인해 개설하게 된 온라인 수업의 참여율이 99%에 달했지만 실질적인 이수율은 낮아 제대로 학습이 이루어졌다고 보기는 어렵다. EBS 온라인 클래스의 경우, 상당수의 학생들이 스크립트 코드 값을 바꿔주는 수법으로 학습을 완료하도록 진도율을 조작하는 문제가 발생하기도 했다.

둘째, 학습자 간에는 화상 토론이나 댓글로써 활발한 협력을 기대했지만 그에 미치지 못했다. COVID-19로 온라인 수업을 했던 대안학교인 '꿈의 고교'에 재학 중인 학생은 "수업 중에 교사나 다른 학습자에게 정확하게 의사를 전달하지 못해 오프라인 수업과 비교하면 소통과 협력에 무리였다"고 하였다(에듀인뉴스, 4.19).

셋째, 오프라인 수업과 비교하면 산만한 학습은 피할 수 없다. 세계적인 인지과학자인 매리언 울프(Maryanne Wolf)의 '책 읽는 뇌'에 따르면 인간의 뇌는 원래 산만하다. 즉, 진화적으로 한 곳에 집중하기 어렵다. 인류는 천적들로 가득한 사바나 지역에서 등장했는데 끊임없이 주변을 살피고 주위 상황에 적응해야만 생존에 유리했다. 갓난아기가 한 순간도 눈동자를 가만두지 않거나 천장에

달린 모빌의 운동에 즐거워하는 모습은 자연스러운 인간의 본성을 보여준다. 그런 까닭에 학생이 휴대폰이나 컴퓨터에서 화면 정보를 읽어가는 온라인학습 방식은 오프라인 수업 정도의 효과를 내기 어렵다.

넷째, 평가방식의 문제도 빈번히 지적되고 있다. 학습자가 대리 시험을 치르거나 답안을 공유할 가능성이 높지만, 교수자가 이를 효과적으로 감독하기에는 한계가 있다.

다섯째, 교수자는 학생의 수준이나 상황에 따라 온라인학습을 이어가려면 상당한 분량의 동영상을 제작해야 하는데 시간적인 부담과 제작과정에서의 기술적인 어려움도 만만치 않다. 또한 최근에는 AI와 디지털 기술의 활용이 증가하고 있으며, 교수자의 역할이 단순한 콘텐츠 제공자에서 학습촉진자(Facilitator)로 변화하고 있다. 이에 따라 교수자는 AI 기반 저작 도구 활용 역량을 갖추고, 학습자 중심의 맞춤형 교육 설계를 고민해야 한다.

여섯째, 교수자가 실시간 온라인 수업을 하는데 학습을 방해하거나 신체정보가 노출되는 등 예측하지 못하는 돌발 상황은 심리적 부담이었다. 국내에서도 2020년 음란 영상물을 공유하는 N번방 사건이 터지자 특히 상당수의 여교사들은 온라인 수업에 대한 부담감을 느끼고 콘텐츠든 실시간이든 신상 공개에 대한 거부감을 나타냈다(에듀프레스, 3.30).

이처럼 온라인학습은 오프라인학습을 형식적으로는 대체가능하지만 그 한계도 명백하다. 그런 까닭에 단독적인 온라인학습보다는 블렌디드러닝에 대한 관심이 높아지는 추세다.

블렌디드러닝의 장점과 단점을 대상의 측면에서 살펴보면 다음 표 14-4와 같다.

표 14-4 블렌디드러닝의 장점과 단점

구분	장점	단점
학습자 측면	학습의 편이성 스케줄 관리의 편이성 반복 학습 가능 자기주도적 학습 가능 수준별 학습 가능	집중이 어려움 침체된 상호작용 학습자 간 유대감 부족

구분	장점	단점
교수자 측면	다양한 교수방법의 혼합 가능 수업 운영의 효율성 수준별 수업 가능 온라인 자료의 활용성	학습자 참여에 대한 적극적 동기 부여 필요 미참여자 제재의 어려움 동영상 제작의 부담
환경 측면	학습자 중심의 환경 시공간의 자율성 학습매체의 다양성 개방성과 융통성 지역 격차 해소	강제성이 없음 산만한 환경 개인정보보호 취약 돌발상황 발생 가능성
성과 측면	참여율이 높음 성과달성이 용이	진도율 조작 문제 평가의 어려움

제2절 플립러닝

1. 플립러닝의 개념

플립러닝(Flipped Learning)에서 'Flipped'는 '홱 뒤집(히)다'를 의미하는데, 한국에 들어와서 '거꾸로'라는 용어로 번역되었다. 이에 따라 플립러닝은 '거꾸로 교실'이라는 용어로 방송되면서 널리 알려지게 되었다. 플립러닝은 Inverted Classroom, Inverted Learning, Flipped Classroom, Flipped Learning 등 다양하게 표현되고 있다. 버그만과 샘스(Bergmann & Sams, 2012)는 이 중 'Flipped learning'의 용어를 제안하고 표준적인 교수학습 방식을 확립하여 전 세계로 확산하는 데 큰 영향을 주었다(이은영, 2017). 플립러닝은 단순히 수업순서만 뒤집는 것이 아니라 교수자의 철학과 패러다임 등 교실 수업방식을 뒤집는 개념에 기반하고 있다(Bergmann & Sams, 2013).

플립러닝은 수업 전 온라인으로 학습자 스스로가 학습을 한 뒤, 수업 시간에 교수자에게 질문하고 동료들과 토의하는 식의 학습자 중심 수업방식을 말한다. 교수자가 학습내용을 일방적으로 전달하는 기존 수업방식과 다른 '뒤집힌' 학습법이라 할 수 있다. 플립러닝을 처음 제시한 버그만과 샘즈(2012)는 수업 시간에 하던 것은 집에서 하고, 집에서 과제로 하는 것은 수업 시간에 진행한다는 개념이라고 강조하였다.

2. 플립러닝의 특징

플립러닝은 크게 네 가지 특징을 가지고 있다.

첫째, 강의실 외부에서 학습 관련 내용을 테크놀로지와 매체를 통하여 학습자에게 선수지식으로 제공한다(Bergmann & Sams, 2012). 주로 교수자가 제작한 동영상강의가 활용되지만 인쇄된 자료, 강의 노트나 기존의 웹사이트 콘텐츠 등도 활용 가능하다. 이러한 사전자료를 통해 학습자는 목표로 제시된 학습의 개념을 이해할 수 있다. 둘째, 강의실 내부에서는 학습자활동이 그룹 기반으로 이루어진다(Frydenberg, 2013). 수업 시간은 학습자들이 도전적인 개념에 접근하거나 보다 고차원적인 문제해결을 하기 위한 시간으로 활용될 수 있다. 학습 개념을 습득한 학습자는 문제기반학습, 프로젝트기반학습, 사례연구, 게임, 실험, 퀴즈, 시뮬레이션 등 다양한 학습활동을 이행함으로써 이해 수준을 넘어 활용과 적용을 통한 심화학습에 참여한다. 셋째, 플립러닝에서 학습자는 수업의 주체로서 능동적인 학습자로 변화한다(Della Ratta, 2015; Bergmann & Sams, 2012).

기존 수업에서는 수업 시간에 단순히 수업을 듣는 청취자에 머물렀다면, 스스로 강의자료를 찾아 선행 학습을 수행하는 능동적인 학습자가 되는 것이다. 즉, 사전학습을 통해 학습의 개념을 습득한 학습자는 다양한 학습활동을 통해 능동적인 학습을 수행할 뿐만 아니라, 교수자의 조언 아래 학습 수준에 따라 조정된 개인적·맞춤식 학습을 할 수 있다. 마지막으로, 학습자와 교수자, 학습자와 학습자 사이의 상호작용이 강조된다(Bergmann & Sams, 2012). 수업은 상호 의견을 나누고 공동 과제를 해결하는 시간으로 진행된다. 학습자 입장에서는 서로 간에 다양한 토의와 협업을 통해 소통과 문제해결력, 사고력이 개발되고 상호관계 증진이 이루어진다. 그리고 교수자 입장에서는 학습자들을 관찰하고 피드백을 제공하는 과정에서 학습자 개개인을 더 자세히 파악할 수 있다.

3. 플립러닝의 효과

기존 수업의 경우, 학습자가 교수자의 강의를 듣고 수동적으로 수업에 참여하기 때문에 상호작용을 할 기회가 적다. 반면 플립러닝은 학습자가 능동적인 자세로 교수자와 소통하기 때문에 긍정적인 학습결과를 도출할 수 있다. 수업 효과는 크게 교수자 측면과 학습자 측면으로 나누어 설명할 수 있다.

우선, 학습자 측면에서는 사전학습을 미리 제공하여 학습자들이 개인별 반복 학습과 학업 관리를 주도적으로 수행하도록 함으로써 교육목표 달성에 도움을 줄 수 있다(성태제 외, 2017; 진성희 외, 2016). 또한 강의가 아닌 협력학습이 주로 이루어지므로 학습자들 간의 소통을 강화할 수 있으며, 수업의 주도권이 교수자에게서 학습자에게로 이전되어 학습자의 학습 참여가 활발해진다(Bergmann & Sams, 2012; 성태제 외, 2017). 더불어 수업 전 단계를 통해 학습자들의 학습 동기를 부여할 수 있으며, 자기주도적 학습으로 학습자 스스로 자기 수준에 맞게 지식을 습득할 수 있다. 이는 교육 만족도 및 자기효능감을 증대시키는 효과를 가져온다(최정빈, 2018).

다음으로, 교수자 측면에서는 학습자들과의 상호작용을 통한 친밀도를 형성하고 수업의 실을 높일 수 있다. 또한 다차원적인 수업을 설계 및 운영하는 과정에서 다양한 매체를 활용한 수업 준비로 교수자의 역량이 향상되는 효과가 발생한다(Bergmann & Sams, 2014). 뿐만 아니라 수동적으로 보고 듣는 수업을 넘어 쓰고 행동하고 질문하는 능동적 학습은 강의실 분위기를 바꾸어 학습자들의 조는 행위나 다른 방해 행동요소를 최소화할 수 있다(최정빈, 2018).

4. 플립러닝의 단계

가장 일반적으로 알려진 플립러닝은 수업 전 활동과 수업 중 활동, 수업 후 활동 세 단계로 구성된다(이민경 외, 2016).

표 14-5 플립러닝의 단계 및 단계별 핵심활동

수업 전 활동	수업 중 활동	수업 후 활동
• 사전학습 • 사전학습의 확인 • 사전과제 • 학습 환경: 온라인	• 관련된 지식 이해 및 피드백 • 팀 협력학습(발표, 토의, 프로젝트학습 등) • 학습 환경: 오프라인	• 학습활동의 평가 및 정리 • 학습 환경: 온라인 또는 오프라인

1) 수업 전 활동

수업 전 활동은 교과 내용에 대한 사전학습활동과 사전학습에 대한 피드백 관련 활동 두 가지로 구성된다.

첫째, 사전학습활동은 학습자들이 수업 전에 미리 동영상을 보고 해당 차시에 해당하는 교과 내용을 미리 학습하는 단계이다. 동영상 강의를 단순히 미리 듣고 오는 것이 아니라 상호 간에 생각을 공유할 수 있도록 해야 한다. 둘째, 사전학습과 관련된 지식 또는 경험을 상기시켜 본 수업에 들어가기 전에 수업 준비를 갖추도록 한다. 교수자는 간단한 평가를 통해 학습 이해 및 성취 수준을 확인한다. 그리고 학습자는 학습활동 결과 및 질문, 평가 결과를 토대로 학습 결손 부분에 대한 보완 및 보충 시간을 갖는다.

2) 수업 중 활동

수업 중 활동에서는 수업 목적을 명확하게 제시하여 학습자들이 무엇을 알고 이해하며 실천할 수 있는지를 상세화한다(권낙원, 2010).

우선, 매 첫 수업의 도입 부분에서는 관련 지식 이해 및 평가가 이루어져야 한다. 이때 학습자들은 교수의 지도 하에 사전에 학습해온 교과 내용들의 이해도를 확인 및 평가할 수 있다. 다음으로, 수업 중간 부분에서는 학습자 중심 활동, 교수자의 개별 지도 및 학습자 간 동료지도 등이 이루어진다. 차시 내용 중 사전학습과 관련된 개념·이론·지식 등을 실습, 협력학습, 역할극 등 다양한 형태의 수업 형태로 운영한다. 끝으로 수업 마무리 부분에서 교수자는 차시 내용 중 관련 개념이나 원리에 대한 핵심 요점을 정리해주고, 관련 지식 이해 여부를 학습자 스스로 평가할 수 있는 기회를 제공한다. 더불어 중요한 부분은 질의응답을 통해 한번 더 강조하도록 한다.

3) 수업 후 활동

수업 후 활동에서는 본 차시의 이론 및 응용 부분과 관련지어 그날 학습한 내용을 정리할 수 있도록 한다. 더불어 보충·심화학습이 가능하도록 학습자들에게 추가자료를 제공 받고 동료학습을 할 수 있는 기회를 제공한다.

5. 플립러닝 구성 시 유의점

함단 외(Hamdan et al., 2013)는 플립러닝의 목표에 부합하는 효율적인 수업을 설계하기 위해 플립러닝 설계 시 고려해야 할 사항을 다음 네 가지로 정리하였다(이동엽, 2013).

첫째, 유연한 환경이다. 플립러닝에서는 한층 탄력적이고 다양한 형태의 학습을 허용해야 한다. 학습자들의 학습시간이나 공간에 관련된 유연하고 탄력적인 환경을 인정해야 하며, 학습자평가 요소로 수업 준비도나 수업중 다양한 활동을 포함하는 등의 고려가 필요하다. 둘째, 학습문화의 변화이다. 플립러닝에서는 교수자 중심 수업이 학습자 중심 수업으로 변화한다. 즉 수업 시간은 학습자들의 준비를 바탕으로 보충학습이나 심화 학습과 같은 보다 의미 있는 시간으로 변화한다. 이를 통해 학습자들은 수업에서 학습 내용을 수동적으로 받아들이는 존재에서 자신이 스스로 지식을 구성해 나가는 학습 주체가 될 수 있다. 셋째, 의도된 내용이다. 플립러닝을 수행하는 교수자는 의도적이고 명확한 수업 계획을 가져야 한다. 즉, 수업 시간에 어떤 내용을 가르치고 학습자들이 어떤 내용을 배워서 오게 할 것인지에 대한 계획을 세워야 한다. 마지막으로, 전문교육자이다. 플립러닝에서 교수자는 학습자가 어떻게 해야 체계적인 지식을 갖출 수 있는지 고민하여야 한다. 또한 필요한 경우 깊이 있는 지식을 제공하는 등, 기존의 전통 수업에서 요구된 단순한 지식 전달자보다 더 중요한 역할도 수행할 필요가 있다.

플립러닝은 여러 장점에도 불구하고 현실적으로 도입하기가 힘들다. 버그만과 샘즈(2014)는 교실 안팎의 학습활동이 뒤집히는 것으로는 효과적인 학습이 되지 않는다고 지적하였다. 플립러닝이 효과적으로 진행되기 위해서는 다음 5가지 설계 시 유의점을 고려할 필요가 있다(Bergmann & Sams, 2014).

첫째, 플립러닝은 학기 초부터 소개하여 시도하는 것이 좋다. 학습자들은 교수자가 생각하는 것보다 빨리 적응하기 때문에, 전통적 수업을 먼저 진행한 후 플립러닝을 시도할 경우 불필요한 혼란이 초래될 수도 있기 때문이다. 둘째, 학기 초 팀을 구성할 때 주도적이고 적극적인 활동이 가능한 학습자들을 골고루 배치하여 시너지 효과가 일어나도록 한다. 또한 팀 발표 및 토의 과정에서 학습자 개개인의 발표와 토론 횟수, 이해력과 의사소통능력을 측정하여 수행평가와 동료평가에 반영해야 한다. 셋째, 학습자들 모두 수업 시간마다 동영상과 관련된 질문을 제기할 수 있도록 한다. 꼭 교수자를 향한 질문이 아니어도 상관없다. 학습자끼리 또는 교수자와 함께 답을 찾아 나가는 과정 자체가 플립러닝의 핵심 부분이기 때문이다. 마지막으로, 동영상 제작과 같은 교수자의 전문적인 능력과 시간적인 여건 등 제약이 있는 학습자료를 준비하기 위해서는 기술 및 창의력과 시간이 확보되어야 한다.

6. 플립러닝의 수업모형

기존의 교육 형태와 분명한 차이점을 가지는 플립러닝은 별도의 수업모형을 필요로 하는데, 성공적인 플립러닝을 위해서는 다양한 수업사례를 고려하여 면밀하게 교과목을 재설계해야 한다(정성기, 2021). 플립러닝을 실행하기 위한 대표적인 수업모형에는 ADDIE 모형과 PARTNER 모형이 있다.

1) ADDIE 모형

ADDIE 모형은 교수 체제 설계과정의 일반적 형태를 나타낸 가장 널리 활용되고 있는 모형이다(네이버 지식백과사전). 분석, 설계, 개발, 실행, 평가 등 5단계로 구성되어 있으며, 플립러닝 교수 설계 시 단계별 특징 및 고려사항을 살펴보면 다음과 같다.

(1) 분석

① 교과목 분석

우선 교과목의 학습목표를 달성하는 데 있어서 플립러닝 교수학습방법이 적절한지 검토하고, 사전활동에 제공할 학습자료가 있는지 분석한다. 교과목을 분석하는 이유는 교수자가 교과의 전반적인 사항들을 고려하여 플립러닝이 적합한지 판별하기 위함이다.

② 학습자 분석

수업을 효과적으로 설계하기 위해서는 학습자의 특성을 파악하는 학습자 분석이 필수적이다. 학습자 분석은 학습자의 일반적인 상황, 사전학습능력, 학습적성, 학습양식, 학습동기, 학습태도 등을 확인하는 단계이다. 플립러닝에서는 자기주도적 학습패턴이 중요하므로, 학습자들이 선호하는 채널이 무엇인지 분석하여 수업에 흥미를 유발할 수 있는 학습자료를 제공해야 한다.

③ 환경 분석

교육환경 분석은 플립러닝을 운영하기 위해서 꼭 필요하다. 플립러닝이 ICT를 기반으로 강의 콘텐츠를 활용하는 교육 방식이므로, 원활한 수업을 위해서는 다양한 환경 요건들을 갖추어야 한다. 따라서 교수자는 강의실, 교수학습 시스템 등 교육환경을 분석하고 플립러닝 운영을 위한 점검 및 준비사항들을 면밀하게 확인해야 한다.

첫째, 강의실 환경은 책상이나 의자 배열이 팀 학습을 하는데 무리가 없는지 확인하고, 시청각 교육을 위한 오니오나 비디오 시스템이 갖추어져 있는지 파악한다. 둘째, 교수학습 시스템 환경은 교수자의 학습관리시스템(LMS: Learning Management System) 사용이 편리한지, 동영상 콘텐츠를 제작할 수 있는 제작도구가 있는지 점검해야 한다. 셋째, 교수자가 ICT 및 스마트기기(아이패드, 태블릿 PC, 스마트폰 등)를 능숙하게 활용하는지 살펴보아야 한다. 넷째, 학습과정 및 수업결과물을 공유할 수 있는 다양한 방법과 수업자료를 자유자재로 편집할 수 있는 방법에 대한 분석도 해야 한다.

(2) 설계

① 전체 수업계획서

전체 수업계획서는 수업의 일반적인 사항과 매차 시 수업에 필요한 주요 수업계획 내용 등을 기록한다. 플립러닝은 온라인 콘텐츠를 활용하는 수업이라는 점을 고려하여 수업 전, 수업 중, 수업 후의 주요 활동을 구분하여 기록하고 각 단계에 적합한 전략과 전체 수업의 평가도 설계해야 한다.

② 수업자료 개발계획서

수업자료 개발계획서는 차시별로 사전 학습에 필요한 자료 정보와 수업 중에서의 주요 활동 사항을 명시한다. 사전 학습자료는 다양한 경로를 통해 학습자들에게 제공할 수 있는데, 학습 동영상은 교수자가 필수로 제공해야 한다.

③ 차시별 수업계획서

수업자료가 개발되고 수업활동과 학습자료 개발계획이 수립되었다면, 차시별 수업계획서를 통해 플립러닝 수업절차에 따라 교수학습활동을 계획해야 한다. 차시별 수업계획서에는 교과목 개요와 학습목표, 단계별 교수학습활동, 평가전략 등을 기록한다.

(3) 개발

① 사전학습자료 개발

교수자는 수업 전 사전학습에 활용하게 될 학습도구 및 학습방법, 매체활용 전략을 수립해야 한다. 사전학습에 활용할 학습도구는 교수자에 의해 개발된 동영상 및 MOOCs, 유튜브, PPT, TED 등 다양하다. 제작된 강의 동영상은 학습관리시스템인 LMS에 탑재하여 공개하고, 학습자들은 스마트폰이나 노트북 등을 활용하여 언제 어디서든 학습이 가능하다.

② 수업자료 개발

대표적인 수업자료들에는 사전학습을 위한 동영상, PPT, 강의 요약 노트와 수업 중에 활용할 다양한 학습자료 및 학습수행을 높이기 위한 연습문제지(worksheet), 퀴즈(Quiz) 등이 있다.

③ 평가자료 개발

평가자료 개발은 수업을 진행하는 동안 학습자들이 교수자가 의도한 학습목표에 도달했는지 확인하는 단계이다. 평가방법으로는 진단평가, 형성평가, 수행평가가 주로 행해진다. 특히 학기별 마지막에는 종합적 학업성취도 측정을 위해 총괄평가를 시행한다. 플립러닝은 자기주도학습과 학습자 중심의 협력학습이 주로 진행되어 학습자의 수행수준이 매우 높은 편이므로, 수업과정 중에 스스로를 객관화하고 이해할 수 있는 학습 성찰의 계기를 마련해주어야 한다.

(4) 실행

① 수업 전 활동

수업 전 활동에서는 교수자가 제공한 학습자료를 학습자가 스스로 수행하는 자기주도적 학습이 이루어진다. 학습자료는 대부분 동영상 자료로 제공되며 평균 10분 정도의 짧은 동영상으로 제작한다. 이러닝 학습 운영과 유사하게 공지사항, 자료실, Q&A 게시판 등을 운영하여 효과적인 지원을 할 수 있다. 이때 학습자가 학습을 했는지 안했는지에 대한 학습 여부를 체크하는 것이 매우 중요하다.

② 수업 중 활동

수업 중 활동에서는 사전학습 내용과 연계하여 학습자들이 협력학습을 통해 강의실에서 다양한 활동을 수행하며 심화학습을 진행할 수 있도록 한다. 협력학습은 토론, 질의응답, 퀴즈 풀이, 팀활동 등 학습 내용에 따라 다양한 형태의 활동이 가능하다. 또한 미리 수업 전 활동을 통해 강의내용을 학습하였기 때문에 교수자와 학습자 간에 보다 고차원적인 사고 활동이나 지식을 강화하는 시간으로 만들 수 있다.

③ 수업 후 활동

수업 후 활동에는 학습자 성찰활동과 추가적으로 교수자의 피드백이 제공된다. 수업 이후에는 학습자의 수준별로 심화, 보충수업 등의 다양한 학습 환경과 추가적 문제를 제시한다. 수업 참여 활동이 낮은 학습자에게는 사전학습자료인 동영상을 재수강할 수 있는 기회를 주고, 수업 후 수행된 학습활동과 관련해서는 교수자의 피드백과 학습자들 간의 상호작용이 원활하게 이루어질 수 있도록 전략을 수립해야 한다.

(5) 평가

① 학습자평가

학습자평가는 학습자들이 사전학습활동에서 제공된 강의 동영상 내용을 완전히 이해했는지에 대한 평가와 본 학습활동인 협력학습을 원활하게 수행했는지에 대한 평가로 구분된다. 강의 동영상 내용 이해에 대한 평가는 퀴즈, 요약정리, 과제, 토론게시물 등으로 진행할 수 있으며, 협력학습에 대한 평가는 개인별 및 팀별 수행과제를 구분하여 평가할 수 있다.

② 교수자 자가평가

플립러닝으로 수업을 진행한 이후에는 학습자평가 외에도 교수자의 자가평가도 필요하다. 이를 통해 추후 플립러닝 수업의 질을 개선하기 위한 다각도적 교과목평가 분석을 시행한다. 교수자평가로는 교과목평가 분석, 학습자 성적 분석, 교수자 강의평가 분석, 교수자 사후 자가진단 등이 포함된다(정성기, 2021).

2) PARTNER 모형

PARTNER 모형은 최정빈, 김은경(2015)이 미래교육 패러다임에 부합되는 학습자 중심 수업을 실현하기 위해, 플립러닝의 수업 구조를 감안하여 공과대학 수업에 적용한 모형이다. 수업 전에는 사전단계와 사전학습평가가 포함되고 수업 중에는 사전학습연계, 협력학습, 핵심요약강의, 평가가 포함되며 수업 후에는 사후성찰단계로 구성된다.

'PARTNER'는 7단계의 영문 첫 글자를 조합한 것이며, 세부 7단계는 단계별로 차별화된 수행 및 전략을 포함하고 있다. 이 모형이 학습자 중심의 수업 모형임을 감안하면, 교수자를 학습자와 수직적 관계가 아니라 학습자의 변화 및 성장을 도와주는 수평적 관계라는 의미의 '파트너'로도 볼 수 있다. 7단계를 도식화하면 그림 14-1과 같다.

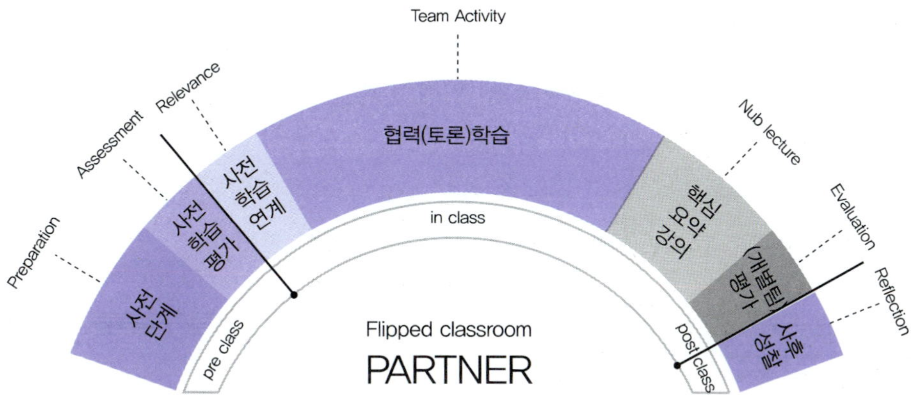

그림 14-1 플립러닝 PARTNER 모형

(1) 수업 전(Pre-class)

수업 전에는 PARTNER 모형의 첫 번째 단계이며, 사전학습을 수행하는 사전단계와 두 번째 단계인 사전학습평가단계로 구성된다.

① 사전단계(Preparation)

사전단계는 플립러닝의 특징이라 할 수 있는 선수학습으로 예습을 위한 수업자료원을 제공한다. 강의 동영상을 주로 제공하고, 부수적으로 자기주도학습에 도움이 될 만한 자료(PPT, PDF, 수업 요약 노트, 아티클 등)를 제공하는 특징이 있다. 수업자료원은 학습관리시스템이나 교수자 개인이 운영하는 홈페이지, 블로그, 카페 등에 올린다. 이때 교수자는 학습자들이 미리 학습할 수 있도록 충분한 시간을 할애하여 자료를 공유한다.

② 사전학습평가(Assessment)

사전학습평가단계에서는 학습자가 스스로 개념을 습득하고 이해했는지를 확인한다. 교수자는 사전에 제공된 수업자료의 평가를 진행하고, 학습자의 인지수준 확인을 위해 퀴즈를 제시한다. 대체로 온라인 퀴즈나 과제를 부여하고 학습관리시스템 상의 토론방 또는 게시판을 활용한다. 부득이하게 수업 전에 평가가 이루어지지 않았을 경우에는 수업 도입부에 간단히 쪽지시험, 핵심단어 요약하기, 구문테스트, 동료학습자에게 설명하기 등으로 가능하다.

(2) 수업 중(In-class)

수업 중에는 PARTNER 모형의 세 번째 단계인 사전학습연계, 네 번째 단계인 협력학습, 다섯 번째 단계인 핵심요약강의, 여섯 번째 단계인 평가로 구성된다. 즉 수업 전과 수업 중이 연계된 가장 중요한 협력학습이 이루어지며, 이를 정리하는 요약 강의와 수업에 대한 전반적인 평가도 진행된다.

① 사전학습연계(Relevance)

사전학습연계단계에서는 수업 전에 제공된 사전학습 내용을 수업 중으로 연계하기 위하여 교육목표 안내와 수업지침을 공지한다. 정상적으로 플립러닝 각 단계가 운영되었다면 학습자들은 모두 사전학습을 완료하였겠지만, 수업에 참여하기 전까지 물리적인 시간이 발생한다. 그 과정에서 학습 내용을 기억하지 못하는 경우가 생기기 때문에, 교수자는 수업 도입부에 사전학습을 연계하는 학습활동을 제시하여야 한다. 특히 교육목표를 명시하고 협력학습에서 다룰 문제해결의 단서를 사전학습의 내용과 관련지어 수업의 맥락을 이어준다. 더불어 사전학습 내용을 환기할 수 있도록 간단한 리뷰와 10분 이내의 시간을 할애하여 학습 내용을 재생할 수 있도록 한다.

② 협력학습(Team activity)

협력학습단계는 토론, 발표, 문제해결 등 학습자들이 직접 수업에 자발적으로 참여하는 플립러닝의 핵심 단계이다. 수업 전에 사전학습과 사전학습평가가 각자 수행하는 개별학습 과정이라면, 협력학습은 공통의 문제를 해결하기 위한 목적으로 상호작용을 극대화하는 학습 과정이다. 차시마다 협력학습에 필요한 과제를 제시하고 사전학습을 바탕으로 조별로 협력학습을 진행한다. 협력학습으로는 토론, 상호작용하기, 문제 해결하기 등이 제시되는데 학습자들은 이러한 활동을 통하여 결과를 도출한다.

협력학습이 원활해지기 위해서는 플립러닝을 수행하는 가장 큰 목적인 수업 시수 확보가 필수적이다. 이 단계에서 교수자는 티칭(Teaching)보다는 질문이나 코칭(Coaching)으로 학습자 간의 협업을 도모하고 학습활동을 촉진하는 임무를 수행해야 한다. 이러한 교수자의 활동은 기존의 전통적인 강의실 수업과는 대조적인 역할을 수행한다. 교수자는 학업 성취도가 낮은 학습자에게 수준별 개별화 맞춤교육을 제공해야 하며, 학습자들이 학습 동기를 잃지 않도록 격려와 지지를 아끼지 말아야 한다.

③ 핵심요약강의(Nub lecture)

핵심요약강의단계에서는 수업 중 거론된 공동 질문에 대한 답과 종합적인 피드백을 제공하고, 최종적으로 수업을 정리할 핵심요약을 한다. 그동안 진행된 수업에 대한 교수자의 코칭 및 피드백과 함께, 마지막 핵심요약강의가 제공된다. 학습자는 교수자의 피드백 및 강의를 바탕으로 핵심요약을 심화하고 숙지한다. 협력학습 시 교수자는 코칭 역할을 하지만, 수업종료 시점에서 수업에서 다루고자 했던 내용이 교육목표에 도달했는지, 핵심 수업내용은 무엇인지를 명확하게 정리할 필요가 있다. 그러므로 학습자들이 스스로 지식을 재정교화하지 못한다면 전문가의 최종 피드백과 핵심 강의가 필요하다.

④ 평가(Evaluation)

평가단계에서는 차시별로 개별평가 및 팀평가를 실시하며, 평가 다양화를 위해 동료평가도 실시할 수 있다. 매 차시 평가가 진행될 수 없는 수업형태까지 고려하여 진단과 수행, 형성과 총괄 평가 등 각 단계에 맞는 효과적인 평가체계를 마련해야 한다. 단계별 평가도구 역시 다양하게 구비할 필요가 있다. 이때 일괄적인 평가방식이 아니라, 교육목표를 염두에 두고 현명하게 판단하여 학업 성취도를 확인할 수 있는 평가체계를 설계하는 것이 필요하다.

(3) 수업 후(Post-class)

수업 후에는 PARTNER 모형의 일곱 번째 단계인 사후성찰로 구성된다.

① 사후성찰(Reflection)

사후성찰단계에서는 차시별 강의가 끝나고 팀별 과제 수행과 개별학습 과정을 성찰한다. 학습자는 개인의 학습평가에 따라 수업 단계별 성찰 일지를 작성하고, 교수자는 학습자들이 작성한 성찰 일지를 분석한다. 해당 교육을 통해 배운 점, 느낀 점, 실천한 점 등을 거론하면서 학습자들은 내적으로 경험한 마음의 상태를 표현할 수 있다. 수업 마지막 시간이나 사후에 학습관리시스템을 이용하여 올릴 수 있는데, 학습동기부여에 효과적인 방법이 될 수 있다.

이상 PARTNER 모형의 7단계를 정리하면 표 14-6과 같다.

표 14-6 PARTNER 모형의 단계

단계	수행 및 전략
Preparation 사전단계	• 사전학습강의 제공(교수자의 동영상, 유튜브, OCW, MOOC 등) • 수업자료 제공(PDF, PPT, 수업노트, 아티클 등)
↓	
Assessment 사전학습평가	• 사전학습평가(퀴즈풀이, 요약정리, 문항 개발하기 등) • 수업 중 협력학습을 위한 학습자의 인지 수준 확인이 목적
↓	
Relevance 사전학습연계	• 사전학습 리뷰(짝 점검 및 구문·서면 테스트, 질의응답 등) • 협력학습을 통해 심화된 교육내용을 사전학습 내용과 연계 • 학습목표 명시, 교육달성으로 인한 보상 안내
↓	
Team activity 협력학습	• 플립러닝의 핵심요소 • 교육목표에 적합한 다양한 협동학습 모형 채택 • 기본적으로 동료 교수법, 토론 및 토의에 기반한 협력학습 수행
↓	
Nub lecture 핵심요약강의	• 수업활동 중 거론된 공동 질문에 대한 답과 종합적 피드백 제공 • 협력학습활동 후 핵심요약강의 제공
↓	
Evaluation 평가	• 차시별, 개별평가 및 팀평가 실시 • 수업형태에 따라 평가형태 다양화
↓	
Reflection 사후성찰	• 개인의 학습성과에 대한 자기성찰 • 사후활동(과제 성격이 아닌 다음 차시 목표를 위한 활동)

공과대학은 결과 중심 교과 운영을 통해 기초전공에 속하는 이론 강의, 이론과 실습이 병행되는 수업, 실습 위주로 진행되는 수업 등 다양한 수업이 혼재되어 있다. 따라서 특정 플립러닝 운영방식을 획일적으로 적용하기에는 다소

어려움이 따른다. 이를 보완하고자 각각의 수업형태에 대하여 PARTNER 모형 내에서 필요한 절차만을 선택적으로 활용할 수 있다. 간호대학에서도 이와 유사하게 방대한 수업량과 다양한 수업형태로 이루어져 있다는 점에서, 간호대학 수업에서도 충분히 적용될 수 있을 것이다.

국가공무원인재개발원에서는 온 오프라인 학습방법을 활용한 플립러닝으로 신임관리자 교육과정을 설계하였다. 교육목표는 정책 이론과 사례를 학습하고, 토론을 통해 논리적·창의적 사고를 강화한 후 정책기획 단계별 실습을 통해 체계적인 정책문제를 파악하고 해결해 봄으로써 실전에 적용해 볼 수 있도록 하는 것이다. 이론 및 사례 예시에 대한 학습은 온라인으로 사전 습득하고 오프라인에서는 토의 중심 수업으로 학습자의 정책기획 내재화 강화에 효과적으로 활용할 수 있다.

7. 평생교육에서의 플립러닝

플립러닝은 학습 순서만 뒤집히는 것이 아니라 교수자의 전문적인 능력과 시간적인 여건이 된다는 가정하에 체계적으로 계획하여 학기 초부터 소개하여 수행한다. 또한 협력학습이 잘 이루어지기 위해 학습자들의 특성에 따라 골고루 배치하고 개별평가, 팀별평가, 동료평가를 적절히 활용하며 학습자가 적극적으로 수업을 참여할 수 있도록 한다.

플립러닝의 평생교육 적용 사례는 의정부시평생학습원의 세계시민교육을 들 수 있다.

본래 평생학습원에서는 범지구적으로 공동대처해야 할 문제들을 주제별로 선정하여 대중 강연으로 운영할 계획이었다. 그러나 정부의 COVID-19 방역방침에 따라 10인 이하의 집합이 금지되자 학습자의 개별 장소에서 클라우드 플랫폼인 ZOOM을 활용하여 강의 동영상을 공유하였다.

교육에 참여한 학습자들은 자기주도적으로 학습한 후에 관심 주제별 팀을 구성하여 오프라인으로 만나 토의를 하고 이를 통해 도출된 문제점은 실천가능한 사업으로 연결될 수 있도록 시의 정책사업으로 제안하기도 하였다.

구성주의 학습원리(Clothier, 2003)에 따르면, 학습자가 능동적으로 생성한 지식을 바탕으로 이를 검증하고 수정해 나가는 자기주도적인 학습 환경은 이러닝 환경에서 쉽게 이루어질 수 있다고 한다. 게다가, 학습자가 학습에 적극 참여하기 위해서는 학습목표를 분명히 인지하고 유의미한 과제활동에 참여해야 하는데 이는 온라인과 오프라인 수업의 연계성을 강조하는 플립러닝의 지향점과 같다고 볼 수 있다(안미리, 2016). 따라서 플립러닝은 구성주의에서 강조하는 학습자 중심의 학습과 정보화 기반의 이러닝이 동시에 실현되므로, 성인 학습자의 자율성과 실용성을 강화하는 데 유용한 평생교육 방법이라고 할 수 있다.

요약

1. 블렌디드러닝은 두 가지 이상의 학습방법을 혼합하여 학습의 효과를 극대화하려는 것으로써 단순히 온라인과 오프라인의 연계가 아닌 적절한 학습방법 간의 조합이다. 즉 학습 효과를 극대화하기 위한 전략으로 온라인과 오프라인의 양자 논리로부터 탈피하여 다양한 학습전략 및 테크놀로지를 혼합하는 방식이다.

2. 블렌디드러닝은 비대면 강의와 대면 강의를 혼합한 학습 형태로 순환 모델, 플렉스 모델, 알라카르테 모델, 가상학습 강화 모델 등의 유형이 있다.

3. 블렌디드러닝의 장점은 학습의 편이성, 반복성. 시공간의 자율성, 개방성 융통성 등이 있고 단점으로는 집중이 어렵고 강제성이 없으며 평가의 어려움 등이 있다.

4. 플립러닝은 온라인과 오프라인의 두 가지 학습환경을 혼합한 블렌디드러닝 방식이다. 온라인 학습은 오프라인 학습을 위한 선행학습 차원에서 이루어지는 것이므로 온·오프라인 학습을 유기적으로 연계하여 설계해야 한다. 즉 학습자는 미리 온라인으로 학습하고 오프라인에서 동료 학습자들과 토의하고 질문하는 상호작용을 한다.

5. 플립러닝의 장점은 학습자의 자기 주도적 학습이 가능하고, 자신의 수준에 따라 진도를 조절할 수 있으며 접근성과 시간이 유연하다. 단점으로는 학습자의 수업 이해 정도가 다르고 오프라인 수업을 경시하거나 자율적인 참여가 이루어지지 않으면 협력학습에 지장이 생겨 비효과적이다.

연구문제

1. 블렌디드러닝의 개념과 특성을 설명해 봅시다.

2. 블렌디드러닝의 4가지 유형을 설명해 봅시다.

3. 블렌디드러닝의 장단점을 비교하여 서술해 봅시다.

4. 플립러닝의 개념과 특성을 설명해 봅시다.

5. 플립러닝의 장단점을 비교하여 서술해 봅시다.

CHAPTER 15

메이커교육과 디자인씽킹을 활용한 평생교육방법

개요

평생교육을 현장에서 실천하기 위한 교육방법은 4차산업혁명시대를 맞이하면서 기술 발전에 따라 강사의 단순 지식 전달이 아닌 인간과 기술의 융합형 교육방법으로 진화하고 있다. 즉 급속한 기술 발전과 환경변화에 따라 평생교육방법도 학습자 관점에서 교육방법에서 학습과 배움을 일상화하고 다양한 사람들이 평생교육에 참여할 수 있도록 교육방법에서 새로운 변화를 추구해야 한다. 이에 4차산업혁명시대에 대안적 교육방법 중 하나로 부상하는 메이커교육과 디자인씽킹에 대한 학습은 평생교육 현장에서 새로운 교육방법으로 학습자의 참여를 적극적으로 유도하고 이를 직접 실천함으로써 학습자에게는 창의성, 혁신적 역량 개발을 통하여 비즈니스로 연결할 수 있고 인간중심적 사고로 많은 각광을 받을 수 있는 평생교육방법으로 확대될 것이다.

본 장에서는 먼저, 4차산업혁명시대에 필요한 역량 및 인재육성, 메이커교육과 구성주의 이론, 특징, 교수학습 모형 및 사회 각 분야에서 메이커교육의 적용 현장을 살펴보았다. 이후 디자인씽킹을 활용한 메이커교육의 원칙, 디자인 프로세스, 디자인씽킹과 메이커교육의 유사점과 차이점을 비교하여 정리하였다.

학습목표

1. 4차산업혁명시대에 따른 인재 역량을 이해할 수 있다.
2. 메이커교육의 개념, 목적 및 특징을 이해할 수 있다.
3. 메이커교육의 교수학습모형을 이해할 수 있다.

주요 용어

메이커교육, 디자인씽킹, d.School, 디자인 프로세스

제1절 인재육성과 필요 역량

1. 4차산업혁명과 인재육성

현재 코로나19 영향으로 전 세계는 팬더믹(pandemic) 현상에 따라 세계 각 국가 간 이동금지 조치가 내려지고 경기침체에 따른 경제 불황이 계속되고 있다. 2016년 세계 다보스 경제포럼에서 회장 슈밥(Schwab)은 '현재 기술의 속도는 그 동안 인류가 겪어보지 못한 가장 빠른 속도로 진화하고 있으며 인간과 기계의 잠재력을 극대화한 산업 시스템의 재편으로 부분이 아닌 시스템의 혁명이 진행'되고(유예은, 2018) 있음을 강조하였다. 이러한 4차산업혁명은 네트워크를 중심으로 하는 과학기술의 폭발적 성장으로 사람과 사람 간의 연결뿐만 아니라 사람과 사물, 사물과 사물 간의 역동인 연결이 가능해지는 초연결 사회(hyper-conected society, 김정은, 2019)인 4차산업혁명의 시대에 도래하였다. 즉, '초지능화와 초연결성'이 핵심적 키워드로 정보통신기술(ICT: information and communication technologies)발달로 새로운 기술의 출현과 함께 시장의 불확실성 등은 기업 간 격차를 더욱 심화시킬 것으로 예상된다.

창조와 혁신을 기반으로 하는 4차산업혁명은 반복적 형태의 업무에서 인공지능으로 대체되고 있어 창조적·혁신적 역량이 더욱 중요한 요소로 작용할 것이다. 이에 기업 및 교육 환경은 미래사회의 변화 및 다학문적인 문제해결능력을 배양하기 위하여 창의성을 바탕으로 과학기술과 인문사회 간의 지식들을 의미 있게 결합하여 교육하는 창의·융합교육의 중요성을 인식하여 이를 주도할 수 있는 인재 육성 및 교육 시스템 변화에 많은 노력을 기울일 필요가 있다.

그러나 아직까지 학교교육과 기업교육의 방향은 주로 지식 전달, 강의식 교육, 일방적 교육 위주의 교육 방식으로 진행되고 있다. 이에 4차산업혁명시대에 필요한 인재 역량 함양은 그 한계성을 가지고 있어 전면적으로 새로운 교육 시스템 구축이 필한 시점이다(최정아, 2018). 따라서 미래사회와 기업에 적합한 인재의 역량은 창의성, 비판적 사고력, 문제해결력, 커뮤니케이션능력, 협업능력 등을 필요로 하고 있다.

2. 4차산업혁명에 따른 역량

현 시대가 요구하는 교육의 방향은 결국 교육을 통하여 육성하고자 하는 역량과 인재상으로 방대한 양의 정보를 융합하여 새로운 것을 창출해낼 수 있는 능력을 강조하는 지식정보화 시대에 필요한 역량에 관한 다양한 학자들의 논의는 7Cs(Triling, 2008)로 정리될 수 있다(윤혜진, 2018).

첫째 C는 '비판적 사고력과 문제해결력(Critical thinking and problem-solving)'으로 21세기의 다양한 문제 상황을 해결하기 위하여 문제를 다양한 관점에서 분석, 수집, 통합하여 최상의 해결 방안을 선택할 수 있는 능력, 둘째 C는 '창의성과 혁신적 사고(Creativity and innovation)'로 기존의 지식을 바탕으로 새로운 문제 해결안을 도출하여 이전과 다른 상품이나 서비스를 고안해낼 수 있는 능력, 셋째 C는 '협업, 팀워크 및 리더십(Collaboration, teamwork and leadership)'으로 다양한 배경을 가진 사람들과 함께 팀을 이루어 공동의 목적을 위한 의견 교환, 협상, 합의에 이르는 의사소통을 할 수 있으며, 커뮤니티와 네트워크를 형성할 수 있는 능력, 넷째 C는 '다문화적 이해(Cross-cultural understanding)'로 지역적 및 글로벌 시민 지식을 소유하고 타문화에 대한 이해 및 가치를 존중할 수 있는 능력, 다섯째 C는 '커뮤니케이션과 능숙한 정보 활용(Communications and information fluency)'으로 미디어를 도구로 활용하여 효과적인 의사소통 및 의견 표현을 하는 디지털 시대의 특성이 분명하게 드러나는 역량, 여섯째 C는 '컴퓨팅과 ICT 기술 활용(Computing and information & communication technology fluency)'으로 문제 해결을 위해 정보통신기기를 활용하여 다양한 정보 수집, 분석과 지혜로운 미디어의 소비와 미디어를 생산하는 능력, 일곱째 C는 '직무와 독립적 학습능력(Career and learning self-reliance)'으로 학습자의 자기주도적이고 능동적인 태도에 의해서 다양하고 변화무쌍한 환경에 빠르게 적응하고 주어진 과제 수행을 위한 관리능력이다(윤혜진, 2018).

이상에서 살펴본 바와 같이 현 시대의 역량을 강화하기 위한 교육의 방향은 사회구성원으로서 21세기의 기술과 지식을 활용하여 다양하고 복잡한 문제를 해결할 수 있는 능동적인 태도가 강조되고 있다고 할 수 있다.

제2절 메이커교육

1. 메이커교육의 개념

해외 선진국들은 4차산업혁명시대에 부합하는 인재육성을 위하여 학교교육의 방향은 창조성과 혁신적 역량 개발을 위한 메이커교육에 많은 관심을 갖고 있다. 국내에서도 이러한 메이커교육이 평생교육방법의 하나로 부상하고 있는데 메이커교육은 메이커 운동에서 출발한다.

우선 메이커(Maker)의 개념을 살펴보면 원시시대의 인간은 생존을 위한 방법의 하나로 직접 도구 제작을 시작하였고, 산업 혁명의 대량생산과 대량소비과정을 거쳐 왔다. 현대사회의 문화 중심은 각 개인의 창조성을 강조하는 문화로 발전되면서 간단한 취미 생활 중의 하나로 시작된 DIY(Do it your self)는 기술의 발전으로 메이커가 활동할 수 있는 범위가 확대되고 있다. 메이커 또는 메이커 운동은 2005년 창간된 메이크 매거진을 통하여 언급된 이후 세계적으로 통용되었다.

메이커란 다양한 도구와 디지털 기기를 사용한 창의적 만들기 활동을 통하여 자신의 생각과 아이디어를 실행에 옮기는 사람으로 만드는 활동에 적극적으로 참여하고, 만들어진 결과물과 이에 대한 지식과 경험을 나누고 공유하고자 하는 사람들이다. 이들은 문제 해결을 위해 다양한 기술을 활용하여 무언가를 제작하며 이 과정에서 타인과 함께 협력하고 제작의 과정 및 결과를 공유함으로써 사회적인 가치를 실현하는 사람으로(강인애·김양수·윤혜진, 2017), 자신의 흥미와 필요 또는 문제 해결을 위해 다양한 기술과 장비를 활용하여 제품을 제작하며 이 과정과 결과에 대한 타인과의 네트워킹을 통한 공유와 협력을 통해 사회적 가치를 실현하는 사람이다(최정아, 2018).

이러한 메이커의 의미는 IT 기술의 발전, 네트워크 활성화, 지식·기술의 민주화, 4차산업혁명 등을 통하여 자율적 만들기, 첨단기술, 공유, 상호협력의 의미를 거쳐 메이커 운동으로 확장되었고, 이를 도식화하여 나타내면 그림 15-1과 같다.

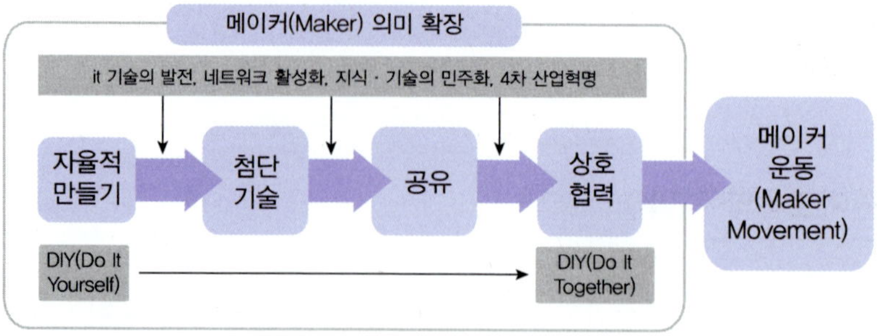

그림 15-1 메이커 의미의 확장

출처: 서주형(2020) 인용.

메이커 운동은 디지털 제조기술의 발달로 누구나 다양하고 전문적인 기기를 활용하여 제품 제작이 가능해졌다는 점에서 소비자가 아닌 창조가, 발명가(inventor)로서의 메이커들이 다양한 기술과 기기를 활용하여 자신의 필요에 따른 제품을 제작하고, 제작 과정과 결과에 대해 상호 소통하며 자발적으로 공유하는 활동을 진행하는 것을 의미한다(황중원 · 강인애 · 김홍순, 2016; Martinez & Stager, 2013). 이러한 메이커 운동은 메이커들 간의 자발적인 협력, 나눔, 공유로 협력활동을 강조하고 핵심요소로 작용하고, 결과물에만 초점을 맞추는 것이 아닌 결과를 포함한 과정에 대해 공유하며 소통하는 것을 중시한다(강인애 · 김명기, 2017; Halverson & Sheridan, 2014). 이러한 맥락에서 메이커 운동은 사회적 요구를 충족해줄 수 있는 새로운 교육의 패러다임으로서 자리잡고 있으며 이에 따라 메이커교육에 대한 논의가 2010년대 초반에 미국에서 시작되었다(Dougherty, 2012; Blikstein, 2013).

메이커교육은 학습자가 발명가로서 메이커활동으로 자신의 아이디어를 실제 제품으로 제작하는 과정을 통해 학습하는 교육(Blikstein, 2013; Halverson & Sheridan, 2014)으로 ICT를 기반으로 하여 스스로 원하는 것을 만들고 공유하는 과정을 통해 메이커 역량을 키울 수 있는 교육을 의미한다. 메이커들은 이러한 메이커활동을 통해 자신이 원하는 만들기 과정에서 창의적인 사고, 문제해결능력과 협업능력, 의사소통능력 등(김정은, 2019)을 향상할 수 있기에 메이커 운동이 현재 새로운 교육 방법으로서 주목받고 있다.

메이커교육의 목적은 메이커인 학습자가 개인적, 혹은 사회적 문제의 해결안으로 주도적으로 여러 가지 도구, 디지털 기술, 재료 등을 활용하여 유형의 결과물을 생산하는 과정에 참여하는 것으로, 그 과정 속에서 다양한 인지적 사고

활동, 체험적 활동, 재미와 몰입뿐만 아니라 실패를 극복하고 도전하는 정서 소유, 교실인 메이커스페이스 안팎의 타 메이커들과 상호작용, 공유, 나눔이 이루어지는 협력적 관계를 형성, 변화를 위한 의지, 태도 소유의 메이커 정신의 함양에 있다(윤혜진, 2018). 이를 도식화하면 그림 15-2로 표현할 수 있다.

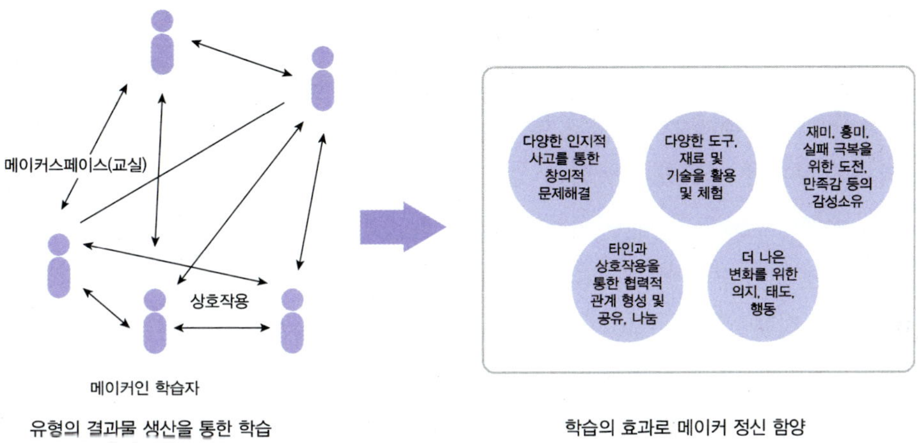

그림 15-2 메이커교육의 개념

출처: 윤혜진(2006).

2. 메이커교육과 구성주의

메이커교육은 학습자가 자신이 원하는 것을 만들어 나가는 과정을 통해 스스로 학습한다는 점에서 피아제(Piaget)의 인식론적 구성주의를 기반으로 하는 구성주의 교육철학과 세이모어 페퍼트(Seymour Papert)의 구성주의 교육 접근법을 기반으로 한다(이은자, 2020). 구성주의는 인식론을 기반으로 하며 지식은 개별적으로 존재하는 의미들이 조직적으로 구성된 결과라고 보는 학습이론으로, 구성주의에서 지식은 객관적이고 독립적인 실체라는 사실을 부정하고 우리가 살아가며 경험하는 세계 속에서 이루어지는 경험의 개인적인 재해석이라고 설명한다(박준홍, 2020). 메이커교육은 반복의 과정을 거치며, 자신의 경험과 방법으로 스스로 지식을 체득하고 결과물을 도출한다는 점에서 구성주의의 지식 구성 방법(강은성, 2017)과 유사성을 갖고 있다.

즉, 메이커교육은 구성주의를 이론적 배경으로 학습자가 만들기 과정에 몰입하여 즐기게 되는 교수·학습방법으로서, 메이커활동은 1회성이 아닌 반복 경험으로 지식을 자신만의 경험과 방법으로 체계화하고 창의적으로 구체적인 결과를 만들어내도록 하는 교육이라는 점에서 구성주의의 지식 구성 방법과 유사하고 메이커 운동이 가진 교육적인 가치를 현 시대에 필요한 새로운 교수·학습방법이나 교육환경으로 재구조화한 것이다(Hwang et al., 2016).

인지적 구성주의를 주장한 피아제(Piaget)는 능동적인 학습을 통한 자발적 탐구 활동의 중요성을 강조하면서 모든 새로운 진실은 학습자에 의해 학습·재발견, 최소한 재해석되어야 함을 주장하였다. 한편, 페퍼트(Papert)는 메이커교육의 이론적 토대를 구축한 학자로 구성주의교육 접근법을 통해 존 듀이(John Dewey)가 주장한 '만들면서 배우는(learning by doing)'것, 즉 학습자가 직접 무엇인가를 수행하는 활동을 통한 학습을 강조하면서, 학습은 체험적 학습과정이 포함되어야 하며 직접 경험을 촉진함으로써 의미 있는 생산물이나 사회 물품을 결과물로 산출할 때 가장 효과적으로 사회, 문화 속에서 맥락적으로 상호작용을 통해 지식이 학습되는 사회적 구성주의이론을 바탕으로 사회적 관계 속에서 어떻게 지식이 형성되고 학습이 이루어지는가를 설명하고 있다(Papert, 2000).

페퍼트의 구성주의는 학습의 기술이나 '학습을 위한 학습', '학습에서의 만들기'의 중요성에 좀 더 초점을 두고 이러한 활동을 통해 학습이 어떻게(강은성, 2017) 촉진되는가를 알 수 있다는 점에서 페퍼트의 구성주의는 피아제(Piaget)의 구성주의보다 좀 더 실제활동을 중요한 활동으로 보고 있다. 즉, 학습자가 그들의 머릿속에 존재하는 생각, 아이디어, 지식 등이 개인적으로 의미 있는 활동에 투영하여 몰입할 때 학습이 가장 효과적으로 이루어질 수 있다(강은성, 2017). 페퍼트는 학습자 자신이 만든 물품을 매개로 하여 소통하는 법과 이러한 공유 가능한 지식에 대한 소통을 통해 자기주도학습을 유도하는 방법, 궁극적으로 새로운 지식을 촉진하는 법에 관심을 가졌고 이에 메이커교육은 피아제의 인지적 구성주의와 페퍼트의 사회적 구성주의의 이론이 합쳐진 개념이라 볼 수 있다.

이러한 관점에서 미래 혁신사회의 요구에 가장 적합한 메이커교육과 실제활동에 초점을 둔 구성주의교육 패러다임을 통해 다음 **표 15-1**과 같이 공통된 학습 원리를 정리할 수 있다(강은성, 2017).

표 15-1 메이커교육과 구성주의의 연관성

메이커교육(Maker Education)	구성주의(constructionism)
학습자 중심	학습자 중심의 교육 환경
체험적 학습 과정, 경험 중시	학습자 경험 중시
융합적 주제 제시	구체적이고 복합적인 상황 제시
의미 있는 결과물 산출	구체적인 결과물 산출
자기주도적	학습자의 인지적 도전을 유도
새로운 지식 축적	능동적인 지식 구성
공유와 소통	상호작용
지속적 안내, 반복적 교육	반성적 사고

출처: 강은성(2017) 인용.

구성주의 학습이론과 메이커교육의 관련성에 대한 특성은 다음과 같다(강은성, 2017). 첫째, 지식은 개인이 이전 경험을 바탕으로 현장 맥락 속에서 구성되기 때문에 지식을 맥락과 별개로 실제 상황과 분리시키는 것은 불가능하고, 둘째, 이러한 이유로 지식은 진정성(authentic)을 갖게 되며, 셋째, 자신의 학습을 반추해 보면서 새로운 지식을 수용하는 성찰(reflection, introspection)과 반복적 학습이 중요하다. 넷째, 자신의 경험을 바탕으로 하기 때문에 자기주도적이고, 다섯째, 자신에게 의미 있고(meaningful), 구체적인(purposeful) 결과물을 도출하게 되며, 여섯째, 상위 수준 또는 새로운 문제해결을 위해 타 학습자와 지식과 학습을 함께하는 협력학습이 이루어지게 되며, 마지막으로 교수자는 단순히 지식 전달자 보다는 지식 안내자 또는 학습촉진자(facilitator)의 역할을 수행하면서 학습자가 메이커교육을 통해 실질적인 삶에 대해 조사, 질문, 호기심, 참여 여부 등을 확인하여야 한다(Blikstein, et al., 2016).

3. 메이커교육의 특징

메이커교육은 메이커활동을 통한 교육의 과정 중에 도출된 지식 또는 기술을 다른 사람에게 조건 없이 개방하고 나누는, 곧 '이타주의 정신'으로 수렴하는 공유의 활동과, 활동의 결과물로써 사회적 문제 또는 이슈를 해결하고자 하는 '사회적 참여'를 포함한다는 점에서 발명교육과 공작교육 등과는 차이점이 있는데, 이러한 메이커교육의 특징은 다음과 같다(김정은, 2018).

첫째, 메이커교육은 학습자가 학습의 주체로 스스로 무엇인가를 만드는 과정을 통하여 활동에 더욱 몰입하고, 주도적으로 제품을 만드는 데 필요한 지식을 습득함으로서 학습자 중심의 활동을 제공한다. 또한 활동 과정 중 동료 학생이나 교사 등 다양한 사람들과 상호작용하며 보다 다양한 관점에서 지식을 구성할 수 있는 기회를 창출한다(박종일, 2013).

둘째, 메이커교육은 다른 사람들과의 상호작용을 통한 학습을 중시한다. 메이커교육에 있어서 학생들은 보통 협동적 활동을 통해 메이커활동을 진행하게 되고, 이러한 활동의 과정이나 결과를 발표나 인터넷상에 자료를 올리는 등의 방법을 통해 함께 공유하게 된다. 또한 메이커활동을 위해 지식을 공유하는 과정에서 서로가 서로의 선생님이 되어 가르치고 배우는 등 '학습리소스'로서의 역할을 수행하며 지식을 재구성하고 경험을 확장해간다(김정은, 2019).

셋째, 메이커교육은 순환활동을 통해 반복적으로 이루어져 학생들에게 실수나 실패를 학습의 기회로 여기게 한다. 메이커활동 과정 중 학생들은 동료 학생과 교사 등과 소통하고 피드백을 받는다. 학생들은 피드백으로 얻은 의견들을 반영하여 본인이 만든 제품을 수정하고 보완하는 과정을 지속적으로 반복한다. 이러한 순환·반복적인 활동을 통해 학생들은 실수를 하거나 실패를 경험하더라도 이를 수정 및 보완할 수 있는 것으로 여기게 되고(김정은, 2019), 이를 학습의 기회로 여기고 지속적으로 개선해 나가는 과정을 거치면서 도전정신을 갖게 된다.

이를 요약 정리하면 다음의 표 15-2와 같다.

표 15-2 메이커교육의 특징

특징	설명
학습자 중심 학습활동	학습자 주체가 된 만들기활동을 통해 주도적으로 지식을 습득하게 된다.
상호작용을 통한 학습	동료 학생, 교사 등과의 상호작용을 통해 지식을 공유하고 학습리소스로서의 역할을 하게 된다.
순환·반복적 활동을 통한 실패에 대한 인식의 전환	순환 · 반복적 활동 과정을 통해 실수나 실패를 개선과 도전의 과정으로 삼을 수 있게 된다.

출처: 김정은(2018).

4. 메이커교육의 교수학습 모형

메이커교육을 위한 교육 모형 중 가장 대표적인 것은 TMSI 모형이다. 이는 T(Tinkering), M(Making), S(Sharing), I(Improving)로 구성되며 순환적으로 수행된다(윤혜진, 2018). TMSI 모형에 앞서 제시된 TMI 모형은 학습자의 권위가 극대화되는 메이커활동의 특성을 반영하여 제작활동의 과정과 실행(doing)을 강조하는 교수-학습 모형이다.

TMI 모형은 Thinking(생각하기) - Making(만들기) - Improving(개선하기)의 3단계로 구성되어 간략하게 메이커활동의 과정으로 탐색과 질문, 팅커링, 실험, 반복, 리소스 탐색, 해킹과 재창조, 결합하기, 복잡하게 만들기, 커스터마이징 등 메이커활동의 학습적 요소들을 포함하고 있다(윤혜진, 2018). 이 과정을 상세히 살펴보면 첫째, Thinking의 단계는 제작활동 전의 준비단계로 문제 정의, 문제 해결 방안 및 아이디어 도출을 위한 브레인스토밍, 프로젝트 진행 계획을(이미림, 2020) 수립하게 된다. 둘째, 프로젝트에 대한 계획이 완성되면 Making 단계로서 프로젝트 전체 과정 중에서 장시간에 걸쳐 학습자가 의도한 결과물을 산출하기 위하여 팅커링, 제작, 실험 등 체험적 활동이 반복된다. 마지막으로 Improving은 결과물의 문제점 또는 더 나은 결과물을 위하여 개선할 점을 찾고 이를 해결하기 위한 탐구, 제작활동을 반복하게 된다.

한편, TMI 모형은 제작하는 행위에 중점을 두면서 개인 학습자의 인지적, 체험적, 감성적 영역을 깨우는 활동을 포함하고 있지만, 팅커링 융합 모형 외에는 메이커활동에서 중요한 사회적 영역과 실천적 영역, 특히 공유와 개방, 나눔의 문화를 드러내지 못하고 있다(윤혜진, 2018). 즉, 초보자에서 전문가로, 수동적인 참여자에서 적극적인 창작가로 변모와 개인의 흥미, 재미에 의한 과정의 몰입 등은 나타나지만, 제작 과정 속에서 타인과의 상호작용을 기반으로 학습자에게 적절한 인지적 도움과 안내를 제공하여 학습을 촉진시키는 전략인 사회적 스캐폴딩(scaffolding)이 간과되고 있어 메이커교육의 교수학습모형에서는 공유와 개방의 정신을 반영할 수 있어야 한다(윤혜진, 2018).

따라서 TMI 모형에 공유단계(Sharing)를 포함하는 TMSI 모형으로 Tinkering(팅커링 하기) - Making(제작하기) - Sharing(공유하기) - Improving(개선하기)의 4단계로 구성한 TMSI 모형이 제시되었다. 이를 세부적으로 살펴보면 다음과 같다(윤혜진, 2018). TMSI 모형의 각 단계별 내용으로 1단계인 Tinkering단계는 학습자가 여러 가지 재료를 탐색할 수 있는 기회를 제공하고, 기존 제품의 해체·재조립 과정에서 다양한 아이디어를 간단하게 실험할 수 있고, 본격적인 메이킹활동을 시작하기 이전에 흥미를 유발하고 또 다른 제작활동을 시도해보고자 하는 동기를 가질 수 있게 한다(윤혜진, 2018).

2단계인 Making단계는 개인이 지닌 아이디어가 실제적인 결과물로 만드는 과정을 경험하게 되며 학습자 개인의 메이킹 목적을 완성하기 위한 다양한 활동이 이루어지게 된다. 이처럼 Making단계는 다음 단계인 공유하기를 위하여 결과물을 제작하는 과정에서 사진, 글, 동영상 등 여러 방법과 매체를 활용하여 기록하는 활동과정으로 단순히 자신의 결과물과 과정을 다른 사람에게 보여주는 것을 넘어서 개인의 활동 과정을 성찰해보는 기회를(윤혜진, 2018) 제공하여 새로운 프로젝트를 위한 아이디어를 얻을 수 있게 된다.

3단계인 Sharing단계는 메이커 운동이 강조하는 공유, 개방, 나눔의 정신을 반영한 단계로 온·오프라인 환경에서 결과물과 그 제작 과정을 다른 사람과 나누게 된다. 이 단계에서 다른 사람들의 다양한 의견과 피드백을 얻을 수 있으며, 타인과의 지식 및 정보 공유를 통하여 더 정교한 결과물을 위한 새로운 방안을 생각하게 될 뿐만 아니라, 또 다른 학습으로 이어지게 된다(윤혜진, 2018). 4단계인 Improving단계는 자신의 제작과정을 돌아보고 결과물을 발전시키기 위한 아이디어를 도출하게 된다. 이 단계는 이전의 메이킹단계를 다시 반복하게 함으로써 메이킹활동(윤혜진, 2019)의 순환 특성을 알 수 있게 한다. TMSI 모형의 각 단계는 그림 15-3으로 요약할 수 있다.

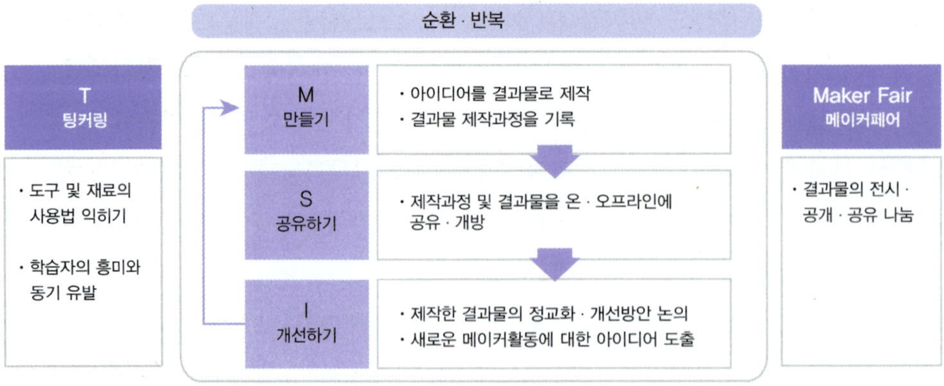

그림 15-3 TMSI 모형

출처: 강인애·김명기(2017) 인용.

5. 메이커교육의 활용

메이커교육은 국내 각 기관에서 다양한 방법으로 시행되고 있는데 이를 정리해보면 다음과 같다(한상길·김현영·김윤정, 2020).

1) 박물관

박물관은 메이커교육(maker education) 프로그램을 통해 수동적 관람의 공간에서 관람자가 직접 참여하고 활동하고 경험할 수 있는 상호작용이 일어나는 능동적인 공간으로 자리 잡았다. 메이커활동교육 프로그램은 다양한 연령층과 배경을 가진 대상에 대해서 폭넓게 교육을 경험할 수 있는 지역 공동체 프로그램과 비슷하게 운영되고 있다. 국내 국립현대미술관은 'My Fab Lab'을 통해 다양한 관람객을 대상으로 메이커 스페이스를 운영하고 있다. 그리고 초·중학생 대상으로 방과 후 시간을 활용하여 3D 펜과 같은 드로잉 도구를 사용하는 메이커교육이 실행되고 있다.

국립과천과학관은 다양한 과학과 관련한 전시물을 기반으로 메이커교육을 진행하고 있는데, 특히 초·중학생 대상으로 아두이노(Arduino), 센서 보드를 이용해서 다양한 디지털 제품을 제작하는 이공계 창의 캠프 등이 운영되고 있다.

2) 학교

최근 대학을 중심으로 4차산업혁명 역량을 갖춘 인재교육을 위한 메이커교육이 활성화되고 있는데, 학생들은 다양한 메이커활동을 통하여 협업능력 및 테크놀로지의 사용, 공유 등을 자연스럽게 경험할 수 있다. 건국대학교의 '스마트 팩토리'는 재학생이라면 누구든지 장비를 자율적으로 사용할 수 있는 개방형 메이커 스페이스로 3D 장비체험, 목공체험, VR체험 등을 할 수 있고, 시제품 제작 교육 및 워크숍이 열려 메이커활동을 위한 교육을 진행하고 있다.

부산대학교의 V-SPACE는 아이디어를 생각하고 시제품으로 완성할 수 있는 공간이 마련되어 브레인스토밍 공간, 시제품 제작을 위한 장비 공간, 창업지원실, 제품 홍보 및 촬영을 위한 PR studio 설치 등으로 학생들은 개인으로 메이커활동을 하거나, 팀으로 창업을 지원해 주는 프로그램에 참여할 수 있다. 연세대학교의 'Y-valley'는 도서관을 개조하여 학생들의 스타트업 사업 창업을 위한 메이커 공간으로 구성하여 학생들이 아이디어를 실현할 수 있도록 3D 프린팅 모델링부터 출력 방법에 대한 교육을 진행하고 있으며, 그 외의 장비를 활용하여 자율적으로 메이커 스페이스를 활용할 수 있도록 했다.

전주대학교의 '3D 창작소'는 창업을 위한 메이커 스페이스로 주로 3D 프린팅 관련 교육을 진행하고 있으며, 이곳은 학생뿐만 아니라 일반인들도 방문하여 시제품을 제작하거나 교육에 참여할 수 있다.

3) 지역

평생교육 현장메이커교육은 지역사회에 있는 도서관, 문화센터 등을 중심으로 다양한 연령대의 지역주민들을 대상으로 진행되고 있다. 지역 참가자는 메이커활동을 처음 접하는 초보자 및 전문가의 다양한 영역을 포함하고 있으며 사회적인 가치를 경험할 수 있는 공간으로 활용되며, 교육형식 또한 다양한 대상자를 아우를 수 있는 여러 형식의 메이커교육이 진행되고 주로 워크숍 형태의 교육과 같은 짧은 형태의 캠프와 같이 운영되기도 한다. 국내 지역 대상 메이커교육 프로그램은 국가의 주도하에 만들어진 '무한상상실'과 같은 거점형 메이커 스페이스로 운영되고 있으며, 서울시의 경우 창업을 위한 방안으로 메이커 스페이스사업을 추진하고 있다.

서울 '개포 디지털 혁신파크'는 주거 및 안전, 교통, 환경과 같은 도시의 문제점을 디지털 기술로 해결하기 위한 목적으로 IOT, 빅데이터, AI와 같은 디지털기술기반사업 및 일자리 창출을 위한 공간을 마련하였다. 이를 위해 로봇과 드론 제작, 사물인터넷 로봇 및 애플리케이션 개발부터 스타트업 창업까지 다양한 메이커교육 및 활동을 경험할 수 있도록 하고, 교육은 초등학생부터 학부모교육, 일반인 대상의 세미나 및 교육 등 다양한 참여자를 위한 교육 프로그램을 운영하고 있다.

이외에도 '성수 스페이스'는 사물인터넷 제작자를 위한 시설과 스마트 디바이스 출시를 위한 다양한 워크숍과 세미나를 개최하여 산업 간 융합을 실현하고 있는데, 창업문화를 확산하기 위한 공간으로 일반인도 성수 메이커 스페이스의 장비를 이용하여 구상한 아이디어를 실제 제품으로 만들어 보고 창업으로 연계될 수 있도록 다양한 프로그램을 제공하고 있다.

경기도 화성시 동탄 '중앙 이음터'는 지역 특성화를 위한 교육을 목표로 마이랩을 운영하며 단계형 메이커교육을 진행하고 있다. 1단계는 ICT 인식확산을 위한 장비교육과 장비에 대한 세미나 및 찾아가는 마이랩을 통해 ICT를 접하기 어려운 지역에 찾아가 체험형 콘텐츠를 경험할 수 있도록 하고, 2단계는 개인역량개발을 중심으로 시제품 제작을 위해 하드웨어 중심의 3D모델링 및 프린터 등의 장비를 교육하며, 소프트웨어 중심의 물리적 컴퓨팅 및 사물인터넷을 위한 교육을 진행하고 3단계는 제작한 결과물을 통한 메이커 페어 형태의 대회를 개최한다. 이러한 단계형 메이커교육은 초·중·고 학생뿐만 아니라 일반인까지 참가가 가능하고, 장비 체험 및 시제품 제작과 메이커 페어로 이어지는 체계적인 메이커교육을 경험할 수 있게 된다.

이와 같이 메이커교육을 위한 메이커 스페이스는 지속적으로 증가하고 있다. 메이커교육은 4차산업혁명에 필요한 기술 및 역량을 키우고, 창업으로 연결될 수 있도록 다양한 공간에서 활용되고 있으며, 특히 국내의 경우 장비 활용 중심으로 교육이 진행되고, 학교의 경우 창업을 목적으로 하는 경우가 많다. 2017년 서울시는 서울형 메이커 스페이스 거점센터 20곳을 구축하고, 서울형 메이커 스페이스 모델 학교 운영을 위해 9개 학교를 지정하여 프로젝트에 많은 비용을 투자하면서 메이커교육 활성화에 기여하고 있다.

이러한 메이커 스페이스는 외형적 확장성 위주로 진행되고, 메이커교육은 창업 중심 또는 SW교육, 코딩 중심의 교육과정과 교수법은 주로 강의식으로 운영되고 있어 교육 프로그램에 대한 체계적 운영과 함께 교수자는 체계적인 교수 설계에 의한 프로그램의 개발과 운영을 위한 노력이 필요하다. 따라서 메이커교육 프로그램을 개발 및 운영을 위한 체크리스트의 작성과 피드백 및 다양한 분야의 전문가 및 기관과의 교류를 통해 메이커활동의 연구 및 콘텐츠 개발이 활발히 이루어져야 할 것이다.

제3절 디자인씽킹을 활용한 메이커교육

1. 디자인씽킹의 개념과 원칙

기업은 기술의 급속한 발전, 시장 환경의 불안정성 등으로 생존과 시장을 시장 선도의 주도권을 확보하기 위하여 기존 경영이론의 관점에서 벗어난 창의성과 혁신성 사고를 추구하고자 하는 시점에서 새롭게 등장한 것이 바로 디자인씽킹 방법론이다. 즉, 디자인씽킹은 최근 10년 사이 학교 또는 기업 등에서 이와 관련된 관심, 교육, 방법적 활용이 이루어지고 있는데, 이는 인간의 전반적인 삶의 문제를 통합적이고 종합적으로 해결하기 위해 창조적 사고와 관리 기법에 기반을 둔 창의적 문제해결의 과정으로 디자인적 사고 프로세스가 부각하면서 논의되기 시작하였다.

디자인씽킹의 유래는 1987년 피터 로위(Peter Rowe)가 “Design Thinking”책을 출간하여 소개한 이후, 1980년~1990년대 미국 스탠퍼드(Stanford) 대학은 “창의적 행동방법의 디자인씽킹”라는 교육 프로그램으로 진행하였고, 1991년 IDEO사는 비즈니스의 목적으로, 2000년대 독일 SAP사의 하소 플래트너(Hasso Plattner)의 지원과 IDEO의 참여로 2005년 미국 스탠퍼드 대학의 d.school강의를 통해 본격적으로 기업 비즈니스 영역으로 확산되고 있다. 현재 디자인씽킹은 미술 디자인의 영역뿐만 아니라 기업의 문제점 발굴 및 개선, 개인의 문제를 해결하는 등 다양한 영역의 문제 해결 방법과 교육 패러다임으로 변화하면서 최근 다양한 분야의 창조적 혁신을 위한 사고방식, 문제해결, 방법론 형태로 교육과 경영에서 새로운 패러다임으로 주목받고 있다.

디자인씽킹의 대표적 개념으로 Martin(2009)은 ‘디자인씽킹은 변화가 심한 불확실한 세계에서 분석적 사고와 직관적 사고의 균형을 유지하는 융합적 사고이다. 즉, 디자인씽킹의 효과는 논리적 합리성에 따라 귀납적, 연역적 방식으로 의사 결정을 하는 분석적 사고와 실제 경험을 토대로 감각적으로 결정을 내리는 직관적 사고를 적절하게 사용할 수 있다’는 것으로 균형적 사고를 강조하고 있다.

한편, IDEO의 CEO인 브라운(Brown, 2008)은 ‘디자이너의 사고방식인 확산과 수렴의 형태로 반복하여 혁신을 일으키는 분석으로 통합적 형태의 생각하는 방법이자 혁신을 이끌어 내는 방법론이라고 하였다. 그리고 디자인씽킹은 교육과 경영의 새로운 패러다임으로 사람에 중심을 두고 과정을 찾아가는 일로서 소비자를 가치 있게 평가하고 시장 기회를 활용할 수 있고, 기술적으로 적용 가능한 비즈니스의 요구를 충족하기 위해 디자이너의 감수성과 작업 방식을 이용한 사고방식으로 인간 중심적인 관점을 통해 복잡한 문제 상황을 해결하기 위한 과정을 거치는 창조적 프로세스'라고 정의하였고, 인간 중심적 사고를 중심으로 하고 있다.

미국 스탠퍼드 대학의 d.school K-12 과정은 디자인 사고 6원칙을 제시했는데, 이는 사용자 중심 접근, 과정 중심 접근, 빠른 실험과 테스트의 반복, 직접적 실행, 시각적 의사소통, 극대화된 협업 등 여섯 가지이다(최정아, 2018). 이에 대해 내용을 상세히 살펴보면(최정아, 2018) 첫째, 사용자 중심 접근은 문제를 바라보는 시각과 제작 과정에서 나오는 프로토타입 그리고 결과물 모두 사용자의 니즈와 피드백을 기준으로 제작 및 개선 방향을 도출하며 이를 최종적으로 만들어가는 것을 의미한다(최정아, 2018). 둘째, 과정 중심 접근은 최종적인 결과물인 제작품만 중시하는 것이 아니라 결과를 도출해 나아가는 과정을 중시하는 것이며 이를 통해 불필요하거나 비효율적인 과정의 문제도 해결할 수 있다(최정아, 2018).

셋째, 빠른 실험과 테스트의 반복이다. 디자인씽킹은 프로토타입을 빠르게 제작하고 이를 사용자에게 테스트하는 과정을 반복하여 최종적으로 사용자가 만족하는 제품을 제작하는 데 그 목적을 둔다. 이는 직접 문제 상황을 겪고 있는 사용자에게 초점을 두고 빠르게 테스트하여 사용자(최정아, 2018)가 더 만족할 수 있는 결과물을 도출할 수 있도록 한다. 넷째, 직접적 실행은 빠른 실험 및 테스트의 반복과 연관된 것으로 논의를 통해 가능한 결과물을 보다 신속히 예상하거나 유추해 보는 것을 직접 하도록 한다(최정아, 2018).

다섯째, 시각적 의사소통은 의사소통 시 스케치나 프로토타입의 제작 또는 스토리텔링을 통하여 직접적으로 의견을 보여줌으로써 공유하는 것이다. 이는 단순히 말로써 의사소통을 하는 것보다 더욱 빠르고 명확하게 서로의 생각에 대해 이해할 수 있도록 돕는다. 마지막으로 극대화된 협업은 다양한 구성원들이 진행되고 있는 모든 과정을 공유하고 구성원의 장점을 부각하여 협업하는 것을 통해 각 구성원의 다양한 능력이 어우러져 더 좋은 결과물을 제작할 수 있도록 한다(최정아, 2018).

앞서 언급한 디자인 사고의 6원칙을 정리하면 다음 **표 15-3**과 같다.

표 15-3 d.School의 디자인 사고 6원칙

원칙	설명
사용자 중심 접근	사용자 중심적 관점을 통한 문제의 해결과 결과의 논의
과정 중심 접근	결과물뿐만 아니라 문제해결 및 제작 과정의 중요성을 인지
빠른 실험과 테스트의 반복	빠른 실험을 통한 프로토타입의 제작과 테스트의 반복에 가치를 두는 것
직접적 실행	예상할 수 있는 결과에 대한 논의보다 직접적 실행을 통한 결과 테스트
시각적 의사소통	스케치, 프로토타입 등의 시각적 의사소통을 통한 명확한 의사소통 추구
극대화된 협업	모든 단계의 공유와 극대화된 협업을 통한 구성원의 장점을 활용

출처: 이지선(2017)에서 인용.

2. 디자인씽킹의 프로세스

디자인씽킹 프로세스(Design thinking process)는 디자인씽킹을 실천하기 위한 구체적 실행 전략으로서 브라운이 이끄는 IDEO, 스탠퍼드 대학의 d.school 등이 개발한 모델이 널리 사용되고 있는데, 이는 디자인적인 사고를 이해하고 실행하는 측면으로 볼 수 있다.

1) d.school의 디자인 프로세스

디자인씽킹 프로세스 중에서 대표적인 모델로 미국 스탠퍼드 대학의 d.School은 디자인씽킹을 통해 창의·혁신적 사고를 육성하기 위한 다양한 교육을 진행하고 있다. d.School은 디자인씽킹 프로세스를 실천하기 위한 5단계로 공감(Empathize), 정의(Define), 발상(Ideate), 프로토타입(Prototype), 테스트(Test)의 단계로 정의하였다(최정아, 2018). 이를 세부적으로 살펴보면 다음과 같다(김성인, 2019).

첫째, 공감단계는 관찰, 인터뷰, 현장 경험 등의 방법을 통해 사용자의 요구를 파악하기 위해 노력하며, 인간중심적 사고를 실천하게 되는 것이다. 둘째, 정의단계는 공감 단계에서 관찰하고 느낀 점을 바탕으로 문제 상황의 핵심이 무엇인지 명확하게 정의를 내린다. 셋째, 아이디어 내기단계는 문제 해결방안을 모색하기 위해 다양한 가능성을 고려하여 많은 아이디어를 생성하고 브레인스토밍이나 마인드맵과 같은 확산적 사고 기법을 사용하게 된다. 넷째, 프로토타입과 시험 적용단계는 추상적인 아이디어를 물리적으로 시각화시키는 단계로서 최종적으로 선정한 아이디어를 가장 낮은 수준으로 시제품화한 후에 문제 상황에 적용하는 것을 빠르게 반복한다(김성인, 2018). 이는 실제적으로 문제에 접근하게 하고 과정 중 생성되는 피드백을 통해 효과적으로 시제품을 개선할 수 있다. 디자인씽킹의 과정은 반드시 순차적으로 진행되어야 하는 것은 아니고 유연하게 적용되며, 일회성 과정이 아닌 반복적인 프로세스를 거치게 된다.

d.School의 디자인씽킹 과정은 그림 15-4로 표현할 수 있다.

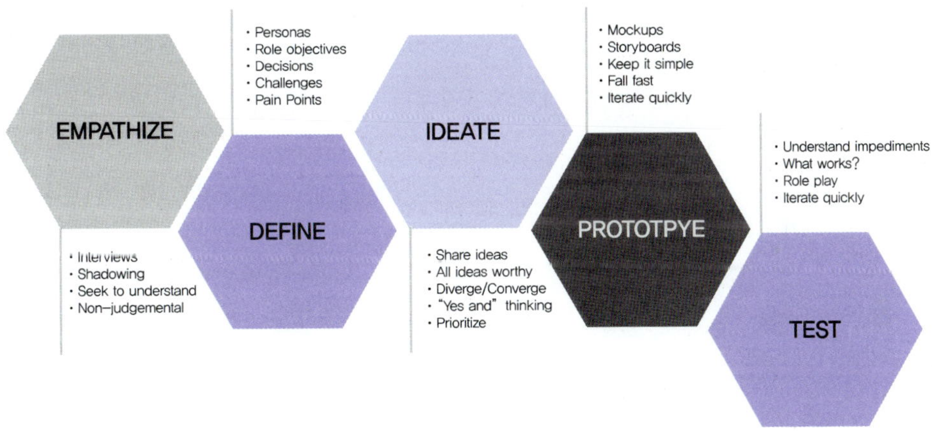

그림 15-4 Design Thinking Process Model

출처: d.school(2010). An introduction to design thinking process guide.

2) IDEO의 디자인 프로세스

IDEO는 디자인 프로세스에 비즈니스 개념을 도입하고 성공시킨 대표적 사례로서 교육 현장에 디자인씽킹 프로세스를 접목시키기 위해 교육자를 위한 디자인씽킹 툴 킷(Design Thinking tool kit for Educators)을 고안하였고, 이 툴 킷(tool kit)은 디자인씽킹을 교육 현장에 활용함에 있어서 준비해야 할 것, 유의사항, 단계별 난이도 등을 명시하여 교사가 수업에 적용하기 쉽도록 구성되어 있다(김성인, 2018). 즉, IDEO는 디자인씽킹 프로세스가 직관적인 능력, 관찰한 것을 해석하는 능력, 디자인 수요자에게 의미 있는 아이디어를 발전시키는 능력과 관계된 인간 중심적인 접근법임을 강조하며(김성인, 2018), 그림 15-5와 같이 5단계의 디자인씽킹 프로세스를 소개하였다.

첫째 단계로 발견하기(Discovery)는 문제를 인식하여 아이디어를 떠올릴 수 있도록 영감을 얻고 문제 해결을 준비하는 단계이다. 둘째 단계인 해석하기(Interpretation)는 관찰 및 현장 답사를 통해 문제해결을 위한 명확한 관점과 방향성을 찾아내는 단계이다. 셋째 단계인 아이디어 생성(Ideation)은 마인드맵, 브레인스토밍과 같은 확산적 사고기법을 활용하여 최대한 많은 아이디어를 이끌어내는 단계이다. 넷째 단계인 실험하기(Experimentation)는 프로토타입 제작을 통해 아이디어를 시각화하고 제작 과정을 다른 사람들과 공유하면서 피드백을 얻는 단계이다. 마지막으로 발전시키기(Evolution)는 평가를 통해 아이디어를 더욱 개선시키기 위한 지속적이고 반복적인 수정을 이어나가면서 다음 도전을 위한 계획을 세우는 단계이다(김성인, 2018).

그림 15-5에서 볼 수 있듯이 상하 대칭의 곡선은 발견하기, 해석하기, 아이디어 생성, 실험하기, 발전시키기의 5단계가 진행되는 동안 확산적 사고와 수

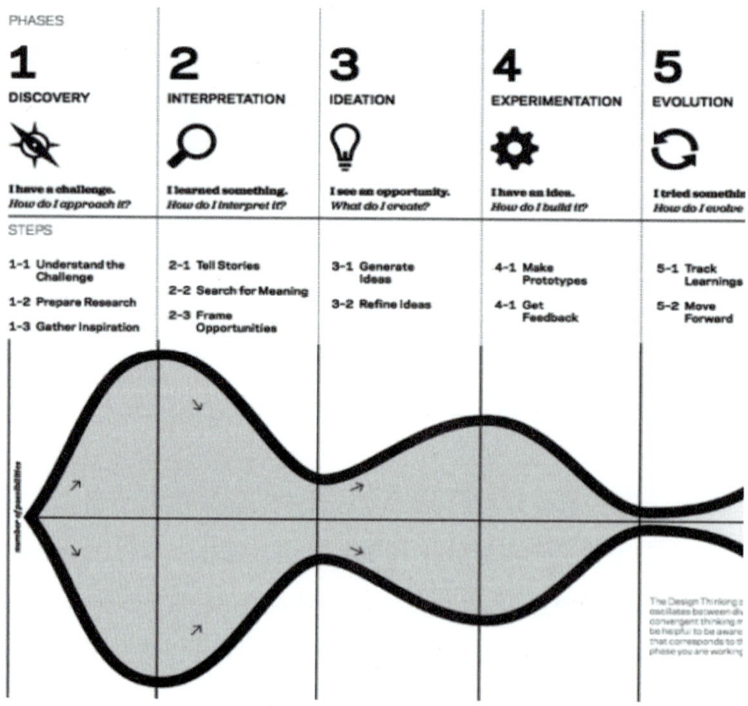

그림 15-5 IDEO의 교육자를 위한 디자인씽킹 툴 킷

출처: IDEO(2012). Design thinking for Educators.

렵적 사고를 반복하면서 문제 해결에 가장 적합한 해결방안에 가까워지는 것을 의미하는데 이는 기술적 문제해결과정과 유사한 흐름으로서 실생활 문제 해결 중심의 메이킹 체험에 적합한 사고과정이라고 할 수 있다(김성인, 2018).

3) 디자인씽킹과 메이커교육의 유사성과 차이점

디자인씽킹 프로세스의 다양한 모델이 가지고 있는 공통적인 성격은 인간 중심적으로 생각하며 아이디어를 생성하고 프로토타입을 통해 시각화하면서 반복적으로 검토 및 수정하여 문제 해결을 위한 최적의 대안을 찾아 간다는 점이다. 학습자는 그 과정에서 자연스럽게 문제해결을 위한 정보를 탐색하고 자료를 수집하며 협업을 하게 되는데, 제작의 경험을 공유하고 지속적으로 개선하는 메이커교육의 가치 및 메이커 정신과 동일한 점을 찾을 수 있다(김성인, 2018). 즉, 아이디어를 생성하고 재료와 도구를 사용하여 프로토타입을 만들면서 필요한 지식을 학습하고 주변 사람들과 공유하는 메이커교육에서, 디자인씽킹 프로세스가 원활한 학습을 이끌어가는 실천 전략으로 적합하다(김성인, 2018). 디자인씽킹과 메이커교육은 구성주의이론에 토대를 두고 있는 교육 방법으로 교수자는 학습자가 스스로 학습을 할 수 있도록 조력자의 역할을 수행하는 것이 중요하다.

디자인씽킹 프로세스가 혁신적 사고방법으로 인정받는 이유로 유예은(2018)은 다음과 같이 설명하고 있다. 첫째, 디자인씽킹 프로세스는 문제 해결의 핵심 가치로 '인간 중심적' 접근법을 사용하여 학습자는 선정한 대상에 대한 주의 깊은 관찰과 직접적인 경험을 통해 사용자의 요구에 대한 통찰을 얻음으로써 문제해결의 방향성을 찾아나갈 수 있다. 둘째, 디자인씽킹 프로세스는 '논리적, 이성적 사고방식과 직관적, 감성적 사고방식의 균형'을 강조하며, 논리적 사고방식은 데이터의 결과를 근거로 사실을 증명하는 반면 직관적 사고는 직접적인 경험과 오감을 활용하여 가설을 설정한 뒤 추론해나가는 방식을 사용하여 독창적·혁신적 해결방안을 도출할 수 있다는 장점이 있다. 디자인씽킹 프로세스는 한 사고방식에 치우지지 않고 두 가지 사고방식의 균형을 맞추는 것이 중요함을 강조한다(유예은, 2018).

디자인씽킹 프로세스는 메이커교육에 포함되는 개념으로 구체적인 수업단계 모형으로 제시되며 그 특징에 대해 유사점과 차이점을 비교분석해 정리하면

표 15-4와 같다(한상길 외, 2020).

표 15-4 메이커교육과 디자인씽킹 프로세스의 유사점과 차이점

구분		메이커교육	디자인씽킹 프로세스
유사점	교육 모형의 구조	빠른 개선과 반복의 순환적 구조	
	활동 전략	활동과정과 결과물의 시각화	
	학습성격	협업활동 중심, 다학제적(multidisciplinary) 학습	
	교수자의 역할	조력자, 촉진자, 동료 학습자	
차이점	산출물	유형의 제품	유/무형의 커리큘럼 (프로세스와 도구, 시스템)
	공유의 측면	불특정 다수를 대상으로 조건 없이 공유	특정 인물을 대상으로 피드백을 얻기 위해 공유
	핵심가치	사회적 실천, 공유와 나눔, 메이커 정신의 함양	인간 중심적, 공감

출처: 한상길, 김현영, 김윤정(2020)에서 인용.

요약

1. 4차산업혁명시대의 필요한 인재역량은 비판적 사고력과 문제해결력(Critical thinking and problem-solving), 창의성과 혁신적 사고(Creativity and innovation), 협업, 팀워크 및 리더십(Collaboration, teamwork and leadership), 다문화적 이해(Cross-cultural understanding), 커뮤니케이션과 능숙한 정보 활용(Communications and information fluency), 컴퓨팅과 ICT 기술 활용(Computing and information & communication technology fluency), 직무와 독립적 학습능력(Career and learning self-reliance, 윤혜진, 2018) 등으로 구성된다.

2. 메이커교육은 학습자가 발명가(inventor)로서 메이커 활동으로 자신의 아이디어를 실제 제품으로 제작하는 과정을 통해 학습하는 교육으로 ICT를 기반으로 하여 스스로 원하는 것을 만들고 공유하는 과정을 통해 메이커 역량을 키울 수 있는(김정은, 2019) 교육으로서 자신이 원하는 만들기 과정에서 창의적인 사고, 문제해결 능력과 협업 능력, 의사소통 능력 등을 향상할 수 있다.
메이커교육과 구성주의 학습이론의 연관성으로 메이커교육은 학습자가 자신이 원하는 것을 만들어 나가는 과정을 통해 스스로 학습한다는 점에서 Piaget의 인식론적 구성주의를 기반으로 하는 구성주의 교육철학과 Seymour Papert의 구성주의 교육 접근법을 기반으로 한다.
① 지식은 개인이 이전 경험을 바탕으로 현장 맥락 속에서 구성되기 때문에 지식을 맥락과 별개로 실제 상황과 분리시키는 것은 불가능하고, ② 이러한 이유로 지식은 진정성(authentic)을 갖게 되며, ③ 자신의 학습 반추로 새로운 지식을 수용하는 성찰(reflection, introspection)과 반복적 학습 ④ 자신의 경험을 기반으로 하여 자기주도적이고, ⑤ 자신에게 의미 있고(meaningful), 구체적인(purposeful) 결과물을 도출하게 되며, ⑥ 상위 수준 또는 새로운 문제해결을 위해 타 학습자(강은성, 2017)와 협력학습 ⑥ 교수자는 지식 안내자 또는 학습촉진자(facilitator)의 역할을 수행한다.

3. 메이커교육의 교수학습 모형 중 TMI 모형은 Thinking-Making(만들기)-Improving(개선하기)의 3단계로 구성되어 있다. TMSI 모형은 TMI 모형에 공유단계(Sharing)를 포함하는 Tinkering(팅커링하기)-Making(제작하기)-Sharing(공유하기)-Improving(개선하기)의 4단계로 구성되고, 각 단계는 순환적으로 수행되며, 습자의 권위가 극대화되는 메이커 활동의 특성을 반영하여 제작 활동의 과

정과 실행(doing)을 강조하는 교수 학습모형이다.

4. 디자인씽킹의 d.School의 디자인 프로세스는 공감(Empathize), 정의(Define), 발상(Ideate), 프로토타입(Prototype), 테스트(Test)의 단계로 정의하고 있는데 ① 공감 단계는 관찰, 인터뷰, 현장 경험 등의 방법을 통해 사용자의 요구를 파악하기 위해 노력하며, 인간중심적 사고를 실천하게 되고, ② 정의 단계는 공감 단계에서 관찰하고 느낀 점을 바탕으로 문제 상황의 핵심이 무엇인지 명확하게 정의를 내리며, ③ 아이디어 내기 단계는 문제 해결방안을 모색하기 위해 다양한 가능성을 고려하여 많은 아이디어를 생성하고 브레인스토밍이나 마인드맵과 같은 확산적 사고 기법을 사용하고, ④ 프로토타입과 시험 적용단계는 추상적인 아이디어를 물리적으로 시각화시키는 단계로서 최종적으로 선정한 아이디어를 가장 낮은 수준으로 시제품화 한 후에 문제 상황에 적용하는 것을 빠르게 반복한다(김성인, 2019; 유예은, 2018).

5. 디자인씽킹과 메이커교육의 유사점은 4가지 측면에서 설명할 수 있는데 ① 교육모형의 구조 측면에서 빠른 개선과 반복의 순환적 구조를 가지고 있고 ② 활동전략 측면에서는 활동과정과 결과물의 시각화가 가능하며 ③ 학습 성격의 측면에서는 협업 활동을 중심으로 다학제적 학습이 가능하며 ④ 교수자의 역할은 조력자, 촉진자, 동료학습자로서의 역할을 수행한다. 차이점은 3가지 측면에서 구분할 수 있는데 ① 산출물에서 메이커교육은 유형의 제품을 디자인씽킹은 유·무형의 커리큘럼으로 구분되며 ② 공유 측면에서 메이커교육은 불특정 다수를 대상으로 조건 없이 공유를 하지만 디자인씽킹은 특정 인물을 대상으로 피드백을 얻기 위해 공유하며 ③ 핵심가치 측면에서 메이커교육은 사회적 실천, 공유와 나눔, 메이커 정신의 향양에, 디자인씽킹은 인간중심적이고 공감에 중점을 둔다는 점에서 차이점을 확인할 수 있다.

연구문제

1. 4차산업혁명시대의 필요한 인재역량에 대해 설명해 봅시다.

2. 메이커교육의 개념과 구성주의 학습이론의 연관성에 대해 설명해 봅시다.

3. 메이커교육의 교수학습 모형 중 TMSI 모형에 대해 설명해 봅시다.

4. 디자인씽킹의 d.School의 디자인 프로세스에 대하여 설명해 봅시다.

5. 메이커교육과 디자인씽킹의 유사점과 차이점에 대하여 설명해 봅시다.

참고문헌

가영희 외(2013). 성인학습 및 상담. 서울: 동문사.
강대식(2013). 대학 교육환경에서 원격 학습효과와 관련된 생태학적 변인 연구. 박사학위논문, 충남대학교 대학원.
강은성(2017). 메이커교육 아웃리치(outreach) 프로그램을 통한 교육적 효과: 자유학기 활동 사례를 중심으로. 박사학위논문, 경희대학교 대학원.
강이철(2009). 교육 방법 및 공학의 이론과 적용. 서울: 학지사.
강인애(2003). 우리시대의 구성주의. 서울: 문음사.
강인애(2006). 디지털 시대의 학습 테크놀로지. 서울: 문음사.
강인애, 김양수, 윤혜진(2017). 메이커교육을 통한 기업가정신 함양: 대학교 사례연구. 한국융합학회논문지, 8(7), 253-264.
강진희(2018). 영어문해교육에 참여한 여성노인의 생애경험을 통한 학습의 의미. 박사학위논문, 숭실대학교 대학원.
강환수(2012). 프로그래밍 언어 교육을 위한 교수·학습 모델 설계. 한국디지털콘텐츠학회논문지, 13(4), 517-524.
경기도교육정보연구원(2000). (산 지식을 익히는) 체험학습 길잡이. 경기도교육청.
고은주(2015). 초등 영어교육의 스토리텔링 연구에 대한 연구 동향 분석. 석사학위논문. 제주대학교교육대학원.
곽비송(2013). 외식기업의 SNS 특성이 기술수용태도와 행동의도에 미치는 영향. 박사학위논문, 동의대학교 대학원.
곽삼근(2000). 평생교육방법. 서울: 원미사.
교육과학기술부(2008). 사교육비 경감을 위한 학원 관련 제도 정비 및 온오프 블렌디드 학습 지원방안 연구.
교육부(2000). 평생교육법 평생교육법시행령 평생교육법시행규칙 해설자료. 서울: 교육부.
교육부, 한국교육개발원(2018). 2018년 평생교육통계자료집.
국가교육회의(2020). 미래교육체제 탐색을 위한 조사 결과 보고서.
국제기술협력단 국제협력지원팀(2015). 미국거점 산업기술·정책분석보고 증강현실 기술 및 응용 사례 분석: 모바일 증강현실을 중심으로. 한국산업기술진흥원.
권대봉(1999). 성인교육 방법론. 서울: 학지사.
권대봉(2006). 산업교육론. 서울: 문음사.
권두승(2000). 성인학습 지도방법의 이론과 실재. 서울: 교육과학사.

권두승(2005). 청소년 프로그램 실행 및 운영, 한국청소년개발원 편. 청소년 프로그램개발 및 평가론. 서울: 교육과학사.

권두승(2006). 성인교육자론. 서울: 교육과학사.

권두승, 조아미(2001). 성인학습 및 상담. 서울: 동문사.

권양이(2012). 청소년 및 성인학습자를 위한 유비쿼터스 러닝시대의 통합적 평생교육방법론. 서울: 원미사.

권이종 외(2003). 평생교육방법론. 서울: 교육과학사.

권이종, 이상오(2001). 평생교육. 서울: 교육과학사.

권정민(2017). 4차산업혁명시대교육의 방향. 한국정보화진흥원.

기영화(2012). 평생교육방법론. 서울: 학지사.

김나연(2014). 과학교육에서 과학사관련 연구 동향 분석.

김남선, 김미령, 박성복, 이옥분, 정일환, 한상철(2003). 노인교육개론. 서울: 형설출판사.

김다정, 김석주(2014). 현장체험학습을 위한 가상학습 기반 수업모형의 설계 및 적용. 정보교육학회논문지, 18(1), 133-142.

김도현(2003). Blended-Learning 출현배경과 개념적 의미. 산업교육, 2003년 3월호.

김명수, 이동주(2012). 소셜 네트워크 서비스 이용에 있어서의 디지털 피로감과 플로우의 역할. e-비즈니스연구, 13(1), 67-87.

김미용, 배영권(2012). 스마트교육 현장 적용을 위한 스마트교육 모형 개발. 인터넷정보학회논문지, 3(5), 79.

김민규(2010). 스토리텔러 육성방안. KOCCA 포커스, 10-05(5호), 1-67.

김선희, 박성민, 권정언(2010). 기업교육프로그램개발의 실제. 경기: 서현사.

김성길(2009). 배움의 의미. 서울: 학지사.

김성수(1988). 「집단중심 평생교육방법(II): 커뮤니케이션 기법중심 평생교육방법」. 한국교육학회.

김성인(2019). 중학생을 위한 디자인씽킹 기반의 아두이노 활용 메이커 교육 프로그램 개발. 석사학위논문, 한국교원대학교 대학원.

김세화(2008). 다매체활용 환경교육이 초등학생의 환경친화적 태도에 미치는 영향. 석사학위논문, 서울교육대학교교육대학원.

김소현(2008). 평생교육사의 프로그램운영 직무와 수행역량에 관한 연구. 석사학위논문, 동의대학교 대학원.

김수일(1995). 평생교육방법론. 서울: 박영사.

김영옥, 최라영, 조미경(2019). 평생교육방법론. 서울: 학지사.

김영주(2017). 프로젝트기반학습을 위한 동료피드백 지원 시스템 개발연구.

박사학위논문, 이화여자대학교 대학원.
김영훈(2020). 4차산업혁명시대에 대응하는 초등학교 교실 공간계획 연구. 박사학위논문, 한양대학교 대학원.
김용현, 정기수(2013). 평생교육방법론. 경기: 양서원.
김윤정(2013). 음악교육전공 석·박사 학위 논문의 연구동향 분석.
김인옥(2013). 대학 평생교육원 음악교육 수강생의 참여동기가 참여 지속 의지에 미치는 영향. 석사학위논문, 이화여자대학교 대학원.
김정은(2018). 디자인씽킹 기반 메이커교육 프로그램이 중등학생들의 메이커 역량 개발에 미치는 영향 분석. 석사학위논문, 단국대학교교육대학원.
김정환, 강선보(2005). 교육학개론. 서울: 박영사.
김종서, 황종건, 김신일, 한승희(2002). 평생교육개론. 서울: 교육과학사.
김종표 외(2013). 평생교육방법론. 경기: 양서원.
김종표(2006). 기업교육론. 경기: 양서원.
김진숙, 김황, 배창호(2017). 4차산업혁명시대의 미래교육 준비하기. KERIS 종합연수원.
김진화 외(2007). 평생교육사의 직무분석과 대학 평생교육사 양성과정 효율화 방안 연구 CR 2007-14. 한국교육개발원. 177-183.
김진화 외(2008). 평생교육사 직무모델 개발 및 타당화 연구. 평생교육학연구, 14(1), 1-31.
김진화(2001). 평생교육프로그램개발론. 서울: 교육과학사.
김진화(2012). 지식정보사회의 평생학습정책 공공성과 평생교육사의 거시적 자격담론에 관한 탐색적 연구. 평생교육학연구, 18(3). 167-195.
김진화, 김소현(2008). 평생교육 프로그램운영 직무의 확인과 타당화 연구. 농업교육과 인적자원개발, 40(4). 271-300.
김진화, 정지웅(1997). 사회교육 프로그램 개발의 이론과 실제. 서울: 교육과학사.
김철기(2010). 스마트 폰 기반 모바일 증강현실의 동향과 발전전망. 한국디자인포럼, 27, 53-64.
김태종(2019). 고등학교 수학II 교과서에서 블랜디드 수업을 활용한 그래프 지도 연구: 다항함수 그래프 그리기 중심으로. 석사학위논문, 중앙대학교교육대학원.
김향식(2009). 성인학습자의 학습경험에 대한현상학적 연구. 박사학위논문, 숭실대학교 대학원.
김희수(2002). 웹기반 지구과학교육에서 가상현실 기술의 활용. 한국지구과학회지, 23(7), 531-542.

나종연(2010). 사용 확산 모형을 적용한 소비자의 온라인 소셜 네트워크 활용에 대한 연구. 소비자학 연구, 21(2), 443-472.

노규식(2016). 현대인들은 어떻게 공부해야 하는가. 서울: 알투스.

노진주(2010). 가네의 수업사태를 적용한 고등학교 합창지도 방안 연구. 상명대학교교육대학원, 석사학위논문.

료혼위(2015). SNS 특성이 한-중 SNS 사용자의 브랜드태도 및 지속적 이용의도에 미치는 영향에 관한 실증적 연구. 석사학위논문, 충남대학교 대학원.

박경규(1998). 신인사관리론. 서울: 홍문사.

박근수, 김주후(2011). 코칭의 평생학습적 의미와 코칭스킬 구성요인 탐색: 지방공무원 코칭 사례를 중심으로. 한국지방자치학회보, 23(4), 231-255.

박기수(2007). 문화콘텐츠 스토리텔링의 생산적 논의를 위한 네 가지 접근법. 한국언어문화, 32, 5-26.

박노열(1987). 평생교육방법론, 서울: 형설출판사.

박성익, 임철일, 이재경, 최정임(2013). 교육 방법의 교육공학적 이해(4판). 경기: 교육과학사.

박성익, 임철일, 이재경, 최정임, 임정훈, 정현미, 송혜덕, 장수정, 장경원, 이지연, 이지은(2012). 교육공학의 원리와 적용. 경기: 교육과학사.

박성준, 박원준, 허하영, 김진모(2018). 몰입형 가상현실에서의 협업 기반 다수 사용자 상호작용의 현존감에 관한 연구. 컴퓨터그래픽스학회논문지, 24(3), 11-20.

박성희 외(2013). 평생교육방법론. 서울: 학지사.

박성희(2010). 노년기의 자기정체성 만들기와 비판적 제라고지의 의의. 평생교육학연구, 16(4), 55-59.

박수진(2018). 4차산업혁명과 영어교육의 미래에 대한 초등영어교사의 인식. 박사학위논문, 서울교육대학교 대학원.

박숙희, 염명숙(2007). 교수-학습과 교육공학. 서울: 학지사.

박종선(2013). 스마트·이러닝. 경기: 교문사.

박종일(2013). GEM 엔진 기반의 증강현실카드게임 구현. 박사학위논문, 상명대학교 대학원.

박준홍(2020). Make 기반 창의융합인재 4C-STEAM 교육 프로그램 개발 및 적용. 석사학위논문, 동의대학교교육대학원.

박한훈, 박종일(2016). 증강현실 요소기술과 동향: 비전기반 추적 기술을 중심으로. 한국멀티미디어학회지, 20(4), 24-35.

배수정(2013). 평생교육자의 퍼실리테이션 역량 진단척도 개발. 박사학위논문, 중앙대학교 대학원.

배영권, 도재춘, 김달진, 신승기(2013). 스마트러닝 콘텐츠 만들기. 서울: 한빛아카데미.

배철우(2014). 독서교육 스토리텔링을 만나다. 서울: 예영커뮤니케이션.

배철우(2018). 스토리텔러 교육모델(SEM)과 프로그램 개발 및 창의성과 의사소통능력의 향상 효과. 박사학위논문, 숭실대학교 대학원.

배철우(2020). 스토리텔러의 시대가 온다. 서울: 박이정.

법제처 국가법령정보센터 홈페이지(http://www.law.go.kr).

서명환, 서보준, 김우호, 송기영(2016). 평생교육방법론. 경기: 공동체.

서울대학교교육연구소(2011). 교육학용어사전. 서울: 하우동설.

서주형(2020). 중학교 자유학년제 예술체육활동의 통기타 수업을 위한 메이커교육 지도방안 연구-TMSI모형을 중심으로. 석사학위논문, 부산대학교 대학원.

성낙돈, 가영희, 조현구(2013). 평생교육방법론. 서울: 동문사.

성재희(2005). 교육방송 활용이 아동의 자기주도적 학습 능력에 미치는 영향. 석사학위논문, 전북대학교교육대학원.

성태제, 강대중, 강이철, 곽덕주, 김계현, 김천기, …, 홍후조(2017). 최신 교육학개론(3판). 서울: 학지사.

송상호(2003). 기업교육 방법들의 이해. 나일주 외 편. 기업교육론. 서울: 학지사.

송영수(2003). 새로운 인재양성 패러다임과 Blended Learning의 등장. 인사관리, 7월호.

송의성, 길준민(2017). 초등예비교사의 컴퓨팅 사고력 향상을 위한 블렌디드러닝 기반의 소프트웨어교육 프로그램 개발 및 적용. 정보처리학회논문지. 소프트웨어 및 데이터 공학, 6(7), 353-360.

신나민(2007). 원격교육입문. 서울: 서현사.

신복진, 박형성(2008). 가상현실에서 디지털 스토리텔링 형태가 학습자의 재미와 이해에 미치는 영향. 정보교육학회논문지, 12(4), 417-425.

신승원(2011). 성인영어교수자의 교수리더십, 성인영어학습자의 영어자아개념, 셀프리더십, 영어교사효능감, 교육만족 간의 구조적 관계분석. 박사학위논문, 숭실대학교 대학원.

신용주(2006). 평생교육의 이론과 방법. 서울: 형설출판사.

신용주(2012). 평생교육방법론. 서울: 학지사.

안미리(2016). 유튜브 동영상을 이용한 플립러닝 수업의 만족도에 대한 영향과 요인. 한국멀티미디어언어교육학회, 19(1), 114-136.

양수진(2017). 팀리더의 코칭리더십이 조직유효성에 미치는 영향: 자기주도 학습과 혁신행동의 매개효과 중심으로. 박사학위논문, 한양대학교 대학원.

양지연(2005). 예술경영 교육의 현장연계성 강화를 위한 인턴십 운영방안연구. 예술경영연구, 7, 35-67.

양찬호(2015). 초임 과학영재 교사의 수업 전문성 향상을 위한 티칭과 멘토링 활용 전략의 개발과 적용. 박사학위논문, 서울대학교 대학원.

엄미란(2013). 산업대학 성인학습자의 학습경험 의미에 대한 현상학적 연구. 박사학위논문, 숭실대학교 대학원.

여성가족부(2007). 노인기 양성평등의식 교육프로그램, 서울: 여성가족부 양성평등문화팀.

염명숙, 조은순(2009). 원격교육활용론. 서울: 남두도서.

왕천균(2015). 중국 여행사의 SNS 활용과 기업특성이 성과에 미치는 영향에 관한 연구. 석사학위논문, 강원대학교 대학원.

유예은(2018). 디자인씽킹 프로세스 기반의 메이커교육 프로그램 개발 및 적용: 감성 지능의 효과를 중심으로. 석사학위논문, 경희대학교 대학원.

유현정(2006). 학술지 논문을 통한 영어교육학 연구동향 분석. 한국외국어교육학회, 13(3), 339-368.

윤기영(2016). 4차산업혁명에 대한 비판적 검토와 논의의 전환 필요성. 미래연구, 1(2), 29-54.

윤영남(2010). 평생교육자의 커뮤니케이션 능력과 성인학습자의 셀프리더십 수준이 교육만족도에 미치는 영향. 박사학위논문, 숭실대학교 대학원.

윤운성(2000). 성인학습과 발달: 교육심리학적 시각. 교육심리연구, 14(4), 31-50.

윤종혁 외 6인(2017). 제4차산업혁명과 미래교육 실천방향. 교육부 정책연구 보고서.

윤지원(2019). 국내 대학 수학 외국인 유학생 대상의 역량기반 비교과 교육 연구. 박사학위논문, 배재대학교 대학원.

윤진(1989). 성인·노인 심리학. 서울: 중앙적성출판사.

윤혜진(2018). 디자인사고 기반 메이커교육 모형 개발. 박사학위논문, 경희대학교 대학원.

윤혜진(2018). 디자인사고 기반 메이커교육 모형 개발. 박사학위논문, 경희대학교 대학원.

이관춘(2001). 기업체에서의 평생교육방법. 권이종 외, 평생교육방법론(pp.

276-303). 서울: 교육과학사.
이관춘, 김은경(2012). 기업교육론(실무중심의 인적자원개발). 서울 학지사.
이미나, 이해주, 김진회(2009). 평생교육 방법론. 서울: 한국방송통신대학교 출판문화원.
이미림(2020). 디자인적 사고 기반 메이커교육 프로그램이 메이커역량에 미치는 영향. 석사학위논문, 청주교육대학교교육대학원.
이민경(2014). 거꾸로 교실의 효과와 의미에 대한 사례연구. 한국교육학회지, 41(1), 87-116.
이성희(2020). 성인 학습이론의 범주와 향후 연구과제. 성인계속교육연구, 11(3), 1-19.
이영민(2013). 기업 근로자의 교육훈련 방법별 선택 영향요인 분석. 기업교육연구, 15(1), 155-178.
이용수(2015). 혼합현실 정의의 문제점과 대안, 그리고 가상/증강현실의 작용관계. 디자인지식저널, 34, 193-202.
이은자(2020). 만 2세 영아반 언어발달 지원을 위한 실행연구 : 메이커 교육의 적용. 석사학위논문, 총신대학교교육대학원.
이주연(2005). 고등학교 사회과 법교육 개선에 관한 연구. 석사학위논문, 전남대학교교육대학원.
이지혜(2019). 가상현실 기반교육 활성화 방안에 관한 연구. 한국디자인문화학회지, 25(1), 357-366.
이해주 외(2018). 평생교육방법론. 서울: 한국방송통신대학교 출판문화원.
이현정(2006). 멘토링과 핵심인재의 직무몰입 및 조직몰입과의 관계. 석사학위논문, 고려대학교 대학원.
이형래 외(2006). 가상현실에서 아바타를 통한 정보전달 시 뇌의 활성화와 현존감의 관계. 인지과학, 17(4), 357-373.
이호영, 정부연, 김희연, 김기훈, 장덕진(2011). 소셜 미디어의 성장과 온라인 사회관계의 진화. 정보통신정책연구원 기본연구, 11(3), 77.
임성숙(2013). 로버트 가네의 학습이론을 활용한 헤어미용 지도 방안 연구 : 퍼머넌트 웨이브 단원을 중심으로. 성결대학교교육대학원, 석사학위논문.
임용진(2018). 4차산업혁명시대를 위한 교육혁신의 저해요소에 관한 분석. 석사학위논문, 성공회대학교 대학원.
임정훈, 임병노, 최성희, 김세리(2004). 초, 중등학교에서 교실수업과 웹기반 학습을 연계한 커뮤니티 기반 프로젝트학습모형 개발연구. 교육공학연구, 20(3). 103-135.

임형택 외(2013). 평생교육방법론. 경기: 공동체.

장상현, 계보경(2007). 증강현실 콘텐츠의 교육적 적용. 한국콘텐츠학회지, 5(2), 79-85.

장선영(2018). 가상현실의 교육 및 훈련 콘텐츠 개발 적용. 공학교육, 25(1), 22-25.

장지현(2015). 도제식 교육에 관한 연구경향 분석. 한국비교정부학보.

전국과학교사협회(2019). 360도 영상을 활용한 과학수업. https://k-sta.org/360

전혜숙(2010). 경력단절 여성의 취업과정에서 나타난 학습 경험 탐색: 근거이론적 접근. 박사학위논문, 부산대학교 대학원.

정성기(2021). 학습자역량 강화를 위한 백워드 설계 기반 플립러닝 교수학습 모형 개발. 석사학위논문, 경인교육대학교교육전문대학원

정지현, 박선미, 장문정(2016). 국내 유아교육분야 스토리텔링 관련 연구동향 분석. 어린이미디어연구, 15(3), 71-97.

정진원(2005). 합창수업을 위한 체제적 교수설계. 석사학위논문, 상명대학교 교육대학원.

정차숙(2013). 스토리텔링광고의 메시지 구성요소와 관여도가 광고효과에 미치는 영향 연구. 박사학위논문, 한양대학교 대학원.

정창권(2008). 문화콘텐츠 스토리텔링. 서울: 북코리아.

정혜경(2019). 원격교육 성인참여자의 자기주도학습력과 학습성과의 관계. 석사학위논문, 전북대학교 대학원.

정홍모(2000). 산업교육과 감독자사원교육. 평생교육기구(편). 평생교육과 산업교육. 서울: 이화출판사.

조관제(2008). 만화애니메이션사전. 부천: 부천만화정보센터.

조성연, 박미진, 문미란(2010). 성인학습과 상담. 서울: 학지사.

조성연, 홍지영(2010). 진로상담: 성인학습자의 인구학적 변인, 진로결정자기효능감, 진로적응성의 관계연구. 상담학연구, 11(3), 1099-1115.

조영달 외(2006). 다문화 가정의 자녀교육 실태조사. 교육인적자원부.

조용하(1992). 신평생교육방법론 강의. 서울: 교육과학사.

조은숙, 염명숙, 김현진(2012). 원격교육론. 경기: 양서원.

조현국(2018). 4차산업혁명에 따른 미래사회의 교육환경 변화, 그리고 초·중등과학교육의 과제. 초등과학교육, 36(3), 276-301.

진선영(2005). 패션전문 커뮤니케이터의 역할과 관계지향에 관한 연구. 박사학위논문, 숙명여자대학교 대학원.

진성희, 최정빈, 김태현, 유미나(2017). 공학전공 교수를 위한 플립러닝 교수설계가이드북(연구보고 RCIEE-2016-02). 인천: 인하대학교 공학교육

혁신연구센터.
차갑부(2002). 성인교육사회학. 경기: 양서원.
천세영, 김진숙, 계보경, 정순원, 정광훈(2013). 스마트 교육혁명. 서울: 21세기북스.
천영희(2005). 기업교육의 실제. 서울: 교육과학사.
최운실, 송성숙, 박수정(2017). 평생교육방법론. 경기: 양서원.
최운실, 송성숙, 최라영, 김경은, 김정진, 이준석(2017). 노인교육론. 경기: 양서원.
최정빈, 김은경(2015). 공과대학의 Flipped-Learning 교수학습 모형 개발 및 교과 운영 사례. 공학교육연구, 18(2), 77-88.
최정아(2018). 기업에서 디자인씽킹 과정을 활용한 메이커교육 프로그램 개발 및 효과: 5-ONs 측면을 중심으로. 석사학위논문, 경희대학교교육대학원.
최항석, 김성길(2020). 미래 공동체를 위한 안드라고지로서 시민교육의 재고(再考). 미래교육연구, 10(3), 21-39.
최현구(2017). 4차산업혁명시대의 미래교육 예측과 전망. 과학기술정책연구, 33, 32-35.
최혜실(2011). 스토리텔링, 그 매혹의 과학. 서울: 한울.
팽혜신(2009). VR을 기반으로 한 e-learning 콘텐츠 개발. 석사학위논문, 국민대학교 테크노대자인전문대학원.
평생교육연구회 편. 『평생교육방법론』. 서울: 형설출판사.
한국수학교육학회(2013). 중학교 스토리텔링 모델교과서 개발. 한국과학창의재단, 2013-17.
한국인터넷진흥원 홈페이지(2009). http://www.kisa.or.kr
한상길, 김현영, 김윤정(2020). 평생교육방법론. 경기: 공동체.
한숭희(2009). 학습사회를 위한 평생교육론. 서울: 학지사.
한영신, 송해상(2011). Blended Learning을 활용한 이공계 과학기술 문서 작성 및 발표 수업 사례연구. 한국공학교육학회, 14(3), 25-30.
한영신, 송해상(2011). Blended Learning을 활용한 이공계 과학기술 문서 작성 및 발표 수업. 공학교육연구, 14(3), 1-6.
한정은(2002). 가상현실 e-학습 프로그램의 유형과 활용에 관한 사례연구. 석사학위논문, 이화여자대학교교육대학원.
한혜원(2010). 디지털 시대의 신인류, 호모 나랜스. 서울: 살림.
홍숙영(2011). 스토리텔링, 인간을 디자인하다. 서울: 상상채널.
홍일유, 강동원, 조휘형(2014). 사회적 및 개인적 선행요인들이 SNS 이용도에 미치는 영향에 관한 연구. 정보화정책지, 1, 57-76.

황대연(2019). 기업의 혁신방법론 활용이 종업원의 혁신DNA 개발과 기업성과에 미치는 영향: 6시그마와 디자인씽킹 방법론을 중심으로. 박사학위논문, 건국대학교 대학원.

황정원(2001). 국내 사이버 대학의 현황조사 및 개선방안 연구: 학습자 지원체제를 중심으로. 석사학위논문, 연세대학교교육대학원.

황중원, 강인애, 김홍순(2016). 메이커 페다고지(Maker Pedagogy)로서 TMSI 모형의 가능성 탐색: 고등학교 사례를 중심으로. 한국교육공학회 학술대회 발표자료집, 2016(2), 166-176.

Ausubel, D.P.(1967). Learning theory and classroom practice. *Ontario Institute for Studies in Education Bulletin, 1*, 31.

Azuma, R. T.(1997). A survey of reality. *Presence, 6*(4), 355-385.

Bacca, J., Baldiris, S., Fabregat, R., & Graf, S. Kinshuk.(2014). Augmented Reality Trends in Education: A Systematic Review of Research and Applications. *Journal of Educational Technology & Society, 17*(4), 133-149.

Bergmann, J., & Sams, A.(2012a). *Flip Your Classroom: Reach Every Student in Every Class Every Day*. New York: International Society for Technology in Education.

Bergmann, J., & Sams, A.(2013). Flipping for mastery. *Educational Leadership, 71*(4), 24-29.

Bergmann, J., & Sams, A.(2014). *Flipped learning: Gateway to student engagement*. Eugene, Oregon: International Society for Technology in Education.

Bingham, T., & Conner. M.(2010). *The new social learning: A guide to transforming organization through social media*. Alexandria, VA: ASTU Press.

BIR Research Group(2012). 이러닝, 스마트러닝 동향과 기술개발 전략. 서울: RIR.

Blikstein, P., Martinez, S. L. & Pang, H. A.(2016). *Meaningful making: Projects and inspirations for fab labs and makerspaces*. Torence, CA: Constructing Modern Knowledge Press.

Blumenfeld, P. C., Soloway, E., Mark, R. W., Krajcik, J. S., Guzdial, M., & Palincsar, A.(1991). *Motivating project-based learning: Sustaining the doing, supporting the learning*. Educational Psychologist, 26(3), 369-398.

Boone, E. J.(1985). *Developing programs in adult education*. Englewood Cliffs, NJ: PrenticeHall.

Boshier. R.(1971). Motivational orientations of adult education participants; A factor analytic exploration of Houle's typology, *Adult Education Quarterly, 21*(2), 3-26.

Brande(1993). R&D on learning telematics in the European Community, *Journal of computer asisted learning*, Vol 9 No.2, 193, 75.

Brill, L. M.(1994). Metaphors for the Traveling Cybemaut-Part Ⅱ. *Virtual Reality World, 3*(1), 36-43.

Brookfield, S.(2006). *The skillfal teacher*. San Francisco, CA: Jossey-Bass.

Brown, T.(2008). Design Thinking. *Harvard Business Review*, 86(6), 84-95.

Caffarella, R. S.(1994). *Planning programs for adult learners*. San Francisco, CA: Jossey-Bass.

Caffarella, R. S.(2002). *Planning programs for adult learners: A practical guide for educators, trainers, and staff developers*. San Francisco, CA: Jossey-Bass.

Campbell, J.(1988). The Power of Myth. Doubleday Books. 이윤기 역(2002). 신화의 힘. 서울: 이끌리오.

Cattell, R. B., & Horn, J. L.(1982). Whimsy and misunderstanding of Gf-Gc theory: A comment on Guilford. *Psychological Bulletin*, 91, 621-633.

Ching, Y. H., Hsu, Y. C.(2013). *Peer feedback to facilitate project-based learning in an online environment.* The International Review of Research in Open and Distributed Learning, 14(5).

Collins Publishers, 김형립, 김용칠, 김동식.(역)(1994). 체제적 교수설계. 경기: 교육과학사.

Crosby, L. A., Evance, K. R., & Cowles, D.(1990). Relationship quality in services selling: An interpersonal influence perspective. *Journal of Marketing*, 54, 68-81.

Davis, B. G.(2009). *Tools for Teaching*(2nd Ed.). Sanfrancisco. CA: Jossey-Bass.

Della Ratta, C. B.(2015). Flipping the classroom with team-based learning in undergraduate nursing education. *Nurse Educator, 40*(2), 71-74.

Dewey, J.(1938). *Experience and Education*. New York: Macmillan Company.

Dick, W., & Carey, L.(1990). *The systematic design of instruction*(3rd Ed.). Harper.

Donnelly, R., & Fitzmaurice, M.(2005). *Collaborative project-based learning and problem-based learning in higher education: A consideration of tutor and student role in learner-focused strategies. In G. O' Neill, S. Moore & B. McMullin(Eds),* Emerging issues in the practice of university learning and teaching(pp.87-98): AISHE/HEA.

Dougherty, D.(2012). The maker movement. Innovation: Technology, Governance, *Globalization*, 7(3), 11-14.

Driscoll, M. P.(2005). *Psychology of learning for instruction(3th ed)*. MA: Allyn & Bacon. 양용철(역)(2006). 수업설계를 위한 학습심리학. 경기: 과학교육사.

Elias, J. L., & Merriam, S. B.(1980). Philosophical Foundations of Adult Education. R. E. Krieger Publishing Company.

Fischer, B. B.(1979). Stylein Teaching and Learning. *Educational Leadership*, 36, 245-250.

Gagne, R. M.(1970). *The Conditions of Learning*(2nd ed.). Holt, Rinehart & Winston.

Galbraith, M. W.(2004). *Adult learning metods*. Malabar, FL: Krieger publishing company.

Gibbons, M.(2002). *7be self-directed learning handbook: Challenging adolescent students to excel*. San Francisco, CA: John Wiley & Sons.

Gibson, J. J.(1986). *The Ecological Approach to Visual Perception*, Hillsdale, NJ: Lawrence Erlbaum Associates.

Grasha, A. F., & Riechmann, R. E.(1974). A rational approach to developing and assessing the construct validity of a student learning style scales instrument. *Journal of Psychology*, 87, 231-223.

Guglielmino. L. M.(1977). *Development of the self-directed learning readinesss scale. Unpublished doctoral dissertation*. University of

Georgia.

Halverson, E. R., & Sheridan, K.(2014). The maker movement in education. *Harvard Educational Review*, 84(4), 495-504.

Houle, C. D.(1961). *The inquiring mind.* Madison, Wl: University of Wisconsin press. http://blog.naver.com/ncanvas01/2018135312).

Hwang J. W., Kang I. A., & Kim H. S.(2016). *Educational Technology for Al.* Seoul: Korean Association for Educational Information and Media.

Jarvis, P.(2006). *The theory & practice of Teaching*(2nd ed.). Oxon: Routeledge. The Concise Oxford English Dictionary, http://oxforddictionaries.com.

Jensen, R.(2005). *Dream Society. Tmecca.* 서정환 역(2005). 드림 소사이어티(dream society). 서울: 리드리드출판.

Johnston, J., & Rivera, R.,(1965). Volunteers for learning: A studdy of A study of a homogeneous group between the ages of 10 and 60. *Genetic Psychology Monographs*, 13, 223-298.

Keegan, D.(1986). *The foundations of distance education.* Beckenham: Croom Helm.

Keller, J. M.(1983). *Motivational design of instruction.* In C. M. Reigeluth(Ed.), Instructional design theories and models: An overview of their current status. Hillsdale, NJ: Lawrence Erlbaum Associates.

Keller, J. M.(2010). *Motivational design for learning and performance: The ARCS model approach.* New York: Springer.

Kilpatrick, W. H.(1918). *The project method: The use of proposeful action in the educative process.* Teachers College Record, 18, 319-335.

Know, A. B.(Ed.)(1979). *Assessing the impact of continuing education.* San Francisco, CA: Jossey-Bass.

Knowles, M. S.(1970). *The Modern practice of Adult Education.* New York: Association Press.

Knowles, M. S.(1973). *The Adult Learning: A Neglected Species.* Houston, TX: Gulf Publishing Company.

Knowles, M. S.(1975). *self-Directed Learning: A Guide for Learning and Teachers. Chicago*, IL: Follett Pblishing Company.

Knowles, M. S.(1980). *The modern practice of adult education: From pedagogy to andragogy*. Cambridge: The Adult Education.

Knudson, R.(1979). Humanagogy Anyone. *Adult Education, 29*(45), 261-262.

Kolb, D. A.(1984). *Experiential Learning: Experience as the Source of Learning and Development*. Englewood Cliffs, NJ: Printice-Hall.

Kolb, D. A.(1999). *Learning style inventory*(version3). Boston: Hay/McBer Training Resources Group.

Kram, K. E.(1983). Phases of the Mentor Relationship. *Academy of Management Journal*, 26, 4, 608-625.

Lebel, J.(1978). Beyond Andragogy to Geragogy. *Lifelong Learning: The Adult Year*. *1*(9), 16-18.

Lefrancois, G. R.(1991). *Psychlolgy for Teaching*(7th ed.). Belmont, CA: Wadsworth Publishing Company.

Levine, S. J.(2001). *The challenge of helping adults learn:* characteristics of adult learners & implications for teaching technical information. Learner associate.net.

Lindeman, E. C.(1926). T*he Meaning of Adult Education(1989 edn)*. Norman: University of Okalhoma. Long, H. B.(2002). Teaching for learning.

Long, H. B.(1996). Self-directed learning: Challenging and opportunities. In C. K. Cheong & J. W. Cheong(Eds.). *Challenges of self-directed learning in Asia and thepacific*. 서울: 원미사.

Margo, M.(2005). *Beyond the myths and magic of mentoring*. 이용철 역, 서울: 김영사.

Martin, R., & Martin, R. L.(2009). *The design of business: Why design thinking is the next competitive advantage*. Harvard Business Press.

Martinez, S. L., & Stager, G. S.(2013). *Invent to learn: Making, tinkering, and engineering in the classroom*. Torrence, CA: Constructing Modern Knowledge Press.

Maslow, A. H.(1970). *Motivation and Personality*(2nd. ed.). New York: Harper & Row.

McGrath, J. L., Taekman, J. M., Dev, P., Danforth, D. R., Mohan, D., Kman, N., Crichlow, A., & Bond, W. F.(2018). Using virtual reality simulation environments to assess competence for emergency medicine learners. *Academic Emergency Medicine, 25*(2), 186-195.

Mezirow, J.(1978). *Education for perspective transformation: Women's reentty programs in community colleges*. Teacher's Cllege, Columgis University, New York.

Mezirow, J.(1995). Transformation Theory of Adult Learning. In M. Welton(ED.). *In Defense of the Lifeworld: Critical Perspectives on Adult Learning*(pp. 37-90). New York: State University of New York Press.

Mezirow, J.(2006). An Overview on Transformative Learning. *In Lifelong Learning: Concepts and Contexts*(Eds. P. Sutherland and J. Crowther). London: Routledge.

Moore, M. G & Kearsley, G.(196). *Distance Education*. Belmont Wadsworth Publishing Company. 양영선, 조은순(1998)(역). 원격교육의 이해와 적용. 서울: 예지각.

Niles, J. D.(1999). *Homo Narrans: The Poetics and Anthropology of Oral Literature*. University of Pennsylvania Press.

Noe, R. A.(1988). An investigation of the Determinants of Successful Assigned Mentoring Relationships. *Personnel Psychology*, 41, 457-479.

Papert, S.(2000). *What's the big idea? Toward a pedagogy of idea power*. IBM systems journal, 39(3), 720-729.

Paterson, R. W. K.(1979). *Values, Education and the Adult*. London: Routledge & Kegan Paul, p. 13.

Phips, R., Welman, J., & Merisotis, J.(1998). *Asuring Quality in Distance Learning: A Preliminary Review*. A report for the Council of Higher Education Acreditation.

Piaget, J.(1966). *The Psychology of Interligence*(M. Pierce & D. Beryne, Trans.). NJ: Littlefield, Adams & CO.(Original work Published 1947)

Pink, D. H.(2011). *A whole new mind: Why right-brainers will rule the future*. Brilliance Audio. 김명철 역(2012). 새로운 미래가 온다. 서울: 한국경제신문사.

Porwell, P. J.(1978). *Class size: A summary of research*. Arlington. VA: Educational Research service.

Price, G. M.(1983). Sensitivity in Mother-Infant Interactions: The AMIS Scale, *Infant Behavior and Development, 6*, 353-360.

Rogers, A.(1998). *Teaching adults*(2nd ed.). Buckingham: Open University Press.

Rogers, E. M.(1983). *Diffusion of Innovations*(3rd ed). New York: Free Press of Glencoe.

Rosenberg, M. J.(2001). *E-learning: Strategies for Delivering Knowledge in the Digital Age*. NY: McGraw-Hill, 19.

Rossett, A., Douglis, F. & Frazee, R. V.(2003). *Strategies for building Blended-Learning*. Learning Circuits.

Rothwell, W. J.(2008). *Adult learning basics*. Virginia, VA: American Society for Training and Development Press.

Schulz, Duane(1977). *Growth Psychology*. New York: Van Nostrand Reinhold.

Shafel, F. R., & Shafel, G.(1982). *Rolepaly in the curriculum*(2nd Ed.), Englewood cliffs, NJ: Prentice-Hall.

Shelton, B. E.(2003). *How reality helps students learn dynamic spatial relationships*. Unpublished doctoral dissertation, University of Washington, Seattle.

Sigaut, F.(1993). *Learning, Teaching, and Apprenticeship*. New literary History, 24(1), 105-114.

Singh, H. & Reed, C.(2001). A white paper: Achieving success with blended learning. http://www.leerbeleving.nl/wbts/wbt2014/blend-ce.pdf.(accessed on 30th. January, 2021)

Singh, H.(2003). Building Effective Blended Learning Programs. *Educational Technology*, 43, pp. 51-54.

Smith, G.(2007). *Tagging: People-powered Metadata for the Social Web*. New Riders, book.

Stanford, D. School.(2010). *An introduction to design thinking—Process guide*. Hasso Plattner Institute of Design at Stanford University.

Svinicki, M., & Mckeachie, W. J.(2011). *Mckeachies's teaching tips: Strtegies, Research, and theory for college and university teachers* (13th ed). Belmont, CA: Wadsworth Publishing.

Swan, J. E., Trawick, I. F., & Silva, D. W.(1985). *How industrial sale-people gain customer trust*. Industrial Marketing Management.

Wexley, K. N., & Latham, G. P.(1991). *Developing and Tranning Human Resources In Organization*. IL: Scott, Foresman.

Wlodkowski, R. J.(1999). *Enhancing Adult Motivation to Learn: a Comprehensive Guide for Teaching All Adults*. San Francisco, CA: John Wiley and Sons.

Wray, B., Palmer, A., & Bejou, D.(1994). Using neural network analysis to evaluate buyer-seller relationship. *European Journal of Marketing*, 28(10), 32-48.

Yeo, G.(1982). Eldergogy: A Specialized Approach to Education for Elders. *Lifelong Learning: The Adult Years*, 5(5), 4-7.

저자소개

권영선

숭실대학교교육학박사(평생교육전공)
현) 한국평생교육박사연구회 사무총장
글로벌HRD연구소 선임연구원
의정부시평생학습원 교육협력팀장
신한대학교 강사

배철우

숭실대학교교육학박사(평생교육전공)
현) 한국평생교육박사연구회 부회장
숭실대학교 평생교육학과 겸임교수
백석예술대학교 보건복지학부 외래교수
배움사이버평생교육원 교수
서강독서교육연구소 소장

윤영남

숭실대학교 평생교육학박사
현) 한국평생교육박사연구회 부회장
한국평생교육 HRD연구소 연구교수
메가원격평생교육원 교수
전) 국방대학교, 중앙대학교 외래교수
KICS 평생교육원장

이종훈

숭실대학교 평생교육학박사
현) 한국평생교육박사연구회 수석연구위원
진성논문통계연구소 대표소장
단국대정보융합기술·창업대학원 글로벌벤처창업학과 겸임교수
한국평생교육 HRD연구소 연구교수
진로창업경영학회 부회장

조용

숭실대학교교육학박사(평생교육전공)
현) 한국평생교육박사연구회 부회장
한국중등직업교육협회 회장
한국개발전략연구소 선임연구위원
한국국제협력단(KOICA) 전문위원
전) 서울특별시교육연수원 원장

이 책의 저자 순서는 공저자들의 협의 하에 가나다순으로 기재합니다.

뉴노멀, 초연결, 플랫폼시대의
평생교육방법론

초판 1쇄 발행 / 2021년 7월 5일
초판 2쇄 발행 / 2022년 8월 31일
초판 3쇄 발행 / 2025년 3월 5일

•

공저자 / 권영선 · 배철우 · 윤영남 · 이종훈 · 조용
발행인 / 이 중 수
발행처 / **동 문 사**

•

서울특별시 서대문구 홍제원 1길 12
(홍제동 137-8)
Tel : 02)736-3718(대), 736-3710, 3720
Fax : 02)736-3719
등록번호 : 1974.04.27. 제9-17호
가격 : 22,000원

•

ISBN : 979-11-6328-295-2(93330)
E-mail : dong736@naver.com
www.dongmunsa.com